G3

Reihe *Historische Perspektiven* 8

Herausgegeben von
Bernd Martin, Hans-Jürgen Puhle, Wolfgang Schieder,
Gottfried Schramm und Heinrich August Winkler

Rainer Hoffmann

Maos Rebellen

*Sozialgeschichte der chinesischen
Kulturrevolution*

Hoffmann und Campe

1. Auflage 1977
© Hoffmann und Campe Verlag, Hamburg 1977
Umschlag Jan Buchholz und Reni Hinsch
Gesetzt aus der Borgis Garamond-Antiqua
Gesamtherstellung Süddeutsche Verlagsanstalt, Ludwigsburg
ISBN 3-455-09220-9 · Printed in Germany

Inhalt

Einführung 7

1. Mao und die Revolution 7
2. Methode und Quellen 10
3. Stand der Forschung 15
4. Danksagung 17

Kapitel I Die vorsichtige Revolution 20

Kapitel II Der Widerstand in der Partei 28
1. Die Partei nach 1961 28
2. Das XI. Plenum des VIII. ZK 31
3. Die Entwicklung in den Provinzen 32
4. Die Rolle der Kader 34
5. Die Formen des Widerstands 36
6. Die Schwäche der Rotgardisten 39
    a) Die gemäßigten Kräfte 39
    b) Die linken Rotgardisten 41
    c) Die Mittelpartei 43
7. Das Scheitern der rotgardistischen Phase 45

Kapitel III Die Revolutionären Rebellen: ihr Standort in der Gesellschaft 47
1. Die Arbeitsdienstleute 48
2. Die Vertragsarbeiter 54
3. Die Jungarbeiter 56
4. Die Differenzierung auf dem Lande 61

Kapitel IV Das politische und gesellschaftliche Programm der Rebellen 67

Kapitel V Die Niederlage der Rebellen in der Januar-Revolution 74
1. Die Ruhe vor dem Sturm 74
2. Die Gegnerschaft der Arbeiter in den Betrieben 77
3. Der Widerstand der Kader 85

Kapitel VI Die Peripetie: von der Kommune zum Revolutionskomitee 92

1. Die maoistische Wende 92
2. Die Rehabilitierung in der Verwaltung 98
3. Die Rehabilitierung auf dem Lande 102
4. Die Rehabilitierung in den Betrieben 104
5. Der politische Kompromiß: die Revolutionskomitees 106
6. Der wirtschaftliche Kompromiß: die Industriekomitees 109

Kapitel VII Drei Fallstudien: Kanton, Schanghai, Peking 112
1. Kanton 112
   a) Februarströmung und Märzwind 118
   b) Der Sommer der Entscheidung 125
   c) Der Weg zum Revolutionskomitee 131
2. Schanghai 134
3. Peking 143

Schluß Zur Niederlage der Revolutionären Rebellen 153

Anhang
   Abkürzungsverzeichnis 159
   Anmerkungen 161
   Quellen- und Literaturverzeichnis 216
   Summary 223
   Personen- und Sachregister 225

Einführung

1. Mao und die Revolution

1966–1967 hat China der Welt ein seltenes Schauspiel geboten: Ein kommunistischer Staatsmann verbündet sich mit jugendlichen Rebellen und zerschlägt die Partei, die er in Jahrzehnten mühevoller Arbeit aufgebaut hat.
Als sich Trotzki Mitte der zwanziger Jahre in einer ähnlichen Lage befand wie Mao Tse-tung nach dem Großen Sprung, hat er in keiner Weise daran gedacht, sich eine politische Basis außerhalb der Partei zu suchen. Sein Kampf gegen die vordringende stalinistische Bürokratie spielte von Anfang bis Ende im organisatorischen Rahmen der KPdSU. Dies ist nicht erstaunlich, wenn wir bedenken, daß die bolschewistischen Führer durch einen Staatsstreich an die Macht gelangt waren, dessen Massenrückhalt kaum über ein Milieu von Industriearbeitern in den großen Städten hinausreichte, und sich von einer Bevölkerung umgeben sahen, die in der übergroßen Mehrheit aus politisch apathischen, kleinbürgerlich denkenden Bauern bestand. Unter diesen Umständen hätte jeder Appell an die Massen die Gefahr in sich getragen, das sozialistische System als Ganzes in Frage zu stellen.
Völlig anders in China, wo sich das flache Land seit Jahrzehnten in revolutionärer Gärung befand. Seit die Taiping-Bewegung gescheitert war, hatte sich die materielle Lage der Bauern ständig verschlechtert. In den zwanziger Jahren dieses Jahrhunderts hatten finanzieller und demographischer Druck bewirkt, daß der freie Bauer in den landwirtschaftlichen Kerngebieten so gut wie verschwunden war. Da die Pachtabgaben im Durchschnitt zwischen 50–60% des gesamten Ertrages ausmachten, kamen die Dörfer auch in guten Erntejahren kaum über eine bloße Subsistenzwirtschaft hinaus. In schlechten Jahren aber waren Hunger und Tod die Regel[1].
Diese allgemeine ländliche Pauperisierung wurde durch den Niedergang der Gentryklasse begünstigt. Die alte Grundbesitzerschicht war mit dem Bauern nicht nur wirtschaftlich, sondern auch moralisch verbunden gewesen. Der traditionelle chün-tzu (gentleman) hatte dafür gesorgt, daß die Abgaben der Hintersassen in Grenzen blieben. Es war für ihn Ehrensache, einen Teil der Einkünfte in die dörfliche Gemeinschaft zurückfließen zu lassen: in Form von öffentlichen Getreidespeichern, von Deich- und Bewässerungsanlagen, von Fürsorgeeinrichtungen. Jetzt, mit dem Niedergang der konfuzianischen Lehre, wurde das Verhältnis zum Bauern auf eine nackte ökonomische Beziehung heruntergeschraubt. In dem Maße, wie sich die staatliche Ordnung

der frühen Republik in allgemeine Militäranarchie (chün-fa) aufzulösen begann, wurde die altchinesische Gentry zu einer zynischen Lumpenaristokratie, die sich nicht scheute, die ländlichen Massen nach Strauchritterweise ausbluten zu lassen[2].

Als die nationalistischen Gruppen 1926/27 von Kanton nach Norden marschierten, kam es zur spontanen Erhebung der mittelchinesischen Bauern. Mao, der diesen gigantischen Ausbruch in seiner Heimatprovinz Hunan erlebte, sah sich inmitten einer spontanen Bewegung, die ihre gewaltige gesellschaftliche Dynamik ganz ohne äußere organisatorische Führung entfaltete. Es lohnt sich, seinen Kommentar zu diesen Ereignissen ausführlich wiederzugeben: »Es dauert nur noch eine sehr kurze Zeit, und in allen Provinzen Mittel-, Süd- und Nordchinas werden sich Hunderte, Millionen von Bauern erheben. Sie werden ungestüm und ungebärdig wie ein Orkan sein, und keine noch so große Macht wird sie aufhalten können. Sie werden alle ihnen angelegten Fesseln sprengen und auf dem Wege der Befreiung vorwärtsstürmen. Soll man sich an ihre Spitze stellen, um sie zu führen? Soll man hinter ihnen hertrotten, um sie wild gestikulierend zu kritisieren? Oder soll man ihnen in den Weg treten, um gegen sie zu kämpfen? Es steht jedem Chinesen frei, einen dieser drei Wege zu wählen, aber der Lauf der Ereignisse wird dich zwingen, rasch deine Wahl zu treffen«.[3] Hier hat uns Mao seine Bekehrung beschrieben, das Urerlebnis der Bauernrevolution, die aus den Massen hervorbricht. Partei und Kader sind diesem Phänomen gegenüber lediglich zweitrangig, sie sollen nichts vorschreiben, sie können die naturwüchsig hervortretenden Forderungen nur präzisieren, nicht aber selber formulieren. Dieser populistische Grundzug des maoistischen Denkens hat sich in der Lehre von der »Massenlinie« (ch'ün-chung lu-hsien) politisch konkretisiert: »In der gesamten praktischen Arbeit unserer Partei muß eine richtige Führung stets aus den Massen schöpfen und in die Massen hineintragen, das heißt: die Meinungen der Massen sind zu sammeln und zu konzentrieren und dann wieder in die Massen hineinzutragen, zu propagieren und zu erläutern, bis die Massen sie sich zu eigen gemacht haben, sich für sie einsetzen und sie verwirklichen. Dabei wird die Richtigkeit dieser Meinungen in den Aktionen der Massen überprüft«.[4] Während dem »demokratischen Zentralismus« Leninscher Prägung jede selbständige Regung von unten verdächtig vorkommt, setzt die Lehre von der »Massenlinie« ein großes Vertrauen in die Weisheit der Basis voraus. Die Partei ist nicht mehr der einzige Garant einer sozialistischen Zukunft, die geschichtliche Dynamik wohnt auch in den Massen, reiner und ursprünglicher als in jeder abgeleiteten organisatorischen Form. Mao hat sich daher nie ein Gewissen daraus gemacht, von der Partei an die Massen zu appellieren, wenn er die revolutionäre Zukunft des Landes bedroht sah. So 1959, als er auf dem Lushan-Plenum den verdutzten Delegierten zurief, eher werde er eine neue Partisanenbewegung ins Leben rufen, als in Sachen des Großen Sprungs nachzugeben. So in der Sozialistischen Erziehungsbewegung, als er die Volksmilizen und die ärmeren Bauern zum Kampf gegen die Kaderwillkür aufrief. So zuletzt in der Kulturrevolution, als er Rotgardisten und Revolutionäre Rebellen zum Sturm gegen die Parteibastionen antrieb. Der Kernsatz der maoistischen Philosophie: »Rebel-

lion ist vernünftig« (tsao-fan yu-li), setzt den unerschütterten Glauben daran voraus, daß sich die geschichtliche Vernunft eher über populistische Bewegung von unten als über organisatorische Lenkung von oben verwirklichen läßt.
Als Verfechter einer permanenten Revolution optiert Mao Tse-tung für die Bewegung und gegen die Struktur. Dies mag damit zusammenhängen, daß er als Chinese für die Probleme der bürokratischen Herrschaft besonders sensibilisiert ist. War doch das traditionelle China der konfuzianischen Literati das Musterbeispiel eines hierarchischen Beamtenstaates, der aus den zahlreichen Bauernrebellionen wie ein Phönix aus der Asche immer von neuem erstand. Vielleicht hat dieses geschichtliche Erbe in Mao den Zug zu einem Geschichtspessimismus verstärkt, der uns bei keinem anderen Kommunisten von Rang in so ausgeprägter Weise begegnet. In seinen verschiedenen Interviews, etwa mit Edgar Snow und André Malraux, hat der Vorsitzende immer wieder hervorgehoben, daß die geschichtlich geprägte Triebstruktur des Menschen possessive und damit bürgerliche Verhaltensweisen begünstige, daß es noch Jahrhunderte dauern werde, bis ein sozialistisches Bewußtsein ausgebildet sei. Die Revolution ist bei Mao stets in Gefahr, von den übermächtigen egoistischen Interessen der bürokratischen Eliten überwuchert und zur Karikatur verzerrt zu werden. Nur der dauernde Kampf (tou-cheng) kann die Revolution vor diesem Schicksal bewahren. Mao fordert von seinen Gefolgsleuten eine ständige Bereitschaft, die Pflugschar mit dem Schwert zu vertauschen, einen eisernen Willen, die Mauern der sozialistischen Stadt nie unbemannt zu lassen. Die Widerspruchstheorie der Welt, die Mao entwickelt, kennt keinen harmonischen Endzustand, kein Ausruhen nach einmal erreichtem Ziel. In einem Kosmos der Unruhe und des ewigen Ungleichgewichts kann der Mensch nur dann Subjekt werden und bleiben, wenn er bereit ist, auf Ruhe zu verzichten. Nur die rastlose Anspannung aller Kräfte gibt Hoffnung, die Insel der klassenlosen Gesellschaft über dem Wasser einer Geschichte zu halten, die auf ständige Ausdifferenzierung der menschlichen Beziehungen abgestellt ist. So wie Nietzsche das heroische Individuum fordert, verlangt Mao nach der heldenhaften Gemeinschaft, die den Sirenentönen des Wohllebens standhält, den Helm fester bindet und der künftigen Kämpfe gedenkt. Der kommunistische Mensch soll sich nie fest ansiedeln, nie heimisch werden.
Die politische Geschichte der letzten 25 Jahre hat gezeigt, daß der Vorsitzende den Menschen zu hoch eingeschätzt hat. Die folgende Arbeit wird darstellen, daß die Massen in entscheidenden Punkten nicht nachfolgen konnten und wollten, daß sie den Planern den Vorzug gaben, den ruhigen Verfechtern einer Wirtschaftsgesellschaft, wo jeder sein Huhn im Topf haben würde. Der spektakuläre Sieg, den die Pragmatiker um Hua Kuo-feng und Teng Hsiao-p'ing in diesen Tagen davontragen, die Leichtigkeit, mit der sie die Schanghaier Gruppe, die wahren geistigen Erben der Maoideen, im Kampf um die Macht distanzieren, schreibt diese Wahrheit mit großen Lettern an die Wand der Geschichte. Hua verspricht »Ruhe und Ordnung« (ta-chih) und damit die Chance, die Früchte des Aufbaus zu sichern und zu genießen; seine Parteigänger, die sich um die Schanghaier Linke gruppierten, forderten »revolutionäre Unruhe« (ta-luan). Also weiteren Kampf, weitere Entbehrung.

Der »Kampf der Zwei Linien«, der so lange die politische Tagesordnung der VR China beherrschte, ist entschieden. Nicht nur vorläufig, sondern auf lange hinaus. Die folgenden Seiten beschreiben die Geschichte der Volksrepublik China aus der Sicht des informierten Beobachters, mit dem Ziel, das vorliegende Ergebnis verständlich zu machen.

2. Methode und Quellen

Geschichtliche Quellen sind zumeist ziemlich verschmutzt. Kein Wunder, daß es ernsthafte Forscher gegeben hat, die wie ein Ignaz Döllinger nur mit reinen Materialien arbeiten wollten: mit der logischen Folge, daß sie vor der Niederschrift von Gesamtanalysen kapitulierten[5].

Es gehört zum problematischen Wesen aller Geschichtsschreibung, daß sie stets durch das Temperament des Erzählers geprägt ist und geprägt sein muß, will sie sich nicht damit begnügen, dem Leser einen wüsten Haufen von Daten vor die Füße zu schütten. Worauf es ankommt, hat Johannes Haller in nebenläufiger Bemerkung ausgesprochen und dabei die eigene historiographische Leistung auf eine knappe Formel gebracht: »Überzeugender als alle noch so scharfsinnige Analyse der Quellen wirkt immer die Synthese. In der Beurteilung der Quellen wird der Wahrheit am nächsten kommen, wem es gelingt, das Bild der Dinge im Zusammenhang glaubhaft und anschaulich zu zeichnen.«[6]

Aber hier liegt ein Fallstrick verborgen, der den am Max Weberschen Begriff der »intellektuellen Redlichkeit« geschulten Leser zu Protesten veranlaßt: Zur ordnenden Synthese gelangt der Historiker nicht auf die gleiche Weise, wie der Archäologe eine unter dem Schutt der Zeiten begrabene Stadtanlage freilegen oder der Chemiker eine bislang unbekannte Molekularverbindung auffinden kann. Denn der geschichtlich ordnende Geist knüpft seine Muster am Webstuhl des partikularen Interesses und wendet seine Fäden bald so und bald so, bis sich die Formen und Farben ergeben, die er von Anfang an angestrebt hat: »Man muß suchen und finden wollen«, hat Jacob Burckhardt an einer Stelle bemerkt, die bezeichnenderweise die Überschrift: »Winke für das historische Studium« trägt[7]. Und was man »will«, hängt ab vom Bilde des Menschen, das man aus seinen Erfahrungen und Überlegungen gewann, und damit von all den Hoffnungen oder Befürchtungen, die man für die weitere Zukunft erwartet. Alles Dinge, die mehr existentielle als wissenschaftliche Seiten berühren und den rigorosen Forderungen etwa der Popperschen Wissenschaftslehre in keiner Weise standhalten können.

Das soll uns aber nicht weiter bekümmern. Geschichte ist uns eben nicht als fix und fertige Struktur vor Augen gesetzt, sondern Welt und Geist auf dem Wege; ein unfertiger, unabsehbarer Prozeß, in den Krise, Schuld und Leidenschaft genauso eingehen wie Vernunft und versöhnender Ausgleich. Ein Vorgang zudem, der überraschende Wendungen liebt, wo immer neue Gegenwart immer neues Licht auf die Erscheinungen der Vergangenheit gießt, so daß es durchaus sein kann, »daß im Thukydides z. B. eine Tatsache ersten Ranges liegt, die erst in hundert Jahren jemand bemerken wird«.

Wenn wir dennoch Geschichte schreiben, dann gerade nicht im Rückgriff auf den Optimismus der Ranke-Zeit, die Dinge so erzählen können, »wie sie eigentlich gewesen sind«. Dieser Forderung eines aufsteigenden Zeitalters kann unsere skeptisch gewordene Epoche nicht mehr nachfolgen. Es ist aber immer noch ein Vergnügen, die Dinge unseres Interesses soweit mit dem Licht der historischen Vernunft auszuleuchten, bis wir ihren Stellenwert für den Vorgang wissen, den Kant als den Ausgang des Menschen aus seiner geistig-politischen Unmündigkeit gekennzeichnet hat. Auch ohne die Suche nach der geschichtlichen Wahrheit so weit zu treiben, daß wir uns wie der englische Kulturhistoriker Buckle an der Quellenkritik eine Hirnlähmung zuziehen.

Dazu wäre übrigens Anlaß genug, denn die für unser Thema einschlägigen Texte sind derart schlecht überliefert und schwierig zu interpretieren, daß sich der Verfasser dieser Seiten manchmal überfordert fühlte. Was wir auch vor uns haben: offiziöse Zeitschriften, rotgardistische Aufrufe, Rebellenpamphlete, Flugschriften, Wandzeitungen oder auch Handzettel der tragbaren Ölpressen[8] – sie alle sind Parteischriften von einer solchen Wahrheitsverachtung, daß wir in unsere eigenen theologischen Zeiten zurückkehren müssen, um ähnlich giftgetränkte Polemiken wiederzufinden. Der Streit der alten Kirche zwischen Orthodoxie und katholischer Kirche über die filioque-Formel in der Lehre vom Heiligen Geist, der Waffengang zwischen Gregor VII. und Heinrich IV., die erbitterten Kämpfe, die Friedrich II. mit der Kurie ausfocht, wo der Gegner, wenn nicht der Antichrist selbst, so doch zumindest ein Ketzer und ausgemachter Höllenhund ist, sie geben den rechten Begriff von dem Ton, der die Mehrzahl der kulturrevolutionären Quellen beherrscht. Hauptgegner wie Liu Shao-ch'i, P'eng Chen oder Teng Hsiao-p'ing werden zu wüsten Dämonen, auf übermenschliche Weise fähig, ihren verderblichen Einfluß in allen Lebensbereichen zur Geltung zu bringen. Wenn etwa im Frühjahr 1967 versucht wird, die Schulen wieder zu öffnen, und das Experiment scheitert, weil sich Lehrer und Schüler in verständlicher Feindschaft gegenüberstehen, so muß auch hier der große Durcheinanderbringer Liu Shao-ch'i als Sündenbock herhalten, um beiden Gruppen zu helfen, ihr Gesicht zu wahren und eine Annäherung in die Wege zu leiten. Was Liu oder andere Gegner wirklich getan oder nicht getan haben, ist völlig belanglos: Sie werden zu bequemen mythischen Größen, denen man die eigenen Fehler und Versäumnisse ungestraft anlasten kann.

Wie sehr man trotz neuer politischer Formen alte kulturgeschichtliche Inhalte nahezu unbewußt weiterführt, zeigen sprachliche Eigenarten, wie die häufige Verwendung von »hsieh«, ein Attribut, das dem politischen Gegner so oft wie möglich angehängt wird und das die klassische Literaten- und Beamtenelite für alle Praktiken reserviert hatte, die außerhalb der herrschenden konfuzianischen Orthodoxie operierten[9].

Die Neigung zum politischen Mythus tritt vornehmlich in den Zeiten zutage, wo sich die Machtverhältnisse zu verschieben beginnen und wichtige Personen »von der Bühne herabstürzen« (k'ua-t'ai). Etwa im Fall von T'ao Chu, dem Leiter des wichtigen Mitte-Süd-Büros der Partei, den die kulturrevolutionären Wogen zunächst zum Pekinger Olympos emportragen, um ihn dann unvermittelt in den Hades zu stürzen[10]. Die wahren Gründe für seinen jähen Fall sind bis heute nicht erkennbar, denn was wir von offizieller Seite darüber zu hören bekommen, schlägt aller geschichtlichen und psychologischen Wahrscheinlichkeit so sehr ins Gesicht, daß es zur Erhellung nichts beiträgt. Danach wäre T'ao Chu schon immer ein tintenschwarzer Reaktionär gewesen, der sich ins Vertrauen der Partei eingeschlichen und sogar einige Monate lang »als Zeitbombe« an der Seite des Vorsitzenden Mao getickt hätte, bis ihn die revolutionäre Wachsamkeit der kulturrevolutionären Gruppe (KRG) entlarven und unschädlich machen konnte – alles Behauptungen, die mit den Tatsachen, die wir von T'aos Verhalten kennen, in nichts übereinstimmen.

Dieser schnelle Übergang vom »Hosianna« zum »Kreuziget ihn«, der bei T'ao schon befremdlich genug wirkt, wird im Fall des sogenannten »IV. Hauptquartiers« um Wang Li und Kuan Feng vollends zur Groteske. Wang Li, Kuan Feng, Ch'i Pen-yü, Lin Chieh waren zusammen mit Chiang Ch'ing und Ch'en Po-ta der unbestrittene linke Kern der KRG. Plötzlich, nach der Wende vom September 1967, werden sie von der hörigen Presse zu eingefleischten Rechtsopportunisten gestempelt. So lange als Hort der reinen Lehre und noch nach den Wuhan-Ereignissen als Bollwerk der maoistischen Ideen gefeiert, erscheinen sie nun als »übel konterrevolutionäre Clique, zusammengesetzt aus Ehrgeizlingen vom Chruschtschow-Typ, aus konterrevolutionären Rechtselementen, aus antikommunistischen Gaunern (fan-kung lao-shou), aus klassenfremden Eindringlingen, aus Verrätern (p'an-t'u) und Kuomintang-Agenten (kuo-min-tang t'e-wu)«[11].

Wer derartige Materialien zu bearbeiten hat, sieht sich vor der Schwierigkeit, daß er die hinter dem Begriffswust verborgenen politischen Begebenheiten wohl ahnt, aber in den angebotenen Erklärungen so gut wie keine Anhaltspunkte findet, die ihm eine plausible Rekonstruktion der Vorgänge erlauben würden. Er muß sich langsam vortasten: auf schlüpfrigem Grund und ständig in Gefahr, von seinen Quellen durch vorgespiegelte »Tatsachen« auf Abwege oder auch in Sackgassen geführt zu werden. Nur lange Vertrautheit und »Fühlung« mit dem Material können ihn schließlich befähigen, einige Hauptpunkte einer politischen Linie zu bezeichnen, zwischen denen sich ein Netz geschichtlicher Glaubwürdigkeit über den Abgrund der Absurdität spannen läßt.

Um an einem Beispiel zu zeigen, wie schwer es dem Forscher gemacht wird, den wirklichen Standpunkt auszumachen, den ein Akteur im kulturrevolutionären Geschehen zu einem bestimmten Zeitpunkt eingenommen hat, sei hier das Geschick von K'uai Ta-fu beschrieben. K'uai war im Sommer 1966 an der Pekinger Tsinghua-Universität als einer der ersten gegen die liuistischen Arbeitsgruppen aufgestanden, was ihm zunächst die Bezeichnung »Reaktionär« eingetragen hatte. Als gleich darauf die maoistische Linke siegte, wurde er wie die anderen »Alten Rotgardisten« rehabilitiert und galt fortan als respektabler »Linker« (tso-p'ai). Zu unserem Erstaunen sehen wir, wie K'uai lange nach diesen Ereignissen in einer wilden Kampagne vom Sommer 1971 als »ultralinkes Element« hingestellt wird. Er soll mit Wang Li und anderen Radikalen konspiriert haben, alle führenden Kader an der Hochschule aus ihren Positionen zu entfernen, und sei öffentlich gegen Chou En-lai angegangen. Die Atmosphäre ist die eines Schauprozesses: Alle Anschuldigungen werden mündlich vorgebracht, dokumentarische Belege sind nicht vorhanden. Wie wollte ein Beobachter, der nur diese Kampfsitzungen kennt, sich ein Urteil bilden? Nun haben wir aber schriftliche Unterlagen über K'uais Aktivitäten zu der Zeit, wo er sich in ultralinken Parolen ergangen haben soll. Ende Januar/Anfang Februar 1967, als er angeblich die Entfernung der Führungskader verlangt, sehen wir K'uai als eines von drei führenden Mitgliedern der sehr gemäßigten »Chingkangshan-Gruppe« der Tsinghua-Universität, ein Tatbestand, der mit seiner Position als Ultralinker unvereinbar ist. Zu allem Überfluß haben wir eine Rede, die er anläßlich des halbjährigen Bestehens dieser Organisation gehalten hat, worin er die damals unter Linksbeschuß stehenden engen Mitarbeiter von Chou En-lai, Li Hsien-nien und Li Fu-ch'un ausdrücklich in Schutz nimmt[12].

Dieses Plädoyer zeigt ihn klar auf dem gemäßigten Flügel der damaligen politischen Landschaft angesiedelt. Anders ist auch nicht zu erklären, daß K'uai im April 1967 unter die Mitglieder des neuen Pekinger Revolutionskomitees aufgenommen wird: kein »Ultralinker« wäre bei den damaligen Machtverhältnissen in der Hauptstadt in dieses Gremium gelangt.

Aufgrund dieser Belege können wir in diesem Fall ziemlich eindeutig sagen: K'uai war mitnichten ein radikaler Rebell, er hatte sich aber als Vertreter einer großen studentischen Massenorganisation den Anstand bewahrt, gegen die Welle der bürokratischen Restaurationen zu protestieren, die nach dem endgültigen Abgang von Ch'en Po-ta (Ende 1970) das Land überschwemmte. So zu einem unbequemen Mahner in den Führungsgremien geworden, wurde er mit der geschickt inszenierten Kampagne vom Sommer 1971 ausmanövriert.

Was im Falle von K'uai Ta-fu aufgrund der Quellenlage gelingt, ist bei vielen ähnlich gelagerten Vorgängen eben nicht möglich: die Aussagen der im Kampf siegreichen Partei anhand von zeitgenössischen Dokumenten zu überprüfen.

Im Gegensatz zu jener von der Ilias, Herodot und Aischylos begründeten griechischen Tradition, die dem Gegner seine Ehre ließ, hat der ziviltheologisch ausgerichtete Konfuzianer die gesellschaftliche Welt in einem reinen Schwarzweiß-Schema gesehen. In dieser Hinsicht setzen die kulturrevolutionären Quellen die altchinesische Tradition konsequent fort. Die antiautoritären Rebellen, also die schließlichen Verlierer, treten uns von vornherein unter der Maske der »konterrevolutionären Bande« entgegen. Nicht nur, daß die siegreiche Koalition des maoistischen Kompromisses, die Militärkommandanten an der Spitze, sie politisch als Rechtselemente darzustellen beliebten, man hat auch versucht, sie in jeder Hinsicht zu kriminalisieren und als gemeine Verbrecher in die Geschichte eingehen zu lassen. So vor allem bei den Pekinger »lien-tung«-Verbänden, die sich erdreistet hatten, die opportunistische Politik des maoistischen Zentrums von links einer ausführlichen Kritik zu unterwerfen. Kein Schmutz ist zu dreckig, um nicht über sie ausgegossen zu werden. Verständlich, denn sie und andere ähnliche Rebellenorganisationen verkörperten so etwas wie das »Gewissen der Revolution«, waren ein lebendiges Beispiel dafür, wie sehr sich der offizielle Kommunismus auf die Minimalpositionen

einer Akkumulationsdiktatur zurückgezogen hatte! Wenn sie in ihren Wandzeitungen und Flugschriften die enormen Kosten des Fortschritts offenlegten, etwa indem sie auf die Bauern und die unterprivilegierten Gruppen in der Arbeiterschaft verwiesen, rissen sie vom hohen Gerüst der bürokratischen Herrschaft die schmückende Verkleidung herunter und zeigten sie häßlich und nackt. Im Gegenzug haben die neu-alten Eliten sie in die unterste konterrevolutionäre Hölle verbannt.
Vor allem aber: wo immer es ging, sind die authentischen Rebellenschriften vernichtet worden. Von der einmal vorhandenen Fülle ist wenig übriggeblieben. Und davon gelangte nur eine nach zufälligen Kriterien getroffene Auswahl in die Archive des Auslands. Es erfordert also Mut und eine lange Erfahrung, um aus Fragmenten und Andeutungen auf das Ganze zu schließen und aus kümmerlichen Zitaten zu einer gerundeten politischen Anschauung zu kommen. Oft sind uns wichtige Rebellenaussagen nur in der gehässig entstellenden Rede ihrer Gegner überliefert, und es ist eine heikle Aufgabe, vor dem Hintergrund der jeweiligen Situation eine rekonstruierende Paraphrasierung des wirklichen Sinnes zu geben.
Wie aber findet man unter der Fülle der »falschen« Rebellen die »wirklichen« heraus? Da ist neben dem Inhalt der Schriften die Sprache zu nennen, die höchst unterschiedlich ausfällt. Man darf nicht vergessen, daß die Chinesen zu Beginn der Kulturrevolution in ihrer Mehrheit kampagnenmüde waren. Kader wie Volk hatten schon in der voraufgegangenen »Sozialistischen Erziehungsbewegung« gezeigt, daß sie die Mechanik einer Kampagne (yün-tung) in allen Einzelheiten am Schnürchen hatten und es verstanden, nach außen alle geforderten Schritte zu tun, ohne im Innern im geringsten beteiligt zu sein[13]. Die meisten der in den kulturrevolutionären Jahren (1966–1969) erschienenen Schriften wurden zweifellos gerade von solchen Leuten verfaßt. Man hat beim Durchforsten der literarischen Bestände das sichere Gefühl, hier sei nach Inhalt und Form ein bestimmtes Soll erfüllt worden. Es umkreist einen die Welt von 200 bis 300 Formeln, die nicht nur bis zur Erschöpfung wiederholt, sondern jedem Thema und jeder Person aufgezwungen werden – Formeln, die sorgfältig die Mitte halten zwischen dem gebotenen Grad an Radikalität und einer allgemeinen Rhetorik, die dem vielleicht nötig werdenden Rückzug den interpretativen Spielraum verschafft. Alles in allem ergibt sich dabei der Eindruck, um mit Tucholsky zu sprechen, »eines entpolitisierten Bewußtseins bei einem Höchstmaß an politischen Schlagworten«[14].
Der echte Rebellenton ist da ganz anders. Er geht aufs Ganze. Er verzichtet auf Rückendeckung und bricht die Brücken ab. Er will den verbalen Salto mortale ohne schützendes Netz. Die Worte sind gänzlich auf aggressive Attacke gestimmt: ohne Rücksicht, wer hier verletzt, wem auf die Füße getreten wird. Man liebt die hyperbolische Rede, die große Geste, den Zustand permanenter Erregung. Der Leser gewöhnt sich allmählich daran, den Tenor immer um zwei bis drei Töne heruntertzutransponieren, um der Wirklichkeit näher zu kommen.
Diese sprachliche Scheidung bewahrt den Leser in den zahlreichen Fällen der »falschen Identität« vor Irrtum. Oft sind es radikale Vereine, die vom Militär aufgelöst, dann aber mit genau dem gleichen Namen neugegründet wurden.

Zumeist trägt selbst das Publikationsorgan den alten Namen. Ein Beispiel: die »Eisenkeule«[15] war eine der Organisationen, die zum Stamm der Kantoner »Revolutionären Allianz« gehörten. Ihre Mitglieder wurden während der »Widrigen Februarströmung« verhaftet und der Verein aufgelöst. Als sei nichts weiter geschehen, taucht im Herbst 1967 wieder eine »Eisenkeule« als Gruppe und als Zeitung auf. Aber der Stil ist jetzt ganz der vorsichtigen Formelsprache der gemäßigten Status-quo-Kräfte angepaßt.
Noch eines zum Ton, den die Rebellen anschlagen. Gerade ihnen genügt die chinesische Umgangssprache (pai-hua) nicht mehr. Sie ist in der Tat zum Ausdruck starker Gefühle ungeeignet. Als die politische Fieberkurve emporschnellt, sehen wir, wie gerade diese Gruppen, die doch das Alte mit Stumpf und Stiel ausrotten wollen, lexikalische Anleihen bei der ausdruckskräftigeren »wen-yen«, der literarischen Hochsprache der klassischen Zeit, machen. Wenn es sich etwa darum handelt, eine besonders harte »Enthüllungsgeschichte« über diesen oder jenen Bürokraten zu liefern, lesen wir häufig die Schriftzeichen »szu-p'o hua-p'i«. Wörtlich heißt das, »Reißt dem Teufel die gemalte Haut ab!« und entstammt der Sammlung des »liao-ch'ai ch'i-yi«, worin diese Zeichen den Titel einer bekannten Kurzgeschichte bilden[16]. Will man sich von irgendwelchen revisionistischen Ansichten distanzieren, spricht man vom »feng ma-niu pu hsiang-chi«. Man sei von der Lokalität des Gegners so weit entfernt, daß zur Paarungszeit weder Pferde noch Rinder ausgetauscht werden könnten, ein Ausspruch, den der Unterhändler des südlichen Ch'u-Staates machte, um dem an der Grenze aufmarschierten Herzog Huan von Ch'i (im nördlichen China gelegen) die Sinnlosigkeit seiner eroberischen Gelüste vor Augen zu führen[17].
Die polemische Nützlichkeit der alten Sprache war einfach zu groß, um sie aus weltanschaulichen Gründen rechts liegen zu lassen.

3. Stand der Forschung

In den zehn Jahren, die seit dem Elften Plenum und damit dem eigentlichen Beginn der Großen Proletarischen Kulturrevolution in China vergangen sind, hat die westliche und japanische Sinologie eine Unmenge von Quellen verarbeitet und eine bis ins einzelne gehende Chronologie der wichtigsten Ereignisse dieser Periode aufgestellt. Hervorzuheben sind die umfangreichen Arbeiten von Edward Rice, Mao's Way (Berkeley 1972), und von Stanley Karnow, Mao and China. From Revolution to Revolution (New York 1972). Beide sind bemüht, eine fast von Tag zu Tag reichende Intensivanalyse zu geben.
Weitere wichtige politische Gesamtdarstellungen, die in der vorliegenden Arbeit ausgewertet wurden, sind: Robert S. Elegant: Mao's Great Revolution (London 1971); Jean Esmein: La révolution culturelle chinoise (Paris 1970); Chalmers Johnson (ed.): Ideology and Politics in Contemporary China (London and Seattle 1973); Robert A. Scalapino (ed.): Elites in the People's Republic of China. Washington Paperbacks on Russia and Asia Nr. 11 (London and Seattle 1972); John Wilson Lewis (ed.): The City in Communist

China (Stanford Cal. 1971). Als wichtiger Augenzeugenbericht wurde verwendet: D. W. Fokkema: Report From Peking. Observations of a Western Diplomat on the Cultural Revolution (London 1972).
Die besten Untersuchungen zum machtpolitischen Hintergrund der kulturrevolutionären Ereignisse finden sich in den verschiedenen Nummern des ›China Quarterly‹ und des ›Asian Survey‹. Hier wurde vor allem die gutunterrichtete Artikelserie verwendet, die Philip Bridgham im CQ veröffentlicht hat: Ph. Bridgham: Mao's Cultural Revolution. Origin and Development. In: CQ 29 (Jan.–March 1967), S. 1–35; ders.: Mao's Cultural Revolution in 1967: The Struggle to Seize Power. In: CQ 34 (April–June 1968), S. 6–37; ders.: Mao's Cultural Revolution: The Struggle to Consolidate Power. In: CQ 41 (Jan.–March 1970), S. 1–25. Hierher gehört die Arbeit vom gleichen Verfasser: Factionalism in the Central Committee. In: John W. Lewis (ed.): Party Leadership and Revolutionary Power in China. Contemporary China Institute Publications (Cambridge 1970), S. 203–235.
Zwei weitere bedeutende Studien zur Machtpolitik in der Kulturrevolution seien erwähnt: Jürgen Domes: Party Politics and the Cultural Revolution. In: Frank N. Traeger and William Henderson (eds.): Communist China, 1949–1969. A Twenty Year Appraisal; und: Roderick MacFarquhar: Mao's Last Revolution. In: Foreign Affairs, Vol. XLV, Nr. 1 (Oktober 1966), S. 112–125.
Zur Klärung der Vorgeschichte wurde das wichtige Werk von Roderick MacFarquhar eingesehen: The Origins of the Cultural Revolution. Royal Institute of International Affairs (Oxford 1974). Diese Arbeit erwies sich als wichtige Fundgrube, um den »Kampf der Zwei Linien« bis in die Zeit des Großen Sprunges und darüber hinaus zurückzuverfolgen. Neben MacFarquhar wurde dazu weiter verwendet: Richard H. Solomon: Mao's Revolution and the Chinese Political Culture (Berkeley 1971), S. 248 ff. An dieser Stelle muß auch die glänzende Untersuchung von Stuart R. Schram erwähnt werden: The Cultural Revolution in Historical Perspective. In: Ders. (ed.): Authority, Participation and Cultural Change in China (Cambridge 1973), S. 1–108.
Besonders eingehend hat sich der Autor mit den militärischen Aspekten der Kulturrevolution befaßt, schon deshalb, weil die Kommandanten der Großen Militärregionen zu den hauptsächlichen Gegnern der Revolutionären Rebellen zählten. Grundlage waren die monumentalen Studien von William W. Whitson und Huang Chen-hsia: The Chinese High Command. A History of Communist Military Politics, 1927–1971 (London 1972), und Huang Chen-hsia: Mao's Generals. Research Institute of Contemporary History (Hongkong 1968). Beide Arbeiten wurden ergänzt durch: William W. Whitson (ed.): The Military and Political Power in China in the 1970's (New York and London 1972). Die Spezialarbeit, die Jürgen Domes auf diesem Gebiet geleistet hat, sei an dieser Stelle besonders hervorgehoben. Ihm verdanken wir vor allem folgende wichtige Artikel:
Kulturrevolution und Armee. Die Rolle der Streitkräfte in der Chinesischen Kulturrevolution (Bonn 1967); ders: The Role of the Military in the Formation of Revolutionary Committees 1967–1968. In: CQ 44 (Oct.–Dec. 1970), S. 112–145; ders: Some Results of the Cultural Revolution in China. In: Asian

Survey, Vol. XI, Nr. 9 (Sept. 1971). Dazu wurden verwendet: John Gittings: The Chinese Army's Role in the Cultural Revolution. In: Pacific Affairs, Vol. XXXIX, nos. 3–4 (Herbst 1967), S. 269–289; Ellis Joffe: The Chinese Army in the Cultural Revolution: The Politics of Intervention. In: Current Scene, Vol. VIII, Nr. 18, 7, Dezember 1970; William L. Parish, Jr.: Factions in Chinese Military Politics. In: CQ 56 (Oct.–Dec. 1973), S. 667–699. Whitsons Theorie der Feldarmeen und ihrer fortdauernden Bedeutung für die innenpolitische Szene wurde mit Modifikationen übernommen. Trotz einiger Schwächen bietet sie ein plausibles Modell, das die Gruppenloyalitäten innerhalb der militärischen Führungsspitze aufzeigt und erklärt.

Zum eigentlichen Thema der vorliegenden Untersuchung, dem gesellschaftlichen Hintergrund der KR, liegen nur wenige Veröffentlichungen vor. Fast alle sind aus Mangel an geeigneten Quellen knapp und allgemein gehalten. Dies betrifft auch die Arbeit von Neale Hunter über Schanghai, die sich vornehmlich mit den politischen Aspekten der dortigen Kulturrevolution befaßt. Die Studie von Lynn White über die Rolle der Arbeiter in der Schanghaier KR bildet die große Ausnahme. Sie wurde eingehend konsultiert. Auch die Arbeit von Domes, die sich mit den kulturrevolutionären Aktivitäten in Kanton befaßt, geht vornehmlich auf die politischen und militärischen Gesichtspunkte des Kampfes im südchinesischen Raum ein. Ezra F. Vogel offeriert in seiner klassischen Studie zur kommunistischen Herrschaft in Kanton nur einige wenige Seiten, die sich mit den sozialen Hintergründen der KR befassen (Canton Under Communism. Programs and Politics in a Provincial Capital, 1949–1968. Cambridge, Mass. 1969, S. 321 ff.).

Wenn diese Arbeit den gesellschaftlichen Aspekt in den Vordergrund stellt, dann erforderte das, die vorhandenen Materialien mit großem Zeitaufwand auf dieses Thema hin zu durchforsten. Als nützlich erwies sich, daß mit der Quellenpublikation der ARL (20 Bände) neue Texte zugänglich wurden, von denen zumindest einige die gesellschaftliche Problematik der vorkulturrevolutionären Periode in bislang unbekannter Weise beleuchten. Dies gilt vor allem für die Saisonarbeiter und die aufs Land geschickte junge Intelligenz, von deren Beschwerden zahlreiche Pamphlete und Briefe Zeugnis ablegen. Hier hat die vorliegende Arbeit Neuland erschlossen, das auch den Fachmann auf dem Gebiete der Sinopolitologie interessieren dürfte.

4. Danksagung

An erster Stelle gilt mein Dank zwei akademischen Lehrern in Freiburg, wo ich studiert habe und mich mit der vorliegenden Arbeit habilitieren konnte. Die Professoren Dieter Oberndörfer und Gottfried Schramm haben den Autor als Mentoren auf einem langen Ausbildungsweg begleitet und in wissenschaftlicher wie persönlicher Hinsicht unterstützt und gefördert. Ohne ihre geduldige Bemühung hätte diese Arbeit nie geschrieben werden können. Professor Schramm, aber auch den anderen Herausgebern der ›Historischen Perspektiven‹ sei noch besonderer Dank gesagt, daß sie das Manuskript auf inhaltliche wie formale Mängel abgeklopft haben.

Der Verfasser hat auf seinen Archivreisen durch mehrere Länder mit seinem Suchen und Fragen nicht wenige Kenner belästigt, deren hilfsbereiter Auskunft er viele wichtige Hinweise auf Quellen und Sekundärliteratur verdankt.

In den USA habe ich vor allem Herrn Dr. Potter zu danken, dem circulation librarian der Harvard-Yenching-Library. Zum einen, weil ich mich während meines zweimaligen Studienaufenthaltes in den Staaten in Cambridge aufhielt (Sommer 1973 und 1975). Zum anderen, weil nur seine Autorität es mir ermöglichte, seltene Texte aus anderen großen Bibliotheken im Ausleihverfahren zu erhalten. Dank geht auch an Dr. Eugene Wu, der mir sein überragendes Wissen zur Verfügung stellte, um einige chinesische Quellen zu lokalisieren. In Washington hat mir Robert Warren Barnett von der Asia Society hilfreiche Unterstützung und Auskunft gewährt, vor allem für die Quellenbestände der Library of Congress. Mein früherer Adviser an der Columbia University (New York), Michel Oksenberg, zur Zeit Professor an der University of Michigan/Ann Arbor, konnte mir weitere Ratschläge bezüglich seltener Materialien geben. Dank gebührt auch der Mikrofilm-Abteilung der East Asian Collection der Hoover Institution on War, Revolution and Peace, vor allem Mr. C. N. Hu, der mir eine Reihe von Zeitungskopien besorgte.

Während meines langen Studienaufenthaltes in Japan war mir Takeuchi Minoru aus Tokio (zur Zeit in Kyoto) als fachlicher spiritus rector an die Seite gegeben worden. Ich danke ihm die Einführung in die japanischen Archive, die reichhaltig an Wandzeitungen und Pamphletliteratur sind. Ohne diesen Japanaufenthalt wäre die Arbeit nicht zustande gekommen.

In Hongkong durfte ich die Gastfreundschaft von Professor Frank H. H. King in Anspruch nehmen, der mir auch die Räume des Robert Black College zugänglich machte. Von dieser Basis in der Hongkong University aus war die hauptsächliche Arbeit im Union Research Institute sichergestellt. Hier gilt mein besonderer Dank Dr. William Hsü, der mir in den Institutsräumen in der College Road einen Platz zukommen ließ. Nicht nur für die Arbeit an der kulturrevolutionären Epoche, auch für die Erforschung des gesellschaftlichen Hintergrundes der Rebellen waren die im URI gesammelten rotchinesischen Zeitungen eine unschätzbare Hilfe. Das Universities Service Center darf nicht unerwähnt bleiben, da es billig und gut (chia-lien wu-mei, wie die Chinesen sagen) für leibliche und geistige Bedürfnisse sorgte. John Dolfin, dem Leiter der Institution, sei dafür herzlich gedankt.

Zum Schluß noch ein Blick nach den USA. Dort hat Dr. Ping Kuen-yu vom Center for Chinese Research Materials (Association of Research libraries) in Washington, D. C., durch rechtzeitige Besorgung von Photokopien und Reprints die Sache dieser Untersuchung sehr gefördert.

Pecunia nervus rerum. In finanzieller Hinsicht haben die Stiftung Volkswagenwerk sowie das Freiburger Arnold-Bergstraesser-Institut und die Stiftung Mitbestimmung (DGB) das langjährige Sprachstudium in den USA gefördert. Das japanische Ministerium für Kultur (mombusho) sowie der Deutsche Akademische Austauschdienst haben mir den Zusatzaufenthalt in Japan und in Hongkong ermöglicht. Gedankt sei an dieser Stelle auch der Deutschen Forschungsgemeinschaft, nicht nur für das großzügige Habilitationsstipendium, sondern auch für den Sonderzuschuß, mit dem eine neue, zwanzigbändige Sammlung von Rotgardistenmaterialien (ARL) angeschafft werden konnte. Diese umfangreiche Anthologie wurde im Frühjahr 1976 im Hamburger Institut für Asienkunde eingestellt.

Kapitel I
Die vorsichtige Revolution

Die Roten Rebellen stehen im Zentrum des Sturms, der über China hereinbricht. Aber das heißt noch lange nicht, daß der kulturrevolutionäre Grundplan ihre Aktionen in irgendeiner Weise voraussah oder gar für wünschenswert hielt. Die Mächtigen, die auf den Kommandohöhen von Staat und Gesellschaft stehen, hegen vielerlei Pläne und initiieren mancherlei Akte, die in den seltensten Fällen die gewünschten Ergebnisse bringen.
Die Kulturrevolution ist eines unter vielen Beispielen, daß Politik und Geschichte ihre eigenen Wege gehen und es lieben, den positiven Plänen eine negativ-hintergründige List der Vernunft entgegenzustellen, die alles Vordenken verfremdet und schon im Ansatz zu Makulatur werden läßt.
Diese letzte maoistische Kampagne war alles andere als anarchistisch gedacht, eher als vorsichtige, in der Wirkung streng begrenzte Bewegung. Dabei geht sie von Zielen aus, die oberflächlich als Gegensätze erscheinen, es aber bei genauerem Hinsehen keineswegs sind: Kampf um die Macht und revolutionäre Erziehung der Jugend. Daß es in der Bewegung wesentlich darum geht, maoistische Positionen dem liuistisch-bürokratischen Gegner gegenüber zu stärken, wird in Wort und Schrift freimütig bekannt, am bündigsten wohl im Leitartikel der ›Roten Fahne‹ (hung-ch'i), vierte Nummer von 1967, wo auf den Kopf zu definiert wird: »Die Große Proletarische Kulturrevolution hat zum Ziel, eine kleine Handvoll von kapitalistenfreundlichen Autoritäten aus den Positionen zu entfernen.« Es geht also schlicht darum, einen Parteiapparat in die Schranken zu verweisen, der sich in den sechziger Jahren immer mehr zur administrativen Bremse entwickelt hatte, der die maoistischen Ziele der chinesischen Revolution immer skeptischer sah und ihre Verwirklichung durch planvolle Passivität sabotierte.
Aber: der Kampf sollte nicht auf beliebige Weise geführt werden, sondern so, daß die Erneuerung der revisionistisch gefährdeten Jugend (dazu unten nähere Einzelheiten) dabei vorangetrieben wurde. An der Front des Bewußtseins wollte man kämpfen, so wie es der erste Satz der ›Sechzehn Punkte‹ ausdrückt: »Die sich gegenwärtig entwickelnde Große Proletarische Kulturrevolution ist eine gewaltige Bewegung, deren Ziel darin besteht, den Menschen in seinem innersten Wesen zu rühren.«[1]
So sehen wir, wie der Kampf die subjektive Form der Rotgardisten annimmt. Hier tritt die studierende Jugend der Städte aus ihrem Alltagszustand heraus, um im kritischen Experiment das existentiell Neue zu wagen. Zugrunde liegt die Erfahrung, daß keine noch so gelungene Belehrung vermocht hatte, den

späten Enkeln das Erlebnis der Revolution lebendig werden zu lassen. Und so ist denn die Form der Bewegung ebenso wichtig wie ihr machtpolitisches Ziel. Die Bewegung wird zum kultischen Akt der translatio historiae: So wie in bestimmten Kulturen der Sohn Waffen und Kleidung des verstorbenen Vaters anlegte, um den Geist der Ahnen über die dunklen Wasser der Zeiten zu retten, so treten die Rotgardisten ins Kostüm der geschichtlich gewordenen Revolution, die in den imitierenden Akten der Jungen gleichsam eine politische Auferstehung erlebt: Die Symbole und Zeichen, Fahnen, Binden und Uniformstücke, die Titel der Gruppen und der Presseorgane, die Märsche und die Appelle – sie alle sind ein Memento, das den gewundenen Gang der chinesischen Revolution noch einmal nachschreitet. Von Chingkangshan bis Shihchiachuang werden alle Stationen des geschichtlichen Kreuzwegs auf der Bühne der Gegenwart reproduziert. Was die Kluft der Zeit nur im Buch überwand und eine neue Generation als objektive und theoretische Wahrheit erreichte, der Geist der Revolution, soll in Einsatz, Gefahr und Aktion praktisch und innerlich werden. Der maoistische Gedanke, daß sich Revolution nicht lernen, sondern nur leben läßt, hat in dieser neuen Bewegung seine Nutzanwendung gefunden. Die »kleinen Soldaten«, die die Parteibüros stürmen und in Straßenschlachten ihre Fraktionskämpfe ausfechten, sind auf der Suche nach der verlorenen Zeit, wollen die heroisch-unverfälschte Welt von Yenan auferstehen lassen. Wohlgemerkt, hier kämpfen Eliten miteinander: alte Kader und neue, die es erst werden sollen, zwei verfeindete Kräfte, die in Angriff und Verteidigung ihre Kreise beschreiben.

Von Anfang bis Ende bleiben die breiteren Massen auf die Zuschauerränge beschränkt. Diese faktische Entwicklung findet sich theoretisch vorgezeichnet. Der Satz: »Die Massen werden sich selbst befreien«, der sich wie ein Leitmotiv durch den Text der ›Sechzehn Punkte‹ hindurchzieht, deutet die Trennung schon an. Die Arbeiter und Bauern werden auf die ihnen zukommende Aufgabe der produktiven Tätigkeit verwiesen. Die GPKR, heißt es da, ist eine Macht, die die Entwicklung der gesellschaftlichen Produktionskräfte fördern soll. Im oft wiederholten Topos: macht die Revolution, aber fördert die Produktion (chua ko-ming, ts'u sheng-ch'an), kommt der gleiche Gedanke zum Ausdruck. Leitartikel und Kommentare der politischen Führer wiederholen den Vorrang der Arbeit mit unüberbietbarer Schärfe. So lesen wir im jen-min jih-pao an hervorragender Stelle: »Die breiten Massen der Arbeiter und Bauern sollen den revolutionären Eifer, den sie aus der kulturrevolutionären Bewegung und der Szu-ch'ing-Kampagne gewonnen haben, dazu verwenden, die Produktionsarbeit voranzutreiben.«[2]

Nach solchen Interpretationshilfen ist nicht verwunderlich, daß Revolution und radikale Kritik der Autoritäten vor den Fabriktoren haltmachen. Zwar ist eine erhöhte ideologische Aktivität unverkennbar, die den Werken des Vorsitzenden Mao gewidmeten Lesestunden nach Feierabend werden intensiviert. Die Zahl der politischen Veranstaltungen nimmt eindeutig zu. Aber das alles unterscheidet sich in keinem wesentlichen Punkt von ähnlichen Aspekten während der Sozialistischen Erziehungskampagne. Wenn etwa die Belegschaft eines Reparatur- und Ausbesserungswerkes der Kantoner Städtischen Verkehrsbetriebe Maos Ausgewählte Werke in sonntäglichen Seminaren durchgeht, so wird daran nicht so sehr der revolutionäre als der wirtschaftliche Erfolg des Unternehmens gewürdigt. Ein Arbeiter Kao Chih-p'eng habe sich in der Halle beim Montieren verletzt, sich aber unter dem Eindruck der Lektüre geweigert, einen Arzt aufzusuchen. Er zog es vor, seine Tätigkeit fortzusetzen[3].

In Schanghai, dem industriellen Zentrum des Landes, beschränkt sich die Kulturrevolution auf die Züge einer reinen Produktionskampagne. Von einer Kritik am Management, von einem Aufstand gegen die Vorgesetzten hören wir nicht, dafür aber um so mehr von energisch gesteigertem Ausstoß in allen Bereichen. Ob es um Geräte oder Kunstdünger, um Feinmechanik oder Metall-Legierungen geht, ob es sich um Autobau oder synthetische Fasern handelt: überall wird eine Übererfüllung des Solls gemeldet[4]. Ähnliches wird aus Loyang gemeldet, wo die große Traktorenfabrik die kulturrevolutionäre Erregung ausschließlich dazu benutzt, an die Stelle der ausländischen Verfahren neue chinesische zu setzen[5]. Bei den bedeutenden Stahlwerken im zentralchinesischen Wuhan, hören wir, habe sich die neue Kampagne gegen die Kapitalistenfreunde in der Partei dahingehend ausgewirkt, daß alle wichtigen Güter wie Stahl, Schamott, Kunstdünger und Koks in Qualität und Quantität einen Sprung nach vorn verzeichnen könnten[6].

Dieser Versuch, die arbeitenden Massen, manchen anderslautenden Parolen zum Trotz, auf strenge Leistungsdisziplin zu verpflichten und von jeder revolutionär-destruktiven Betätigung fernzuhalten, findet sich im landwirtschaftlichen Bereich noch ausgeprägter verwirklicht. Kein Wunder, da doch das entscheidende Elfte Plenum zu einer Zeit abgehalten worden war, als die Herbstarbeit dicht vor der Tür stand, eine Arbeit, von deren Güte die Versorgung der Städte abhängen würde. Hier war für weltanschauliche Experimente noch weniger Raum als in der Fabrik. Alle autoritativen Stimmen machen das klar. Wir haben z. B. ein damals weit verbreitetes Interview mit Chou Ming-shan, dem national bekannten »Aktivisten im Studium der Maotsetungideen«, der zugleich Erster Parteisekretär des Chianghsien-Kreises in der Provinz Shansi ist. Chou verdeutlicht den Bauern, wie die Pekinger Führung die Kulturrevolution auf dem Lande verstanden wissen will: »Zusammen mit den armen Bauern und den unteren Mittelbauern, sowie mit den revolutionären Kadern, werde ich die Werke des Vorsitzenden Mao noch besser und intensiver studieren. Wir werden Revolution und Produktion gleichzeitig treiben, und dabei einen großen Beitrag zum Aufbau eines starken sozialistischen Vaterlandes leisten.«[7] Wie das konkret aussehen soll, wird etwa für die Fei-ho-Kommune in der Provinz Anhwei berichtet, wo eine sommerliche Trockenheit die Saat beeinträchtigt hatte. »Aber unter dem begeisternden Einfluß der Kulturrevolution und der Sechzehn Punkte gelang es, unter ständigem Studium der Maotsetungideen, die Produktion von Frühreis gegenüber dem Vorjahr um 51 % zu steigern.«[8] Ähnliches gilt von der Hsiang-ta-Brigade in der Provinz Kiangsu, wo sich die kulturrevolutionäre Bewegung in dem Versprechen erschöpft, alles zu tun, um die Herbsternte zu einem überdurchschnittlichen Erfolg werden zu lassen[9].

Wo wir auch hinsehen, wir erblicken eine Revolution ohne Massen: eine Bewegung, die zwar propagandistisch die Totalität der Gesellschaft erfaßt, in

Wirklichkeit aber alle wirtschaftlich wichtigen Bereiche aus der Unruhe ausspart. Und so bietet das damalige China dem Betrachter das seltsame Bild einer soziopolitischen Landschaft, die genau in zwei Hälften geteilt ist: eine Führungselite, die das Revolutionsspiel mit Leidenschaft treibt, agiert vor einer Bevölkerung, die mit wenigen Ausnahmen in Arbeitsdisziplin und strenger betrieblicher Bindung verharrt.

Das Ganze gleicht einem Theater: auf der einen Seite die Bühne, wo in Blitz und Donner das Stück vom Ausnahmezustand abrollt, auf der anderen Seite die Masse der Zuschauer, deren Alltag sich keineswegs ändert und die auf die Geschichte wie auf einen Prozeß blicken, der stellvertretend für sie von anderen vollzogen wird. Oder man denke sich einen Landstrich, über dem ein lokales Unwetter tobt und die normalen Geschäfte des Lebens aufhebt, während ringsum Sonnenschein herrscht und Handel und Wandel weiter gedeihen.

Die bekannte Marxsche Vorstellung, daß der Gedanke radikal wird, sobald er die Massen ergreift, scheint im China von 1966 seine Gültigkeit verloren zu haben: Die Radikalität ist von oben verordnet und auf einen Kreis ausgewählter Aktivisten beschränkt. Das Land erlebt ein geschichtliches Novum: eine künstliche Revolution.

In diesen Monaten ist es die ständige Aufgabe des in der Kulturrevolutionären Gruppe (KRG) zusammengefaßten maoistischen Zentrums, zu verhindern, daß die beiden Kreise ihre Trennung aufheben, daß die Sphären sich kreuzen und wie zwei kollidierende Sternensysteme einen allgemeinen Weltbrand entfachen, dem große Teile der mühsam erstellten Infrastruktur zum Raub fallen würden. Die Gefahr war beträchtlich. Denn wie wir sehen werden, hatte sich an der Basis genug Mißmut gestaut, um derartigen Entwicklungen als willkommener Zündstoff dienen zu können. Zudem erwies sich eine ständige Trennung schon aus räumlichen Gründen als schwierig. Gerade die größten Produktionsstätten lagen im urbanen Bereich. Was lag näher als der Versuch, miteinander Kontakt aufzunehmen? Die Rotgardisten vor allem waren bemüht, bei ihren inneren Kämpfen proletarische Unterstützung zu finden, schon um die oft kleinlichen Querelen mit dem Mythos des kung-jen zu legitimieren. T'ao Chu versuchte in Kanton alle Mittel vom gütlichen Zureden bis zur politischen Drohung, um Schüler und Studenten aus den Fabriken zu halten[10]. In Peking hat das gemäßigte II. Hauptquartier, das der Machtgruppe um Chou En-lai, Li Hsien-nien und Li Fu-ch'un nahestand, alle Hände voll zu tun, um die sich im Oktober herausbildenden Kräfte in der hauptstädtischen Bewegung daran zu hindern, mit den sich radikalisierenden Jungarbeitern der Verkehrsbetriebe ein Bündnis einzugehen[11]. Schon Mitte September hatte sich die Pekinger Volkszeitung zur dringenden Warnung genötigt gesehen: »Weder Schülern noch Studenten ist es gestattet, als Rotgardisten in die Fabriken und die Dörfer zu gehen, um die Revolution anzufachen und die dortigen Organe in die Hand zu nehmen.«[12]

Auch die Arbeiter wollen die Gelegenheit nutzen, ihre Beschwerden nach oben zu schicken. Schon im August beginnen sich in Schanghai und Peking, in Wuhan und Chengchow radikale Gruppen von Jungarbeitern zu bilden, die man als Vorstufe der späteren Rebellen ansehen kann[13].

Alle diese Versuche, die Produktionsstätten in die revolutionäre Aktivität einzubeziehen, wurden von der KRG entschieden bekämpft. Noch im November, als sich in Peking die Einsicht durchzusetzen begann, daß die bisherigen Methoden die Kulturrevolution in eine politische Sackgasse geführt hatten und radikalere Maßnahmen erforderlich wären, stieß die Forderung von proletarischen Gruppen, in die Auseinandersetzungen eingreifen zu dürfen, auf die Ablehnung des maoistischen Zentrums. Beim Anting-Zwischenfall, einem Meilenstein in der Geschichte der Kulturrevolution, verlassen Tausende von Belegschaftsmitgliedern der Schanghaier Großbetriebe die Arbeitsplätze, um in Richtung Peking zu fahren. Erst den langwierigen Unterhandlungen von Chang Ch'un-ch'iao[14] war es gelungen, das Vorhaben mit seinen katastrophalen Folgen für die gesamtchinesische Wirtschaft zumindest teilweise abzublocken[15]. Selbst der linke Ch'en Po-ta hatte damals ein bezeichnendes Telegramm an die Leitung der rebellierenden Arbeiter geschickt, worin es heißt: »Ich kann eure Begeisterung verstehen, nach Peking zu kommen. Es ist gut, wenn ihr an der Kulturrevolution teilnehmt. Aber ihr müßt auch den Anordnungen des Vorsitzenden Mao und des ZK Folge leisten. In dieser Angelegenheit sind zwei Prinzipien im Spiel, und das sekundäre muß sich dem primären unterordnen. Als Arbeiter ist eure Hauptaufgabe, zu arbeiten. Die Teilnahme an der Revolution ist lediglich zweitrangig. Deshalb müßt ihr an den Arbeitsplatz zurückkehren.«[16]

Immer wieder wird von der Führung in den großen nationalen Organen wie jen-min jih-pao, hung-ch'i oder kung-jen jih-pao (Arbeitertageszeitung) auf den Unterschied zwischen Erziehungsbereich und Produktion hingewiesen: »Der wirtschaftliche Sektor weist andere Verhältnisse auf als Schulen oder Universitäten. Die ökonomische Verantwortung ist groß, und die Laien sind mit den Bedingungen nicht vertraut. Eine Einmischung von außen kann leicht dazu führen, den normalen (cheng-ch'ang) Verlauf der Produktion zu beeinflussen.«[17] Eine Woche später tritt Chou-En-lai selbst hervor, um aus gegebenem Anlaß den Unterschied nochmals ins Gedächtnis zu rufen: »Fabriken und landwirtschaftliche Betriebe müssen weiterarbeiten. Es geht auf keinen Fall an, daß sie Ferien machen, wie es in den Schulen geschieht.«[18]

Als sich die proletarische Front im Oktober stärker zu regen beginnt und die Politik der getrennten Kreise zur Fiktion zu werden droht, macht ein autoritativer Artikel in der Pekinger Volkszeitung nochmals die unveränderte Ansicht der KRG deutlich: »Es ist zwar möglich, die Schulen zu schließen, um die Kulturrevolution durchzuführen und revolutionäre Erfahrungen auszutauschen (ch'uan-lien). Aber Fabriken, Büros und Kommunen können ihre Tätigkeit auf keinen Fall einstellen. Wenn deren Arbeit auch nur für kurze Zeit ruht, erleidet das materielle Leben des Volkes eine Beeinträchtigung. Die Volkswirtschaft ist ein Ganzes, und die Industrieproduktion ist ein Ganzes. Jedes Glied ist da mit dem anderen verbunden, wenn eines ausfällt, wird die ganze Kette betroffen. Das kann jeder verstehen, weil es dem gesunden Menschenverstande entspricht. Deshalb soll man nur die freie Zeit für [revolutionäre] Aktivitäten verwenden und die Arbeitszeit unberührt lassen. Niemand darf seinen Produktionsposten verlassen. Die Disziplin der Arbeit muß bewußt eingehalten werden.«[19]

Was hier für die Allgemeinheit der Produktion gepredigt wurde, galt selbstverständlich verstärkt für alle neuralgischen Punkte der chinesischen Wirtschaft. So wurden von Anfang an die wichtigen Forschungsvorhaben von kulturrevolutionären Verpflichtungen ausdrücklich dispensiert: Wissenschaftler sollten ungestört weiterarbeiten können, eine Anordnung, die in Punkt 12 der »Sechzehn Punkte« festgeschrieben wurde. Vor allem sparte man alle Projekte aus, die in irgendeiner Weise mit der Verteidigung des Landes zusammenhingen. Dafür sorgte nicht nur Chou En-lai[20], sondern auch Nieh Jung-chen, oberster Koordinator der nuklearen Rüstung in China, der auf dem Elften Plenum vom August 1966 zu Politbürowürden gekommen war[21].

Selbst in der Intensivphase der Revolution finden wir die »Direktive vom 4. Februar 1967«, die den Rotgardisten und Revolutionären Rebellen strikt untersagt, sich störend in die Arbeiten des 2. - 7. Ministeriums für Maschinenbau einzumischen, weil diese Behörden wesentlich mit der Organisation und Koordination der militärischen Produktion befaßt waren[22].

Warum diese strenge ökonomische Abstinenz? Auf den ersten Blick aus taktisch-opportunistischen Gründen, um liuistischen Gegnern wie militärischen Zweiflern das stichhaltigste Argument gegen die neue Kampagne aus den Händen zu schlagen. Lin Piao kann denn auch auf der »Arbeitskonferenz des Zentrums«[23] mit Seitenblick auf diese Kräfte apologetisch bemerken: »Während der ganzen Zeit der Großen Proletarischen Kulturrevolution ist unsere Wirtschaft nicht [wie vorhergesagt] untergraben worden, was von manchen befürchtet worden ist. Im Gegenteil, die Produktion hat sich erhöht.«[24]

Aber die eigentlichen Gründe sind tiefer zu suchen. Der Schock, der nach dem katastrophalen Scheitern des Großen Sprunges die Führungsgremien mit der Gewalt einer elementaren Grundwelle durchfuhr, hatte die maoistische Gruppe nicht unberührt gelassen und veranlaßt, die allgemeine Losung der Zeit: »Sorge um die wirtschaftliche Existenz des Volkes« (kuan-hsin jen-min sheng-huo) voll zu unterschreiben. Allen Bemühungen der Rotgardisten zum Trotz, einen durchgehenden und nicht überbrückbaren Gegensatz zwischen »maoistischer« und »liuistischer« Politik zu konstruieren, hat der Vorsitzende wesentliche Teile des wirtschaftlichen Rekonstruktionsprogrammes nach 1960 mitformuliert und mitverantwortet[25]. So hat er auf der entscheidenden Peitahokonferenz (Sommer 1960) ohne Protest anzumelden mitbeschlossen, daß alle wesentlichen Funktionen der Kommune auf die Brigade vererbt wurden. Auf der nicht weniger wichtigen »Zentralen Arbeitskonferenz« (März 1961) hat er sich nicht versagt, an den »Sechzig Punkten zur Landwirtschaft« mitzuarbeiten, einer Charta der ländlichen Rekonstruktion, die die faktisch schon eingetretene Liberalisierung auf den dörflichen Märkten parteipolitisch absegnen half[26]. Als 1963 die Kampagne der »Wissenschaftlichen Experimente in der Landwirtschaft« anrollt und in den Kommunen des Hinterlandes eine Phase intensiver Mechanisierung einleitet, wird das Projekt von maoistischen und liuistischen Kräften gefördert. Der erwartete ökonomische Nutzen ist so groß, daß die damit verbundene verstärkte soziale Differenzierung in Kauf genommen wird[27]. Nach solchen Ausführungen wird es wenig erstaunen, daß der Vorsitzende in den Jahren nach dem X. Plenum Kontakt zur aufstrebenden Elite wirtschaftspolitischer Manager sucht, so zu

Li Hsien-nien, Ch'en Yün und dem »Ölzauberer« Yü Ch'iu-li, alles Potenzen, die in die maoistische Gruppe kooptiert werden[28].

Als der Vorsitzende im September 1962 seine »Sozialistische Erziehungsbewegung« (SEB) einleitet (Zehntes Plenum), wird denn auch der laut propagierte Klassenkampf in der Praxis so stark gemildert, daß die neue Kampagne die wirtschaftliche Leistung so gut wie gar nicht berührt. Sehen wir uns die Vorgänge in der alles entscheidenden Landwirtschaft an. Die »Ersten 10 Punkte« (1963), die so etwas wie ein Grunddokument der SEB auf dem Lande darstellen, sprechen gleich zu Anfang davon: »Klassenkampf (chieh-chi tou-cheng), Produktionskampf (sheng-ch'an tou-cheng) und wissenschaftliches Experimentieren (k'o-hsüeh shih-yen) sind die drei großen revolutionären Momente, auf die sich ein starker (ch'iang-ta) sozialistischer Staat aufbauen muß.«[29] In der Praxis sollte sich diese Formel genauso auswirken wie die spätere kulturrevolutionäre Phrase von: »Macht die Revolution, aber fördert die Produktion!« Die Massen, darauf lief alles hinaus, sollen vor allem arbeiten. Und die Kader sind gehalten, ihre ideologische Korrektheit dadurch zu beweisen, daß sie für ihren jeweiligen Sprengel Produktionserfolge vorweisen. In der »Arbeitskonferenz des Politbüros« vom Juni 1964, einer der ersten Versuche, die Kampagne in den Kommunen auf höchster Ebene auszuwerten, werden sechs Kriterien der Beurteilung aufgestellt, deren erstes auf die Frage hinausläuft: »Ist die Produktion gestiegen oder gefallen?« Ein halbes Jahr später finden wir in der Presse einen oft zitierten Artikel unter der Überschrift: »Die Ordnung der Arbeitspunkte und die Ordnung der Gedanken«. Darin wird klargemacht, daß richtig verstandene Bewußtseinsarbeit mit einer Steigerung der landwirtschaftlichen Erträge Hand in Hand gehen muß[30]. Kein Zufall, daß auf dem Höhepunkt der SEB der Volksreim aufkam: »Werden die Kader gelobt, ist es ein Unglück für die kleinen Leute« (kan-pu teh piao-yang, she yüan chin tsao-yang)[31], ein Sprichwort, das mehr als offizielle Dokumente beweist, wie sehr sich der weltanschauliche Druck auf die Kader in wirtschaftlichen Leistungszwang für die Massen umgesetzt hatte[32].

Somit trifft die Beobachtung zu, daß in der SEB aller augenfälligen Propaganda zum Trotz das Wirtschaftswachstum an erster und die sozialistische Erziehung an zweiter Stelle kam[33]. In den Städten wird sogar noch strenger nach diesem Prinzip vorgegangen. In Fabriken, Verkehrsbetrieben und Versorgungseinrichtungen geht die Revolution vollends auf Zehenspitzen. Leistungsdenken, Spezialisierung und Differenzierung nehmen überall weiterhin zu.

Mit den »Dreiundzwanzig Punkten« [Januar 1965] blendet die SEB unmerklich ins Vorfeld der kulturrevolutionären Phase hinüber. Während ihr erster Teil auf die Geschichte der Bewegung zurückblickt, deutet ihr Schluß mit der aufreizenden Wendung von »den Kapitalistenfreunden in der Partei« auf eine neue Stufe in der parteipolitischen Auseinandersetzung hin. Aber die Entwicklung, die mit der Yao-Wen-yüan-Kritik an Wu Han's Dramen beginnt und mit dem Sturz des Pekinger Parteikomitees endet, wird von den Zeitgenossen nicht als Bruch und Novum erlebt, eher als Beschleunigung und Intensivierung der alten Kampagne. Noch das Elfte Plenum, das den Namen »Kulturrevolution« zur offiziellen Bezeichnung erhebt, sieht sich ganz in der Nachfolge der SEB und läßt unter Punkt 13 seiner »Direktive« vermerken:

»Die große Kulturrevolution hat die Sozialistische Erziehungsbewegung in Stadt und Land bereichert und auf eine höhere Ebene gehoben.«[34] Die Kontinuität wird immer wieder betont, so im Leitartikel der Pekinger Volkszeitung vom 14. September 1966, wo es heißt: »Die Produktion darf auf keinen Fall stocken. Die Kulturrevolution in den Fabriken und auf dem Lande soll an die Formen anschließen, die die alte Szu-ch'ing-Kampagne entwickelt hat.«[35] In städtischen Betrieben und ländlichen Kommunen bleiben die alten Kampagnenbüros erhalten und werden zum Ausgangspunkt für die Aktivitäten der neuen, intensivierten Phase. Wir haben etwa das Beispiel des Fangshan-Kreises im Pekinger Großraum, wo mit Chao Fan, Sung Shuo und Li Ch'i alle drei für die Durchführung der SEB verantwortlichen Kader im Amte bleiben und die kulturrevolutionären Maßnahmen koordinieren[36].

Die beiden Bewegungen gleichzusetzen, bleibt während der ganzen ersten Monate üblich. Noch im Dezember finden wir Artikel in der Presse, die in ein und demselben Abschnitt bald KR, bald SEB sagen, als handele es sich um dasselbe politische Phänomen[37].

Die Kulturrevolution in ihrem ursprünglichen Konzept, wie es sich in den Debatten des Elften Plenums und den daraus destillierten »Sechzehn Punkten« darbietet, ist dem spätmaoistischen Denken der frühen sechziger Jahre verhaftet, das die Lehren des Großen Sprunges hinter sich weiß und darauf verzichtet, die empirischen Massen in einer Weise zu mobilisieren, in der die gespannte ökonomische Decke zerreißen müßte. Stabilität und Bewegung sollen als Produktion und Revolution gemeinsam die politische Landschaft bestimmen. Jedes der beiden Elemente erscheint gleich wichtig für die Erfüllung des Verfassungsauftrages, einen modernen industriellen Staat, aber unter dem Vorzeichen des sozialistischen Menschen zu schaffen[38]. Arbeiter und Bauern werden mit der nüchternen Losung bedient, Produktionsdisziplin sei die angemessene Form, um die Revolution weiterzutreiben. Daneben konzentriert sich die Sorge auf die Elite: Das spätmaoistische Denken erschöpft sich seit 1962 in dem permanenten Bemühen, die Kader und die studierende Jugend der Städte in einer Weise moralisch-revolutionär aufzurüsten, die sie auch in Zukunft befähigt, den komplexer werdenden Realitäten einer sich entwickelnden Wirtschaftsgesellschaft in kommunistischer Gesinnung die Spitze zu bieten. Die Struktur wird mit revolutionärem Bewußtsein durchdrungen, aber selbst nicht mehr in Frage gestellt. Das ist nicht nur das Fazit der Szu-ch'ing-Bewegung, sondern auch der kulturrevolutionären Anfangsperiode, der Zeit der künstlichen, der gespaltenen Revolution[39].

Wenn der Plan fehlschlug und die KR mit der »Januarrevolution« in ihre radikale Rebellenphase eintrat, so nicht aus dem inneren Widerspruch einer Politik, die Struktur und revolutionäre Bewegung auf einen praktischen Nenner zu bringen versuchte, sondern deshalb, weil im ursprünglichen Ansatz ein wichtiger Faktor in seiner zähen Widerstandskraft unterschätzt worden war: Wir meinen hier die Partei, deren erfolgreichem Abwehrkampf wir uns jetzt zuwenden wollen.

Kapitel II

Der Widerstand in der Partei

1. Die Partei nach 1961

Die KR sollte in keiner Weise die Partei als solche angreifen, das Unternehmen war vielmehr als eine politische Treibjagd gedacht, bei der Rotgardisten und nachgeordnete Kader gemeinsame Front gegen jene Großfunktionäre einnehmen würden, die der maoistischen Vision allzu sichtbar den Rücken gekehrt hatten[1]. Bei einer Mammutorganisation wie der KPCh war eine andere Strategie gar nicht denkbar. Die studentische Bewegung konnte allenfalls als Katalysator, als militanter Anstoß von außen dienen. Den wichtigsten Beitrag zur Genesung vom revisionistischen Fieber würde die Partei selbst leisten müssen.
Hier aber lagen die Dinge im argen. Gerade die nachgeordneten Stellen und besonders die Basis waren zu sehr in wirtschaftliche und gesellschaftliche Alltagsgeschäfte verstrickt, um in der neuen Bewegung mehr als einen höchst ungelegenen und unbequemen Gast erblicken zu können – einen längst fremd gewordenen fernen Verwandten, den man auf schnellstem Wege wieder aus dem Haus haben wollte. Nicht nur die Spitzen, auch das Gros der Mitglieder hatte verlernt, der alten Wesensbestimmung der Partei einen Sinn abzugewinnen[2].
Im Ansatz war die Partei der organisierte Ausdruck des revolutionären Willens gewesen, die politische und menschliche Misere des in jeder Hinsicht zerrissenen und geknechteten China zu überwinden, eine force majeure, die sich zum Ziel gesetzt hatte, dem geschichtlichen Totgewicht dieses Landes die Melodie der Bewegung zu spielen: es aus der Trägheit überkommner Formen zu reißen, dem stupor sinicus den Kampf anzusagen, der nicht nur die old China hands zur Verzweiflung getrieben hatte, sondern selbst einen Mann wie Sun Yat-sen dazu hinriß, China mit einem Haufen lockeren Sand zu vergleichen. Aber dieses hohe Ziel, wie Prometheus ständig vorwärtszudringen und aus der Transzendenz und der Zukunft zu leben, war eigentlich nur in den Feuerzeiten des Kampfes rein zu erhalten. Als sich die Schale des Sieges im Bürgerkrieg den Kommunisten zuneigte, begann für viele der Kompromiß mit dem Alltag. William Hinton schildert uns die Gestalt des Yang P'ang-tzu, eines alten Yenankaders, der zum Leiter eines Staatsguts ernannt worden ist. Yang findet, er habe genug für das neue China getan und es sei an der Zeit, sich von den Mühen des Kampfes zu erholen[3]. Mit dem Einzug der Partei ins Faulbett der Städte wird diese Haltung ein Massenproblem. Po Yi-po's Kommentar von 1952, viele Kader wollten nur noch gut essen, gut schlafen und sich das Leben so angenehm wie möglich gestalten[4], dürfte trotz seiner Härte ein nur wenig

überzeichnetes Bild der Wirklichkeit sein. Mao hatte nach der Einnahme von Peking von der Gefahr der »mit Zucker umwickelten Kugeln der Bourgeoisie« gesprochen, aber der Gegner war nicht die Korruption sans phrase. Es gab viel subtilere Mittel, das revolutionäre Bewußtsein zu deformieren und erschlaffen zu lassen. Kaum hatte der alte Kämpfer den Unterschlupf an der Front mit dem bequemen Bürosessel vertauscht, begann der stille, aber konsequente Prozeß, der den Partisanen in einen Verwalter mit bürokratischen Lastern verwandelte. Die maoistische Führung hat die Problematik erkannt und durch die Großkampagnen von san-fan und wu-fan versucht, rechtzeitig gegenzusteuern. Betonung der Massenlinie und »hsia-fang« (Verschickung aufs Land) haben das ihre getan, um das Übel in Grenzen zu halten.
Der eigentliche Einbruch der Müdigkeit in die Partei kam mit dem Scheitern der Großen Sprung-Politik. Wenn der Weg der revolutionären Mobilisierung offensichtlich nicht gangbar war, mußte man die notwendige Rekonstruktion mit anderen Mitteln versuchen und sich bemühen, die angeschlagene Wirtschaft mit qualifizierten Fachkräften auf die Beine zu bringen.
Es gibt Zeiten, wo alles in eine Richtung geht. Dann kann die oberste Exekutive beschließen, was sie will, es wird diese Richtung bestärken. So im China der frühen sechziger Jahre, wo der Gedanke der fortschreitenden Differenzierung und Spezialisierung zum herrschenden Meinungsklima gehörte und die Partei auf allen Ebenen zu schwach war, um dem Geist der Zeit Widerpart bieten zu können. Als Kostprobe dieser Gesinnung mag ein Teil der Rede dienen, mit der Ts'ao Ti-ch'iu, der damals neue Bürgermeister von Schanghai, seine Amtsgeschäfte aufnam: »Die Aufgaben, mit denen das Volk von Schanghai in dieser neuen Lage konfrontiert wird, sind die folgenden: Wir müssen den verschiedenen Teilen des Landes weiterhin Hilfe leisten beim industriellen und landwirtschaftlichen Aufbau, mit mehr Arbeitskraft, Material, Finanzen und verbesserter Technologie. Es ist unsere vornehmste Pflicht, die Produktion zu erhöhen, jede Vergeudung zu vermeiden und die gegebenen Ziele des Staatsplans voll zu erfüllen. Energisch müssen wir an die Aufgabe gehen, neue Technologien und Verfahren, neue Materialien und Ausrüstungen zu entwickeln. Wir müssen Schanghais Wissenschaft und Technik noch höher bringen, um so schnell wie möglich den fortgeschrittenen Weltstandard zu erreichen und zu übertreffen. Schließlich müssen wir unsere Stadt zu einer Industriebasis machen, die eine noch stärkere Rolle bei der nationalen Verteidigung spielt, die Entwicklungshilfe leisten kann, die Exporthandel betreibt, um die Landwirtschaft und den Markt zu unterstützen.«[5] Der ehemalige Partisanenführer und Altkommunist Ts'ao beweist hier nicht nur einer kundigen Zuhörerschaft, wie gut er die Tagesbegriffe am Schnürchen hat. Er deutet gleichzeitig an, was für Kader und Mitarbeiter er sich für die Durchführung dieser Pläne wünscht: Experten nämlich, exakte Kenner der wirtschaftlichen Sphäre, in der nun immer mehr die eigentlichen Entscheidungen fallen.
Dabei braucht er keineswegs zu befürchten, sich einer lokalen Abweichung schuldig zu machen. Hatte doch die maßgebende Pekinger Volkszeitung schon lange in die gleiche Richtung gewiesen: »In dieser Zeit des sozialistischen Aufbaus«, lesen wir an herausgehobener Stelle, »müssen die leitenden Kader

dem Gesetz der Arbeitsteilung die Ehre erweisen und bemüht sein, sich nach und nach alle wissenschaftlichen Kenntnisse anzueignen, die für die Arbeit in ihrer jeweiligen Abteilung irgendwie von Bedeutung sind. Je konkreter die Aufgabe eines führenden Kaders ist, desto mehr ist er auf die notwendigen technischen Kenntnisse angewiesen.«[6] Daraus ergibt sich ohne Übergänge das Ziel, das dem jungen Parteimann vor Augen gerückt wird: »Er soll energisch die Führungsmethoden verbessern und nicht nur Staatsmann und Organisator werden, sondern ein Fachmann auf seinem Gebiet, um in der Lage zu sein, den objektiven Anforderungen des sozialistischen Aufbaus Genüge zu tun.«[7]
Unter solchen Auspizien kam man gar nicht umhin, sich mit dem bürgerlichen Experten und Techniker mehr zu beschäftigen als etwa mit den immer noch viel zitierten Massen. Man ging so etwas wie eine Arbeitsgemeinschaft mit ihnen ein, deren zunächst geschäftlich-nüchterne Atmosphäre sich häufig zu einer weitergehenden und zwangloseren Symbiose entfalten sollte. Vorstellungen einer verfeinerten Denk- und Lebenskultur begannen in die Partei einzuströmen[8].
Wenn der Gedanke des Klassenkampfes bei allen obligaten Gelegenheiten auch weiterhin in den Vordergrund trat, so war er doch in der Praxis mehr und mehr stillgelegt und einer eher kooperativen Anschauung gewichen, deren politische Legitimierung darin bestand, alle verfügbaren menschlichen Ressourcen für das Ziel der neuen Gesellschaft ausnutzen zu müssen. Ch'en Yi hat diesen Vorgang in seiner »Selbstkritik« recht gut beschrieben: »Ich befand mich allzulange an der Spitze und kam nur noch selten mit den Leuten von der Basis in Berührung. Von den breiten Massen habe ich nichts mehr lernen wollen. Die Massen, die Massenlinie, der Klassenkampf sind allmählich aus meinem Bewußtsein verschwunden.«[9] Als Yang Hsien-chen, der Leiter der höheren Parteischule, 1964 mit seiner Harmonielehre des »Aus zwei mach' eins« (ho-erh, erh-yi) an die breitere Öffentlichkeit trat, hat er damit nicht nur eine persönliche Vorliebe angedeutet, sondern der Mehrheit der Kader aus der Seele gesprochen, wie denn auch Chou Ku-ch'engs Konzept des »Zustands ohne Unterschiede« (wu ch'a-pieh ching-chieh) keine Außenseiterposition, sondern die herrschende Meinung repräsentierte[10].
Die »Leute in der Mitte« (chung-chien jen-min), die in der Literatur der sechziger Jahre einen so prominenten Platz einnehmen, sind deshalb häufig Charakterportraits der neuen Parteikader, die mit alltäglichen Mitteln alltägliche Probleme bestehen. In weiser Einschätzung der Lage hat denn auch Chou Yang, damals Leiter der Propagandaabteilung des ZK, verschiedentlich versucht, die Kunst von der Fessel eines gesellschaftlich hohl gewordenen Heroismus zu befreien. Die richtungweisenden Vorlagen: »Zehn Punkte zu Literatur und Kunst«, und: »Ansichten zur gegenwärtigen Arbeit auf dem Gebiet von Literatur und Kunst« (beide Schriftstücke stammen aus dem Jahr 1961) erleichterten es den chinesischen Autoren, die Revolution unter dem Blickwinkel einer ruhiger und nüchterner gewordenen Zeit zu betrachten[11]. Es war nur konsequent, wenn Chou auf dem am 3. Januar 1964 nach Peking einberufenen »Forum zur Kulturarbeit« die Ansicht vertrat, Maos auf dem Klassenkampfprinzip beruhende »Reden bei der Aussprache in Yenan über Literatur und Kunst«[12] seien unter den so gründlich veränderten Umständen

wohl doch ein wenig veraltet (kuo-shih-le)[13].
Kein Wunder, daß der Vorsitzende seine alte Partei nicht wiedererkennt und bei einem Gespräch mit unterschwelliger Bitterkeit anmerkt: »Wenn wir uns umsehen, so kriechen aus allen Ecken die Unholde hervor, und unsere Kader nehmen keine Notiz davon, ja, viele haben schon verlernt, zwischen Freund und Feind zu unterscheiden; sie kooperieren mit dem Klassenfeind, sie werden von ihm verdorben, überfallen und besiegt.«[14]

2. Das XI. Plenum des VIII. ZK

Unter solchen politischen und geistigen Voraussetzungen war nicht zu erwarten, daß Mao mit seinen Ideen von kulturrevolutionärer Erneuerung beim Gros der Parteiführer auf Verständnis oder gar Begeisterung stoßen würde. Schon auf der einleitenden Septemberkonferenz (1965), in der er die Absicht kundtat, die SEB auf eine neue Stufe treiben zu wollen, kam es zu heftiger Opposition[15]. Als sich die Kaderelite aus den Provinzen im Juli 1966 in Erwartung des XI. Plenums in der Hauptstadt versammelte, trat sie den ihrer Ansicht nach abenteuerlichen Vorstellungen des maoistischen Zentrums mit betonter Reserve gegenüber. Nicht daß von offener Auflehnung die Rede gewesen wäre. Die Wenn und Aber häuften sich jedoch in einer Weise, daß dem Vorsitzenden bei einer der informellen Unterredungen der Geduldsfaden riß: »Ach ihr, ihr wollt doch gar keine Revolution! Aber jetzt ist die Revolution zu euch gekommen.«[16]

Am Vorabend der entscheidenden Konferenz war allen Beobachtern klar, daß der radikale Vorstoß, der auf Kulturrevolution zielte, die allgemeine Ablehnung nicht nur der Führer, sondern auch der nachgeordneten Stufen in der Parteihierarchie hervorrief. Neale Hunter, der sich damals als Lehrer in China aufhielt, hat uns berichtet, daß die maoistischen Gruppen »nur kleine Brückenköpfe in Peking und Schanghai besaßen, deren Unterstützung sich auf ein paar tausend aufgebrachte Studenten beschränkte, die zudem Gefahr liefen, von den Behörden unterdrückt zu werden[17]«. Mao selbst hat diese Sicht der Dinge bestätigt, wenn er sich post festum, im September 1967, zu dem erstaunlichen Geständnis aufraffte: »Damals hatten die meisten Leute das Gefühl, daß meine Vorstellungen ein bißchen altmodisch waren, manchmal fühlte ich mich mit meinen Ansichten völlig allein[18]«.

So wird es niemand erstaunen, daß die maoistische Partei auf dem anstehenden XI. Plenum des ZK einen schweren Stand gehabt hat. Bisweilen ging es turbulent zu[19], und weder Lin Piaos Truppen noch die Anwesenheit der Rotgardistenvertreter im Sitzungssaal[20] konnte verhindern, daß eine Reihe von radikalen Vorschlägen durch Mehrheitsbeschluß abgeblockt wurde[21]. In den »Sechzehn Punkten«, die als Schlußdokument der Konferenz verabschiedet werden, spricht denn auch der zweite Punkt davon, daß man mit »Rückschlägen im Kampf rechnen muß, weil die Widerstände verhältnismäßig stark sind«, und unter Punkt 6 ist die anspielungsreiche Passage eingerückt: »Man muß die Minderheit verteidigen, weil sie bisweilen die Wahrheit für sich hat.«[22]

Mitte August war nicht mehr zu verkennen, daß Peking und die Provinzen verschiedene Wege einschlugen. In der Hauptstadt waren das maoistische Zentrum und sein organisatorischer Ausdruck, die Kulturrevolutionäre Gruppe (KRG) die »shih-li-p'ai«, die »reale Machtfraktion«. Gegen die Truppen, die Yang Ch'eng-wu im nordchinesischen Raum konzentriert hatte, ließ sich nicht aufkommen. Und Pekings Straßen waren durch Hsieh Fu-chih's Sicherheitspolizei vor jeder unliebsamen liuistischen Störung hinlänglich geschützt[23].

Aber was würde geschehen, wenn die »Landesfürsten« dem Pekinger Dunstkreis entflohen und sich hinter der beträchtlichen Hausmacht in ihren Provinzen verschanzten? Nicht alle waren so diplomatisch wie Liu Lan-t'ao, seines Zeichens Erster Sekretär des Nordwestbüros, der auf die Frage des Vorsitzenden nach seinen weiteren politischen Schritten bemerkte: »Das werden wir noch sehen.«[24] Viele machten ihrem Unmut über die Pekinger Entwicklungen in stärkeren Worten Luft, und als Mao die Delegierten abziehen sah, soll er ihnen die Worte nachgesagt haben: »Jetzt stimmen sie zu, aber was werden sie tun, wenn sie einmal zurückgekehrt sind?«[25]

3. Die Entwicklung in den Provinzen

In der Tat, der Anfang war nicht von der Art, welche Segen bringt. Wenn die Rotgardisten immer wieder von »unabhängigen Reichen« (tu-li wang-kuo) sprechen, so wird mit diesem Griff in das Vokabular der chinesischen Vergangenheit, in der die Staatseinheit häufig genug zur Fiktion geworden war, ein überzogenes Bild gezeichnet. Denn die militärische und politische Schlüsselgewalt war immer bei Peking verblieben[26]. Aber es bleibt festzuhalten, daß die Mitte der fünfziger Jahre angebahnte Abwendung vom Sowjetmodell nicht nur allgemeine Formen von Dezentralisierung, sondern speziell die Ausweitung der Provinzkompetenzen zur Folge hatte. »Während des VIII. Parteitags vom September 1956«, erfahren wir von Schurmann, »war man allgemein der Ansicht, daß den Aspekten der ›Demokratie‹ mehr Bedeutung zukommen müsse ... Eine Meinungsgruppe unter Führung von Ch'en Yün (damals Handelsminister) glaubte, die demokratischen Prozesse an der Produktionsbasis verstärken zu sollen, was das Land schließlich in die Richtung des jugoslawischen Modells geführt hätte. Eine andere Meinungsgruppe unter Führung von Mao Tse-tung und Liu Shao-ch'i war der Ansicht, man müsse vor allem die Entscheidungsbefugnisse der Provinzen erhöhen. Die schließlich angenommene Form der Dezentralisierung ist dem Mao-Liu-Modell gefolgt.«[27]

Vor allem auf wirtschaftlichem Gebiet gewinnen die Provinzen als Schaltstellen wichtiger Entscheidungen schnell an Bedeutung, die nach dem Großen Sprung eine nie gekannte Größenordnung erreicht[28].

Szuchuan bleibt seiner historischen Rolle treu und entzieht sich als erste Provinz dem maoistischen Einfluß[29]. Li Ching-ch'üan, der in Chengtu residierende langjährige Erste Sekretär des Südwestbüros der Partei, von den Rotgardisten als »südwestlicher Herrscher« (hsi-nan t'u-huang) apostrophiert, bringt die kleine Zahl der lokalen Linkskräfte rasch unter seine

Kontrolle und weist alle Versuche der Chiang-Ch'ing-Gruppe erfolgreich zurück, die politischen Fäden in Chengtu in ihre Hand zu bekommen.
Andere Gebiete folgen dem Beispiel. In Anhwei ist die Stellung des Ersten Sekretärs, Li Pao-hua, so abgesichert, daß er die Vorgänge in Peking fast ganz ignoriert. Die Stöße der Rotgardisten vermögen das Parteikomitee nicht zu erschüttern und laufen ins Leere[30]. Ähnliches sehen wir in Kweichow, wo Chia Ch'i-yün im gesicherten Vertrauen auf die gemäßigte Arbeiterschaft die radikalen Experimente der neuen Bewegung offen verurteilt. Heilungkiang, die wichtige industrielle Grenzregion nach der Sowjetunion hin, verhält sich gleichermaßen pikiert: Während sich P'an Fu-sheng, der Erste Sekretär, vornehm zurückhält, besorgen andere Mitglieder des Provinzkomitees die handfeste Arbeit. Li Li-an, Wang Yi-lun und Yang Yi-ch'en teilen sich in die Aufgabe von »Beauftragten für die Kulturrevolution« und bringen es in Monatsfrist fertig, die maoistischen Kräfte am Militärtechnikum Harbin in eine politisch einflußlose Sektenecke zu drängen[31]. Große Teile des Nordwestens und Yünnan im Süden verhalten sich in ähnlicher Weise.
Daß diese Abwendung vom maoistischen Zentrum relativ rasch vor sich ging, beweist ein warnender Artikel in der Pekinger Volkszeitung, der nur knapp eine Woche nach dem XI. Plenum erschien (22. August 1966) und in beredten Worten die Gefahr an die Wand malte, China werde in Stücke zerfallen, wenn es nicht wieder zu einer »einheitlichen Weltanschauung« zurückkehre. Zwei Monate später ist das separatistische Gespenst so übermächtig geworden, daß sich die »Arbeitskonferenz des Zentrums«, die sich als direkte Fortsetzung des XI. Plenums versteht, hauptsächlich mit diesem Thema befassen muß. Mao reitet hier seine schärfste Attacke gegen die »unabhängigen Reiche« und beschwört den drohenden Auseinanderfall Chinas[32]. Lin Piao, der gleich nach Mao spricht, nennt die Lage in den Provinzen gespannt und gefährlich und führt aus: »Zuerst sollte unser Treffen nur drei Tage dauern, dann wurden es unter der Hand sieben Tage, und jetzt sitzen wir hier schon über zwei Wochen.«[33] Japanische Reporter, die Ende Oktober die Provinzen bereisen, sprechen davon, daß überall regionale und lokale Kräfte dabei seien, eigene Wege des Überlebens zu suchen und ihre Interessen ohne oder auch gegen Peking zur Geltung zu bringen[34].
Wie sehr sich die Parteiführer vom Zentrum abgewandt hatten, ist am besten am schnellen Verfall der Kommunikation abzulesen, gleichfalls ein Krisenzeichen, das eingefahrene geschichtliche Muster in neuer Gewandung reproduziert. In dynastischen Zeiten war es ein Merkmal kaiserlicher Stärke gewesen, die weiten Außenbezirke durch ein Kontroll- und Verbindungssystem wirksam an den Thron des Himmelssohnes zu binden. Die Mandschus hatten die überkommenen Strukturen verfeinert, und das Memorandenwesen (tsouche) sowie die Einrichtung der ins Land entsandten kaiserlichen Bevollmächtigten zur vollen Blüte entwickelt[35].
Die Kommunisten haben diese Vorbilder mit modernen Mitteln in ungeahnter Weise intensiviert und bald nach der Machtübernahme ein detailliertes, streng genormtes und kontrolliertes Verbindungsnetz zwischen oben und unten geschaffen: einen Doppelfluß der Information, der Planungsdaten aus Provinz, Kreis und Kommune zu den Büros der Pekinger Wirtschaftsministe-

rien emporführte und ohne Verzug die zentralen Direktiven an die nachgeordneten Stellen weiterzugeben vermochte[36].

Jetzt finden es die Parteileute in den Provinzen von Vorteil, diese Kanäle austrocknen zu lassen. Nicht alle gehen dabei so weit wie die Kader in Harbin, die aus Peking kommende Anordnungen zeitweise überhaupt nicht mehr weitergaben[37]. Aber aus den vorliegenden Materialien geht ohne Frage hervor, daß Sabotage und passiver Widerstand in vielen Provinzhauptstädten zum politischen Alltag dieser Monate zählten[38].

Für die maoistische Linke war es eine Frage des politischen Überlebens, die sich abzeichnende Isolation zu durchbrechen, um die Quarantänesituation aufzuheben und das Defizit an Kommunikation wettzumachen. Und so sehen wir die KRG in den Wochen nach dem XI. Plenum an der schwierigen Aufgabe, aus den drei Pekinger rotgardistischen Hauptquartieren Tausende von verläßlichen Aktivisten zu sammeln, die im September und Oktober in alle Richtungen schwärmen, um von den Grenzen Sibiriens bis zur Tropeninsel Hainan Verbindungsbüros einzurichten, die vor allem den unteren Kadern die neue maoistische Linie des Aufstands gegen die »kapitalistenfreundlichen Elemente in der Partei« nahebringen sollen. Diese Zellen, zumeist »kulturrevolutionäre Führungsorgane« genannt[39], sammeln alle mit der liuistischen Ordnung der Dinge zerfallenen Elemente um sich und entwickeln sich im Lauf des Herbstes zu einer Art Gegenautorität[40].

Ziel ist die Diskreditierung der alten Provinzkomitees, die mit allen Mitteln der Kritik (Wandzeitungen, Flugblätter, Demonstrationen) vorangetrieben wird. Wirkung und Methoden dieser revolutionären Verbindungsbüros[41] erinnern an jene vom Papst entsandten Legaten, die etwa eine widerborstige Kirchenprovinz unter die Autorität des päpstlichen Stuhles zurückbringen sollten, oder, näherliegend, an die Kommissare, die der Pariser Wohlfahrtsausschuß 1792–93 in gefährdete Departements absenden ließ; ähnliches finden wir auch im Rußland der frühen Revolution, wo Arbeiterbrigaden in laue Regionen geschickt werden, um sie für die neue Sache zu erwärmen[42].

4. Die Rolle der Kader

Wenn es der Partei ziemlich rasch gelang, der hier gebotenen Herausforderung Meister zu werden, so deshalb, weil die Pekinger Gruppen in ihrer neuen Umgebung nicht recht heimisch werden konnten. Ihnen hatten die Ortsfremdheit, das großstädtische Gebaren und die ungewohnte Radikalität der Anschauungen wenig Freude verschafft. Ganz im Gegensatz zur warmgesessenen Führung, die »ihre« Provinz schon zehn oder mehr Jahre regiert und das lokale Instrument meisterhaft zu spielen verstand.

Trotzdem wären die örtlichen Organisationen mit der linken Drohung des rotgardistischen Sturmes nicht so schnell und sauber fertig geworden, hätte die Führung nicht fast überall die rückhaltlose Unterstützung der breiten Kadermassen gefunden. Hier war in der Parteisoziologie offensichtlich eine Veränderung eingetreten, deren Bedeutung man im maoistischen Zentrum nicht richtig eingeschätzt hatte.

Erinnern wir uns: der maoistische Kader, wie wir ihn noch in der Großen-Sprung-Periode massenhaft antreffen, hatte das Scheitern dieser Kampagne politisch nicht überlebt und war nach dem Beginn der Rekonstruktionsperiode aus fast allen Stellen hinausgedrängt worden. War dieser Kader, wie er uns etwa im Portrait des Chiao Yu-lü noch entgegentritt[43], mit der Revolution in prinzipieller Weise verbunden, so sah sich der technisch-administrativ geschultere Funktionär, der ihn ersetzte, nur der Organisation verpflichtet, die ihn aufnahm und förderte, eine Erscheinung, die wir unter dem Begriff des »angepaßten Angestellten« auch in den westlichen Industrieländern zu finden gewohnt sind. Peking war zwar weiterhin das weltanschauliche Zentrum, aber das ersehnte Fortkommen in der Karriere hing allein von lokalen Bewertungen ab, in letzter Instanz vom Organisationsbüro des Provinzkomitees. Die Zentrale war weit und seine Beziehung zu ihr wenig mehr als ein Gefühl respektvoller Anerkennung geistlicher Oberhoheit[44]. Die eigentliche existentielle Beziehung, chinesisch gesagt, die »ming-mai« (Lebenslinie), wies geradewegs zu den jeweils vorgeordneten Chefs. Das alles mußte aus der übergroßen Mehrheit der Kader »gefügige Werkzeuge« (shun-fu kung-chü) machen, die den »neuen Feudalherren« (hsin feng-tien chu-hou) in jeder Hinsicht gehorchten.

Ein mittlerer Kader aus Wuhan hat diesen Prozeß in folgende Worte gefaßt: »Was sollten wir tun? Wir hatten Angst, aus dem Parteiregister gestrichen zu werden«, und ein Kollege antwortete auf die Frage, warum er seinen liuistischen Vorgesetzten mehr Vertrauen geschenkt habe als den Anweisungen des ZK: »Wir waren darauf abgerichtet, nur ja und amen zu sagen. Alles kam darauf an, Gehorsam zu leisten, nur dann konnte man hoffen, als ein gutes Parteimitglied und ein guter Kader (hao-kan-pu) zu gelten.«[45]

Die Kader sind in jeder Hinsicht an den engen Rahmen des Ortes gebunden, sie sind mediatisiert. Ein Basisfunktionär aus Chengtu hat das Problem mit eindrücklichen Worten beschrieben: »Warum habe ich den Losungen des Vorgesetzten Mao und den Leitartikeln der Pekinger Volkszeitung so wenig Glauben geschenkt? Weil ich mir angewöhnt hatte, die lokalen Vorgesetzten als die Verkörperung (hua-shen) und die Repräsentanten (tai-piao-che) der Partei anzusehen. Was sie sagten, war für mich die authentische Stimme der Parteiführung. Eine vielfältige Erfahrung hatte mich gelehrt, daß sich diese Stimme nicht irren konnte.«[46] Diese Gleichsetzung von lokalen Organen mit »der Partei« schlechthin wurde als ständiger propagandistischer Rammbock benutzt, um den Kaderwillen zu brechen und jede kritische Regung als Hochverrat stempeln zu können. Hören wir einen Parteimann aus Peking: »In unserer Parteigruppe konnten wir ständig die Belehrung vernehmen: ›Der Partei muß gehorcht werden. Die Führung des Parteikomitees steht für die Führung der Gesamtpartei, denn die Parteiführung ist niemals abstrakt. Ihr müßt Instrumente sein, die auf Parteiweisung handeln. Was die Partei auch befiehlt, das müßt ihr ausführen. Auch wenn eine bestimmte Entscheidung falsch sein sollte, müßt ihr sie durchführen, das erfordert die organisatorische Disziplin der Partei, dies entspricht dem Wesen der Partei [tang-hsing]‹.«[47] An derselben Stelle hören wir einen anderen Kader bekennen: »Ich habe nie gelernt, eigenständig zu denken.«[48]

Wer diese Stimmen hört, der ist bald darüber verständigt, daß es der Partei gründlich gelungen war, den funktionsgerechten Untertanen zu schaffen, einen Befehlsempfänger, der die Losung des Aufstands als eine ihm wesensfremde Botschaft ablehnen mußte. Es verwundert uns nicht, wenn die immer wieder abgewiesenen Rotgardisten in die Klage ausbrechen: »Als aber die Kulturrevolution ins Land kam, war eine große Anzahl von Kadern aus verschiedenen Gründen bereit, sich auf einen bürgerlich-reaktionären Standpunkt zu stellen und eine falsche politische Richtung zu gehen. Im entscheidenden Augenblick richteten sie die Spitze des Kampfes bewußt oder unbewußt gegen den Vorsitzenden Mao und gegen die revolutionären Massen.«[49]

Das Pekinger Zentrum hatte schon mehrere Jahre versucht, dieser Kaderentwicklung entgegenzuwirken, nicht zuletzt über das Instrument der Sozialistischen Erziehungsbewegung. Aber der Erfolg blieb gering. Zu stark waren revolutionäre Unmittelbarkeit und Freiheit bereits vom Karrieredenken verdrängt. Auch der Versuch, die ideologischen Reserven des Militärs einzusetzen, blieb ohne Ergebnis. In den Streitkräften hatte die »Allgemeine Politische Abteilung« (APA) der Armee einigen Boden wettmachen können, der Versuch, derartige »cheng-chih kung-tso-pu« (Abteilungen für politische Arbeit) in analoger Weise in die Verwaltung einzuführen, schlug jämmerlich fehl. Kader und Vorgesetzte hielten zusammen und machten gemeinsame Front gegen die militärischen Eindringlinge, deren Aktivismus als Störung der wichtigen administrativen Geschäfte empfunden wurde. Die Politsoldaten mußten in den meisten Fällen die Segel streichen und wieder abziehen[50].

5. Die Formen des Widerstandes

Als es dann ernst wurde, als die »jungen Soldaten« des Vorsitzenden Mao gegen die Parteibastionen der Provinzkader anstürmten, konnten die Führer im Vertrauen auf die hinter ihnen gescharte »Gefolgschaft« beruhigt sein, konnten gelassen die Trickkiste der Scheinaktionen und Täuschungsmanöver hervorholen, auf die sich diese Altmeister des innerparteilichen Kampfes so glänzend verstanden. In richtiger Einschätzung der Lage hatten die meisten gehobenen Chargen erkannt, daß es diesmal kein leichtes Davonkommen gab. Man würde nicht umhin können, der revolutionären Bestie einige personalpolitische Opfer zu bringen.

Daher werden in den Provinzhauptstädten »Kampfsitzungen« einberufen, in denen die Parteiführung verspricht, mit den endlich entlarvten »Kapitalistenfreunden« hart ins Gericht zu gehen. Was die Zuschauer schließlich geboten bekommen, ist eine nach allen Regeln der Kunst zurechtgemachte Politschau, in der Kader der zweiten oder dritten Garnitur vor den »Massen« erscheinen, um in Reue und Zerknirschung ihre revisionistischen Sünden zu bekennen, Blitzableiter für den gestauten rotgardistischen Zorn, Sühneopfer für die aufgebrachten Götter der Revolution[51]. Ein gutes Beispiel für das gekonnte Umfunktionieren der Bewegung finden wir im Tung-Kreis bei Peking. Dort hat Liu T'o, der Erste Parteisekretär, die Zeichen der Zeit richtig gedeutet und

ist aus dem Rampenlicht des politischen Lebens in den Hintergrund getreten. Die Leitung der Kulturrevolution überträgt er zwei Kadern, die ihm in alter Hintersassentreue ergeben sind, Chang Chin-ch'i und Lü Shang-chih. Beide leiten die Massenversammlungen in einer Weise, die der alten Parteiführung nicht weh tut. Sie mildern den Sturm zum linden Wind einer hergebrachten Reformkampagne. Die Linke, die eine prinzipielle Diskussion fordert, kommt nicht zum Zuge[52]. Die »Opfer« werden natürlich geschont. Nach dem Ende der Prozedur, die häufig mit einschließt, daß die »Unholde« mit hohen Papierhüten angetan durch die Straßen geführt werden, sorgt die Parteileitung dafür, daß sie – unauffällig – in angemessene Sinekuren einrücken[53].
Aber das war nur die erste gleichsam apologetische Reaktion auf die unerhörte, unerwartete Bedrohung durch das maoistische Zentrum, ein leichter Rückzieher vor einer Bewegung, deren Stärke man im August und September noch nicht richtig abschätzen konnte. Als man erkannte, wie gut das eifrige »Schwenken der roten Fahne gegen sie selbst« gelang, wie ungemein schwach und schlecht organisiert die Rotgardistenkampagne im Hinterland war, dachte man sich den Ausweicher mehr als ein »reculer pour mieux sauter«. Schon im Oktober war allenthalben die Gegenoffensive im Gange, in der die Parteiführer in genauer Umkehrung der Grundintention der Bewegung die lästigen linken Querulanten zur Zielscheibe der gut organisierten Massenkritik werden ließ. Aus der Fülle der Unterlagen nur einige wenige Beispiele:
Im bereits erwähnten Tung-Kreis hatte sich ein gewisser Chang Yao-hsien schon im Juni 1966 durch Wandzeitungen und Flugschriften als linker Kritiker der lokalen Parteipraxis hervorgetan, nach dem XI. Plenum steigt er schnell zum anerkannten Führer der örtlichen Rotgardistenbewegung auf. Die Behörden, die sich auf einen breiten Konsensus der Kader und der Bevölkerung stützen können, beginnen Ende September eine systematische Kampagne gegen den Störer. In Ämtern, Schulen und Fabriken, auch auf den Straßen erscheinen inspirierte Berichte, die Chang als verkappten Konterrevolutionär hinstellen. In einer Reihe von Kampfsitzungen wird seine angeblich parteischädigende Vergangenheit durchdiskutiert. Mitte Oktober ist es soweit, daß er in aller Öffentlichkeit als »Verräter an den Massen« verurteilt und aus allen Ämtern entfernt wird[54]. Dieser Triumph hat die Kampagne erst richtig in Schwung gebracht. Der radikale Flügel der Rotgardisten im Kreis wird niedergekämpft, ihr Organ, die »Rote Fahne«, verboten, die 18 Mitarbeiter als »Konterrevolutionäre« eingestuft und in die Wüste geschickt.
Eine Gruppe von Jungarbeitern, die sich unter dem Namen »Die neunzig Prozent« in der größten Fabrik des Kreises konstituiert hat und die gegen die Bedrückung der Jugend am Arbeitsplatz Front macht, wird isoliert, propagandistisch verfolgt, dann aufgelöst[55]. Alles zusammen gesehen sind die Linken einfach Kinder, die sich ungeschützt in ein Gelände vorwagen, in dem der Gegner alle Positionen beherrscht.
Die Szene wechselt nach Schanghai, zu Mo Ching-wei, einem Mann, den wir im Verlauf dieser Arbeit noch verschiedentlich kennenlernen werden. Mo, ein Kader im Gesundheitswesen der Stadt, steigt wegen seiner breiten politischen Bildung und glänzenden Argumentation rasch zu einem Stern am Himmel der neuen Linken empor. Bürgermeister Ts'ao Ti-ch'iu erkennt die Gefahr und

läßt den unliebsamen Tribunen durch ergebene Gruppen als rechten Ambitionisten beschimpfen. In einer Massenversammlung vom 3. Oktober (1966) wird Mo als Konterrevolutionär hingestellt und mit dem Bannfluch belegt[56].
In den Betrieben ist die Lage ähnlich. Die Parteisekretäre[57] wissen den Spieß ebensogut umzukehren wie ihre Kollegen in der Verwaltung. Wir haben das Beispiel von Ch'iao Jih-hsin, dem Ersten Sekretär in der wichtigen Pekinger Elektrokabelfabrik. Als sein Untergebener, Li Kuang-lin, der Direktor des Parteibüros, einen Aufstand gegen die Zentrale versucht und kulturrevolutionäre Kritik an seinen Vorgesetzten anbringt, wird dieser vielleicht einzige konsequent linke Kader in der Fabrik systematisch verleumdet und schließlich degradiert. Diese Farce wird bis zum Januar 1967 durchgehalten, als die neue Stufe der Rebellion derartige Methoden enthüllt und die politischen Urteile rückgängig macht[58].
Der Führung war es bei solchen Gelegenheiten immer leicht gefallen, den Massen die notwendigen »Beweise« aufzutischen. Waren sie doch die Herren der Akten, vornehmlich der Personendossiers, in denen Verhalten und Aussagen eines Kaders über Jahre hinweg festgehalten wurden. Da es bei den zahlreichen Kampagnen und dem häufigen Wechsel der Linien niemandem möglich war, sich auf die Länge der Zeit von Widersprüchen frei zu halten, konnte jeder Vorgesetzte mit einigem Geschick eine »Latte« von Vergehen aufzeigen, deren sich ein Kader, den man belasten wollte, schuldig gemacht haben sollte. Sehen wir uns die Vorgänge in einer Oberschule des Fangshan-Kreises an. Hier hat sich T'eng Yü-hung zur Sprecherin der Linkskräfte im Lehrerkollegium gemacht und den Direktor und Parteisekretär der Schule beschuldigt, sie hätten aus den »Dreiundzwanzig Punkten« vom Januar 1965 nicht richtig gelernt und weiterhin eine autoritär-revisionistische Linie verfolgt; kurz, sie gehörten selbst zu den bewußten »kapitalistenfreundlichen Elementen«, die Mao in diesem Dokument zum erstenmal öffentlich genannt hatte.
Aber die geübte Führung greift auf die Personalakten zurück und macht eine Gegenrechnung auf: T'eng habe sich in früheren Kampagnen als verständnislos für das Wesen der Maotsetungideen gezeigt. Ja, in der SEB sei klar geworden, daß sie ein Gegner der armen Bauern und der unteren Mittelbauern sei. Als sich die Lehrerin verteidigen will, werden weitere Details aus der Vergangenheit hervorgezogen und ihr angebliches politisches Fehlverhalten in öffentlichen Sitzungen breit ausgewalzt. Man insistiert, daß ihr proletarischer Standpunkt zu wünschen übrig lasse, daß ihr Vater zur alten KMT durchaus gute Beziehungen unterhalten habe. Selbst aus dem Privatleben zieht die Akte belastende Einzelheiten herbei.
Schließlich wird das Dossier den örtlichen Organen für öffentliche Sicherheit (kung-an-chü) zugespielt: Man möge sich dieses »Anti-Partei-Element« doch einmal genauer vornehmen[59].
Bei diesem Befund ist es keineswegs übertrieben, wenn eine linke Stimme sarkastisch kommentiert: »Wenn sich jemand durch irgendwelche politischen Aktivitäten auszeichnete, wurde er von den Vorgesetzten von der Seite her angesehen. Die kleinsten Taten und Äußerungen eines solchen Menschen wurden vermerkt. Alle Phantasie wurde aufgeboten, Übertreibungen und

Anschwärzungen nicht verschmäht. Das Ganze war eine scharfe Waffe, die von den vorgesetzten Stellen nach Belieben eingesetzt werden konnte. Ein solches Vorgehen mußte die Leute zu kleinlichen, vorsichtigen Wesen machen, die keinerlei Widerstand wagten.«[60]

Am Jahresende jedenfalls konnte Ch'en Po-tas »Rote Fahne« die traurige Bilanz ziehen, daß die Gegner in der Partei ständig und mit großem Erfolg die Methoden wechseln »und immer neue Tricks verwenden«[61].

Die linke Bewegung war im Begriff, im ausgebauten Grabensystem der Parteitaktik zu verbluten.

6. Die Schwäche der Rotgardisten

Trotz der überlegenen Strategie hätte die Partei die maoistische Bewegung nicht so rasch abblocken können, wären die »kleinen Soldaten« wirklich jene einheitliche Kraft und überwältigende Woge gewesen, als die sie in der Pekinger Perspektive und der westlichen Presse gleichermaßen erschienen. Aber einer genaueren Prüfung ist nicht verborgen geblieben, daß sich hinter der imponierend-uniformen Fassade eine Vielfalt von ganz unterschiedlichen Kräften verbarg, deren widerstreitende Interessen in entgegengesetzte politische Richtungen zogen.

a) Die gemäßigten Kräfte

Diese Gruppe stellte sich rasch als zahlenmäßig sehr stark heraus. Verständlich, denn die große Mehrheit der städtischen Oberschüler und Studenten waren nun einmal eine nationale Elite, die eine gesicherte Anwartschaft auf die besten Stellen im Lande besaß. Mochten sie sich dem Rausch der tollen Tage anheimgeben und sich vom allgemeinen Strom einer großen Bewegung mittragen lassen, die Kontagie der Geister ging doch nicht so weit, daß sie ihre natürlichen Interessen darüber vergessen hätten. Die Partei war krank, sie mußte an Haupt und Gliedern gesunden, soviel zuzugestehen war man bereit, aber man war unter keinen Umständen willens, mit dem linken Flügel zu gehen, der die Partei als solche in Frage zu stellen begann. »Die Radikalen sind falsche Vertreter der Maotsetungideen«, lesen wir im Zentralblatt der gemäßigten Gruppen in der Provinz Kweichow, »sie kläffen wie Hunde gegen die ganze Partei. Aber was bleibt denn vom kommunistischen China, wenn die Partei untergeht?«[62]

Dieser Tenor ist typisch. Man will verändern, daran dürfen wir nicht zweifeln. Wir haben es keineswegs mit lauter Opportunisten zu tun, denen es nur um einen Platz an der Sonne geht. Aber man will den chinesischen Sozialismus nach dem gleichen Muster vorantreiben, das die Mehrheit der Parteiführer seit Jahr und Tag propagiert: mit wirtschaftlichem Bedacht und nach den Gesetzen der wissenschaftlich-technischen Logik, in denen man die Schlüssel zum Tor einer glorreichen Zukunft erblickt[63].

Derartige Interpretationshilfen, die auf allen Ebenen und in allen Bereichen erteilt werden, sind nicht ohne nachhaltige Wirkung geblieben. Während die Presse dieser Gruppen fortfährt, es den Behörden in jeder Hinsicht zu stecken und den Radikalen an rhetorischer Schärfe kaum nachsteht, werden unter der Hand allerhand Fäden gezogen, allerhand Kontakte geknüpft, die sich der skeptischen Umwelt unter dem Stichwort »Kontrolle« (chien-tu) darbieten. Überall in den Provinzen bilden sich nach Pekinger Vorbild »Kulturrevolutionäre Gruppen«. Überall werden Vertreter gemäßigter Organisationen in die Gremien kooptiert, deren Verbindungsleute dann an den Schaltstellen der Verwaltung auftauchen, um die versprochenen Reformen dieser Organe zu »kontrollieren«[64].

Wir dürfen unterstellen, daß diesen Rotgardisten kaum bewußt war, wie sie von einer politischen Tonart in die andere fielen. Sie sahen sich gewiß noch als echte Vertreter der Massen an, von denen sie sich doch immer mehr lösten. Der Mensch hat zu allen Zeiten eine große Begabung dafür gehabt, zwischen persönlichen Interessen und allgemeinen Zielen eine Brücke des guten Gewissens zu schlagen, unsere Revolutionäre nicht ausgenommen. Aber die Sphäre des Amtes übte in China schon immer eine magische Wirkung auf alle aus, die in ihren Dunstkreis gerieten. Kaum waren die Rotgardisten auf die administrative Weide gelockt, begann der Feuerstier seine Kraft zu verlieren. Vom Kritiker der Bürokratie zum »Kontrolleur«, schließlich zum »Berater« und prospektiven Mitglied im Kreise der Macht waren die Schritte nur klein, und ehe sich's die jungen Kämpfer versahen, eigneten sie sich in Wort und Tat den eben noch verpönten bürokratischen Stil an, vor allem in ihrem Verhältnis zu den eigenen Gruppen, die man immer mehr als lästiges Beiwerk ansah[65]. Linke Kritiker (wie Li Hung-shan von der Pekinger Forstakademie) haben den Vorgang anschaulich beschrieben: wie die Führer der großen Verbände alle wichtigen Fragen im stillen Kämmerlein entscheiden, wie die Versammlungen seltener werden und der Vorstand die fertig formulierten Anträge durchpeitscht, wie jede Kritik von der Basis als unerwünschte Störung und Geschwätz abgetan wird. Kurz: wie alle breitere Initiative versandet und »die ganze Bewegung in einen saft- und kraftlosen Zustand gerät (yün-tung leng-leng ch'ing-ch'ing)«[66]. Gegen Jahresende waren Ausgleich und Kompromiß zwischen rotgardistischer Führung und alten Autoritäten so weit gediehen, daß Hunter summarisch feststellen kann: »Von den Studentenorganisationen waren so viele unter Parteikontrolle geraten, daß der Begriff ›Rotgardist‹ keinen revolutionären Inhalt mehr hatte. Von den Millionen Rotgardisten in China war nur eine Minderheit radikal.«[67]

Von der mehr passiven Interessengemeinschaft ging es öfters zu einem aktiven Kampfbündnis weiter, in dem sich bedrohte Autoritäten und gemäßigte Gruppen zum Widerstand gegen die Offensive der sich allmählich formierenden Linken zusammenfanden. Als Späher und Zuträger, als Spaltpilze und Schutzstaffeln leisteten viele Studenten und Schüler den Behörden wertvolle Dienste. Aus der Fülle des Materials sei hier nur eine dieser Gruppen herausgegriffen und näher beschrieben.

Diese »Schutztruppe« hatte sich am 25. August 1966 konstituiert und bestand fast ausschließlich aus höheren Semestern der verschiedenen Pekinger Fachhochschulen. Elitestudenten, die um den künftigen Stand der chinesi-

schen Wirtschaft und damit um ihre eigene mögliche Stellung in berechtigte Sorge gerieten. Auch ihre Mitglieder waren im Zug der Bewegung zu »Kontrolleuren« geworden, zunächst in verschiedenen Abteilungen des »Ministeriums für Erdölindustrie«, wo sie sich mit den führenden Leuten bald ins beste Benehmen zu setzen verstanden[68]. Als die linken Störungen lästiger wurden, nahm Chou Jung-hsin, der Generalsekretär im Stabsbüro des Staatsrats, von diesen nützlichen Leuten nähere Kenntnis. Als Schlüsselfigur an den Schalthebeln der Pekinger Bürokratie war er sehr auf das weitere Funktionieren seines ausgedehnten Imperiums bedacht und konnte eine mobile Einsatztruppe recht gut verwenden, die beim unerwarteten Einbruch studentischer Unruhe in diesem oder jenem Minsterium an Ort und Stelle sein würde, um die Angreifer abzudrängen[69].
Jedenfalls sehen wir die Gruppe schon Mitte September mit allerhand Möglichkeiten versehen: Neben zwei Jeeps zählen zwei Lastwagen zur Ausstattung, dazu kommen wattierte Armeejacken, Armeemäntel (180), Armeedecken (280), auch mehrere Lautsprecher fehlen nicht. Die direkte finanzielle Unterstützung ist nicht üppig, aber doch beträchtlich: So flossen vom 9. September bis zum 29. November 8020 yuan in die Kassen der Schutztruppe, die zumeist für Benzin und Telefongebühren verwandt worden sind[70].
Die konservierende Tätigkeit dieser Studenten ist nach außen hin voll ins Bild der Zeit eingepaßt, es fehlt nicht an maoistischen Sprüchen und radikaler Positur, und um die politische Mimikry vollständig zu machen, wird der linke Gegner nur mit den stehenden Wendungen »konterrevolutionär« und »reaktionär« angesprochen. Insgesamt eine gekonnte Leistung der Rollenvertauschung, wenn es auch andere Verbände auf diesem Gebiet zu noch größerer Meisterschaft brachten[71]. Gegen Jahresende sind derartige Organisationen in vielen Ämtern und bei zahlreichen Parteistellen die Regel. Die alten Begriffe und Zeichen sind entwertet und als effektive Kampfmittel sinnlos geworden. Die ehemals revolutionären Formen haben sich in großer Schnelligkeit mit altvertrauten Inhalten gefüllt. Die Bewegung ist wie ein leeres Gehäuse, vom lebendigen Leben schon lange verlassen.

b) Die linken Rotgardisten

Dieser säkularen Tendenz hatten die eigentlichen Linksgruppen wenig entgegenzusetzen. Schon mangels Masse waren sie unfähig, einen entsprechenden revolutionären Kontrapunkt aufrechtzuerhalten. Anfänglich, im Juni 1966 und später noch, waren es ja nur vereinzelte Schüler und Studenten aus unteren Schichten gewesen, die sich in Wandzeitungen und Flugblättern über die gewaltigen Schwierigkeiten beklagten, mit denen sie ein auf elitäre Höchstleistung abgestelltes Studien- und Prüfungssystem konfrontierte[72].
Erst langsam schlossen sich diese Einzelkämpfer zu kleinen Kampfverbänden zusammen, über deren »proletarische Reinheit« eifersüchtig gewacht wurde[73]. Eine eigene »Theorie von der Abkunft« (ch'u-shen-lun) wurde entwickelt: Nur der durfte ein Mitstreiter des Vorsitzenden Mao sein, der von Arbeitern,

Bauern oder revolutionären Basiskadern abstammte[74]. Der Kampf mit den liuistischen Arbeitsgruppen (kung-tso-tui), der sie weitgehend allein fand und in eine nicht unerwünschte Helden- und Märtyrerpose hineindrängte, ließ sie noch stärker in der Rolle des Gralshüters der Revolution erscheinen, als die Minderheit im Besitze der Wahrheit, von der die »Sechzehn Punkte« so andeutungsreich gesprochen hatten. Wenn immer möglich, werden bürgerliche Kinder und Jugendliche, denen man Leistungs- und Karrieredenken vorwerfen konnte, dem Wechselbad des »roten Terrors« unterworfen. Dieses politisch höchst unkluge Vorgehen hat anfängliche Sympathien leichtfertig verscherzt[75].

Ein glücklicher Zufall hat uns einige statistische Daten erhalten, die damals von einer interessierten Gruppe zum Stand der linken Bewegung gesammelt worden sind. In dieser Übersicht lesen wir: »Nach den Untersuchungen, die wir angestellt haben, war die Zahl derer, die sich als Aktivisten an der Bewegung der Oberschüler beteiligten, so klein, daß es eine Schande ist (chung-hsüeh yün-tung jen-shu shao-ti k'o-lien). An jeder [Pekinger] Schule waren es im Durchschnitt nur ein Fünftel bis ein Viertel der Schüler, ein geradezu unerträgliches Phänomen.«[76]

Diese Angaben werden durch die Berichte erhärtet, die wir aus verschiedenen Bereichen und Institutionen besitzen. Sie ergeben, daß die vielfachen Vorstöße des linken Flügels fast immer abgeblockt wurden und politisch folgenlos blieben. Einige Beispiele: Als radikale Schüler im August 1966 gegen die Leitung der Fünften Oberschule von Changchiakou (in der Provinz Hopei, nordwestlich von Peking) vorgehen wollen, organisiert die Direktion im Nu über 700 Schüler, mehr als zwei Drittel der gesamten Belegschaft, um gegen die Linken zu protestieren[77]. In Schanghai will der radikale Flügel der Rotgardisten an der Fremdsprachenhochschule die Parteileitung ausheben. Doch die übergroße Mehrheit hält es mit Ch'ang Hsi-p'ing, dem Ersten Sekretär, der auf einer Massenversammlung mit Rufen gefeiert wird wie: »Es lebe der Parteisekretär!«, und: »Wir werden das Parteikomitee verteidigen!« Die Linken erfahren eine völlige Abfuhr[78].

Ähnliches ereignet sich zur gleichen Zeit an der Pekinger Volksuniversität (pei-ching jen-min ta-hsüeh), wo Kuo Ying-ch'iu, Parteichef und stellvertretender Rektor der Hochschule, unter heftigen Linksbeschuß kommt. Die gemäßigten Rotgardisten unter Führung der »Kampftruppe des 18. August« eilen zu Hilfe, sie verteidigen Kuo als einen aus der Armee hervorgegangenen Kader mit starken linken Sympathien. Der linke Angriff bleibt im Vorfeld stecken, und Kuo behält seine Posten[79].

Als die vereinten linken Kräfte in der Stadt Tsingtao (Provinz Schantung) versuchen, durch eine Serie von Straßendemonstrationen das alte Parteikomitee zum Rücktritt zu zwingen, stoßen sie auf energischen Widerstand. Zweimal, am 25. 8. und 1. 9., durchziehen die jungen Kämpfer die Stadt. Beide Male werden sie von gemäßigten Arbeitern und Studenten zurückgedrängt, einige sogar mißhandelt und verprügelt[80].

Im November ist offenkundig, daß sich die rotgardistische Linke durch proletarischen Purismus und abenteuerliche Putschpolitik ins revolutionäre Abseits manövriert hat und ohnmächtig zusehen muß, wie die neuen studentischen Kader die Bewegung auslaufen lassen, ja, sie mit den alten parteipolitischen Kräften verflechten. Mehr und mehr wenden sich die Radikalen von den Schulen und Hochschulen ab, die die maoistischen Ziele so schnöde verrieten, und blicken über die akademischen Zäune hinaus in die Hallen und Höfe der großen Fabriken, wo sich die Jungarbeiter zu formieren beginnen und sie zu Recht die Welle der Zukunft vermuten. Als im Januar 1967 der Sturm der Zweiten Revolution aus der Asche emporfährt, sind sie mit dabei und verbinden in ihrer Person die alte rotgardistische Phase der Bewegung mit der neuen Zeit der Revolutionären Rebellen.

c) Die Mittelpartei

Bei allen geschichtlichen Aufbrüchen, wenn der Kampf der Aktivisten den ganzen Vordergrund ausfüllt, treten die unpolitischen Massen in den Hintergrund und fallen gleichsam aus dem Spektakel heraus. Und doch besitzt diese Mittelgruppe eine unterschwellige, der Analyse nicht leicht zugängliche Kraft, die sich aus dem Innern der Privatperson speist. Diese Menschen brauchen Ruhe, Glück und die Überschaubarkeit aller Verhältnisse. Dieses Bedürfnis erträgt keine langandauernde Erschütterung der gesellschaftlichen Verhältnisse und führt schnell dazu, dem politischen Aktivismus den Abschied und mehr persönlichen Bereichen den Vorzug zu geben. Dieser raschen Ermüdung des allgemeinen Bewußtseins ist noch jede große Revolution zum Opfer gefallen, nicht zuletzt die russische, wo die Massen nach dem heroischen Auftakt der ersten drei Jahre so gründlich nach Privatheit und Alltag verlangten, daß selbst ein Stalin als Mittel zum Zweck akzeptiert wurde[81].

Auch im China der Kulturrevolution haben die »chung-chien fen-tzu«, die heimische Spielart der Mittelpartei, die Organisationen gefüllt und die Bewegung in stillem, doch zähem Konsensus ins unpolitische Fahrwasser gedrängt. Wie alle Zeugen berichten, hatte sich die übergroße Mehrheit am rotgardistischen Trubel beteiligt, um dem äußerst harten Stundenplan zu entgehen, der die Schüler und Studenten in eiserner Arbeit gebeugt hielt, um der jahrelangen Routine ein Schnippchen zu schlagen.

In diesen Herbstmonaten, die von Demonstrationen und Songs, von ungewohnter Freiheit und breitester Mobilität und einer frechen Pamphletliteratur erfüllt sind, in der von wüstester Karikatur bis zu frei erfundener Invektive alles erlaubt ist, breitet sich eine heitere Ferienstimmung über große Teile der chinesischen Jugend[82]. Nachdem die ersten großen Schlachten geschlagen und die interessanten Debatten verraucht sind, verlieren viele ihr Interesse am öden Politkarussell. »Manche kommen noch ab und zu in die Schule, um zu diskutieren und sich umzusehen. Aber sie wenden der Sache bald wieder den Rücken. Ist das richtig?«, beklagt sich eine politische Stimme, und an der gleichen Stelle finden wir eine Satire auf einen Pekinger »Ostrot-Kämpfer«, die die »Ohne-mich«-Stimmung der Zeit glänzend herausbringt: »Es ist im Studentenwohnheim. Auf dem Tisch stapeln sich Rundfunkzeitschriften, Romane, dazwischen ein Schachspiel. Der Kämpfer liegt bequem auf dem Bett ausgestreckt, die Hände lässig hinter dem Nacken

verschränkt. Auf dem Gesicht liegt ein zufriedenes Lächeln. Ah! Alle Stürme sind vorbei, überall herrscht Ruhe und Friede.«[83]
Nicht alle huldigen der Freiheit in derart passiver Haltung, viele finden eine politische Ausrede, um ihrem Bewegungsdrang Geltung zu schaffen: »Der Kampf der beiden Linien wogt hin und her, man kann kein Ende absehen. Bevor wir uns der Gefahr aussetzen, in bürgerlichen oder kleinbürgerlichen Gedanken hängen zu bleiben, ist es da nicht viel besser, wir gehen ganz einfach auf Reisen?«[84]
Und so sehen wir unzählige Gruppen unterwegs, die Eisenbahnen verstopfend, oder auch, den langen Marsch imitierend, zu Fuß, mit Maoplakette, obligater Armbinde und roter Fahne auf dem Gepäck: nicht nur um »revolutionäre Erfahrung« auszutauschen, wie die korrekte Auskunft verlangt, sondern vor allem, um die Sehenswürdigkeiten des eigenen Landes kennenzulernen, von denen man oft gehört hatte, ohne sie jemals besuchen zu können[85]. Die Heiterkeit dieser Gruppen, ihre ausgelassene, gehobene Lebensstimmung sind von Beobachtern immer wieder bemerkt und bestaunt worden[86].
Gegen Jahresende beginnt man sich ausgiebig dem privaten Alltag zu widmen, den Karten, dem Ballspiel, der Musik, auch den Beziehungen zum anderen Geschlecht[87]. »Die jungen Leute«, lesen wir in einem zeitgenössischen Kommentar, »sind zu nichts mehr zu gebrauchen. Sie sitzen zu Hause und pflegen der Ruhe, sie gehen den Vergnügungen nach (yang-shen tso-lo) oder besuchen alte Freunde in der Umgebung (t'an-ch'in fan-yu). Viele frönen dem Brettspiel, schlimmer noch, immer mehr geben sich Glücksspielen hin.«[88]
Eine andere Stimme sieht die heruntergekommenen Rotgardisten den Werktätigen ein Ärgernis geben: »Den ganzen langen Tag streifen sie auf der Straße herum. Was soll noch daraus werden?«[89]
Wenn der Vorsitzende der Jugend den hohen Auftrag erteilt hatte: »Ihr sollt euch der Staatsgeschäfte annehmen« (yao-pan kuo-chia ti ta-shih), so war der Adressat weder fähig noch willens, dieses Werk mit Erfolg in die Wege zu leiten, und die Enttäuschung, die Mao in seinem Gespräch mit Rotgardistenvertretern bekundete (im Sommer 1968), war vorprogrammiert. Hätte nicht die Mehrheit der Studenten und Schüler der Bewegung als einem politischen Auftrag die kalte Schulter gezeigt, wäre es niemals geschehen, daß sie in der kurzen Zeit von drei Monaten zu einem Ritus erstarrte, hinter dem die alten Formen bürokratischer Herrschaft munter fortexistierten. Die Linke wurde nicht so sehr vom politischen Gegner besiegt als von der Gleichgültigkeit, mit der ihre Altersgenossen die kapitalen Fragen von Herrschaft und Revolution malträtierten. »In every fat man there is a thin man who wants to get out«, dieses Witzwort des kürzlich verstorbenen O'Connally trifft die chinesische Lage genau: Der politisch übersättigte Corpus wollte endlich seine private Seele ausführen und seine Freiheit dazu verwenden, Ferien vom anstrengenden Geschäft der Gesellschaft zu nehmen.

7. Das Scheitern der rotgardistischen Phase

Das Ungenügen der maoistischen Kräfte, der langsam erlahmende Furor ihrer Offensive, die mit der höchsten Direktive vom 7. Mai 1966 so energisch eingesetzt hatte, wurde von genauen Beobachtern der politischen Landschaft schon früh wahrgenommen. So spricht ein Blatt der Pekinger Rotgardisten davon, daß sich die Großwetterlage bereits Anfang Oktober zuungunsten der Revolutionäre zu verändern begann, was eine Neubewertung der politischen Methoden notwendig gemacht habe[90]. In der kurz darauf folgenden »Arbeitskonferenz des Zentrums« legt Lin Piao in seiner langen, ernstgestimmten Rede das Ausmaß des Widerstandes offen vor Augen und spricht von einer Ermattung der »jungen Soldaten«, wobei er die Vorgänge in Peking im Sinn haben mochte, wo die beiden alten rotgardistischen Hauptquartiere schon seit August die Neigung verrieten, in wüstem Fraktionskampf oligarchischer Klüngel die weiteren Ziele zu vergessen[91].

Daß die Massen nicht mehr dabei sind, hat sich herumgesprochen und wird in der Literatur reflektiert: »Der Vorsitzende hat gesagt: ›Revolutionskampf heißt Massenkampf. Der Kampf kann nur geführt werden, wenn es gelingt, die Massen zu mobilisieren (tung-yüan)‹. Genossen! Gilt das nicht auch von unserer Bewegung? Ohne größeren Anhang zu gewinnen, werden wir erfolglos bleiben. Ohne bessere Massenbeteiligung bleibt alles Gerede von Kampf, von Veränderung und Machtübernahme nur leeres Geschwätz (k'ung-hua).«[92]

Das Gegenteil ist der Fall, lamentiert eine andere Stimme. Die Massen ließen sich gegen die maoistischen Kämpfer aufbringen, die mehr als einmal tätlich angegriffen worden seien: »Die jungen Soldaten der Revolution werden verdrängt (k'ai-ch'u), eingeschüchtert (p'o-hai) und unterdrückt (chen-ya).«[93] Anfang Dezember muß auch die ewig optimistische Chiang Ch'ing, die sonst jede Rede mit dem Satz: »Die Lage ist gut!« einzuleiten gewohnt ist, von der gewandelten Stimmung im Lande Kenntnis nehmen. In einer Radioadresse vom 4. des Monats zieht sie gegen die widerborstigen »Landesfürsten« und »Feudalherren« zu Felde und spricht statt vom Sieg vom erreichten »Gleichgewicht der Kräfte«, eine Wendung, die sich auch, mit weiteren düsteren Anspielungen politischer Art, im Leitartikel der folgenden »Roten Fahne«[94] wiederfindet.

Fast auf den Tag genau macht eine andere »Rote Fahne«, das Organ der Linkskräfte an der Pekinger Luftfahrtakademie, die fällige Rechnung schärfer und offener auf: »Was ist aus unserer Bewegung geworden? Wir sehen viele Organisationen, die nach einer anfänglichen Kritik an ein paar kapitalistenfreundlichen Autoritäten den revolutionären Schwung eingebüßt haben und nun ihren ›guten Namen‹ erhalten wollen. Ihr unerschrockener Kampfesmut ist so ziemlich erloschen, alle Autoritäten gehören plötzlich zum revolutionären Hauptquartier, sie müssen geschont werden. Die alte Losung der radikalen Verneinung (huai-yi yi-ch'ieh ti k'ou-hao) ist abhanden gekommen. Die Bewegung nimmt eine Wendung ins konservative Fahrwasser[95].«

Es ließ sich nicht leugnen: die alte Partei hatte zwar Boden verloren, aber ansonsten den unerwarteten Angriff standfest und biegsam pariert. Die junge

Gegenelite war nicht geschlossen genug aufgetreten, um die eingesessenen Machthaber aus ihren wohlverwahrten Bastionen zu drängen. Maos Versuch, Struktur und Bewußtsein ins Gleichgewicht zu bringen, war schon im Ansatz gescheitert, sein Konzept einer gegängelten, beschränkten, gesellschaftlich ausgezirkelten Revolution in eine schwere Krise, wenn nicht gar in eine ausweglose Sackgasse geraten. Sollten die Parteiführer siegen, dann war zu erwarten, daß das maoistische Zentrum abtreten mußte, ohne jemals wieder die Chance zu haben, auf die Gestaltung der chinesischen Zukunft Einfluß zu nehmen.

Das drohende Ende vor Augen, hat noch kein politischer Führer gezögert, die alten Karten zu werfen und ein neues Spiel anzusetzen, auch wenn dies der ursprünglich für richtig befundenen Logik ins Gesicht schlagen sollte. In China waren die Mittel zu vorsichtig, zu knauserig eingesetzt worden, um ihren Zweck erfüllen zu können. Man mußte offensichtlich die Geister der Tiefe beschwören und eine zweite Welle anrollen lassen, auf die Gefahr hin, daß die neue Revolution der ersten der vierziger Jahre allzusehr gleichen und die bislang geschonte Produktion in heftige Mitleidenschaft ziehen würde. Die Partei wollte kämpfen, gut; der Vorsitzende hatte seine Antwort bereit: den Januarsturm und die Revolutionären Rebellen.

Kapitel III

Die Revolutionären Rebellen: ihr Standort in der Gesellschaft

Wo Rauch ist, ist Feuer, und wo in der Geschichte Massen in Bewegung geraten, haben wir nach gesellschaftlichen Gründen zu fragen gelernt. In der Kulturrevolution lagen die Dinge natürlich nicht anders, nur daß uns außerordentliche Hindernisse bei den Bemühungen begegnen, die Zusammenhänge zwischen Aufstand und sozialem Interesse deutlich zu machen. Trotz maoistischer Widerspruchslehre geht man in China von einem harmonistischen Grundmuster aus: in der anfänglichen neu- oder nationaldemokratischen Phase von der kooperativen Einheit der »vier guten Klassen«, später, unter den gewandelten Auspizien der proletarischen Diktatur, von der fraglosen, substantiellen Identität der Arbeiterschaft (eingeschlossen die einfachen Bauern), als deren organisatorische Form die Partei in die Geschichte eintritt. Eine Ausdifferenzierung im sozialen Bereich müßte den kommunistischen Anspruch, allen proletarischen Schichten gleichermaßen günstige Entwicklungsmuster zu bieten, in schwere Beweisnot versetzen. Als in der Kulturrevolution radikale Bauern auftreten und die Arbeiter in den Städten offen verklagen: Ihr lebt besser als wir, und zwar auf unsere Kosten, so trifft das die kommunistische Mythologie genauso ins Zentrum, wie die kopernikanische Ketzerei in den scholastischen Kosmos einschlug. Selbst die Rotgardisten winden sich und erfinden die seltsamsten Epizyklen, um das nackte Faktum, daß eine Gruppe auf Kosten der anderen lebt, nicht anerkennen zu müssen: Die Bauern seien verwirrt, ganz sicher von konterrevolutionären Elementen in die Irre geleitet – auf diesen Tenor sind die Kommentare fast immer gestimmt. Der erstaunliche Differenzierungsprozeß, der sich in den frühen sechziger Jahren auf dem Lande vollzog, wird in der Presse nie mit offenen Worten kommentiert, der Forscher muß sich begnügen, die verstreuten – mehr oder weniger indirekten – Anmerkungen zu sammeln.
Wir wissen, daß sich die Zahl der Angestellten und technischen Fachkräfte zwischen dem Ende der Großen-Sprung-Periode und dem Ausbruch der Kulturrevolution nahezu verdoppelt hat. Aber dieser Vorgang und seine gesellschaftlichen Konsequenzen bleiben in dichtes Dunkel gehüllt, das auch durch die neuen Materialien der rotgardistischen Presse nur selten aufgehellt wird. Es bleibt im allgemeinen bei der überkommenen Praxis, »das Proletariat« in der Weise des taoistischen Urblocks (p'u) als undifferenzierte, interessenidentische Einheit gelten zu lassen.
Erst die RR, die als schlechtweggekommene und an den Rand gedrängte

Schichten die Lüge des Anspruchs an Leib und Seele erfahren hatten, wagen eine neue Klassenanalyse, die die eingetretene Spaltung der Arbeiterschaft offen hervorhebt. In einer Grundsatzerklärung hat die Kantoner »Kampftruppe des 5. August« (pa-wu ping-t'uan), die man zu den nicht zahlreichen politisch denkenden Rebellenverbänden rechnen muß, die neue Lage wie folgt dargestellt: »Im Augenblick zeigt sich der vorhandene Klassenwiderspruch so: Auf der einen Seite haben wir die aufs Land geschickte Jugend (chi-nung ch'ing-nien), die untersten Lohnklassen der Werktätigen (Lehrlinge und Jungarbeiter), dazu die Vertragsarbeiter und die Saisonarbeiter (ho-t'ung-kung, lin-shih-kung). Auf der anderen Seite finden wir die Teile der Arbeiterschaft, die eine privilegierte, gutbezahlte Position erlangt haben (wörtlich: die den Thron der Arbeit erklommen haben).«[1]
Nachstehend werden die hier angeführten problematisierten Schichten gesellschaftlich weiter untersucht und ihre Beziehung zur radikalen Phase der kulturrevolutionären Bewegung geklärt.

1. Die Arbeitsdienstleute

Mit diesem Etikett werden die jungen Menschen aus den städtischen Zonen belegt, die von den Behörden für kurze oder längere Zeit in die Kommunen oder auf die Staatsfarmen (nung-ch'ang) des Hinterlandes geschickt wurden, um dort eine zumeist manuelle agrarische Tätigkeit auszuüben, weshalb die Chinesen diese soziale Gruppe als »chi-nung ch'ing-nien« beschreiben, als »junge Menschen, die den Bauern zur Hand gehen«. Es liegt klar zutage, daß ein derartiger Rückfluß von den städtischen Zentren in die Dörfer nicht nur erwünscht, sondern notwendig ist. Deutlich genug sprechen die Zahlen in fast allen Gebieten der unterentwickelten Welt, die von einem Überquellen der Städte bei gleichzeitiger geistiger Ausdünnung des Landes berichten: Brasilien, aber auch Zaire und Nigeria sind die vielleicht schlagendsten Beispiele.
Auch im chinesischen Hinterland war bekannt, daß man in der Stadt anders leben konnte als im Bannkreis der eigenen traditionalen Beschränkung. Ein Plakat von Rotrebellen aus bäuerlichen Familien, das sich am 14. Januar in einigen Schanghaier Straßen angeklebt findet, macht den Unterschied in brutaler Offenheit kenntlich: »Die Arbeiter in den staatlichen Werken tragen jährlich eine Lohntüte nach Hause, die viele hundert yuan wert ist. Wir Bauern sehen höchstens 30 yuan. Viele Arbeiter in den Städten können in modernen Wohnblocks leben. Wir Bauern dagegen leben in Hütten, die häufig vom Einsturz bedroht sind, und sind Wind und Regen ausgesetzt.«[2] Rechnet man die vielen anderen materiellen und kulturellen Chancen hinzu[3], wozu auch ein ausgebauter Gesundheitsdienst zählt[4], so ist leicht zu verstehen, daß gleich nach der »Befreiung« (chieh-fang) ein unerhörter Sturm auf die Städte einsetzte, der die urbane Bevölkerung der nordchinesischen Großstädte allein zwischen 1953 und 1958 um mehr als 50% anwachsen ließ[5] und selbstverständlich zur Folge hatte, daß die landwirtschaftliche Kapazität in unerträglicher Weise belastet wurde[6]. Immer mehr mußten die ohnehin unzulänglichen modernen Transportmittel dazu eingesetzt werden, die Städte zu versorgen,

was in wachsendem Maß zu gefährlichen Engpässen führte[7].
Die Partei hat denn auch ab Mitte der fünfziger Jahre die Bremse gezogen und die Bewegung vom Land in die Stadt mit allen Mitteln zu hemmen versucht[8]. Nur diese unablässige und zu Zeiten brutale Politik hat diese vom natürlichen Gefälle begünstigte Strömung einigermaßen auffangen können. Als mit Beginn der kulturrevolutionären Wirren die Partei als Rückpumpe weitgehend ausfällt, wird das Rinnsal zur Flut: »Die schwarze Welle des ökonomistischen Denkens hat die Dörfer erreicht, sie treibt die Bauern dazu, ihre ländlichen Posten in Scharen (ch'eng-p'i-ti) zu verlassen und in die Städte einzuströmen (sung hsiang ch'eng-shi)«, lesen wir in einem von vielen Artikeln, die sich mit dem Phänomen befassen[9]. Ein im Februar 1967 veröffentlichter »Dringender Erlaß« (ching-chi t'ung-kao) des Staatsrats hatte so gut wie keinen Einfluß auf die reale Entwicklung, und die neuentstandenen Revolutionskomitees in den Städten sahen sich mit dem Problem konfrontiert, die ungebetenen Gäste mit allen Mitteln von Überredung und Zwang in ihre dörfliche Heimat zu repatriieren[10].
Vor allem die Jugend hat keine Möglichkeit unversucht gelassen, um die Richtlinien zu umgehen und über verschiedene Mittelspersonen doch in die Städte zu kommen: Nur die dortigen Schulen versprachen eine Ausbildung, die den Weg zu gewünschten Karriererichtungen ermöglichte[11].
Da sich die pädagogischen Einrichtungen in den frühen sechziger Jahren ohnehin ausweiten, sehen sich die Behörden einer unerwarteten Flut von Abgängern gegenüber, die alle auf einen begrenzten Arbeitsmarkt drängen. Der japanische Wirtschaftswissenschaftler Shigeru Ishikawa hat 1966 eine Rechnung aufgemacht, nach der jährlich etwa 8–10 Mio. Jugendlicher ins Berufsleben treten. Viele hatten sich Hoffnungen auf eine Stelle im urbanen Bereich gemacht, während der städtische Sektor allenfalls 1,5–2 Mio. Bewerber aufnehmen konnte[12].
Unter solchen Bedingungen hatte der Staat keine andere Wahl, als eine scharfe Trennlinie zu ziehen. Nur eine Minderheit konnte in der Stadt Fuß fassen, die große Mehrheit aber mußte man in irgendeiner Form ins Umland schicken.
Nur wem es gelang, die überstrenge Prüfung zur Oberstufe (kao-k'ao) zu bestehen, konnte sich Chancen ausrechnen, in der Elitegruppe der Experten, Techniker und Bürokraten Verwendung zu finden, was die schulische Konkurrenz in wilde Existenzkämpfe ausarten ließ[13]. Für die anderen aber gab es nur den Weg in die Dörfer, um dort »die Revolution« weiterzutreiben. Liu Shao-ch'i hat dazu gesagt, der zeitlich beschränkte oder permanente Einsatz im dörflichen Milieu sei das einzige Mittel, den Arbeitsmarkt langfristig und für die Allgemeinheit optimal zu entlasten[14].
Ein inspirierter Artikel in der Pekinger Volkszeitung vom 31. März 1966 hat die Lage schonungslos offengelegt: »Auf die wachsende Produktion und den verbesserten Lebensstandard folgt nun der Ruf der Massen nach verbesserter Ausbildung. Aber dieser Wunsch der jungen Männer und Frauen kann nicht ganz erfüllt werden. In den Städten, wo ein hoher Bevölkerungsdruck herrscht, ist die Erziehung dieser Aspiranten eine schwere Aufgabe ... Hauptsache der Erziehungsinstitute sollte es daher sein, Arbeitskräfte heranzubilden, die in den ländlichen Gegenden eingesetzt werden können.«[15]

Vor allem für die maoistische Gruppe wiegen weltanschauliche Gründe genauso schwer wie wirtschaftliche Überlegungen. Die revolutionäre Gesundheit der Jugend und ihre Bedrohung treten ab 1961 stark in den Vordergrund. »Wenn schlechte Güter produziert werden, leidet die Wirtschaft, wenn aber schlechte Nachfolger herangezogen werden, wird die politische Macht in diesem Lande die rote Farbe verlieren«[16], lautet eine Warnung des Vorsitzenden, die in den Medien bis zum Überdruß wiederholt wird[17]. Man ahnt, daß sich der Klassenfeind in dieser Hinsicht Hoffnungen ausrechnet: »Vor dem Hintergrund des internationalen und nationalen Klassenkampfes gesehen, wird das Problem, die Nachfolger der Revolution heranzuziehen, immer dringender und wichtiger. Der Imperialismus wartet darauf, China auf den Weg der ›friedlichen Entwicklung‹ einschwenken zu sehen, weil die dritte und vierte Generation korrumpiert wird.« Und es fehlt nicht der pessimistische Nachklapp: »Wer will sagen, daß diese Weise, die Dinge zu sehen, einer gewissen Grundlage entbehrt?«[18]

Die Tugenden, die das System für die Nachfolger wünschte, wie Dienst am Volke, Hingabe und Ertragen von Härten[19], waren nach dem allgemeinen Konsensus in der Partei vielleicht auf dem Lande, aber kaum im bequemen Faulbett der Stadt zu gewinnen. Chung-kuo ch'ing-nien, die offiziöse Jugendzeitschrift, weist die Leser schon 1963 darauf hin: »In der ruhigen Normalität des städtischen Lebens ist es nicht einfach, die guten und schlechten Seiten der jungen Leute auseinanderzuhalten.«[20] Die Gründe liegen auf der Hand: in einer Umgebung, die nach dem Scheitern der Großen-Sprung-Illusionen in privat-hedonistische Vorstellungen ausweicht, können heroische Tugenden schwerlich gedeihen. Hören wir einen Oberschüler aus der Schanghaier Sung-chiang-Vorstadt berichten: »Wenn ich nach Hause komme, sehe ich die Uhr der Firmenmarke ›3-5‹, oder den Radioapparat des Modells ›Bär‹, oder das Fahrrad ›Ewige Dauer‹. Ich sehe weder Ausbeutung noch Unterdrückung noch Klassenkampf.«[21] Man kann unter diesen Umständen den Seufzer eines linken Aktivisten verstehen, welcher bemerkt: »Ganz sicher, die jungen Leute in der Stadt müssen zu Gesinnungsgenossen des Bürgertums werden, das aber ist der sichere Weg in den Tod.«[22]

Wirtschaftliche Notwendigkeit und weltanschauliche Aufrüstung also verwiesen die Jugend gleichermaßen aufs Land, und so sehen wir, wie nach 1962 der Strom der städtischen Schüler und Studenten, die in Grenzgebiete, Hügelregionen oder Neulandzonen geschickt werden, massenhaft zunimmt[23]. Die großen Provinzzentren und die nationalen Metropolen waren angewiesen, jedes Jahr eine bestimmte Quote des Nachwuchses ans Land abzugeben, einige Städte waren sogar feste Patenschaften mit bevorzugten Entwicklungsgebieten eingegangen, so Schanghai mit Sinkiang (Chinesisch Turkestan), Peking mit den Gebieten an der sibirischen Grenze (Heilungkiang), Chengtu und Chungking mit dem nahen Hochland von Tibet[24].

Es ist an dieser Stelle wichtig, zu betonen, daß die Betroffenen ihre Verschickung zum ländlichen Arbeitsdienst in der großen Mehrzahl als einen schweren Schlag ansehen mußten, ja nach allgemeiner Überzeugung als eine Schande, die sie in den Augen der Umwelt um mehrere Stufen herabsetzte. »Kinder, die aufs Land geschickt werden, gehen ins Elend, in ein Leben ohne

Zukunft«, war die weitverbreitete Ansicht[25], und jedermann kannte das im Schwange befindliche Sprichwort: »Die Besten gehen ins Studium, die Guten in Fabrik und Büro, der Ausschuß verzieht sich aufs Land.«[26] Der schlimme Gedanke des »lao-kai«, der »Arbeitsreform«, war nie ganz fern, und wirklich wußte jeder von Fällen, wo getadelte und in Ungnade gefallene Kader aus der Stadt zur Arbeit auf den Staatsfarmen versetzt worden waren[27].

Man sparte nicht mit Versuchen, die bittere Pille durch schönen Schein zu versüßen und die Wege mit kühnen Versprechungen eben zu machen. Eine Gruppe aus Peking, die ausgerechnet ins öde Ninghsia verschickt worden war, erinnert sich: »Man hat uns vorgeschwärmt, Ninghsia sei landschaftlich schön und mit einem ausgezeichneten Klima gesegnet. Das Essen sei vorzüglich, der Gelbe Fluß [der durch die Hauptstadt Yinchow fließt] wimmele von Karpfen.«[28] In der Stadt Chiangmen schiebt der Rekrutierungsbeamte ängstliche Fragen mit den Worten beiseite: »Man kann auf dem Dorfe nach Herzenslust essen und trinken, dazu gibt es jeden Monat ein paar Liter Reiswein. Die Arbeitszeit ist kurz, sie beträgt nur drei bis vier Stunden am Tag, dafür verdient man im Monat gute 35 yuan. Nach vier Jahren geht's dann zurück in die Stadt.«[29] Oder es wird mit Kaderaufstieg gelockt: »Arbeitet nur erst einmal ein paar Jahre auf dem Feld, dann könnt ihr Vorgesetzte werden.«[30] Auch der Soldatentrick wird verwendet: »Ihr seid von dem Stoff, aus dem man Soldaten macht. Auf dem Lande werdet ihr nur halb zur Arbeit eingesetzt werden, die andere Zeit könnt ihr in der Armee dienen.«[31]

Die Realität ist ganz anders, und da das selbstverständlich viele wissen, verfehlen die Sirenentöne häufig ihre Wirkung. In solchen Fällen scheut sich der Staat nicht, den politisch wehrlosen Bürger seine autokratische Vollgewalt spüren zu lassen und offen zu drohen: »Wer sich weigert, freiwillig an die landwirtschaftliche Front abzugehen, der wird von uns sein Leben lang in der Stadt keine anständige Arbeit bekommen. Wer nicht geht, der muß damit rechnen, aus dem [kommunistischen] Jugendverband ausgestoßen zu werden [k'ai-ch'u t'uan-chi].«[32] Im Fall der Schülerin Ch'en Shui-ch'ün aus Kanton: »Zuerst waren die Beamten vom Straßenkomitee sehr zuvorkommend und redeten davon, das Landleben sei lauter Essen und Trinken und Spaßmachen. Aber als wir klarmachten, daß wir unsere Tochter nicht ziehen lassen wollten, änderten sie die Tonart.«[33] Der Familie wird die Arbeitskarte weggenommen, und das ist so ziemlich das härteste, was jemandem in China passieren kann: Nur der Besitzer dieser Karte hat Zugang zu den rationierten Lebensmitteln (vornehmlich Reis und andere Getreidefrüchte), darf Reisen beantragen und Sozialversicherungsleistungen in Anspruch nehmen.[34] Ähnlich bei den Leuten aus Ninghsia: »Wenn ihr eure Kinder nicht überredet, die Stadt [Peking] zu verlassen«, heißt es von seiten der Behörden, »dann wird euer Platz in der Fabrik gestrichen.«[35]

Wer auch nach diesen massiven Pressionen auf der Vorschrift beharrt, die da besagt: »Alle Schüler und Studenten, die in die landwirtschaftliche Arbeit geschickt werden, sollen das freiwillig tun«[36], dem wird als ultima ratio das Instrument des »kai-pien ch'eng-fen«, das »Ändern des Status«, vor Augen geführt, die Gefahr, in die Gesellschaft der »sieben schlimmen Elemente« (ch'i-hei-lei) eingereiht und damit bürgerlich vernichtet zu werden[37].

Nun ist der Sprung von der Stadt zum Leben im Hinterland schon immer eine harte Sache gewesen. Doch wurde er im Falle der Arbeitsdienstler noch durch besondere Umstände erschwert. Die Losung vom »neuen sozialistischen Dorfe« sah die allmähliche Durchdringung des Landes mit städtischen Verkehrs- und Umgangsformen vor, wobei den jungen Intellektuellen die Aufgabe des gesellschaftlichen Sauerteiges und politischen Schrittmachers zufallen mußte. Sie traten daher nolens volens als Konkurrenten der alten ländlichen Machtstruktur in Erscheinung: mit der deutlichen Gefahr, ihre überlegenen fachlichen und geistigen Mittel zu lokalem Aufstieg zu nutzen, was nicht ohne Verdrängung der heimischen Kräfte abgehen konnte. Die ländlichen Kader sind daher durchweg bemüht, die »Städter« im Frondienst niederer Feldbestellung zu halten, die einhellige Klage der jungen Leute geht dahin, sie seien als reine Arbeitskräfte (lao-tung-li), ja als Arbeitstiere behandelt worden. »Wir sind Sklavenarbeiter geworden (pao-shen-kung). Die Umgebung besteht aus einer sumpfigen Einöde, die mit Sandbänken durchsetzt ist (sha-t'an). Unsere Behausung sind die unwirtlichen Gebäude einer Staatsfarm, die sich ›Armeebasis‹ nennt. Seit ein paar Jahren wohnen hier die Jugendlichen, die aus der Provinz Chekiang in die landwirtschaftliche Produktion nach Ninghsia geschickt wurden.«[38] Weiter heißt es im Text: »Möglichkeiten, sich auf irgendeine Weise fortzubilden, gibt es nicht, auch Zeitungen sind kaum vorhanden. Bargeld bekommen wir überhaupt nicht, nur Gutscheine, die gegen Lebensmittel und Güter eingetauscht werden können. Wer sich beschwert, wird mit dem Arbeitslager (lao-kai-ch'ang) bedroht. Wir leisten die härteste körperliche Arbeit, ohne Vergünstigungen, mit nur einem Ruhetag alle zehn Tage. Es gibt hier keinerlei Betreuung, wer zum Arzt muß, hat viele Kilometer über Sand- und Sumpfgelände zu laufen, wer ernsthaft krank werden sollte, hat kaum eine Überlebenschance.«[39] Andere Gruppen sind mit Ziegelbrennen beschäftigt oder jäten tagaus, tagein auf den Feldern[40]. Im Huai-hua-Kreis im zentralchinesischen Hunan hält der Leiter des örtlichen Staatsguts die Hsia-fang-Leute wie Strafgefangene. Arbeit ist alles, selbst Spaziergänge, Ballspiel und Gesang sind verboten[41].
Es ist nicht verwunderlich, daß viele Jugendliche zu fliehen versuchen, in Depressionen verfallen oder als letzten Ausweg Hand an sich selber legen. Gerade der Freitod scheint in den letzten beiden Jahren vor der Kulturrevolution ein nicht ungewöhnliches Phänomen gewesen zu sein[42]. Klagen an die Familien sucht man zu unterbinden, indem man sich die Mitteilungen, bevor sie abgehen, zeigen läßt. Oder wir lesen: »Unseren Eltern hat man die wahren Verhältnisse nicht mitgeteilt. Wenn sie sich erkundigten, sagte man, den jungen Leuten gehe es ausgezeichnet (fei-ch'ang hao), sie seien gut untergebracht, die hygienischen Zustände seien vortrefflich.«[43]
Nicht nur zu den Kadern, auch zur einfachen bäuerlichen Bevölkerung war der Kontakt problematisch, allein schon deshalb, weil die städtischen Gewohnheiten der jungen Leute im Dorf als ein Einbruch fremder Sitte wirkten.
Die unvermeidlichen Mißverständnisse und Schwierigkeiten werden von den Kadern gepflegt, bis sich die Antagonismen zu dem Punkt steigern, wo die gegenseitige Feindschaft offen hervorbricht. So bedrohte in der Heng-lan-Kommune im Chung-shan-Kreis (südlich von Kanton) die aufgebrachte

Menge die jungen Helfer mit selbstgefertigten Waffen[44].

Im Gegenzug bilden die Arbeitsdienstler einen starken Korpsgeist aus, der sich darin äußert, daß sie allen Schwierigkeiten zum Trotz eigene politische und technische Organisationen aufbauen, die wie Inseln städtischer Lebensformen ins dörfliche Milieu hineinragen. Das vertieft den Graben zur einheimischen Bevölkerung weiter und perpetuiert den Teufelskreis der Entfremdung.

Natürlich spielt auch hier die Angst vor der möglichen Konkurrenz der Verschickten ihre Rolle, genau wie auf erhöhter Stufe im Verhältnis zu den Kadern. Gerade technische Positonen sind bei der geweckten Bauernjugend gefragt, und hier treten ihnen die besser qualifizierten Städter als Gegenbewerber in die Quere. Ein Beispiel: In einer Brigade werden mehrere Studenten mit der Bedienung und Wartung der Wasserpumpen (ch'ou-shui-chi) betraut. Gleich setzt es Proteste aus den Reihen der ländlichen Jugend, die sich comme il faut weltanschaulich maskieren: »Wir Bauern haben kein Vertrauen in diese [städtischen] Leute, die sich aus bürgerlichen Familien rekrutieren. Wir müssen Herr im eigenen Hause bleiben und die Pumpen selber betreuen. Wir dürfen auf keinen Fall gestatten, daß unsere eigenen Leute beiseite gedrängt werden.«[45]

Für die meisten »Bauernhelfer« ist der Dienst eine Art von Verbannung, und das Wort von der »Sackgasse« (szu-hu-t'ung), das die einschlägigen Dokumente wie ein roter Faden durchläuft, deutet auf sich vertiefende Hoffnungslosigkeit. »Nun bin ich schon zwei Jahre und mehr aus meiner Heimatstadt Changsha (Hauptstadt von Hunan) weg. Wie sehr sehnen wir uns alle nach dorthin zurück!«[46] Dieser und ähnliche Sätze zeigen uns, wie sehr man sich im »bitteren Meer« (k'u-hai) der Brigaden und Teams als leidender Außenseiter, nicht als aktiver Teilhaber fühlte. Aber die Übermacht des bürokratischen Großstaats war zu gewaltig, als daß die ständige Klage des »wir wollen nach Hause, wir wollen unsere Menschenrechte« (yao hu-k'o, yao jen-ch'üan) mehr als ein Schrei in den Wind hätte sein können[47].

Die Nachrichten aus Peking, die von der beginnenden Kulturrevolution sprechen, die nachfolgende Inkriminierung und Verunsicherung aller alten Autoritäten muß in diesem Milieu eine ähnliche Wirkung gehabt haben wie der Bastillesturm auf das gedrückte französische Kleinbürgertum oder die Februarrevolution auf die Kettensträflinge in Sibirien. Der Tag der Befreiung, der Auferstehung war da, aber auch der unerbittlichen Abrechnung mit denen, die die maoistischen Ideale, wie man sie verstand, so grausam verfälscht hatten. Wenn auch die lokalen Behörden alles versuchten, die Jugendlichen am »Rebellieren« zu hindern, und die, die aufmuckten, mit harten Strafen bedrohten[48], sie konnten die Flut nicht aufhalten. Die Losung: »Zurück in die Stadt!« (hsiang ch'eng-shih ch'ü) erwies sich als unwiderstehlich. Die »neuen Bauern« verlassen die ungeliebten Arbeitsplätze haufenweise, ziehen in kleinen Gruppen oder auch in größeren Trecks über die Straßen des Landes, um in den Heimatstädten den Kampf aufzunehmen[49].

In den großen Auseinandersetzungen vom Januarsturm bis zur Oktoberniederlage finden wir die Rückkehrer als bedeutenden, festen und immer loyalen Bestandteil der antiautoritären Bewegung der Revolutionären Rebellen. Sie werden von den gemäßigten Gruppen stereotyp mit dem Beinamen »anarchistisch« versehen[50], und ihre nationale Dachorganisation, die schon Ende 1966 mehr als 20 000 Kämpfer umfaßte, wird im Zuge der militärisch inspirierten »Februarströmung« als eine der ersten »ultralinken Organisationen« von den Sicherheitsorganen der Pekinger VBA außerhalb der Gesetze gestellt[51].

Im folgenden werden uns die chi-nung-ch'ing-nien-Streiter in den entscheidenden Auseinandersetzungen zwischen Kommune und RK immer in vorderster Front wiederbegegnen, in den Kämpfen um die Militärakademie in Harbin ebenso wie in Changsha (Hunan), wo ihre »Hsiangfluß-Gewittertruppe« dem Provinzkommandeur Lung Shu-chin die größten Sorgen bereitet[52]; im Ringen um den Bestand der Kommune von Chengchow (Kommune des 7. Februar) und dann wieder in den Januarschlachten von Wuhan, wo die »Rebellentruppe der auf dem Lande arbeitenden jungen Intellektuellen« den »Kriegsherrn« Ch'en Tsai-tao in arge Verlegenheit bringt[53]. Sie spielen ihre Rolle in Chengtu nicht anders als im fernen Lanchow (Provinz Kansu). Am augenfälligsten aber ist ihr Part in der Schlacht, die zehn Monate lang um Kwangtung geführt wird und die in den Februar- und Augustkämpfen einen blutigen Höhepunkt findet. Die »Rotfahnenverbände«, die den organisatorischen Kern der Kantoner Rebellen darstellen[54], finden in den studentischen Rückkehrern ihre verläßlichste Mannschaft, die in den vordersten Reihen kämpft und die Stellung behauptet. Eine Statistik hat verzeichnet, daß in den fünf großen Gefechten, die zwischen dem 20. Juli und dem 3. September (1967) in den Bezirken der Schafsstadt entbrennen, die ehemaligen »Bauernhelfer« die meisten Opfer beklagten. »Eine vorläufige Schätzung (ch'u-pu t'ung-chi) ergibt, daß die jugendlichen Rückkehrer vom Lande mehr als siebenhundert Tote und Verletzte zurückließen.«[55]

Als im Oktober die Rebellenfahne endgültig sinkt, müssen die Rückkehrer den Preis der Niederlage bezahlen. Sie hatten immer gewußt, daß jede Erneuerung von zentralen Strukturen zu neuer Fron führen mußte, daß die wieder etablierten Autoritäten, wie auch immer ihr Name sein würde, aus der unabweislichen Logik der Aufbauphase heraus Lebensenergien und Glück der heutigen Jugend kassieren mußten, um daraus den entscheidenden Wechsel auf die Zukunft zu ziehen[56].

Schon am 8. Oktober kommt aus Peking das »Zirkular des ZK, des StR, der Zentralen Militärkommission und der KRG« zum Thema der Rückkehrer, in dem es lakonisch heißt: »Alle Jugendlichen, denen die Arbeit auf dem Lande zugewiesen worden war, und die sich immer noch in den Städten aufhalten, müssen ohne Verzug ins Hinterland zurückkehren.«[57] Alle Sonderorganisationen der Rückkehrer werden ausdrücklich für illegal und aufgelöst erklärt, die lokalen Kader sind angewiesen, die jungen Leute erneut in den ländlichen Arbeitsprozeß einzugliedern. Die Rebellion ist vorbei.

2. Die Vertragsarbeiter

»If market forces were allowed to determine wages in Chinese Communist industry and freedom of mobility were to be allowed, the majority of workers would probably receive substantially less pay than they do now, given the vast surplus of unskilled or semiskilled labor.«[58] Aus den bekannten politischen und ideologischen Gründen aber ist der Lohn eines chinesischen Industriearbeiters unverhältnismäßig gehoben[59]. Die vielfältigen Sonderleistungen bringen es zusätzlich mit sich, daß die städtische Arbeiterschaft eine erhebliche Belastung für die Volkswirtschaft darstellt, vor allem wenn man bedenkt, daß sich ihre Zahl zwischen 1949 und 1966 etwa verfünffacht hat[60].

Da es nach den selbstgesetzten Spielregeln nicht möglich war, diese Belastung offen anzugehen, suchte man nach verschiedenen mehr versteckten Mitteln, eine Erleichterung durchzusetzen. Vor allem geschah das in der Zeit nach 1960, als sich nach der ökonomischen Katastrophe der Großen-Sprung-Politik Überlegungen wirtschaftlicher Rationalität und erhöhter Produktivität gebieterisch in den Vordergrund schoben.

Vor diesem allgemeinen Hintergrund wird verständlich, warum das in den fünfziger Jahren schon experimentell durchgespielte System der Vertragsarbeiter (ho-t'ung-kung) mit Beginn des III. Fünfjahresplanes eine entschiedene Ausweitung und Aufwertung erfuhr. Im Plandokument ist eine Klausel enthalten, die fordert, die Einzelbetriebe sollten bemüht sein, die »cheng-shih-kung«, also die »regulären« Arbeiter um ca. 30 % zu verringern und durch die weit weniger kostspieligen Vertragsarbeiter zu ersetzen[61].

Dieses sogenannte »zweistufige Arbeitssystem« (liang-chung lao-tung chih-tu) brachte neben der Kostenersparnis noch den erheblichen Vorteil der wirtschaftlichen Flexibilität: Die Mehrzahl der chinesischen Betriebe ist nach allgemeinem Urteil der Fachleute überbelegt, zahlreiche Menschen werden einfach beschäftigt, um die städtische Arbeitslosenquote niedrig zu halten, was in den Unternehmen zu Formen der versteckten Arbeitslosigkeit führt, was wiederum die Produktion verteuert. Das Vertragssystem verspricht auch hier auf eine geschickte Weise Erleichterung, ohne daß man offen gegen die politischen Spielregeln verstoßen müßte. Der Vertrag (ho-t'ung hsieh-yi shu) ist in der Regel ausdrücklich in der Weise restriktiv formuliert, daß er kein Arbeitsrecht vereinbart, sondern der einstellenden Firma ermöglicht, den betreffenden Angestellten jederzeit aus dem Arbeitsverhältnis zu entlassen, ohne daß dem Vertragsarbeiter irgendein Beschwerderecht zusteht. Der auf der Kantoner nationalen Rekonstruktionskonferenz (März 1961) partiell zugestandene »freie Arbeitsmarkt« (lao-tung-li tzu-yu shih-ch'ang), gekoppelt mit seiner konkreten Verwirklichung im Vertragssystem, gab dem chinesischen Unternehmensdirektor zum erstenmal seit der Errichtung der Volksrepublik die Handhabe, Teile der überschüssigen Belegschaft in den Ruhestand zu versetzen und alle Neuzugänge durch Vertragsleute zu ersetzen, die im Fall von Absatzfluktuationen ohne besondere Umstände abserviert werden konnten. Damit war der Kostenfaktor Mensch nicht nur niedriger, sondern auch sehr viel disponibler geworden.

Um Zuzug der Arbeitswilligen brauchte sich der betreffende Direktor keine Sorgen zu machen. Das weite ländliche Gebiet um die Städte war voll von jungen Leuten, die nur in der Jahreszeit mit erhöhtem Arbeitsanfall angemessene Beschäftigung fanden und gerne bereit waren, sich durch städtische Teilzeitarbeit etwas hinzuzuverdienen[62].

Aber in der Stadt begannen sich die Perspektiven zu wandeln. Mit dem

gehobenen Erwartungshorizont traten neue Ansprüche auf, die sich als unerfüllbar erwiesen. Ihre »regulären« Arbeitskollegen waren nicht nur besser bezahlt, sondern auch gegen Krisen gesichert. Ein Flugblatt aus der großen Loyang-Traktorfabrik stellt uns die Klagen einer Gruppe von Vertragsarbeitern genauer vor Augen: »Voriges Jahr sind viele von uns einfach entlassen worden, ganz wie in der alten Gesellschaft feiert der kapitalistische Ökonomismus seine Triumphe. Drei Kollegen sind krank geworden, für sie war im Fabrikkrankenhaus kein Platz, sie mußten in die Heimatkommune im Lo-ning-Kreis zurück. Was sind das für neokapitalistische Zustände?«[63]
Ähnliche Klagen finden wir in vielen Provinzen, mit dem immer wieder zu hörenden Refrain: »Wir Vertragsarbeiter sorgen uns um unseren Lebensunterhalt und um unsere Zukunft.«[64]
Als sich im Winter 1966/67 die Parteiungen scheiden und die politischen Trennungslinien gezogen werden, stellen sich die ho-t'ung-kung genauso selbstverständlich auf die Seite der Revolutionären Rebellen, wie sich die cheng-shih-kung, die regulären Elitearbeiter, zum Lager der gemäßigten Kräfte des maoistischen Kompromisses bekennen. Wir finden die Parias des chinesischen industriellen Systems vor allem im radikalen »II. Regiment« des Schanghaier Arbeiterführers Keng Chin-chang[65], aber auch in Peking[66] und in den Reihen der ultralinken »Proletarischen Allianz« (sheng-wu-lien) von Hunan[67]. Sätze wie: »Die Saison- und Kontraktarbeiter sind dabei, in eine anarchistische Haltung (wu-cheng-fu chu-yi ti chuang-t'ai) zu verfallen« finden sich häufig[68] und reflektieren den Tatbestand, daß diese Gruppe zu der völlig richtigen Erkenntnis gelangt war, daß nur ein kommunalisiertes-dezentralisiertes Gesellschaftssystem in der Lage und willens sein würde, die vorhandenen Differenzen in der Arbeiterschaft zum Verschwinden zu bringen, auch um den unumgänglichen Preis einer Verringerung der akkumulativen Dynamik.

3. Die Jungarbeiter

Nun zur dritten wichtigen Gruppe, den Lehrlingen und jungen Arbeitern in den Betrieben.
Hier ist der schlichte Gesichtspunkt der Zahl nicht zu verkennen. Wer jemals die Länder Asiens durchreist hat, kann sich des Eindrucks nicht erwehren, daß dort der Mensch ein nahezu freies Gut ist, das sich durch Massenhaftigkeit selber entwertet. China mit seinen 800 Millionen Einwohnern fügt jedes Jahr weitere 16 Millionen hinzu (zumindest, denn die jährliche Wachstumsrate beträgt 2,4–2,5 %). Diese Zahl wird in ihrer Ungeheuerlichkeit erst dann so recht einsichtig, wenn wir bedenken, daß von den rund 150 Nationen der UNO nur 35, etwa 26 %, eine Gesamtbevölkerung von 15 Millionen und mehr aufweisen! Nach den Schätzungen der demographischen Fachleute hat die Altersgruppe zwischen 5 und 24 Jahren in China 1953 etwa 250 Millionen betragen, 1963 etwa 300 Millionen, und ist 1968 auf etwa 350 Millionen angestiegen[69]. Eine neuere Studie kommt zu ähnlichen Schlußfolgerungen: danach waren 1965 ca. 60 % aller Chinesen unter 25 Jahren alt[70].

Einen so gewaltigen Zustrom von Jugend in den Arbeitsprozeß einzugliedern, mußte mehr und mehr zur Belastung werden. Kein Wunder, daß viele Betriebe die Neuankömmlinge diesen Tatbestand fühlen ließen.

Aber der quantitative Aspekt ist nur der allgemeine Rahmen für eine Reihe von qualitativen Veränderungen, die sich auf dem chinesischen Arbeitsmarkt nach 1960 vollzogen. Der Große Sprung hatte die Tugenden der frühen Revolutionszeit erneuert, die verklärten Tage von Kiangsi und Yenan, als jugendlicher Mut und Zukunftswille die größten Aktiva der kommunistischen Bewegung darstellten[71]. »Wir preisen den Geist, den ihr jungen Leute besitzt; ihr seid voller Kraft und Vitalität, voll Vertrauen und unerschütterlicher Hoffnung, bei euch liegen Führung und Initiative«, so konnte selbst ein bürokratischer Typ wie Po Yi-po in der Sturmzeit von 1958 begeistert aufrufen.

Aber der neue nüchterne Geist der folgenden Rekonstruktionsperiode gehorchte anderen Gesetzen. Nicht Wille, sondern Wissen und reife Erfahrung wurden von den maßgeblichen Stellen immer stärker gefragt. Das jugendliche Ungestüm wurde eher negativ eingeschätzt, als zerstörerische Kraft, die am Fehlschlag des großen Experiments ihr gerüttelt Maß Schuld hatte: »Besonders das Denken und Handeln der jungen Kader (ch'ing-nien kan-pu) ließ viel zu wünschen übrig. Damals kam es in vielen Kommunen und Brigaden vor, daß die gute, alte Vätererfahrung einfach in den Wind geschlagen wurde, womit man der Produktion ungehörigen Schaden zufügte.«[72]

Auf allen Gebieten werden die älteren Leute, die über fachliches Können verfügen, vor die bloße Jugend gerückt, der geraten wird, zunächst einmal zu schweigen und tüchtig zu lernen. »In der Tat, die Erfahrung ist ein kostbarer Schatz. Wir gewinnen sie mit viel Mühe durch wiederholte Versuche, indem wir aus der groben Materie das Wesen herausziehen, indem wir das Echte bewahren und das Falsche verwerfen... Wir achten die Vorkämpfer der Produktionsfront, die die fortgeschrittene Erfahrung geschaffen und damit die Leistung erhöht haben.«[73] Diese Achtung kommt in der Presse der frühen sechziger Jahre in immer neuen Wendungen zum Ausdruck: in der Landwirtschaft wird der Bauer der älteren Generation trotz seiner bekannten politischen und gesellschaftlichen Untugenden auf den Podest gehoben: »Die Mitglieder der Kreiskomitees sowie die Führungskader der Brigaden und Kommunen sollen sich drei bis fünf alte Bauern zu ihren Ratgebern wählen und sie in allen Produktionsfragen ernsthaft um Auskunft angehen. Parallel dazu sollen sie praktische Schritte einleiten, um die gesellschaftliche Stellung des alten Bauern zu stärken. Zum Beispiel sollen, wenn die Parteikomitees von Kreis, Kommune oder Brigade Kaderkonferenzen zu Produktionsfragen ansetzen, immer auch einige alte Bauern zur Teilnahme aufgefordert werden.«[74]

Der Kult der Erfahrung gilt selbstverständlich auch im industriellen Bereich. Während des Großen Sprunges fällt in einer Werkshalle die Leistung. Liu Yu-ch'en, der von der Direktion zur Inspektion geschickt wird, findet schnell die tieferen Ursachen der gesunkenen Produktion: »Ihm wurde klar, daß der Hauptgrund für die niedere Produktivität der fünften Schicht darin lag, daß man die fortgeschrittene technische Erfahrung außer acht ließ und den positiven Faktor der alten Arbeiter (lao-kung-jen) nicht voll berücksichtigte.

Liu Yu-ch'en und Hsüeh Chang-chiang riefen einige alte Arbeiter zusammen, um Methoden der erfolgreichen Produktionsförderung durchzusprechen. Diese alten Arbeiter sagten nicht viel, aber was sie sagten, hatte Hand und Fuß.«[75]

Das gleiche Thema wird auch am Beispiel des Einzelhandels exemplifiziert: »Wenn ein alter Verkäufer eine Ware abwiegt, nimmt er gleich beim ersten Mal die richtige Menge. Seine Kalkulationen macht er im Kopfe, wenn er eine Ware anschneidet, findet er schon beim ersten Schnitt das richtige Maß. Und wenn er etwa Weinflaschen zusammenbindet, hält die Sache auch noch nach einhundert Kilometern.«[76]

Die Pekinger Volkszeitung hat den Komplex »Erfahrung« in einem Grundsatzartikel zusammengefaßt, in dem wir lesen können: »Die alten Arbeiter sind eine bedeutsame technische Kraft in der Produktion. Wenn es um die Produktionstechnik geht, soll man sie in erster Linie zu Rate ziehen.«[77]

Das Credo der wirtschaftlichen Rekonstruktion wurde der Jugend auch in ihrem eigenen Blatt, der chung-kuo ch'ing-nien, unmißverständlich eingehämmert: »Es ist die Aufgabe des chinesischen Volkes, China so schnell wie möglich in eine starke sozialistische Macht umzuwandeln: mit moderner Industrie, moderner Landwirtschaft sowie moderner Wissenschaft und Kultur. Dieser Aufbau aber erfordert vor allem Wissen und Lernen.«[78] Aber gerade in dieser Hinsicht waren die Älteren entschieden voraus, und so sehen wir denn, wie die rasche Mobilität, die die Jugend in den Jahren zwischen 1958–1960 genoß, einer nachhaltigen Stagnation weicht; wie der »Kaderschub« dieser Jahre zum Stillstand kommt und sich gerade die ersehnten Positionen in Partei, Verwaltung und Wirtschaft wieder mit »Experten« reiferen Alters anfüllen[79]. Alle Berichte stimmen damit überein, daß China nach 1961 in einer kompletten Auswechselung an der Spitze auf dem Wege war, auf allen Gebieten des Lebens zu einer Greisenherrschaft zu werden[80].

Der junge Mensch, der in den Betrieb geschickt wurde, mußte seine Lehrstelle also unter den denkbar ungünstigsten Umständen antreten. Er war mehr Belastung als Hilfe und erhielt seine Arbeit gleichsam von politischen Gnaden, weil es für das System unerwünscht war, allzuviel Halbwüchsige auf den städtischen Straßen zu haben. Gebraucht wurde er im Grunde nicht und wurde darüber auch nicht im Zweifel gelassen. Einmütig ist die Klage der jungen Arbeiter über die entwürdigenden Bedingungen, die ihre Ausbildung umgeben. Auf einer kleinen Konferenz, die in der Pekinger Forstakademie zu Fragen des Ökonomismus und Revisionismus im industriellen Sektor abgehalten wurde (28./29. Jan. 1967), sehen wir einige Jungarbeiter auftreten und bittere Beschwerde führen. Ein angehender Angestellter in der Soochow-Zementfabrik meldete sich folgendermaßen zu Wort: »Wir wurden zu den Schmutzarbeiten verwendet, die es bei uns in Fülle gibt, oder wir waren die Laufburschen und Geherdas der zur Ausbildung bestellten revisionistischen Kräfte, die sich um die Revolution und Produktion keineswegs kümmerten.« Ein gleichfalls verbitterter Jungarbeiter aus der Schanghaier Arzneimittelfabrik Nr. 3: »Die ursprüngliche Ausbildung sollte zwei bis drei Jahre betragen, aber wir wurden auch später noch in der tiefsten Lohnstufe geführt; obwohl wir volle Arbeit leisteten, bezahlte man uns wie Kinder. So suchten die Kapitalistenfreunde dem schwarzen liuistischen Standpunkt nachzuleben: Profit kommt zuerst!«[81]

Noch ein wichtiger Punkt muß hier dargelegt werden: das sogenannte »Arbeitsschulensystem«, das sich ab 1964 als Parallelstruktur zum Vertragsarbeitersystem voll einzubürgern begann.

Im Großen Sprung wurde der »Gesamtarbeiter« angestrebt, eine Person, die den geschichtlich gewordenen Unterschied zwischen geistiger und körperlicher Betätigung aufheben würde, ein Mensch, der Kopf und Hand vereinigen sollte. Da die alten Erziehungseinrichtungen offensichtlich ungeeignet waren, dieses revolutionäre Geschöpf formen zu helfen, sollten ganz neue Ausbildungsweisen eingeführt werden, ein sogenanntes »pan-kung pan-tu«-System, das produktive Arbeit und geistige Weiterbildung in einem anbieten würde[82].

Nach der einschneidenden Wende von 1960/61 ist neben vielen anderen politischen Praktiken auch dieses pädagogische Experiment rasch aus dem Gebrauch gekommen. Als es 1964 im Zuge der Reradikalisierung neu propagiert wurde, hob man erneut von offizieller Parteiseite den Beitrag hervor, den diese Schulart bei der Beseitigung oder wenigstens Linderung der »drei großen Differenzen« leisten könnte[83]. Nur hatten sich die Zeiten gründlich gewandelt.

Was 1958 echter Ansatz zu einer revolutionären Veränderung war, wurde jetzt sofort vom alles durchdringenden Geist der Differenzierung erobert. Hatte der Vorschlag in der Großen-Sprung-Periode dem ganzen Erziehungssystem gegolten, so wurde jetzt unter schicklicher Berücksichtigung der Wirtschaftsinteressen ein »doppeltes System der Ausbildung« postuliert, also eine Aufspaltung der Kinder in »Ganztagsschüler« und »Arbeitsschüler«, mit den entsprechenden praktischen Folgen. Nicht nur, daß die neuen »Arbeitsschulen« in Stadt und Land für die Verwaltung nur eine glänzende, dazu weltanschaulich überaus respektable Möglichkeit waren, das Erziehungssystem von schlichteren Geistern zu entlasten. Es wurde den Betroffenen auch deutlich, daß aus den Halb-Arbeit-halb-Lernen-Institutionen der Weg niemals nach oben in die Karriere, sondern immer nach unten in die Produktion führte[84].

Vielfach wurde nicht einmal die Form gewahrt. Die jungen Leute, die als »Studenten« in diese Einrichtungen fern von den städtischen Zentren geschickt wurden, mußten erleben, daß die versprochene »Weiterbildung« kaum ins Gewicht fiel. Genau wie die »Bauernhelfer« sahen sie sich als billige Arbeitskräfte eingesetzt. Dem Ansatz nach sollte das System nach dem Prinzip gehandhabt werden: vier Stunden Arbeit, vier Stunden Lernen (das sogenannte szu-szu chih-tu), aber die Wirklichkeit nahm davon wenig Notiz. Auf den großen Taching-Ölfeldern, wo unter der Losung: hin zum Öl, hin zu den Arbeitern, hin zur Produktion!, eine hohe Zahl von Arbeitsschülern im Einsatz war, konnte von »Studium« keine Rede sein. Die Neulinge wurden mit Schmutzarbeiten an den Ölrückständen beschäftigt oder als Hilfskräfte vor dem Bohrloch eingesetzt[85]. Im zornigen Bericht eines Schülers aus der Umgebung von Taiyüan (Shansi) heißt es: »Man hat uns hier eine Ingenieur-

ausbildung versprochen, aber davon ist nichts zu bemerken. Wir sind für die Revisionisten Arbeitskräfte, die man nach Belieben ausbeuten kann. Kaum vier Stunden Unterricht gibt es in der ganzen Woche. Dazu werden wir ganz wie die Gefangenen behandelt!«[86]
Natürlich wußte man, daß es sich hier um die Trennung von Böcken und Schafen handelte. Die »Hoffnungslosen« wurden in die Dörfer geschickt, die Brauchbaren kamen in die »Arbeitsschulen«, um in die industrielle Produktion eingewiesen zu werden, die Elite aber blieb in den Ganztagsschulen, wo sie die Oberstufe ausfüllte und dann in die Prestigehochschulen einrückte. Und natürlich waren es wieder die verhaßten bürgerlichen Kräfte, die aus Gründen des Elternhauses und der natürlichen Begabung das scharfe Rennen gewannen. »Es kam dahin«, hören wir eine ärgerliche proletarische Stimme, »daß sich die Kinder aus den unteren Schichten auf die Form der Arbeitsschule beschränkt sahen«[87]. Ähnliches sehen wir in Schanghai, wo selbst das Parteiblatt zugeben muß, daß sich die Arbeitsschüler aus proletarischen Kindern rekrutieren[88].
Auch hier wird der »freiwilligen« Aktion mit massivem Druck nachgeholfen. Wer sich dem Transfer entzieht und in der Ganztagsschule gegen den erklärten Behördenwillen verbleibt, hat nichts zu lachen. In Kanton etwa kam es vor, daß insgesamt 600 Schüler, die den vorgeschlagenen Wechsel abgelehnt hatten, auf eine Staatsfarm im Kwangtunger Hinterland strafversetzt wurden[89]. Wir lesen vom Fall eines Schülers der Kantoner Fachschule für Elektrotechnik, der alle Hoffnung darauf gesetzt hat, sich weiterzubilden, bis er schließlich Ingenieur ist. Plötzlich wird er vom »ersten« ins »zweite« System versetzt und in eine Arbeitsschule gesteckt: ohne die geringste Aussicht, sein ursprüngliches Ziel noch erreichen zu können. Er protestiert, er pocht auf seine in der Verfassung verbürgten »Rechte auf Ausbildung«. Vergeblich: als böswilliger Querulant wird er aus der Schule entfernt und strafversetzt. Später finden wir ihn unter den Revolutionären Rebellen wieder, als Mitglied der ultralinken »Kantoner Revolutionären Arbeiter-Allianz (kuang-chou kung-jen ko-ming lien-ho wei-yüan-hui), die den militärischen Restaurationsversuchen des Generals Huang Yung-sheng schärfsten Widerstand bietet[90].
Als die Kulturrevolution übers Land kommt, bricht das System genauso schnell zusammen wie die »Bauernhelfer«-Fiktion. Die Jungarbeiter wider Willen rebellieren gegen die örtlichen und schulischen Autoritäten und kehren in die geliebten Städte zurück. In Peking finden wir viele Tausende dieser Jugendlichen, die wieder einen Platz im regulären Schulsystem suchen[91]. Aus Kanton hören wir, daß die jungen Leute in der neuen Bewegung die Chance ihres Lebens erblicken: »Plötzlich, 1966, überraschte uns die vom Vorsitzenden Mao mobilisierte Kulturrevolution. Wir und die anderen Opfer [der revisionistischen Schulpolitik] sprengten die hindernden Mauern und riefen die befreiende Losung: ›Rebellion ist vernünftig! (tsao-fan yu-li)‹. Wir hißten die Flagge des Aufstands.«[92] Im Taching-Revier bleibt niemand zurück, die Schule muß schließen[93]. In Schanghai, wo diese verhaßten Einrichtungen am zahlreichsten waren[94], liegen die Einrichtungen noch im Sommer 1968 verödet. Die wenigen, die den Betrieb wieder aufgenommen haben, werden als Brutstätten ultralinker Vorstellungen bezeichnet, und das, obwohl sich das RK, unterstützt von militärischen Einsatzgruppen, größte Mühe gegeben hat,

diese nützliche pädagogische Institution wieder in Gang zu bringen[95].
Wie selbstverständlich finden auch diese von der alten Machtelite getretenen Gruppen ihren Weg in die Organisationen der Revolutionären Rebellen. In allen großen Städten sehen wir die Jungarbeiter, Arbeitsschüler und Lehrlinge im Kern der radikalen Vereine, so in der »Revolutionären Allianz« (sheng-ko-lien), die sich kurz vor der Machtergreifung am 19. Januar 1967 in Kanton konstituiert[96], so in Chengtu, wo die beiden hauptsächlichen Rebellenorganisationen, die »Revolutionäre Arbeiterrebellentruppe« (kung-jen ko-ming tsao-fan ping-t'uan) und die »Kampftruppe des 26. August« der Szuchuan-Universität (ch'uan-ta pa-erh-liu chan-tou-t'uan) neben Studenten viele Lehrlinge und Jungarbeiter zu ihren Kadern und Mitgliedern zählen[97]. Die Changchun-Kommune in Kirin wurde von jungen Arbeitern gegen die Einkreisungstaktik von Ch'en Hsi-liens Mukdener Truppen verteidigt[98].
Später, als alles vorbei ist und wieder die Ordnung herrscht, finden es die jungen Leute schwer, sich erneut in die harte Fabrikdisziplin einzufinden. Akte des Vandalismus oder des passiven Widerstandes sind häufig. Kein Zufall, daß die Armee-Einheiten bis 1971 als »Propagandatruppen« in den Werkshallen bleiben[99].

4. Die Differenzierung auf dem Lande

Wie in Indien und vielen anderen Ländern der Entwicklungswelt ist der agrarische Sektor auch in China die Achillesferse der Wirtschaft. »In fact, Red China's volume of farm output in relation to her huge population is perhaps her most basic and critical general social and economic problem.«[100] Während die Industrie in einzelnen Phasen beträchtliche Zuwachsraten aufweisen konnte, hat sich die Erhöhung der landwirtschaftlichen Produktion auf rund 3 % im jährlichen Durchschnitt beschränkt: das bei einem durchschnittlichen Bevölkerungswachstum von 2 %–2,5 %. China besitzt zwar etwa 25 % aller Erdbewohner in seinen Grenzen, verfügt aber lediglich über 7,8 % des bebaubaren Landes. Neulandgewinnung ist besonders unter den Bedingungen in den chinesischen Außenbezirken äußerst kostspielig, gemessen am Hektarertrag, und hat die demographische Explosion nicht auffangen können. Die Folge ist, daß sich die je Einwohner zur Verfügung stehende bebaubare Fläche seit 1949 ständig verringert hat.
Die Katastrophe des Großen Sprunges, die viele Gebiete für Monate an den Rand des Hungers gebracht hatte, machte die Landwirtschaft mit brutaler Gewalt zum Hauptthema aller politischen Sorge. Unten wie oben herrschte angesichts des drohenden Zusammenbruchs der Versorgung die gleiche Entschlossenheit, die verfehlte Extrempolitik der maoistischen »Drei Roten Banner« stillschweigend zur Seite zu schieben und durch das rationalere Wirtschaftsgebaren des sogenannten »san-tzu yi-pao« zu ersetzen. Diese Formel umschreibt in knappster Form die neue Politik, die durch Befreiung der privaten Initiative, beträchtliche Ausdehnung des Familienlandes und Zulassung ländlicher Märkte gekennzeichnet war.
Angespornt durch die liberalisierenden Beschlüsse des IX. Plenums vom

Januar 1961 und durch weitere ähnliche Aussagen hoher Parteifunktionäre in den nächsten anderthalb Jahren, wurde der private Sektor in jeder Hinsicht ermutigt: »Wenn wir auch den Vorrang der kollektiven Wirtschaft betonen und sagen, man solle ihrer Entwicklung die Hauptkräfte widmen, so heißt das auf gar keinen Fall, daß man die Familienproduktion der Kommunemitglieder vernachlässigen darf! Gegenwärtig ist die Potenz der Familienwirtschaft verhältnismäßig groß und kann sich, richtig organisiert und geführt, noch kräftig entwickeln.«[101] Oder ganz ähnlich: »Es gibt nun einmal Kommunemitglieder, die über viel Arbeitskraft und finanzielle Mittel verfügen und die zudem Erfahrung in privater Geschäftsführung besitzen. Laß sie ihre eigene Wirtschaft betreiben und so schnell wie möglich Resultate erzielen.«[102]

Das sogenannte »System der harmonisierten Zulieferungen« (kou-hsiao chieh-ho ho-t'ung chih-tu), das 1962 eingeführt wurde, hat diese Tendenzen durch weitere materielle Anreize verstärkt. Die Familie oder das Team, die ihre Produktion erhöhen konnten, sollten auch bessere staatliche Lieferungen und vor allem Kreditmöglichkeiten erhalten. Das würde dazu führen, »daß die Kommunemitglieder ihre wirtschaftlichen Aktivitäten besser kalkulierten und die Produktion rationaler gestalteten«[103].

Die Bauern haben auf die neuen Möglichkeiten mit einer Eile reagiert, die spüren läßt, wie sehr das kollektive System durch die Exzesse der vorangegangenen Jahre diskreditiert worden war[104].

Dazu hatte der Niedergang der Kommune, die das Team zur einzig effektiven Grundlage der Produktion gemacht hatte, eine Entwicklung begünstigt, die das Privatland weit über die Grenzen des offiziell Erlaubten hinaustrieb, oft auch deshalb, weil die Mitglieder der Arbeitsgruppe einer einzigen Sippe angehörten und die soziale Kontrolle gering war[105]. Hatte aber eine Gruppe einen gewissen materiellen Vorsprung gewonnen, drängte sie von der Produktion in den Handel, der auf den zahlreichen freien Märkten der Kleinstädte in neuer Blüte stand. Die Presse ist voll von den verschleierten oder offenen Berichten, nach denen eine »Minderheit dabei ist, das landwirtschaftliche Geschäft zu verlassen, um in den Zwischenhandel zu gehen (ch'i-nung ching-shang), mit dem Ziel, der Schmied ihres eigenen Glücks sein zu wollen (tsou ko-jen fa-chia chih-fu ti tao-lu)«[106]. Reiche Bauern und Händler begannen sich also zu reproduzieren und nach traditioneller Weise das Land zu beherrschen[107].

Daß die »kapitalistischen Sprosse« übermächtig ins Kraut schossen, wäre nicht möglich gewesen, wenn die Kaderkontrolle nicht gründlich versagt hätte. Die alten maoistischen Kader waren nach dem Debakel die bequemsten Sündenböcke gewesen und hatten sich anhören müssen, durch ihre Fehlinterpretation der administrativen Befehle (hsing-cheng ming-ling) die Katastrophe erst recht beschleunigt zu haben[108].

Ihre mehr technisch ausgerichteten Nachfolger aber besaßen nicht mehr die revolutionäre Festigkeit der alten Genossen, die es ihnen erlaubt hätte, der sich ausbreitenden NEP-Atmosphäre geistig zu entkommen[109]. Im Gegenteil, sie verstanden es ausgezeichnet, die neuen Wasser auf ihre Mühlen zu leiten und sich mit den zukunftsträchtigen, offensichtlich aufsteigenden Elementen zu verbinden, nicht nur in politischer, sondern auch in verwandtschaftlicher

Hinsicht. Mao spricht mehrfach »von der Korruption der Kader durch die ländliche Bourgeoisie«[110], und die Lien-chiang-Dokumente behandeln diese Frage mit Vorrang. Eric Axilrod faßt die Problematik zusammen, wenn er in seiner Übersicht für die Zeit nach 1960 feststellt: »Es ist den besser gestellten oder bürgerlichen Elementen gelungen, in der Kommunistischen Partei Einfluß zu gewinnen, auch in der Kontrolle und Produktionsorganisation von Brigade und Kommune.«[111] Am Vorabend der Kulturrevolution waren lokale Partei, Produktions- und Aufsichtskader sowie der wohlhabend gewordene Teil der Bauernschaft zu einer engen Interessengemeinschaft zusammengerückt[112].

Eine dritte Säule gehört zur Soziologie der entstehenden ländlichen Herrschaft, die Fachleute und Agrartechniker, die mit dem Programm zur Mechanisierung der Dörfer in vielen Kommunen ansässig wurden. Schon 1959, als das Ungenügen der bloßen Masseninitiative sich abzuzeichnen begann, hatte P'eng Teh-huai in seiner berühmten Lushan-Abrechnung bissig bemerkt: »Politik und Wirtschaft haben ihre jeweils eigenen Gesetze. Ideologische Erziehung kann deshalb niemals die wirtschaftliche Arbeit ersetzen.«[113] Kurz darauf sehen wir, daß zahlreiche Arbeitsgruppen von Spezialisten aufs Land ziehen, um die populistischen Übertreibungen abzustellen und die landwirtschaftlichen Programme wieder in Einklang mit den Möglichkeiten zu bringen[114].

Nach den Entschließungen des X. Plenums zur Mechanisierung wird der Fachmann endgültig zum Helden des »neuen sozialistischen Dorfes«. Die Kommentare in der Presse lauten entsprechend: »Gegenwärtig ist unsere Landwirtschaft in eine neue Phase energischer und systematischer technischer Erneuerung eingetreten. Diese Innovation, die eine Verwendung von Elektrizität, Kunstdünger und fortgeschrittenen Wasserkontrollen mit sich bringen wird, erfordert den Einsatz entsprechender moderner wissenschaftlicher Techniken.«[115] Damit auch richtig erkannt wird, was das für die Führungsmethoden bedeutet, fährt das Blatt fort: »Das Ziel besteht heute nicht mehr nur darin, die Arbeitsproduktivität zu vergrößern, sondern auch darin, den Hektarertrag zu erhöhen. Dies ist eine äußerst komplizierte und schwere Aufgabe, die davon abhängt, daß eine Reihe von wissenschaftlichen und technischen Fragen gelöst werden. Das ist nur möglich, wenn das wissenschaftliche und technische Personal in vollem Umfange eingesetzt wird.«[116] Nicht mehr der Bauer in seiner Quantität, sondern der Fachmann in seiner Qualität ist zum Unterpfand der Hoffnung geworden, den bislang unentschiedenen Kampf an der ländlichen Produktionsfront doch zu gewinnen. Entsprechend ist seine Stellung im Dorfe: Neben der Partei und den wohlhabenden Bauern wird er zur dritten Kraft in einem inoffiziellen, aber äußerst wirkungsvollen Troikasystem, das die lokale Politik im Interesse der neuen »Spitzen der Gesellschaft« verwaltet.

Wenn die ursprüngliche Egalität zu verfallen beginnt, gibt es neben dem Aufstieg auch notwendig den gesellschaftlichen Abstieg von Gruppen, die – aus welchen subjektiven oder objektiven Gründen auch immer – mit der neuen Zeit nicht richtig Schritt halten können und »den kürzeren« ziehen. Die Leistungsschwächeren werden von den Leistungsstarken an die Wand gedrückt und, wie der Fachausdruck heißt, gesellschaftlich »marginalisiert«. Dieser gleichsam naturwüchsige Vorgang spielte sich auch im chinesischen Dorf der Rekonstruktionsperiode ab.

Die Kategorie der »armen Bauern« (p'in-nung) gehörte sicherlich zu den Opfern der neuen Form beschränkter Marktwirtschaft. Nicht nur, daß sie in der Mehrheit die Gelegenheiten nicht zu nutzen verstand, sie verlor auch politisch eine Bastion nach der anderen: Mit den meist aus den Reihen der p'in-nung stammenden maoistischen Kadern schwand ihr Einfluß im lokalen Parteikomitee, die in der Großen-Sprung-Periode so wichtigen »Vereinigungen der Armen Bauern« degenerierten zu Konventikeln, von deren »Entschlüssen« keiner Notiz nahm und die Volksmiliz (min-ping), die sich in den fünfziger Jahren vornehmlich aus Angehörigen der politisch verläßlichen Unterschichten rekrutierte, war vielerorts nur noch ein Name.

Ganz wie in den Tagen der alten Gesellschaft begann sich aus den armen Bauern heraus eine Schicht nach unten auszudifferenzieren: zumeist junge Leute, die sich den Lebensunterhalt damit verdienten, daß sie den Arrivierten ihr angeschwollenes Familienland bestellen halfen oder beim regen Handelsbetrieb die Verlade- und Transportarbeit übernahmen, oder gar – durchaus illegal, aber trotzdem vorhanden – in eine Art Pächterverhältnis zur neuen ländlichen Oberschicht traten[118].

Man muß sich diese neu entstandenen Déclassés als ziemlich beweglich vorstellen. Bald boten sie als »nung-yeh kung-jen« (Landarbeiter) in diesem oder jenem Ort ihre Dienste an, bald arbeiteten sie auf den Staatsfarmen (nung-ch'ang), bald suchten sie ihr Glück als Vertragsarbeiter in den Städten[119]. Und ganz wie ihre Genossen in vergangenen Zeiten, ja auch im China der dreißiger und vierziger Jahre, hatten sie Gelegenheit, die negativen Seiten der Klassengesellschaft ausgiebig kennenzulernen und waren entschieden bereit, den Sturmvögeln der Revolution nachzufolgen.

Als im November 1966 die »kulturrevolutionären Gruppen« auf dem Lande gebildet wurden, waren sie die ersten, die diese neuen Organe mit politischem Leben erfüllten und den Versuch machten, die Bewegung auf dem Lande mit den entstehenden Rebellenorganisationen in den Städten zu verbinden[120]. Der Schutz dieser neuen Organe wurden die reorganisierten Milizen, die jetzt, in der späten Stunde des Aufruhrs, ein neues Leben gewannen. Um den Klassenstandpunkt zu wahren, nahm man zunächst nur arme Bauern in ihre Reihen auf[121].

Dennoch hätten sich die Rebellen lange nicht so gut gegen die Kräfte der Aufsteiger halten können, wenn ihre antietatistische Gesinnung nicht bei breiten Schichten bis in die Reihen der Mittelbauern (chung-nung) hinein Anklang gefunden hätte. Diese Solidarisierung, die der Rebellenfahne immer neue Scharen zuführte, ist bisweilen mit Staunen bemerkt, aber niemals genauer beleuchtet worden, obwohl die vergleichsweise große Standfestigkeit der dörflichen Rebellen zu den wichtigsten kulturrevolutionären Erscheinungen gehört. Welche soziale Dynamik auf dem Dorfe kam den Rebellen zugute?

Wie in allen geschichtlichen Fällen von »ursprünglicher sozialistischer Akkumulation« (Preobraschenski) war auch in China das Entwicklungsmodell – trotz zugestandener maoistischer Milderungen – so ausgerichtet, daß der Aufbau des modernen, städtisch-industriellen Sektors vom Land finanziert wurde. Das geschah über ein ausgeklügeltes System des »unified-purchasing-marketing«, das im Kern darauf hinausläuft, landwirtschaftliche Produkte billig zu kaufen und teurer weiterzugeben. Die in die Milliarden yüan gehende Differenz machte in China einen großen Teil der Investitionen aus, die den Bereichen Infrastruktur und Kapitalkonstruktion zuflossen[122].

Die Bauern fühlten nicht zu Unrecht, daß hier der Brotkorb zu hoch gehängt war, daß man ihre »Arbeitspunkte« (kung-fen) niedriger als vergleichbare Leistungen des städtischen Arbeiters ansetzte, kurz, daß man die Austauschbedingungen willkürlich und zu ihren Ungunsten festgelegt hatte. 1955 kam es wegen der Zwangsabgabe zu wilden Protesten, die hier und da (wie in Anhui) die Form von ausgedehnten Unruhen annahmen. Auch später blieb die Presse voll von Versuchen der Bauern, mehr Getreide für sich zu behalten[123].

Mit der Kulturrevolution und der allgemeinen Schwächung der Staatsstrukturen werden die Proteste völlig frei artikuliert. Im Kreis chin-shan (»Goldberg«) der zum Hinterland von Schanghai gehört, kleben Bauernrebellen eine Wandzeitung, in der wir etwa lesen: »Die Städte leben in Saus und Braus, dort ist Geld und soziale Sicherheit. In Fabriken und Büros gibt's zwei Wochen Ferien im Jahr, wenn nicht mehr. Warum ist das möglich? Weil wir für sie arbeiten, weil unsere Arbeit zu niedrig angesetzt ist (wo-men ti kung-fen hen-ti).«[124] Kurze Zeit später versucht der Schanghaier wen-hui-pao, eine Art Replik auf diese und andere Anklagen zu geben. Im Leitartikel: »Es lebe die revolutionäre Bauernbewegung« vom 21. Januar 1967 werden die Vorgänge auf den Dörfern zum erstenmal offen »eine Rebellion gegen die Städte« genannt, die Beschwerden der Bauern einzeln durchgesprochen und die bisherige staatliche Praxis energisch verteidigt: »Was geschieht, wenn wir diesen Leuten und ihren Forderungen nachgeben? Wenn wir mehr Bargeld auszahlen und weniger in die Produktion investieren, wenn wie so weit gehen, angesammeltes Kapital am Jahresende voll zu verteilen? Wem wird das Vorteile bringen? Weder dem Staat, noch dem Kollektiv, noch den Einzelfamilien. Kurzfristig gesehen bedeutet es einen kleinen Vorteil für den einzelnen, aber langfristig gesehen werden Staat und Kollektiv darunter leiden. Kein bewußter Kleinbauer sollte sich zu einer derartigen ›Revolution des Bargeldes‹ verleiten lassen«.

Die gesellschaftliche Gesamtsituation wäre für die Rebellen weniger günstig gewesen, hätten nicht die Versorgungsschwierigkeiten eine strenge Abschöpfung der Getreideernten obligatorisch gemacht. Die Städte, wo in den schlechten Jahren durchschnittlich kaum 2000 Kalorien pro Tag zur Verfügung standen, mußten besser ernährt werden. Die Kader sahen sich angehalten, den Wirtschaftsbehörden mehr Getreide zu liefern, was die unteren Schichten bis hin zu den Mittelbauern am härtesten traf. Denn der Anteil, den sie auf dem freien Markt absetzen konnten, sank weiterhin, während die Elite, die sich legal oder illegal mehr Privatland zugelegt hatte, den Verlust durch erhöhte Gemüse- und Fleischproduktion (Schweine) auffangen konnte[125]. Unter diesen Bedingungen wurde die zunächst weltanschaulich angesetzte SEB an der ländlichen Basis in eine Produktionskampagne umfunktioniert, wo derjenige Kader auch ideologisch am besten abschnitt, der in seiner Brigade die höchsten Lieferungen vorweisen konnte[126]. Wie vorauszusehen, gaben die lokalen Behörden den Druck nach unten weiter und erhöhten ihr Ansehen bei der Parteihierarchie durch geschickte Manipulationen der Arbeitspunkte[127], was in der Regel dazu führte, daß für gleiche Punktzahl mehr Leistung erbracht werden mußte[128].

Die Rebellen der nung-yeh kung-jen, die Ende 1966 die chinesische Bundschuhfahne erheben und »Sofortmaßnahmen« zur Hebung des gesunkenen ländlichen Lebens verlangen[129], befinden sich in der politisch vorteilhaften Lage einer Partei, die für ein allgemeines Sentiment sprechen kann, und deren partikulare Kritik in breiten Bevölkerungsschichten positiv widerhallt. So wie 1917 die Handvoll entschlossener Bolschewiki durch die kühne Losung des »Land und Friede« die Massen für sich gewann, so wirkte die chinesische Rebellenparole: »Weg mit den Wirtschaftsbehörden und Rechnungsführern, weg mit den Kadern, jetzt wird abgerechnet!«[130] wie ein lang erhofftes Signal auf die gedrückten ländlichen Unterschichten. Die Ablieferungssperre, die die Rebellen auf die Tagesordnung der neuen Machtorgane bringen, findet begeisterte Zustimmung bis in die Reihen der Mittelbauern. Hören wir den Bericht eines Pekinger Bürokraten zu den Vorgängen in den Provinzen: »Die Nahrungsmittel und Rohstoffe, die für den städtischen Markt bestimmt sind, werden an die einzelnen Kommunemitglieder verteilt. Die Leute werden dazu gebracht, diese Güter auf den umliegenden Märkten frei zu verkaufen, ohne auf die staatlich fixierten Preise Rücksicht zu nehmen.«[131]

In der Stadt sind die »Revolutionären Rebellen« weitgehend allein. Denn wie wir unten sehen werden, hat ihnen eine relativ gutgestellte und deshalb gemäßigte Arbeiterschaft jede Gefolgschaft verweigert. Auf dem Lande aber haben die radikalen Kräfte mit ihrer antietatistischen Melodie nur einen Gedanken artikuliert, der die bäuerliche Seele schon lange bewegte, aber sich erst jetzt zu vollem Bewußtsein erhellte: die zentralen Organe hätten sie in ein Diensthaus gesteckt; ihren Interessen wäre besser gedient, wenn die Kommunen Wirtschaft und Markt auf eigene Rechnung machten, ohne dem Akkumulationsbedürfnis eines Staates zinsen zu müssen, dessen versprochene Zukunftsverheißung man sowieso nicht mehr genießen würde. Und so gehört denn die Volkskommune für eine kleine Zeitspanne wirklich dem Volke. Für einen kurzen Winter der Anarchie ist sie mit basisdemokratischem Leben erfüllt und seit ihrem Bestehen zum erstenmal in der Lage, ihrem anspruchsvollen Namen so etwas wie gesellschaftliche Gerechtigkeit widerfahren zu lassen. Erst das Militär, das Anfang Februar massiert in die Dörfer einrückt, um die Bauern von Ökonomismus und »Konterrevolution« zu befreien, stellt die alte Wirtschafts- und Behördenordnung wieder her, unter dem Vorwand, die Kulturrevolution »zu Ende« führen zu müssen.

Kapitel IV
Das politische und gesellschaftliche Programm der Rebellen

Wer wissen will, welches neue Gesicht die Rebellen dem Lande geben wollen, darf sich die Antwort nicht bei der Spitze holen: etwa bei der sogenannten »chiang-ch'ing-p'ai«, dem linken Flügel in der KRG, der sich um Chiang Ch'ing und Ch'en Po-ta geschart hatte. Dort gibt man sich in seinen Äußerungen verschleiert und ist viel zu gekonnt diplomatisch, um eine sowieso heikle Politposition durch irgendwelche programmatische Spitzen zu kompromittieren. Wer die Reden der Zeit liest, etwa die von Ch'en Po-ta oder von Wang Li und Kuan Feng oder auch die des als besonders radikal geltenden Ch'i Pen-yü, sieht sich enttäuscht. Denn der maoistische Topos der »Pariser Kommune«, den der Vorsitzende im Mai und Juni 1966 zum erstenmal aufbrachte und der sich etwas verlassen auch in den »Sechzehn Punkten« eingefügt findet, erfährt keinerlei weitere Erläuterung oder Interpretationshilfe, wie er denn im konkreten politischen Prozeß zu verstehen sei und wie er sich etwa zum parteilichen und staatlichen Grundgesetz des »demokratischen Zentralismus« verhalte[1]. Die Reden sind Meisterwerke: nicht in der Aussage, sondern im Verschweigen aller Gegenstände, die über die persönliche Invektive hinausgehen. Vornehmlich der Problemkreis einer eventuellen Neugestaltung der politischen und gesellschaftlichen Ordnung des Landes wird peinlich gemieden. Wie wir später sehen werden, waren Fragen einer ernsthaften Demokratisierung für diese sich im Rampenlicht gerne als »links« gebende Gruppe überhaupt nicht auf der Tagesordnung ihres politischen Interesses, das viel eher damit bedient war, die Rebellenwelt der radikalen Gedanken als Zugpferd vor ihre ausgedehnten zentralen und lokalen Machtansprüche zu spannen.

Wir müssen also von den Höhen der Pekinger Proklamationen ins Getümmel der Städte und Dörfer hinabsteigen, dorthin, wo um die neue Ordnung ernsthaft gekämpft wird. Auch hier finden wir keine Programme, wie denn in der Not der Entscheidung, inmitten der geschichtlichen Schlacht, kaum jemand Gelegenheit haben wird, die Dinge nicht nur zu tun, sondern auch noch zu beschreiben[2]. Wir finden aber die Gedemütigten und Beleidigten, die vom politischen Untier Unterdrückten, die ihre Gefühle in einfachster Phrase an die Wand plakatieren oder in lapidare Losungen prägen, die dann auf Flugblättern oder den primitiven »Zeitungen« der Ölpresse erscheinen. Ganz wie wir es von den frühen Tagen der russischen Revolution her gewohnt sind, aus den Monaten zwischen Frühjahr und Herbst 1917, als Petrograd voll ist von den Forderungen nach der lapidar einfachen Forderung nach »Arbeitermacht«, oder auch den Wochen des Kronstädter Aufstands, wo die Matrosen auf einfachen Waschzetteln die neue, die anarchistische Ordnung verlangen. Es ist der von alten Zeiten her so bekannte Tonfall messianischer Unbedingtheit, der uns in all diesen Äußerungen entgegentritt, der Wille, sich von seiner Freiheit und Gleichheit nichts mehr abmarkten zu lassen, weder von geistlichen noch weltlichen Autoritäten.

Das allgemeine Banner des »huai-yi yi-ch'ieh« – des »Zweifels an allem«, unter dem sich die verschiedensten Gruppen der RR geistig geeint wissen – richtet seine konkrete Spitze gegen »das Reich« (kuo-chia)[3] und findet sein positives Pendant in der »Großen Proletarischen Demokratie« (wu-ch'an chieh-chi ta-min-chu), die das gesellschaftliche Unten zur Mündigkeit bringen und das bisherige Objekt zum politischen Subjekt machen soll. »Die Partei hat die Macht an sich gezogen, jetzt holt sich das Volk diese Macht wieder zurück!«, heißt es in einer im südchinesischen Raum weitverbreiteten Losung[4]. »Was ist der Inhalt dieser Revolution?« fragt eine andere Gruppe und gibt die bezeichnende Antwort: »Es ist eine Revolution, die alle Autoritäten ablösen wird (pa-kuan ko-ming).«[5] Wie eine »pa-kuan ko-ming« aussehen sollte, machte die »Truppe des 5. August« deutlich, wenn sie die politische Forderung aufstellte: »Nicht ein oder zwei sollen gehen, dazu haben wir die Rebellion nicht gemacht, auch alle anderen Vorgesetzten sollen verschwinden!«[6] Oder hören wir die Stimme eines Rebellenaktivisten aus einem Pekinger Großbetrieb: »Alle Betriebsleiter und Chefs, alle Direktoren (chu-jen) und Werkmeister (kung-chang) sollen zum Teufel gehen (chien-kuei-ch'ü)! All die Bonzen in Partei und Verwaltung haben an der produktiven Arbeit sowieso nicht teilgenommen. Für jeden Arbeitsgang gibt es zwei Meister und einen Sekretär, die der Sache nur zuschauen. Jetzt, wo wir die Macht haben, wird sich die Angelegenheit gründlich ändern.«[7] Kein Wunder, daß die Stimme des Staatsrats bissig kommentiert: »Unsere Herren Anarchisten wollen anscheinend überhaupt keine Autorität mehr, auch keine proletarische.«[8]

Anfang Februar 1967 wird die antiautoritäre Idee, die bisher wie ein politisches Irrlicht hin und her flitzte, zum erstenmal in eine festere Form gegossen. Nicht von ungefähr vollzieht sich dieser Prozeß in der Yangtsemetropole, wo die RR ihr nationales HQ haben. Der Versuch kommt auch nicht von Chang Ch'un-ch'iao, dem von Peking bestellten offiziellen Führer der Schanghaier Kommune, sondern vom radikalen Linksaußen Keng Chin-chang, der sich im Laufe des Januar zum unbestrittenen Kommandanten des II. Regimentes und damit der antiautoritären Kräfte gemacht hatte[9]. Während Chang nach dem erklärten Willen der zentralen KRG und vor allem des Vorsitzenden Mao seine »Kommune« nach dem Muster des ersten (soeben Ende Januar in Heilungkiang gebildeten) Revolutionskomitees einrichtet, führt Keng seine Anhänger, die denen des gemäßigten Flügels an Zahl überlegen sind, in einer eindrucksvollen Massenveranstaltung zusammen, um die eigentliche Rebellenkommune strikt nach dem vielzitierten Pariser Vorbild zu gründen. Das klassische Muster der proletarischen »Aktionsdemokratie« (Agnoli) ist in allen Abschnitten des Programms durchgehalten[10]. Alle Rebellengruppen wählen gleichberechtigt Mitglieder eines »Aktionskomitees«, das die souveräne

Gewalt in der Stadt haben soll. Keine Gruppe darf von der anderen bedrückt oder gar aufgehoben werden. Die Verwaltung wird auf ein Mindestmaß eingeschränkt, und die wenigen noch verbleibenden »Beamten« können jederzeit abberufen werden. Sie sind »Diener des Volkes«. Wichtig ist, daß die Polizeifunktionen von den Gruppen wahrgenommen werden, die also die erlangten Waffen nicht abgeben und damit die eigentliche Vollgewalt bei sich behalten. Denn ist nach der berühmten Definition von Carl Schmitt nicht derjenige souverän, der über den Ausnahmezustand verfügt? Das kann nur, wer die entsprechenden Zwangsinstrumente verwaltet. Die Kommune der Rebellen, wie sie uns in ihrer entwickelten Schanghaier Gestalt entgegentritt, ist also im Wesen ein Verband von autonomen Aktionsgruppen der Linken, die sich auf ihre jeweiligen Produktionsstätten stützen.

Wichtiges bleibt auch hier ungeklärt: Soll dieses Modell nur für Schanghai gelten, soll sich die gesamte Volksrepublik zu einem Verband von Kommunen umstrukturieren? Vor allem, welche Rolle soll der Partei als eventueller Verbindungskraft eingeräumt werden[11]?

Die Sommermonate bringen kaum eine theoretische Aussage. Nach Wuhan beginnt die Zeit der großen Entscheidungskämpfe in vielen Teilen des Landes. In den Monaten Juli und August hängt das Schicksal der chinesischen Revolution, in denen die RR noch einmal die politische Wende herbeizwingen wollen, in der Schwebe. Erst die endgültige Niederlage vom Herbst, mit der die Rebellen erst politisch im Dämmerlicht und schließlich im Untergrund verschwinden, fördert neue Reflexionen zutage, wie denn die Krise das Vermögen der Menschen, die Dinge in nüchterner Klarheit zu sehen, immer besser bedient hat als der eitle Erfolg. Erst jetzt kommt das Dokument an die Öffentlichkeit, das nicht nur verdient, ein politisches Testament der Rebellenbewegung genannt zu werden, sondern einen Grad von Gediegenheit aufweist, wie ihn gesellschaftstheoretische Schriften gleich welcher Gruppen im kommunistischen China sonst nicht erreichen. Gemeint ist der lange Aufsatz, der unter dem Titel: »Wohin geht China?« (chung-kuo hsiang ho-ch'u ch'ü) in der erhaltenen Form über dreieinhalb massive Folioseiten ausfüllt[12].

Die Programmschrift des »Wohin geht China?« wurde von der »Proletarischen Allianz« von Hunan verfaßt und vertrieben[13], womit diese zentralchinesische Provinz von neuem ihrem Ruf Ehre machte, immer auf der Welle der Zukunft zu reiten und im politischen wie gesellschaftlichen Denken die Avantgarde darzustellen[14].

Letztes Ziel der Kulturrevolution und der Rebellenbewegung muß eine völlige Neuordnung des Landes sein, die China zu einem »Verband von Kommunen« umformt: zu einem Bund, der alle Gewalt bei den Basiseinheiten beläßt, die in der Schrift als »sich selbst verwaltende« (tzu-chi cheng-kuan-ti) Gemeinden (ch'eng-shih) und Betriebe (kung-yeh) dargestellt werden. Die PA hat sehr wohl begriffen, daß die Herrschaftsmechanik, wie sie sich in der liuistischen Periode entwickelte, über eine effektive Wirtschaftskontrolle ablief, d. h. über einen Prozeß, in dem die lokalen Mittel dem Staate zuflossen, der sie über das breite Instrumentarium der Pekinger Wirtschaftsbehörden den nachgeordneten Einheiten je nach Gutdünken wieder zukommen ließ. Auf dieses Lied der »pecunia nervus rerum« haben sich die Rebellen ihren Vers gemacht, wenn sie vorschlugen, alle Ressourcen sollten bei den Genossen der Basis verbleiben, weil sie sehr wohl einsahen, daß politische Vollgewalt ohne ebenso umfassende Wirtschaftsverfügung unter modernen Bedingungen ein offenkundiger Widerspruch ist.

Der Mensch dieser neuen Kommune soll sein Leben nach den Grundsätzen des »chieh-fang« einrichten, also dem alten Begriff, der bei den Partisanen der roten Verbände der dreißiger und vierziger Jahre eine Schlüsselrolle gehabt hat. »Chieh-fang« heißt ja nicht bloß »Befreiung«. Es schwingt darin auch die alt-buddhistische Vorstellung von »Erlösung« mit: von Heilserwartung, die sich in neuer revolutionärer Gewandung als die Hoffnung vorstellt, vom Urfluch des »homo homini lupus« gereinigt zu werden und zu einer Gesellschaft des »ta-t'ung«, des brüderlichen Einvernehmens zu kommen. Ganz wie in den Träumen der westlichen »Neuen Linken« soll sich der »tsao-fan-che« nicht im »Haben« einer reich gewordenen Wohlstandsgesellschaft erfüllen, sondern im revolutionären »Sein«, dessen ganzer Reichtum die Scheidemünze der zur Spontaneität gewandelten menschlichen Beziehungen ist.

Gewiß wahrt auch die Schrift: »Wohin geht China?« im Hinblick auf Mao einen Abstand, der den Leser nach den endlosen Anbetungen, der Vorsitzende sei »unsere große rote Sonne« und was nicht alles sonst, ausgesprochen wurde, wohltuend berührt. Und doch bleibt er bei aller Kritik, die vor allem am Anfang geäußert wird, eine Respektsperson, und der »Verband der chinesischen Kommunen« soll selbstverständlich von Mao als geistlich-politischem Haupt präsidiert werden. Doch ist hier nicht an einen apparativen Mao gedacht, der über die Mechanismen von Partei und Verwaltung in die Kommunesphäre hineingreift, sondern eher an den klassischen Stil des »wu-wei«: Der vollkommene Herrscher regiert nicht durch Erlasse, sondern durch seine »Tugend« (teh), die einer gegliederten, lebendigen Gesellschaft gleichsam den Spiegel politischer Rechtschaffenheit vorhält[15].

Wie am Schluß des Programms eingeräumt wird, blickt das Kommuneideal weit in die Zukunft. Aber es schaut auch in den tiefen Brunnen der Vergangenheit, wo ganz am Beginn der nationalen Geschichte, noch bevor die feudale Chou ihre erste Herrschaft unter König Wen etablierte, die nordchinesische Ebene als Assoziation freier Dorfgemeinschaften erscheint: ohne Besitz und ohne verbindende Herrschaft[16].

Zur Zeit, als das »Wohin geht China?« abgefaßt wurde, waren die kommunalen Rebellenträume schon überständig geworden und von der politischen Wirklichkeit weiter als jemals entfernt. Der Einsatz der Armee, von dem unten noch im Genaueren zu berichten sein wird, hatte die KR in der Form der Revolutionskomitees konsolidiert. Die Bewegung war auf dem besten Wege, zur Lebenslüge des »demokratischen Zentralismus« zurückzukehren, zu der alten liuistischen Verzerrung der »Massenlinie« in eine recht unverblümte Herrschaft der oberen Organe über die Verbände der Basis, deren politische Aktivitäten entweder stillgelegt oder von den militärischen Herren der neuen RK ferngesteuert wurden. Das »Wohin geht China?« hat diese Entwicklungen mit einer Genauigkeit aufgezeigt, ihre Gefahren für die Zukunft mit einer antizipatorischen Begabung offengelegt, die unter den zeitgenössischen

Dokumenten nicht ihresgleichen haben. Die RK werden als die Totengräber der Revolution gesehen. Sie wollen Aftergehorsam durchsetzen und schreiben die Phrase von den »neuen proletarischen Machtorganen« nur deshalb auf die Banner, um die alten Autoritäten desto sicherer restaurieren zu können. »Vom Kampf gegen die widrige Februarströmung (erh-yüeh ni-liu) angefangen bis in den September hinein war das Volk in einem Zustand der Hochstimmung, alle hatten die Hoffnung, die Revolution würde »bis zum Ende« (tao-ti) durchgeführt und die Fesseln der alten Zeit endgültig zerrissen werden. »Aber«, fährt der Bericht fort, »das Militär hat diesen Vorstellungen ein Ende bereitet, die Massen waren noch nicht reif, den neuen Feinden wirksamen Widerstand entgegenzusetzen.« Am Ende machen die Rebellen der »sheng-wu-lien« kein Hehl aus ihrer Überzeugung, daß die Konterrevolution auf lange Zeit gesiegt hat und die Hoffnung auf die »wahre proletarische Demokratie« für diese Generation zu den Akten gelegt werden muß[17].

Mit der praktischen Dimension war es bei den Rebellen immer sehr hypothetisch und schwächlich bestellt: vornehmlich deshalb, weil sie in den städtischen Zentren von Anfang an um die nackte politische Existenz kämpfen mußten, hin und her gerissen zwischen Phasen des Sturmes und der Machtlosigkeit, unter Umständen, die es nicht zuließen, die kommunalen Vorstellungen auch nur ansatzweise in die Wirklichkeit umzusetzen[18].

Anders auf dem Lande. Auch hier dauerte die »Schreckensherrschaft« der Rebellen nur kurz, zumeist wenig mehr als sechs bis acht Wochen. Aber die politische Koalition, die die radikalen Kräfte um sich zu scharen verstand, war stabil genug, um einige Macht auszuüben, die alten Partei- und Verwaltungsbehörden vom Dorf zu verjagen und die »Gleichheit« in jeder Hinsicht in die Tat umzusetzen. Man begnügte sich nämlich keineswegs damit, dem verhaßten Staat Getreide und andere Produkte vorzuenthalten und sie zu eigenem Nutzen auf dem lokalen Markt zu verkaufen. Nein, man ging auf dem Weg der »Umverteilung« noch ein beträchtliches Stück weiter voran. Die Losung des »kuan-hsin ch'ün-chung ti sheng-huo« (Sorge um den Lebensunterhalt der Massen), die von den »Kulturrevolutionären Führungsgruppen« als Kürzel ihres Wirtschaftsprogramms vorgetragen wird, nimmt eine Gestalt an, die den rationalen Fachleuten das Gruseln lehrt. Nicht nur die Überschüsse werden verteilt, auch die Guthaben von Banken und Sparkassen abgehoben und für eigene Zwecke verwendet. Vielfach geht man sogar so weit, die Kapitalfonds der Brigaden und der Kommunen aufzulösen und unter die Genossen aufzuteilen[19]. Vor allem im nordchinesischen Raum wird die »Lehre von den drei Alles« (san-kuang-lun) propagiert, worunter wir zu verstehen haben: 1. Alles aufessen (ch'ih-kuang, 2. Alles aufteilen (fet-kuang) und 3. Alles aufbrauchen (yung-kuang)[20]. Die zahlreichen Ermahnungen, die von seiten des ZK und der KRG an die Bauern ergehen, alle mit dem Tenor: »Weniger feiern, weniger Revolution machen, mehr produzieren«[21], verhallen ungehört im Sturmwind der neugewonnenen Freiheit. Der antiautoritäre, antietatistische Grundzug der Rebellenideologie wird hier im Hinterland zweifellos durch uralte anarchistische Neigungen der chinesischen Bauernschaft unterstützt, die sich in einer langen Geschichte von Aufständen in zahlreichen Beispielen Luft gemacht haben. Und zum chinesischen Bauernaufstand gehört nach alter Tradition das Fest, der unmittelbare, sinnliche Genuß der gewonnenen Macht im guten Essen und Trinken[22]. Dieser Rückgriff auf altererbte Muster der eigenen Kultur ist die natürliche Antwort der ländlichen Massen auf die lange Ausbeutung zugunsten der Stadt: Man will keine Ermahnungen zur Vorsorge mehr oder zur weiteren Investition. Hatte man doch lange zusehen müssen, wie aller rationale Verzicht nur dazu führte, daß die erwirtschaftete Mehrproduktion zu nationalen Modernisierungsvorhaben abgeschöpft wurde. Jetzt wurde dem Akkumulationsstaat die Rechnung gemacht, man verwarf eine Rationalität, die man allzulange als Negierung der eigenen Bedürfnisse erlebt hatte.

Die Entwicklung auf dem Land hat in erster Linie dazu geführt, daß der Einsatz der Armee notwendig wurde. Die Gefahr bestand, daß die anarchistischen Zustände über die Zeit der Frühjahrsbestellung fortdauerten. Das Ergebnis würde eine miserable Ernte und eine katastrophale Hungersnot sein, schlimmer noch als die von 1960/61, als die großen Städte an den Rand der Unterernährung geraten waren. Nur die Armee hatte im Frühjahr 1967 die Macht, den Bauern, das Arbeitstier der Nation, wieder im nötigen Umfang auf die Felder zu bringen.

Die Radikalität der Rebellen, die auf fast allen Gebieten erhalten wird, paßt gut in das gesellschaftliche Bild, das diese Gruppen nicht den eigentlichen Arbeitern zuweist, sondern den Randschichten, die in der Literatur unter dem Namen der Lumpenproletarier auftreten. Die revolutionäre Potenz dieser gesellschaftlichen Subexistenzen ist vom Marxismus nie richtig gewürdigt worden. Dazu hat er sich zu ausschließlich das Theorem von der führenden Rolle der Arbeiterschaft zu eigen gemacht und verkannt, daß die große Industrie den ihr unterworfenen Teilen der Bevölkerung nicht nur äußerlich, sondern bis in die feinsten seelischen Schwingungen hinein eine übergroße funktionale Disziplin einzuprägen versteht und einprägen muß. Eben das birgt die im Laufe der Jahrzehnte immer deutlicher zutage tretende Gefahr, daß die proletarische Bewegung, in der sich die Arbeiterschaft formiert, zwar ökonomisch gewinnt, aber politisch verliert. Fast unbewußt wird die direkte Herrschaft des Kapitals durch die Obergewalt großer bürokratischer Strukturen abgelöst. Kurz, die Arbeiterschaft ist in jeder Hinsicht prädisponiert, ihr politisches Erstgeburtsrecht für das Linsengericht der Integration in jenes Gebilde zu verkaufen, das die moderne Sozialwissenschaft die »nivellierte Mittelstandsgesellschaft« nennt. Es bleibt das Verdienst von Bakunin, diese in der Mitte des vorigen Jahrhunderts erst in Ansätzen vorhandene Neigung erkannt und schon damals die Folgerung gezogen zu haben: »Im Lumpenproletariat und in ihm allein – und nicht in der verbürgerlichten Schicht der Arbeiterschaft – leben der Geist und die Gewalt der künftigen Sozialrevolution.«[23]

Die alte Sozialrevolution jedenfalls, die säkulare Bewegung der Schwärmer und der Armen Christi, die mit ihren Ketzern und Pseudopropheten die mittelalterliche Gesellschaft mit Aufstand und Vernichtung bedrohte, fand ihre Stärke im ständig erneuerten Zuzug der Randgruppen, der nachgeborenen Söhne, die die Scholle nicht mehr ernährte, der Handlanger, Tagelöhner und Gesellen der Städte, der »unehrlichen Leute«, als da sind Scharfrichter und

Schinder, Spielleute und »freie Töchter«, für die im ehrbaren Zunftleben kein Platz war[24]. Noch die Französische Revolution führt diese Tradition fort. Wenn der großbürgerliche Brissot die »Hydra der Anarchie« beschwört, so meint er nicht den respektablen robespierristischen Flügel des herrschenden Berges, sondern die »enragés« des Jacques Roux und die Hebertisten, deren Anhängerschaft sich aus den erwerbslosen und hoffnungslos deklassierten Schichten der hauptstädtischen Plebs rekrutiert[25].

In Rußland aber wird die »Dritte Revolution«, die der Kommune von Kronstadt, von Matrosen und Soldaten getragen, die von der sich festigenden Gesellschaft der roten Bürokratie nichts zu erwarten haben: im Gegensatz zu den integrationswilligen Arbeitern[26]. Im bislang letzten Revolutionsdrama auf europäischem Boden, in der großen sozialen Bewegung in Spanien, waren ebenfalls die Anarchisten die treibende Kraft, gestützt nicht auf die Arbeiterschaft, sondern auf die pauperisierten Schichten des Landvolks, das etwa in der Gestalt der andalusischen braceros die radikalsten Forderungen aufstellte und am konsequentesten kämpfte[27].

Aus all diesen geschichtlichen Lehren und seiner intimen Kenntnis des sich entwickelnden Aufstands in der farbigen Welt hat Frantz Fanon seine neue Revolutionstheorie aufgebaut, die sich noch gründlicher als Bakunin oder Mühsam von einer Arbeiterschaft abwendet, die in den Gesellschaften der Dritten Welt meist einen relativ privilegierten Sektor darstellt. Man denke nur an Brasilien und Uruguay, wo Industriearbeiterschaft und herrschende Klasse eine Art stillschweigendes Bündnis eingegangen sind. Fanon setzt auf die »Verdammten dieser Erde«, die Lumpen des Dorfs, der medina, der bidonvilles oder favelas[28]. Die chinesischen Rebellen hat er nicht mehr kennengelernt, aber auch sie gehören zu Max Stirners »Revolution der Eingeweide«, die überall in der Welt aus jenen Schichten hervorquillt, die beim globalen Prozeß der sich entfaltenden modernen Wirtschaftsgesellschaft nicht mithalten konnten (aus welchen Gründen auch immer) und von den herrschenden Kräften der Zeit in die Kälte einer dauernden Pariarolle gedrängt worden sind – bis sie (zum lebhaften Erstaunen von Bürgern oder bürokratisch gewordenen Altkommunisten) aus ihren Winkeln emporsteigen und der unsichtbaren strukturellen Gewalt mit heißer Gegengewalt die Stirn bieten, wie im China der Kulturrevolution.

Kapitel V

Die Niederlage der Rebellen in der Januar-Revolution

1. Die Ruhe vor dem Sturm

Die Monate November und Dezember 1966 bilden ein eigenartiges Zwischenspiel in der Kulturrevolution. Es ist eine Zeit, wo die Bewegung gleichsam den Atem anhält, wo sie nicht weiß, ob sie nach vorn oder zurück will, so wie die russische Revolution in den Julitagen nicht wußte, nach welcher Seite, der bürgerlichen oder proletarischen, sie schließlich einschwenken sollte. Daß die Bewegung stagniert, ist allen Beteiligten klar. Aber die Lage ist noch nicht verzweifelt genug, um den Widerstand der gemäßigten Gruppe um Mao Tse-tung, Chou En-lai, K'ang Sheng und Hsieh Fu-chih gegen produktionsgefährdende Basisaktionen zum Schwinden zu bringen, und auch die unternehmenderen Elemente um Chiang Ch'ing, Ch'en Po-ta, Wang Li, Kuan Feng und Ch'i Pen-yü drücken sich in begreiflicher Scheu, den Höllenhund der Rebellen mit Pekinger Autorität von der Kette zu lassen. Würde dies doch eine unabsehbare Entwicklung ins Rollen bringen, die leicht in staatlicher Auflösung oder Militärherrschaft enden könnte. Im damaligen Dauerkampf der rivalisierenden Faktionen innerhalb der KRG war sowieso eine Art Pattsituation eingetreten, in der die gemäßigten Führer die beiden ursprünglichen Rotgardistenverbände, die chiang-ch'ing-p'ai aber das aufsteigende III. Hauptquartier kontrollierten. In solchen Lagen war immer schon Finassieren und Taktieren die Regel, und die Politik gleicht dem See bei drehenden Winden, wenn sich die Wellenmuster in krauser Vielfalt verschlingen.

Sehen wir uns einige Beispiele dieser sich immer wieder konterkarierenden Maßnahmen an. Schanghai war früh schon eine Hochburg der proletarischen Linken gewesen: Dafür hatte der 1965 verstorbene Bürgermeister K'o Ch'ing-shih in seiner Amtszeit gesorgt. Schon im Oktober waren Emissäre des III. Hauptquartiers in die Yangtsemetropole entsandt worden, um zu radikalen Elementen der Basis Kontakt aufzunehmen und einzelnen Rebellenorganisationen ins Leben zu rufen. Chang Ch'un-ch'iao und Wang Hung-wen flogen wie Weberschiffchen zwischen den Zentren, um die Fäden so dicht wie möglich zu knüpfen. Aber als die Rebellen mit dem Anting-Zwischenfall Anfang November 1966 den ersten ernsthaften Anlauf zur politischen Tat machen und nicht nur eine empfindliche Unterbrechung der Produktion, sondern auch eine blutige Konfrontation mit den gemäßigten »Scharlachgarden« ins Haus steht, wird es den Pekinger Linken kalt um die Füße. Chang muß eilends nach dem Osten, um dem radikalen Rebellenführer und seinem halsstarrigen II. Regiment die Leviten zu lesen und ihn zu bewegen, mit den parteitreuen Kräften noch einmal einen befristeten Burgfrieden zu schließen. Das Schanghaier »Arbeiterrebellen«-Hauptquartier wird im gleichen Atemzug angetrieben und desavouiert. Man zeigt den lokalen Autoritäten die Keule, über die man im Notfall verfügt, ist aber offensichtlich noch nicht bereit, sie rückhaltlos im politischen Kampf zu verwenden[1].

Noch deutlicher wird das Muster der Echternacher Springprozession in Anhwei. Dort hatte sich Li Pao-hua, der bürokratisch gewendete Sohn des Altkommunisten und Märtyrers der »Ersten Revolution« Li Ta-chao, einen fest gegründeten Erbhof geschaffen. Anfang Dezember hetzt Chiang Ch'ing die Garde ihres III. Hauptquartiers gegen seine Stellung in Hofei, nicht ohne gewisse Anfangserfolge. Aber dann kommt die Wende, Li kann die ihm ergebene Arbeiterschaft der städtischen Großbetriebe mobilisieren. Eine weitere Konfrontation erscheint zu gewagt, Chiang Ch'ing gibt ihren Leuten die Weisung, die alten »Sechzehn Punkte« zu ehren und »nur mit der Propaganda, nicht mit der Waffe zu kämpfen«. Der Tag der Wahrheit ist wieder einmal verschoben[2].

Es kennzeichnet die verworrene Lage, daß wir wenige Tage nach dem Rückzieher der Schauspielerin ihren engsten Verbündeten Ch'en Po-ta auftreten sehen, wie er den renitenten Parteiführern erneut mit Waffengewalt droht, falls sie ihre Niederlage nicht anerkennten[3].

In der Hauptstadt selber bläs es bald heiß und bald kalt. Hier hatte die chiang-ch'ing-p'ai schon im Oktober begonnen, aus dem relativ gemäßigten II. Hauptquartier eine eigene Rebellenorganisation herauszuentwickeln, die sich um den linken Aktivistenflügel in der Pekinger Luftfahrtakademie herum konzentrierte[4]. (Aktiven Anteil nahm dabei Ch'i Pen-yü, der sich bei derartigen Unternehmen am besten bewährte und ganz als Stimme seiner Herrin fungierte.) Als aber der so radikalisierte Nachwuchs seine eigenen Wege zu gehen versuchte, mit der proklamierten Rebellenpolitik ernst machen wollte, Kontakte zu den Jungarbeitern der III. Maschinenbaufabrik anzuknüpfen begann und eine heftige Auseinandersetzung mit den gemäßigten Kräften, vor allem mit Sicherheitschef Hsieh Fu-chih, unvermeidlich erschien, stauchte die chiang-ch'ing-p'ai ihre Rebellen zurecht und suchte sie auf eine flaue Kompromißpolitik einzuschwören[5]. Als kurz darauf über zweitausend Industriearbeiter gegen die aufwieglerische Politik der radikalen »Rotfahnengruppe« der Pekinger Luftfahrtakademie zu einem massiven Protestmarsch auf die Straße gehen[6], stecken die Linken in der KRG noch weiter zurück. Die Rebellen werden kurzfristig aus dem Verkehr gezogen[7].

Trotz aller Ausweichmanöver lag es wie Gewitterstimmung über der chinesischen Hauptstadt. Die Spannung wuchs dabei ins Unerträgliche: »Ein Funke konnte einen Steppenbrand entzünden«, wie die maoistische Formel für solche Situationen heißt. »Wir stehen am Vorabend einer entscheidenden Schlacht«, verkündete eine Rebellenstimme in düsterer Freude[8], und gewiegte Kenner der Szene konnten dieser Prophezeiung nur beipflichten: Beide Lager hatten die Arsenale gefüllt. Während die Partei in ihren provinziellen Kommandohöhen eine Bastion nach der anderen ausbaute, hatte das maoistische Zentrum in den Revolutionären Rebellen eine neue Truppe gesammelt, die jederzeit an die Frontlinie geworfen werden konnte. Es war eine risikoreiche Zeit, in der sich die Zeichen für den nahen Entscheidungskampf mehrten.

Warum aber gerade Ende Dezember? Warum wurde aus dem längst fälligen Sturm eine »Januarrevolution«? Bislang hat auf diese Frage noch niemand eine befriedigende Antwort gefunden. Ja, vielleicht ist Klarheit gar nicht zu gewinnen, weil allen, die nicht zum engen Zirkel der Eingeweihten gehören, nun einmal die erforderlichen Innenkenntnisse abgehen: die Entscheidungen kleiner, geschlossener Politgruppen bleiben ein Gegenstand für bloßes Rätselraten, solange die Archive nicht aufgetan werden, was in esoterischen Staaten wie China in absehbarer Zeit nicht stattfinden wird[9].

Einige Vermutungen lassen sich immerhin anstellen: Liu Shao-ch'i hatte auf dem Instrument des Parteiapparats als Virtuose gespielt wie keiner vor oder nach ihm. Wenn auch das Sekretariat zerschlagen und das »Parteihauptquartier« stillgelegt war, so war die hohe Achtung doch nicht gebrochen, die fast alle Parteiführer dem Mann aus Ninghsiang erwiesen[10]. Unter dem Eindruck der überragenden maoistischen Machtentfaltung im Pekinger Raum (Hsieh Fu-chih, Yang Ch'eng-wu etc.) hatte sich der Staatschef wohlweislich zurückgehalten, aber es konstant abgelehnt, irgendwelche »Schuldbekenntnisse« im Sinne einer von ihm inszenierten neokapitalistischen Konspiration zu unterzeichnen[11]. Nach den Spielregeln der Politik wäre es denkbar gewesen, daß sich Liu an die Spitze der Provinzdissidenten gestellt und der wankenden Pekinger Sturmpolitik eine zweifellos von der Parteimehrheit gewünschte rationale Alternative entgegengestellt hätte. An der nötigen Verbindung hätte es nicht gefehlt. Über Teng Hsiao-p'ing war schon lange ein gutes Einvernehmen mit Li Ching-ch'üans »Südwestbüro« (Chengtu) gefunden[12]. Wichtiger war noch das Verhältnis zu T'ao Chu, dem »Diktator des Südens«, der als langjähriger Chef des »Mitte-Süd-Büros« seine Anhänger in den fünf abhängigen Provinzen Honan, Hupeh, Hunan, Kwangtung und Kwangsi eingesetzt hatte. T'ao gehört sicher zu den undurchsichtigsten Gestalten der damaligen politischen Bühne. Sein Aufstieg zum dritten Mann in der Pekinger Hierarchie und zur Schlüsselfigur in der KRG ist eins der dunkelsten Kapitel in der gesamten kulturrevolutionären Bewegung. Aber es scheint gewiß, daß T'ao im Dezember zur Ansicht gelangt ist, der politische Stern der maoistischen Gruppe habe seinen Zenit überschritten. Deshalb müsse man sich auf die Seite der Provinzleute schlagen, wobei er die besten Dienste anbieten konnte[13]. Jedenfalls, als in der gleichen Zeit Chou Yang unter dem Verdacht verhaftet wurde, er wolle das maoistische Zentrum zu Fall bringen, wird auch T'ao Chu beschuldigt, an dieser »Verschwörung« teilgenommen zu haben. Er kann nicht leugnen, seinen Mitarbeiter Wang Jen-chung auf eine Rundreise durch verschiedene Provinzen geschickt zu haben, um dort zu den jeweiligen Parteiführern Verbindungen zu knüpfen.

Alle diese Nachrichten aus der Pekinger Gerüchteküche beweisen nichts Genaues, deuten aber doch an, daß sich im Angesicht der stagnierenden Rotgardistenbewegung und der Terraingewinne der gemäßigten Gegenkräfte der politische Himmel über Mao und seinen Anhängern immer mehr zu verfinstern begann und ein plötzlicher Umschwung, eine Blitzaktion nach dem bewährten Muster orientalischer Palastrevolten (wie später gegen Lin Piao) in den Bereich des Möglichen rückte, zumal die Armee mehrfach zu erkennen gab, daß ihrer Loyalität Grenzen gesetzt seien.

Jedenfalls war die Person des Vorsitzenden nicht mehr tabu. Im Dezember finden sich auf Pekinger Wänden bei Nacht und Nebel geklebte Plakate, die Mao als »gefährlichen Verrückten« (wei-hsien ti k'uang-jen) bezeichnen und die klare, in jeder Hinsicht gesunde Persönlichkeit des Staatschefs als Gegenbild aufbauen. Unter dem unerbittlichen Druck der Ereignisse schien das erhabene Buddhabild vom tagespolitisch entrückten Vorsitzenden verblassen zu wollen. Die Gefahr zeichnete sich ab, daß der charismatische Quell, aus dem die kulturrevolutionäre Bewegung vornehmlich schöpfte, vorzeitig austrockne. Es mag sein, daß die sich häufenden Zeichen eines drohenden Verhängnisses in Mao den alten Reflex einer Flucht nach vorn auslösten, den er im Laufe seiner Politkarriere so oft an den Tag gelegt hat. In der kritischen Lage vom Sommer 1927, als alles verloren schien, fand der junge Revolutionär im »Herbsterntenaufstand« den Ausweg und Durchbruch, der ihn nach dem Chingkang-Gebirge und schließlich nach Peking führen sollte. Der Sturm der Tsunyi-Debatte, in der kritischen Situation des Langen Marsches vom Zaune gebrochen, machte den bisher Verfemten zum unbestrittenen Herrn der Partei. Gegen ZK und Armee hielt er die Entscheidung durch, Yenan vor Hu Tsung-nans Truppen zu räumen, um den Feind desto sicherer vernichten zu können. Schließlich rief Mao, in der berühmten Auseinandersetzung um die Große-Sprung-Politik auf dem Lushan in die Enge getrieben, den versammelten Parteiführern entgegen, eher als nachgeben wolle er eine neue Partisanenarmee um sich versammeln, um die Regierung zu stürzen und die Macht noch einmal an sich zu ziehen[14]. Und so zieht er auch jetzt vor, den gordischen Knoten zu durchhauen, bevor es zu spät ist und er die Bühne an Nachfolger abtreten muß, von deren Unfähigkeit, die revolutionäre Zukunft des Landes zu gestalten, er zutiefst überzeugt ist. Es gehört zu den wenigen gesicherten Fakten, daß das Signal zum Schanghaier Rebellenaufstand vom Vorsitzenden persönlich gegeben wurde und daß das Grundsatzdokument »kao shang-hai ch'üan-shih jen-min shu« (Bericht an das gesamte Volk von Schanghai) vom 6. Januar 1967 unter Maos Anleitung verfaßt worden ist[15].

2. Die Gegnerschaft der Arbeiter in den Betrieben

Mit dem »Januarsturm« (yi-yüeh feng-pao) tritt die Kulturrevolution in ihre Intensivphase ein. Das Fieber hat die Quarantäne durchbrochen und die Gesamtheit des gesellschaftlichen Körpers erfaßt. Die gegängelte Revolution vom Jahre I ist im Jahre II zur unbegrenzten Bewegung geworden, die aus den Eingeweiden des sozialen Protestes hervorquillt und in ihrem glühenden Willen, die neue Ära auf den Trümmern der alten Ordnung zu bauen, auch vor der Zerstörung von Infrastrukturen und Produktionsstätten nicht zurückschreckt. Wenn der ohne Maos Zustimmung und nur unter dem Druck der Umstände gewagte Versuch, den Teufel mit Beelzebub auszutreiben, dennoch mißlang und die maoistische Politik in die vielleicht gefährlichste Sackgasse ihrer Geschichte geriet, so deshalb, weil sich dem Geist des Umsturzes ein stärkerer Geist der Erhaltung entgegenstellte, der in der städtischen Arbeiterschaft und der Verwaltungsbürokratie sein mächtiges Kraftzentrum fand und die Wogen des Aufstands wie ein gesellschaftlicher Wellenbrecher zerteilte und auffing. Beide Bereiche hatten seit dem Ausbruch der Krise im August ihre deutliche Abneigung gegen alle radikalen, strukturverändernden Maßnahmen in vielfacher Weise zum Ausdruck gebracht, aber erst jetzt, wo Arbeiter und Kader ihre Existenz und ihre zukünftigen Entwicklungschancen ernsthaft gefährdet sehen, treten sie mit der ganzen Entschlossenheit einer herausgeforderten und bedrohten Klasse in Aktion.

Wie im Laufe der Arbeit schon mehrfach hervorgehoben, war die Arbeiterschaft im modernen, industriellen Sektor durchaus eine bevorrechtete Gruppe zu nennen. 1970 lag der monatliche Durchschnittsverdienst eines regulären Arbeiters der mittleren Altersklasse in Schanghai bei 75 yuan, in Kanton bei 71 yuan, in Wuhan zwischen 65 und 62 yuan, in Tientsin und Nanking um die 60 yuan und in Hinterland-Städten wie Hangchow und Wusih zwischen 55 und 50 yuan[16]. Solche Zahlen mußten dem Bauern, der oft nur ein Drittel dieser Beträge einstreichen konnte, als reiner Luxus vorkommen, selbst unter Berücksichtigung der Tatsache, daß die Lebenshaltungskosten in einer Großstadt wesentlich höher lagen als in den ländlichen Kommunen.

Aber diese Durchschnittsangaben wurden in der Praxis von vielen weit überschritten. Das Akkord- und Prämiensystem, das sich nach 1960 über die ganze Breite der urbanen Industrie ausweitete, erlaubte es dem willigen und leistungsstarken Arbeiter, unter Umständen das Doppelte vom Basislohn nach Hause zu tragen[17]. Es wird danach nicht überraschen, wenn wir finden, daß in vielen Fällen Arbeiter und nicht Angehörige des Managements die höchstbezahlten Chargen in einer Fabrik sind, was nach Richmans Studie in keinem anderen Land der Welt anzutreffen ist[18].

Wichtig für unsere Betrachtungen ist auch, daß sich der Konsumgütersektor in den frühen sechziger Jahren zu differenzieren begann und dem städtischen Einkäufer um 1965 eine bislang unbekannte Warenfülle entgegenlachte. Fast monatlich erscheinen neue Produkte auf dem Markt. Aus der Fülle der Anzeigen sei hier willkürlich herausgegriffen, was für das III. Quartal 1966 als Neuangebot in den Warenhäusern von Kanton angekündigt wird: qualitativ verbesserte Nähmaschinen, Wecker mit Zwei-Stufen-Läutewerk neben 77 anderen kleineren Artikeln[19]. Der gut verdienende Industriearbeiter konnte sich fast alles leisten, was auf den Markt kam, und die verschiedenen Augenzeugenberichte, die wir haben, sprechen von der ausgezeichneten materiellen Ausstattung der Proletarierwohnungen[20].

Die überall naturwüchsig hervortretenden Spannungen zwischen Basis und Hierarchie werden dadurch gemildert, daß Vorgesetzte und Arbeiter in einen einheitlichen Lebensrahmen eingepaßt sind und so etwas wie eine synchronisierte gesellschaftliche Welt darstellen: Nicht nur, daß man im Betrieb die Einrichtungen von Kantine bis Kindergarten und Sporthallen gemeinsam benutzt. Wichtiger dürfte sein, daß man in denselben Wohnanlagen integriert beieinander lebt, in den gleichen Läden einkauft, kurz, eine gemeinsame existenzielle Erlebnissphäre besitzt[21]. Dieser Tatbestand hat in der Kulturrevolution nicht wenig dazu beigetragen, die Aufforderung der Rebellen, man solle die neokapitalistischen Autoritäten zum Teufel jagen, als übersteigert erscheinen zu lassen.

Man vergesse auch die vielerlei Zusatzchancen nicht, die dem Arbeiter eingeräumt wurden: so die gründliche Sicherung im Fall von Krankheit, Unfall und Alter, die Wohnungsgelder, die Unterstützung von Familien mit auszubildenden Kindern, die auch für westliche Begriffe gute medizinische Versorgung in Krankenhäusern, die meist dem Betrieb angegliedert sind[12]. Viele Unternehmen besitzen Sanatorien in einem der traditionellen Erholungsgebiete (etwa am Westsee oder in den Bergen bei Kunming), die Arbeitern und Angestellten kostenlos zur Verfügung stehen. Die zahlreichen Sporteinrichtungen, vor allem die Schwimmbäder, werden von westlichen Besuchern immer wieder gerühmt[23].

Als sich die Sturmzeichen der Krise am politischen Himmel abzuzeichnen beginnen, haben die bedrohten Autoritäten diese enge Wohlfahrtsbeziehung zwischen Arbeiter und Betrieb als wirksamen Hebel benutzt, um die Belegschaften durch erhöhte materielle Anreize und Sonderzulagen aus allerlei Rücklagen und Sparfonds weiter an sich zu binden. Die linken Blätter sind voll vom Geschrei über den »schwarzen Wind des konterrevolutionären Ökonomismus«, der über die Weite und Breite der chinesischen Industrielandschaft weht und den Arbeitern zwischen Anfang November 1966 und Ende Januar 1967 massive finanzielle Vorteile beschert. »Die Autoritäten in den Betrieben verfielen auf neue Tricks und versuchten verzweifelt, den ernsten politischen Kampf auf das wirtschaftliche Gebiet umzuleiten.«[24] Und weiter: »Die Herren benutzen allerlei revisionistische materielle Hebel, um die Massen zu korrumpieren. Sie gaben Geldscheine aus und gewannen so die Gunst nicht weniger rückständiger Menschen. Sie konnten den Kampfwillen der revolutionären Massen schwächen und die Organisationen der revolutionären Linken zerschlagen.«[25] Vielfach werden in dieser Zeit als »Bonus für Produktionsleistung« Naturalien verteilt wie Lebensmittel oder Kleidung und Schuhe aus Lagerbeständen[26]. Für Schanghai ging das Gerücht, die Wirtschaftsbehörden hätten für derartige Extraleistungen ca. 30 Millionen yuan ausgegeben, was wohl übertrieben sein dürfte, aber die Größenordnung andeutet, in der hier öffentliche Gelder für politische Sonderinteressen eingesetzt wurden[27]. Die Gewerkschaften haben sich in dieser ökonomistischen Kampagne besonders hervorgetan. Als bestellte Verwalter der gut dotierten Pensions-Unterstützungs- und Krankenkassen waren sie in der strategisch günstigen Lage, die finanziellen Ressourcen geschickt einsetzen zu können, um eventuellen Rebellenangriffen die Spitze zu nehmen[28]. In der Swatower Schiffswerft werden sogenannte »Unterstützungsgelder« (pu-chu-fei) an alle Gewerkschaftsmitglieder gezahlt, die potentielle Sympathisanten radikaler Organisationen sein könnten[29].

Dieser unverhoffte Geldregen führte zum höchst eigenartigen Phänomen eines massenhaften Einkaufsrummels mitten in der Kulturrevolution, zu einer Orgie des shopping, in der wir Tausende von Arbeiterfamilien in den Geschäftsstraßen der Städte mit den neugekauften Waren und Geräten umherziehen sehen, während rundherum die rotgardistischen Demonstranten und radikalen Rhetoren lärmen. Man genießt, was man ergattern kann und kümmert sich wenig um den Wald von Plakaten und Fahnen, deren Inschrift das hohe Lied des bescheidenen proletarischen Helden verkündet[30]. Diese kleine Szene aus der comédie humaine zeigt dem Beobachter besser als alle literarischen Dokumente, wie weit sich die Wirtschaftsgesellschaft mit den ihr zugehörigen Werten schon ausgebildet hatte, wie sehr jeder Versuch, die Städter zu einer idealistischen Opfergesinnung zurückführen zu wollen, als grobe Verkennung der Wirklichkeit zum Scheitern verurteilt sein mußte[31].

Die Arbeiter waren unter diesen Umständen in großer Zahl bereit, den sich seit November häufenden Störversuchen der Rebellen entgegenzutreten. Sie scheuten sich auch nicht, für die von den radikalen Elementen inkriminierten Behörden, mit denen sie sich auch emotional als Vertreter der »Partei« identifizierten, im Notfall einzustehen und politisches Zeugnis abzulegen. Und wenn in dieser Zeit Rotgardisten und erste Rebellengruppen nach Peking pilgern, um sich im kulturrevolutionären Zentrum Inspiration und Kraft für den Kampf zu holen, dann sehen wir immer mehr Arbeiter diesem Beispiel nachfolgen: aber mit dem entgegengesetzten Ziel, die zentralen Behörden zu ersuchen, die sich ausweitenden Störungen der Produktion durch ihr Machtwort zu beenden und den radikalen Kräften eine gehörige Abfuhr zu erteilen.

Die ersten dieser Reisen entwickeln sich aus der Dynamik spontaner »Klageversammlungen« (k'ung-su-hui), die auf ihre Telegramme keine befriedigende Antwort von der Zentrale erhalten hatten und deren Teilnehmer beschlossen, in der Hauptstadt selbst nach dem Rechten zu sehen. Die Parteileute haben diese neue Bewegung selbstverständlich nach Kräften gefördert und die entsprechenden finanziellen Mittel zur Verfügung gestellt. So sehen wir Ende Dezember 1966 mehr als 600 Facharbeiter einer Pekinger Elektromotorenfabrik vor das Gebäude des I. Ministeriums für Maschinenbau ziehen, um gegen die anhaltenden Arbeitsstörungen durch die Rebellen zu protestieren[32]. Aus Schanghai hören wir, daß ganze Züge von protestierenden Arbeitern nach Peking fahren, linke Rebellen stellen sich in den Weg, es kommt zu Kämpfen auf den Bahnhöfen[33]. In Kweiyang marschieren am 22. Dezember über 2000 Arbeiter zu den Bahnhöfen, um ihre Empörung dem Zentralkomitee vor die Türe zu legen[34]. Wir können uns vorstellen, daß diese Protestkampagne für die radikalen Kräfte im maoistischen Zentrum ein peinliches Schauspiel darstellte, das man durch verschiedene Mittel zu beenden versuchte[35]. Gleichzeitig war es ein politisches Lehrstück, das den Verantwortlichen über die wahre Stimmung des Volkes Aufklärung schaffte und sicher zur moralischen Aufrüstung der vorsichtigen Faktion in der KRG beitrug, die ihre relativ starke Position denn auch bis weit in den Dezember hinein nicht nur halten, sondern noch ausbauen konnte.

Aus dieser Protestkampagne und den damit verbundenen Zusammenstößen mit den linken Gruppen heraus entwickeln sich langsam die festen organisatorischen Formen der gemäßigten Arbeiter. Die wohl erste Verbindung dieser Art dürfte die »Rote Schutztruppe« gewesen sein, die schon Anfang November auf dem Gelände der Pekinger »Maschinenbaufabrik Nr. 1« operierte und den Behörden des 1. MM nahestand[36]. In Kanton kommt Mitte November die »Arbeiterpurpurgarde« (kung-jen ch'ih-wei-tui) auf, und in

Kweiyang sehen wir zur gleichen Zeit die ersten derartigen Verbände im mittleren Süden[37]. Changsha, Nanchang, Chengchow und Chengtu zeigen ähnliche Entwicklungen, in Wuhan (Provinz Hupeh) finden wir Anfang Dezember die Vorformen der »Eine Million Helden« (pai-wan hsiung-shih), deren Kampftruppen 1967 das wichtigste Instrument von Militärkommandant Ch'en Tsai-tao in seinen Auseinandersetzungen mit den Wuhan-Rebellen bilden sollte[38].

Am interessantesten und politisch folgenschwersten ist das Geschehen in Schanghai, wo sich das Gros der gemäßigten Arbeiterschaft rasch und schlagkräftig in einem Verband organisiert, der später in ganz China ebenso bekannt werden sollte wie irgendeines der großen Pekinger Hauptquartiere: den »Arbeiterscharlachgarden« (kung-jen ch'ih-wei-tui). Obwohl der Verband in seinen publizistischen Organen versuchte, den Behörden gegenüber ein unabhängiges Gebaren zur Schau zu stellen, konnte er seine intime Verbindung zu Rathaus und Parteibüro nicht leugnen: Allzu offenkundig waren die finanziellen und personellen Beziehungen zwischen dem Vorstand und der Verwaltungselite der Stadt[39]. Kurz nach den Ereignissen von Anting hatte Bürgermeister Ts'ao Ti-ch'iu Kontakte zu den Betrieben aufgenommen, vornehmlich zu den Gewerkschaften. Ergebnis ist eine Konferenz von über 100 Delegierten aus den 40 Großbetrieben aller Bezirke, auf der die Gründung einer Vereinigung zum wirksamen Schutz der sozialistischen Errungenschaft beschlossen wird[40]. Gesellschaftlich gesehen gehören die Mitglieder des neuen Schutz- und Trutzbundes fast ausschließlich dem alten Schanghaier Arbeiteradel an, der traditionell zu den Spitzenverdienern zählt und als der eigentliche Gewinner des liuistischen Leistungssystems gesehen werden muß[41].

Als die Rebellen ihren Kampf um die Macht[42] von Schanghai aus antreten und die Breite des chinesischen Landes bis Harbin, Chengtu und Kanton mit einer wütenden Offensive bedecken, der überall die Rathäuser und Zeitungsverlage, die Radiostationen und die administrativen Schaltstellen zum Opfer fallen, kurz, als sie drauf und dran sind, das Bollwerk der alten Partei in einem gewaltigen Stoß zu erschüttern, da machen die Industriearbeiter mobil und probieren die altbewährte Waffe der produzierenden Schichten, den Streik, zunächst in der Form der sogenannten »san-t'ing« (drei Aussetzungen): tien-t'ing (Abbruch der Stromversorgung), shui-t'ing (Abbruch der Wasserversorgung) und chiao-t'ing (Stillegung des Verkehrs)[43]. Sehen wir uns die verschiedenen Aktionen im einzelnen an.

In Kanton hatte die »Revolutionäre Allianz« (sheng-ko-lien) im Handstreich die Kommandohöhen genommen[44]. Aber schon am Morgen nach dem Überraschungserfolg der Linken gehen Wasser und Strom aus, fährt kein Bus mehr in den Straßen, bricht die Lebensmittelversorgung zusammen. Die Produktion in den Betrieben kommt zum Erliegen (sheng-ch'an t'ing-tun)[45]. Schon am zweiten Tag nach der Rebellenoffensive gehen Arbeiter, unterstützt von »Volkspolizei« (min-ching) dazu über, das Sicherheitsamt zu belagern und die weitere Ausdehnung der radikalen Kräfte zu stoppen. Am 25. Januar 1967 beginnt die Rückeroberung der Macht durch die gemäßigten Organisationen der Arbeiterschaft[46].

Ein Wort zur wichtigen Gruppe der Eisenbahner. Sie hatten gleich als erste

gestreikt und die Verbindung nach Norden unterbrochen. Die t'ieh-tao-jen gehörten selbstverständlich zur Klasse der gehobenen und besser bezahlten chinesischen Arbeiter und waren in ihrer großen Mehrheit nicht bereit, irgendwelchen radikalen oder gar messianischen Parolen zu folgen[47].
Zwischen Eisenbahnern und Linken spielte ein dauernder Kleinkrieg, der bald diese, bald jene Seite in die Vorderhand brachte, meist aber damit endete, daß verärgerte Lokführer die Rotgardisten oder Rebellen, die den Zug zu irgendeiner »Aktion« kommandiert hatten, auf ein Abstellgleis abschoben[48]. Schon die ersten Monate hatten das empfindliche Schienensystem belastet, »in einer Weise, wie sie bisher unbekannt war«[49]. Aber der Schock der Rebellenoffensive brachte vollends das Chaos. Wir finden das Personal nicht nur in Kanton, sondern überall entweder im Bummelstreik oder im totalen Ausstand. Aus vielen Fällen sei hier das Beispiel von Harbin herausgegriffen, weil die dortige Eisenbahndirektion eine der größten und das Quellenmaterial reichhaltig ist. Hier bleibt ein großer Teil der Arbeiter aus Protest gegen die Machtübernahme der Linkskräfte einfach zu Hause. Die Züge sind ohne Bedienung, auf dem Güterbahnhof stauen sich Tausende von vollen Waggons, die Rohstoffe oder Zulieferteile für die Industriezentren des Nordostens enthalten[50]. »Um einen Waggon Zuckerrüben zu verladen«, beschwert sich ein Rebell, »braucht man normal 1–2 Stunden, jetzt aber nimmt man sich 2–4 Stunden Zeit, und der Wagen ist immer noch nicht voll«[51]. Vielerorts kam es auch vor, daß die von einem lokalen Rebellenhauptquartier angeforderte Verstärkung niemals eintraf, weil die Züge unterwegs »aus technischen Gründen« stehenblieben.
Da half es gar nichts, daß die erbitterte KRG den zuständigen Minister (Lü Cheng-ts'ao) in die Wüste schickte und durch einen gefügigeren Beamten ersetzte: Die Crux lag an der Basis, und gegen den erklärten Unwillen der Arbeiter war kein Kraut gewachsen. Erst als sich die politische Großwetterlage zu ändern begann und die Armee stabilere Verhältnisse schuf, waren die Eisenbahner bereit, ihren Betrieb wieder in normalen Bahnen laufen zu lassen.
Wir haben gesehen, wie die Industriearbeiter in Kanton gegen die chinesische Abart des Jakobinismus protestierten, die über das »Tor des Südens« hereingebrochen war. Gehen wir nun an das Yangtse. Dort hatte das »Hauptquartier der Arbeiterrebellen« unter Chang Ch'un-ch'iao, Wang Hung-wen und dem scharfen Keng Chin-chang zuallererst die neue rote Fahne gehißt und die Tage der Kommune verkündet.
Aber die neue Macht sieht sich gezwungen, der Triumphfanfare vom 6. Januar das Eingeständnis der »Dringenden Bekanntmachung« (chin-chi t'ung-kao) vom 9. Januar folgen zu lassen, aus dem in verschleierten Worten, aber dennoch deutlich genug, ein Bild der Lage hervorgeht, wie es düsterer nicht sein könnte. Die Arbeiter im Industriebereich treten in Streik[52], vor allem die prestigereichen Großunternehmen der Werkzeugmaschinenbranche stehen zum erstenmal seit der »Befreiung« fast völlig verödet[53]. Im riesigen Hafengelände kommt die Bewegung zum Stillstand. Nicht nur die Beamten der Wasser- und Schiffahrtsbehörde (hai-yün-chü) weigern sich, den Rebellen zu dienen, auch die Hafenarbeiter und die zahllosen Lastwagenfahrer

schließen sich an[54].

Die Hafenpolizei findet bei ihren Versuchen, die Rebellentrupps zurückzuschlagen, die energische Unterstützung durch die Arbeiter des Kiang-nan-Schiffsbaukomplexes, der mit seiner nach Tausenden zählenden Belegschaft zu den wichtigsten Unternehmen der Industriemetropole gehört[55]. Die Gehälter, die hier gezahlt werden, rechnen unter die höchsten des Landes, und die parteitreue »Scharlachgarde« hat hier nicht zufällig ihren bedeutendsten Stützpunkt im ganzen Schanghaier Gebiet[56]. Innerhalb weniger Tage sind die Rebellen aus dem Hafengelände völlig verdrängt.

Diese feindselige Haltung der Arbeiterschaft hat den Rebellen schwer zu schaffen gemacht und die Schanghaier Kommune als landesweites Modell, als das sie vom maoistischen Zentrum ursprünglich gedacht war, in wenigen Wochen diskreditiert. Wenn der Vorsitzende in seinen Februargesprächen mit Chang Ch'un-ch'iao und Yao Wen-yüan auf einer Zurücknahme der Kommune und ihrer Umwandlung in eine Stadtregierung durch ein Revolutionskomitee auf der Basis einer großen Koalition aller gesellschaftlich wichtigen Kräfte beharrt, so vor allem deshalb, weil sich die radikalen Gruppen unfähig gezeigt hatten, in diesem industriellen Herz Chinas die Produktion aufrechtzuerhalten[57].

Ähnlich wie in Schanghai vollzog sich die Auseinandersetzung im Inland. In Nanking entbrennt eine erbitterte Straßenschlacht, als die Rebellen am 9. Januar den Sturm auf die Parteizentrale der alten »Südlichen Hauptstadt« versuchen[58]. Der Verkehr und der Versorgungsstrom stocken, die Arbeiter der gut bezahlenden Nankinger Nationalen Kunstdüngerwerke[59] bilden Kampftruppen, die den Rebellen das Terrain der Innenstadt streitig machen. Auch hier brechen die Eisenbahnen zusammen, das Personal sympathisiert mit den alten Autoritäten.

Wuhan, etwas weiter stromaufwärts gelegen, bietet ein ähnliches Bild. Hier treten die uns schon bekannten »Eine Million Helden« gleich nach der Nacht- und Nebelaktion der Rebellen in der unverhüllten Absicht auf den Plan, diese überraschende »Machtübernahme« so schnell wie möglich rückgängig zu machen. Wenige Tage nach dem Sturm sind die politischen Kommandohöhen zwischen »Rebellen« und »Helden« geteilt, die Stadt richtet sich auf das Leben unter einer Art Doppelherrschaft ein[60].

Weiter nördlich in Honan sind die Chengchow-Kommune und ihre organisatorischen Ableger in Loyang und Kaifeng[61] gleichfalls in größte Schwierigkeiten geraten. Vor allem die »Arbeiter-Scharlachgarden« der Sechsten Chengchow-Textilfabrik und die ebenfalls aus den Reihen der Arbeiteraristokratie entstandene »Maotsetung-Schutztruppe« der großen Loyang-Traktorenwerke sagen den neuen Politorganen den Kampf an[62].

Weiter im Westen, in Chengtu und im benachbarten Chungking, können die schwachen Rebellenverbände an einen regelrechten Umsturz der alten Ordnung nicht denken. Aber schon ihre verstärkten Demonstrationen sind Anlaß genug, die sogenannte »Industriearmee« (ch'an-yeh ta-chün) ins Feld zu rufen; eine Vereinigung von Belegschaftsmitgliedern der Großbetriebe, die hinter der vom Südwestbüro vertretenen Wirtschafts- und Sozialpolitik steht. Die Rebellen haben trotz Pekinger Verstärkung keine Chance und müssen ihre

»Januarrevolution« auf kleinere überfallartige Angriffe und Sabotageakte beschränken[63].
In der Hauptstadt selber sieht es nicht anders aus. Alle Bemühungen etwa der Mitglieder des III. Hauptquartiers, die Fabriken zu missionieren und die Belegschaft zu radikalen Aktionen zu ermuntern, enden ohne Erfolg. Verbände wie die »Rote Arbeiterarmee« (hung-kung-chün), die in der Ersten Maschinenbaufabrik, den Stahldrahtwerken und dem großen Chemiekombinat über breitesten Anhang verfügen, erteilen der revolutionären Linken immer wieder eine blutige Abfuhr. Die Arbeiterelite geht ganz mit der gemäßigten Politik, die hinter den Kulissen von Leuten wie Chou En-lai und Li Hsien-nien immer wieder propagiert wird. »Wer konnte noch wagen, auf offener Straße die Abzeichen der roten Rebellen zu tragen?«, fragt eine klagende Stimme der Linken. »Wer wagte es noch, für die revolutionäre Sache einzutreten?«[64]
Weiter im Norden schließlich, im alten industriellen Kernland der Mandschurei, ist die Arbeiterelite stark genug, um in Verbindung mit den lokalen Militärs[65] eine »Machtübernahme« durch die antiautoritären Linkskräfte unmöglich zu machen. Gegen die Bastion der Rebellen, die »Kommune von Changchun« (Kirin) machen die Arbeiter gleich vom ersten Tag ihres Bestehens an Front. Die gutverdienenden Fachkräfte von den einheimischen Automobilwerken stehen im Vordergrund des Geschehens, ihre »Rote Schutztruppe der Maotsetungideen« wird auch von den Kräften des Provinzkomitees der Partei unterstützt[66]. Ähnliche Zustände werden aus Harbin (Heilungkiang) und Mukden (Liaoning) gemeldet.
Die kritische Lage der Linkskräfte, die sich noch vor Ende Januar in fast allen Teilen des Landes in heftige Abwehrkämpfe verwickelt sieht, wird in einer Passage des Pekinger Tageblattes wie folgt kommentiert: »Mehr als jemals zuvor kommt es jetzt zu Konfrontationen, bei denen sich die Massen untereinander bekämpfen (ch'un-chung tou-cheng ch'un-chung), ja, selbst bewaffnete Auseinandersetzungen sind an der Tagesordnung. Die revolutionären Kämpfer werden zurückgedrängt (k'ai-ch'u) und sogar unterdrückt. In der jüngsten Zeit haben wir überall eine große Gegenoffensive (ta-fan-p'u) der bürgerlich-reaktionären Linie erlebt.«[67]
Einzelne kluge Köpfe unter den Rebellen hatten die Misere kommen sehen und vor übereilten ultrarevolutionären Schritten gewarnt, so etwa Shen Hsiao-yü, der bereits erwähnte Leiter der Ostrot-Truppe am Hydrologischen Institut der Geologischen Akademie in Peking, der zur Arbeiterschaft ein distanziertes Verhältnis gewonnen hatte. »Ist euch denn nicht klar, daß die Arbeiter mehrheitlich konservativ sind?« hatte er seinen hitzigen Kampfgenossen zugerufen. »Sie genießen doch schon sehr viele Vorteile (li-yi). Deshalb ist es auch nicht mehr möglich, daß sie die Interessen der wirklich Besitzlosen (chen-cheng ti wu-ch'an-che) vertreten. Sie haben sich zu einer Arbeiteraristokratie (kung-jen kuei-tsu) entwickelt.«[68]
Doch die übergroße Mehrheit der Rebellen mußte erst durch die bittere Lehre der Niederlage herausfinden, »daß sie einen Aktionismus vertreten, der für die Stimme der Massen ohne Gehör ist«[69]. Es war mehr als alles andere diese Erkenntnis, die der Bewegung den Kampfwillen nahm und das moralische

Rückgrat brach. Was für einen Sinn hatte es denn, als angeblich »proletarische Kämpfer« für einen Kommunegedanken zu streiten, der von den Massen abgelehnt wurde, und gegen die sich bildenden Revolutionskomitees anzugehen, wenn diese offensichtlich die breite Unterstützung der Arbeiterschaft fanden? Sicherlich hätte das Militär auch allein vermocht, diese politische Konsolidierung durchzusetzen, aber nur mit nackter Gewalt und einer beträchtlichen Unterbilanz an Legitimierung.

So aber lieferten die Fabriken den vorrückenden restaurativen Tendenzen eine Massenbasis, an deren »proletarischer« Qualität im Ernst nicht zu zweifeln war und die über alle Gegenargumente der Rebellen mit Leichtigkeit triumphierte. Es erwies sich nun als entscheidender Fehler, daß sich die Rebellen gedanklich nicht radikal genug gezeigt und die alte Gewohnheit, »proletarisch« mit »revolutionär« gleichzusetzen, nicht rechtzeitig bloßgestellt hatten. Jetzt konnten ihre Gegner sie nicht nur im Felde besiegen, sondern der Logik der herrschenden Spielregeln gemäß auch als »Konterrevolutionäre« abqualifizieren.

Die Bitterkeit, die wir in den späten Manifesten der Rebellen in zunehmendem Maße vorfinden, ist vornehmlich ein Reflex auf dieses »Versagen« der Massen. Die Kommuneforderung war zwar richtig, aber heillos verfrüht, lesen wir etwa als Fazit einer langen Überlegung in dem uns schon bekannten »Wohin geht China?« der Proletarischen Allianz von Hunan. »Denn das politische Bewußtsein des Volkes befindet sich augenblicklich noch auf einer äußerst niedrigen Stufe der Unreife.«[70] Aber es war ja immer und überall »äußerst niedrig«, jedenfalls für den die Endzeit nahe glaubenden Geist, der den konsequenten Bruch mit dem Alten zur Tagesforderung macht und das Reich Gottes oder des Menschen hic et nunc herabzwingen will. Da stoßen sich die großen Träume notwendig mit dem kleinen Behagen der Menge, dem ein paar materielle Konzessionen im Alltagsbetrieb vollauf genügen[71]. Das harte Wort von Büchner, das Huhn im Topfe habe dem gallischen Hahn den Hals umgedreht, hatte nun auch im China der Kulturrevolution seine fatale Gültigkeit demonstriert[72].

3. Der Widerstand der Kader

Die Januarrevolution war ein Stoß mit doppelter politischer Zielrichtung gewesen: nach unten in die ökonomische Basis und nach oben in die Sphäre der Bürokratie, die bislang die rotgardistische Bewegung so erfolgreich abgewehrt hatte. Die Kader in ihrer Gesamtheit waren neben der Arbeiterschaft die zweite wichtige Klasse im städtischen China, von ihrem konkreten Verhalten mußte der Erfolg oder Mißerfolg des Rebellenvorstoßes gleichfalls in hohem Maße abhängen[73].

Die Kader verdankten ihre gehobene Position der strukturierten Form der Gesellschaft im allgemeinen und den konkreten Bedürfnissen der Parteihierarchie im besonderen. Aus dieser Interessenlage heraus hatten sie sich von den vorgesetzten Autoritäten nach Belieben einsetzen lassen. Das galt schon für die erste Phase der Bewegung, als die begrenzte rotgardistische »Revolution« sich zum Ziel setzte, die Spitzen der Partei aus ihren angemaßten Herrscherpositionen zu drängen. Um wieviel heftiger mußte ihr Widerstand werden, wo der Rebellensturm sich anschickte, alle Gradierungen in der gesellschaftlichen Landschaft zum Verschwinden zu bringen und mit Losungen aufwartete wie: »Die Bosse setzen wir ab, die Kader schmeißen wir raus!«[74] Wo also eine Bewegung ins Haus stand, die der hergebrachten Vorstellung, daß Herrschaft im Alltag Verwaltung sein müsse, den Todesstoß geben wollte?

Wir können den Schrecken nachfühlen, den die Verwalter vom großen Chef bis zur kleinen Schreibkraft der untersten Lohnstufe empfanden, wenn sie den Refrain vom »Zerschmettern« anhören mußten, der zur ständigen Redewendung der Rebellen gehörte wie das »dies irae« zur mönchischen Predigt: »Die historische Erfahrung der Pariser Kommune hat uns gezeigt, daß das Proletariat den bürgerlichen Staatsapparat nicht übernehmen kann, sondern ihn zerschmettern muß«, lesen wir etwa[75]. Oder in der gleichen Tonart: »Die Zerschlagung des alten Staatsapparates aber ist unbedingt nötig«[76] und: »Die Staatsmaschine muß in ihrer Gesamtheit zerschmettert werden.«[77] Die Rebellen ließen keine Gelegenheit aus, dem Stand der Bürokraten ihre Entbehrlichkeit unter die Nase zu reiben: »Die Ehrfurcht vor irgendwelchen Autoritäten muß aufhören, die revolutionäre Energie der Jugend reicht aus, um die anstehenden Probleme zu lösen«, läßt sich eine Stimme aus Peking vernehmen[78], und eine andere sekundiert: »Was brauchen wir noch Kader? Künftig werden die Arbeiter und Bauern ihre Arbeit selber beaufsichtigen (chih-chieh ling-tu ko-chi kung-tso).«[79] »Plötzlich zeigte es sich vor aller Augen«, frohlockt die Proletarische Allianz in Hunan, »daß die Gesellschaft sehr gut ohne Kader auskommen konnte, ja, sich freier, besser und schneller entwickelte.«[80]

Kein Wunder, daß die Büros, denen jede Existenzberechtigung abgesprochen wurde, alle Künste aufboten, um das Terrain zu verminen und die anrückenden Rebellen in sorgfältig vorbereitete Fallen laufen zu lassen. Die Linkskräfte haben selber bemerkt, daß sie sich bei ihrem Versuch, die Verwaltung unter Kontrolle zu bringen, »Schwierigkeiten gegenübersahen, dicht wie ein Brombeergestrüpp«[81].

Diese Schwierigkeiten begannen schon am Tor: Die Behörden weigerten sich grundsätzlich, fremden »Kontrolleuren« den Zutritt zu gestatten. Der Ruf, der den Rebellen zumeist entgegenschallte, war der: »pu-hsü wai-pien-jen ts'an-chia« (Fremde Genossen können [zu diesen internen Vorgängen] nicht zugelassen werden)[82] oder, noch plastischer und häufiger: »wai-lai ti ho-shang nien-pu-liao wo-men ti ching« (Fremde Mönche dürfen hier keine Predigten halten)[83]. Es rächte sich bitter, daß die Rebellen in den wenigsten Fällen Sympathisanten in den attackierten Einheiten besaßen, so daß sie von Anfang an mit dem Odium der Fremden, der Eindringlinge, ja der Besatzer belastet waren; eine mißliche Lage, die noch dadurch verschlimmert wurde, daß viele der eingesetzten Trupps von auswärtigen Verbindungsleuten geführt wurden, die aus den nationalen Rebellenhochburgen rechtzeitig an Ort und Stelle gebracht worden waren[84]. Der Partei wurde damit Gelegenheit geboten, die fremdenfeindliche Karte voll auszureizen und die tiefverwurzelten ortsbezogenen Ressentiments nach Belieben ins Spiel zu bringen.

Wang Li vom linken Flügel der Pekinger KRG hat die Problematik, vor der man stand, präzise aufgezeigt, wenn er in einer kritischen Rede bemerkte: »Wenn man in den Behörden die Macht übernehmen will (to-ch'üan), so ist es wesentlich, daß man sich auf die Kader in diesen Einrichtungen stützt. Es hat keinen Sinn, daß heute diese und morgen jene Gruppe die Macht übernimmt. Dies ist unangemessen.«[85] Was Wang hier kritisiert, ist die sogenannte »Taktik der fliegenden Einsatzgruppen«, die die Rebellen entwickelten, um ihre zahlenmäßige Schwäche einigermaßen auszugleichen. Man zog von einem Komplex zum anderen, um jedesmal eine kleine Gruppe, einen »harten revolutionären Kern« als die neue »reale Machtfraktion« zurückzulassen. Diese Methode hätte nur bei breiter Binnenunterstützung durch die unteren Kader Erfolg haben können. Bei der gegebenen Lage einer geschlossenen Abwehrphalanx waren die Behörden in dem heftig entbrennenden Kleinkrieg eindeutig im Vorteil. Ganz wie der Partisan inmitten einer ihm gewogenen Bevölkerung einen enormen Informationsvorsprung genießt und sich nach Belieben zurückzieht und auswiegt, konnten die Führungskader mit der bei ihnen stationierten Rebellen Katz und Maus spielen. Etwa in der Form von »unterirdischen Widerstandsgruppen«, wie im Falle des Pekinger Eisenbahnministeriums, wo wir die Besatzer klagen hören: »Die Kader vom Bürochef (chü-chang) und darüber organisierten heimliche Antigruppen, die den Revolutionären entgegenarbeiteten.«[86] Diese Zellen, denen wir in vielen Ämtern begegnen, behalten die Verfügungsgewalt und werden von den Beamten weiterhin als die »echten« Vorgesetzten betrachtet. Während die Rebellen mit einer Unmenge von Akten, die ihnen als den neuen Volkskommissaren zur Prüfung vorgelegt werden, voll beschäftigt und in Trab gehalten sind[87]. Durch diesen harmlosen Trick war es vielerorts möglich, die radikalen Kräfte, derer man im ersten Ansturm nicht Herr werden konnte, relativ unschädlich zu machen und die wichtige Aufgabe der städtischen Versorgung weiterhin zu erfüllen.

Aber sehr bald ging man zu einer offensiveren Strategie über, die man mit »aktive Unterwanderung« kennzeichnen könnte. Der Vorgang ist denkbar einfach. Untere Kader, von den Rebellen als Kampfgenossen willkommen geheißen, schließen sich den Kontrollorganen an, scheinbar um die Linke zu stärken, in Wirklichkeit, um die radikalen Kräfte zu majorisieren und die Führung zu übernehmen. Ist dieses Stadium erreicht, kommt es zum Bruch: Auf einer Kampfsitzung der betreffenden Abteilung werden die Rebellen konterrevolutionärer Vergehen gegen die Massenlinie überführt und geächtet, meist aus der in Frage stehenden Einheit vertrieben. In Kanton mußte die herrschende sheng-ko-lien schon nach wenigen Tagen erleben, daß diese in großem Stil geübte Methode die Grundlagen ihrer neuen Macht unterminierte. »Es ist absolut untersagt«, lesen wir in einem Aufruf der Rebellenallianz, »daß die Organisationen hinter unserem Rücken manipuliert (ts'ao-tsung) werden. Noch weniger ist es gestattet, daß die konterrevolutionären Behörden selbst Verbände aufziehen.«[88] Oder ähnlich: »Wenn wir irgendwo die Macht übernehmen, dann kommen todsicher die konservativen Kräfte hervor, die auch eine ›Rebellengruppe‹ auf die Beine stellen, um zu ›rebellieren‹.«[89] In Peking müssen die Rebellen auf ähnliche Weise erleben, daß sie nach allen

Regeln der Kunst aus den Ministerien hinausbugsiert werden: »Gegenwärtig gibt es hier kapitalistenfreundliche Autoritäten«, hören wir einen linken Jeremias klagen, »die sich hinter einem dichten Vorhang verstecken und dahinter zahlreiche konservative Organisationen manipulieren. Sie lassen diese in den Behörden ihr Theater aufführen und die ›Fahne der Rebellion‹ hochhalten. Unter Vorspiegelung falscher Tatsachen täuschen sie eine ›Machtübernahme‹ vor.« Und weiter: »Selbst wenn es den Revolutionären Rebellen gelingt, die Macht [in einer Behörde] zu übernehmen, braucht es nur eine kleine Weile der Normalisierung, und siehe da, hinter der ›Ruhe‹ verbirgt sich ein noch härterer Kampf!«[90]

Im Reich der »Schanghaier Kommune« (shang-hai kung-she) treten uns dieselben Erscheinungen entgegen. Chang Ch'un-ch'iao muß bald eingestehen, daß die Bürokratie die rote Fahne nur zum Scheine heraushängt. Ein wichtiges Amt nach dem anderen geht dadurch verloren, daß die Parteileute ihre »Vertrauten« (ch'in-hsin) in die Rebellenzellen schicken, um sie gründlich umzufunktionieren und die echten Kommuneanhänger von der Kontrolle der Dinge fernzuhalten[91]. Wo aber eine linke Gruppe ernsthafte Schwierigkeiten bereitet, da hat man die alte Waffe parat, die jungen Leute über diverse Kontroll- und Beratungspositionen in die Kaderelite zu kooptieren: ein Mittel, das bei den Rebellen genauso gut wirkt, wie zuvor bei ihren rotgardistischen Brüdern. Eingeständnisse wie das folgende sind überall in den Texten verstreut: »Leider muß man sagen, daß es den reaktionären Kräften gelang, die revolutionären Truppen mit dem Versprechen zu spalten, einige Mitglieder in Kaderpositionen aufrücken zu lassen (feng-kuan hsü-yüan).«[92] Typisch dafür ist der Fall des Pekinger Landwirtschaftsministeriums, wo T'an Chen-lin, ein alter Fuchs auf dem Gebiet der bürokratischen Tricks, einen Teil der Besetzer vergoldete, einen anderen Teil als »konterrevolutionäre Störer« isolierte und schließlich zum Tempel hinauswerfen ließ[93]. Es ist kein Wunder, wenn wir nach solchen Erfahrungen hören, wie einige Rebellen ziemlich belämmert gestehen: »Es gelang ihnen [den Bürokraten], viele unserer Genossen, deren politische Erfahrung und klassenbewußte Haltung nicht ausreichend war, vor ihren politischen Wagen zu spannen. Wie schlau waren doch diese verschlagenen Brüder!«[94]

Der wahre Grund der gegnerischen Stärke, der feste Zusammenhalt aller Verwaltungsstufen, die Unmöglichkeit einer wirksamen Verbrüderung mit den Massen wird natürlich erkannt und manchmal auch offen ausgesprochen: »Wenn es immer wieder vorkommt, daß die Revolutionären Rebellen die Macht wieder abgeben müssen, so deshalb, weil die bürgerlich-reaktionäre Linie nicht deutlich genug offengelegt wurde und die Massenbasis folglich schwach geblieben ist.«[95] Und in der gleichen Passage: »Wer die Macht erobern will, der muß an der richtigen Stelle ansetzen, d. h., bei den Massen. Sonst ist das ganze Unternehmen nur ein Schlag in die Luft.«[96] Kurz, die Rebellen müssen nach wenigen Tagen ziemlich offen gestehen, daß die »kleine, bürgerlich-reaktionäre Koalition« der Behörden durchaus in der Lage ist, den Schock des Sturmes hinter sich zu bringen und stille, aber wirksame Gegenmaßnahmen zu treffen, deren Effekt darauf hinausläuft, die Linkskräfte zuerst zu isolieren und dann als politische Größe zu eliminieren.

Eine – aus der Geschichte wohlbekannte und jetzt wie eh und je verhängnisvolle – Eigenart der Rebellen, die der Taktik der Behörden ungemein entgegenkommt, finden wir bei den Vertretern antiautoritärer Ideen immer wieder: die Weigerung der einzelnen Gruppen, sich einem einheitlichen Oberkommando zu unterstellen und sich seiner Autorität im Konfliktfall zu beugen. Man hat zu lange die disziplinäre Knute gefühlt, jetzt will man sie nicht schon wieder spüren, und sei es auch unter den neuen Auspizien der revolutionären Aktion. »Der Revolutionär ist der freieste Mensch!«, lautet die Losung vieler Rebellen, und: »Wir brauchen keine Führung mehr. Wir sind uns jetzt allein verantwortlich!«, sind Worte, die jeden gutgemeinten Versuch zum Scheitern verurteilen, den – wie Mao formulierte – »umherschweifenden Rebellenhaufen« so etwas wie eine feste, generalstabsmäßige Führung zu geben[97].
Schon ganz zu Anfang der Januarrevolution hatte es in der Chingkangshan-Presse geheißen: »Zur Zeit macht sich ein extremer Demokratismus breit. Die einzelnen Gruppen tun so ziemlich, was sie wollen. Viele fordern nur die Demokratie, nicht den Zentralismus. Sie kümmern sich überhaupt nicht um die Anordnungen der Gruppenführung und kommen und gehen, wann sie gerade Lust dazu haben. Selbst im Einsatz gibt es kein gemeinsames Vorgehen (tung-tso yeh hen-pu cheng-ch'i), und alle fürchten die Fessel der Disziplin. Wenn jemand einschreiten will, um eine Versammlung zur Manöverkritik einzuberufen, heißt es überall sofort: ›Was soll diese alte Masche! Wozu haben wir denn rebelliert?‹«[98] Anarchie (wu-cheng-fu chu-yi), politischer Libertinismus (cheng-chih tzu-yu-hua) und ein vages Gefühl, daß »aller Zentralismus vom Übel ist«, führen zu einer Zerfall der Rebellenbewegung in einzelne Gruppen und Grüppchen, die ihre besondere Symbolik und Sprachgewohnheit entwickeln, einen Verbandskult hochziehen und in stolzer Überschätzung der eigenen Kräfte lieber untergehen, als sich an einen politisch nahestehenden, stärkeren Verein um Hilfe zu wenden: »Wir haben genug materielle und personelle Ressourcen«, heißt es dann, »wir vertrauen auf unsere eigene Kraft, wir brauchen keine fremde Hilfe.«[99]
Die Rebellen stehen hier einem alten Dilemma gegenüber: sollen sie auf die kaum gewonnene Freiheit verzichten, sich selbst zu bestimmen, oder sie für eine Periode des Kampfes vertagen und sich einer Einheitsfront unterordnen, in der Hoffnung, diese Freiheit damit um so besser für die Zukunft zu sichern? Die Frage gewinnt vor allem dann vitale Bedeutung, wenn der jeweilige Gegner gut organisiert ist und seine Verbände nach den Regeln der hergebrachten autoritären Disziplin einsetzen kann. Die zentrale Führung der Anarchisten ist historisch immer für zeitweilige »revolutionäre Disziplin« eingetreten, aber die Basis hat in den meisten Fällen anders gedacht. Der Untergang der Pariser Kommune wurde dadurch beschleunigt, daß die einzelnen Sektionen der linken Nationalgarde dem Generalkomitee in der Rue de la Corderie wenig Respekt erwiesen. Im Spanischen Bürgerkrieg brachten die Anarchisten zwar glänzende Einzelkämpfer hervor, aber ihre Miliz sowie die Verbände der anarchistisch angehauchten P.O.U.M. machten vielfach Krieg auf eigene Rechnung und spielten damit objektiv gesehen den Francoisten in die Hände[100]. Im China der vierziger Jahre lernten viele kommunistische Partisanenverbände hinter den japanischen Linien die Frei-

heit ihrer Kleingemeinschaft so sehr schätzen, daß sie sich zu beinahe unabhängigen Banden entwickelten, die irgendwelchen Anweisungen aus Yenan kaum mehr Beachtung zukommen ließen[101].

Dies scheint das psychologische Gesetz der Dinge zu sein, daß der anarchistische Gedanke, wenn immer er aus seinen subjektiven Quellen heraus ans politische Tageslicht tritt, von der wiedergefundenen Freiheit dermaßen volltrunken ist, daß er darüber vergißt, wie unendlich gefährdet dieses Gut in einer geschichtlichen Welt bleibt, deren Bewohner nur zu schnell bereit sind, ein Stückchen Sicherheit für alle Freiheit zu tauschen.

Schon Mitte des Monats hat der Januarsturm genügend Gegenkräfte geweckt, um die chinesischen Städte zu einem Schlachtfeld gesellschaftlicher Interessen zu machen. Wird eine geschichtliche Bewegung nicht oft genug von entschlossenen Minderheiten gemacht, die das Gebot der Stunde zu nutzen verstehen und der Welt den Stempel ihres Willens aufdrücken? Aber das gilt nur dann, wenn für eine herrschende Schicht die Zeit soweit vorgerückt ist, daß sie sich in einer allgemeinen Erschlaffung des Geistes nicht mehr aufraffen kann, ihre vitalen Interessen wirksam zu schützen[102].

Im China der Kulturrevolution waren Partei und Arbeiterelite offensichtlich lebenskräftig genug, um der revolutionären Herausforderung mit einer kräftigen Gegenwehr Paroli zu bieten und Anhänger in ausreichender Zahl zu mobilisieren. Die Folge war ein innerstädtischer Kleinkrieg, der mit steigender Erbitterung um die »Sehnen der Macht« hin und her wogte und in wechselnder Gunst bald die oder jene Versorgungseinrichtung, Radiostation, Produktionsstätte etc. in die Hand der einen oder der anderen Seite geraten ließ.

Bei alledem gingen Wirtschaft und Infrastruktur einer raschen Auflösung entgegen. Das ganze weitverzweigte ökonomische Flechtwerk, das in Jahren härtester Arbeit geknüpft worden war, drohte zu zerreißen und damit das Land in eine ungeheure Versorgungskrise zu stürzen. Die Zahlen, die wir den zeitgenössischen Berichten entnehmen können, sind allerdings alarmierend genug: die städtischen Märkte waren wegen des Zusammenbruchs von Straßen- und Schienentransport nur noch notdürftig mit solchen Gütern versorgt, die die Armee in Großeinsätzen im Hinterland requirieren und auf Lastwagen heranschaffen konnte[103].

Die industrielle Produktion war von Dezember bis Ende Januar auf einen Punkt gesunken, wo sie dem allgemeinen Kollaps entgegensah. Der Rückschlag wird verständlich, wenn wir sehen, daß es allein in einer mittleren Stadt wie Chuansha (an der Küste bei Schanghai gelegen) über 180 organisierte Verbände gab, die sich in wildem Durcheinander bekämpften[104]; daß ein Unternehmen wie die Schiffswerft in Swatow zwölf Massenorganisationen zählte, die untereinander rivalisierten[105]. Eine Baumwollspinnerei in Kweiyang stellte über zehn Kampfverbände auf, deren permanente Fehde die Arbeit in den Abteilungen (ch'e-chien) fast ganz zum Erliegen brachte[106]. Und ein für die nationale Wirtschaft so wichtiges Riesenwerk wie der Schanghaier Kiang-nan-Schiffsbaukomplex besaß über 90 verfeindete Basisgruppen[107].

Verschiedentlich kommt die Belegschaft nur noch sporadisch oder überhaupt nicht mehr in den Betrieb, da ihre zahlreichen politischen Aktivitäten sie anderweitig in Trab halten. In einer Gießereiabteilung der Schanghaier

Glasgerätefabrik etwa erscheinen von 140 Mann im Januar 35 gar nicht mehr, die anderen halten nur selten ihre vorgeschriebenen acht Stunden durch[108]. Im strategischen Sektor der Ölindustrie verlassen die Beschäftigten die Taching-Felder, die für ihre harten Arbeits- und Lebensbedingungen bekannt sind, zu Tausenden und kehren in die Städte zurück. Zum erstenmal seit 1958 hat dieser Wirtschaftszweig keinen Zuwachs zu verzeichnen, im Gegenteil, im Dezember und Januar müssen viele Betriebe aus Ölmangel schließen. Auch aus Mangel an Kohle, denn die Mehrzahl der Bergwerke ist politisch viel zu beschäftigt, um weiter an Förderung denken zu können[109].

Durch Kampfeinwirkung oder auch Sabotage werden gerade in den modernsten Anlagen gewaltige Schäden verursacht, etwa im Pekinger Kuanghua-Sägewerk, wo in den Januarwirren drei der neuesten Hallen durch Brand in Asche gelegt werden, oder in der Schanghaier Fabrik für nahtlose Rohre, wo die Produktion wegen der Zerstörung von Spezialmaschinen um 50% unter das Planniveau sinkt[110].

Dieses sich ausbreitende Chaos mußte die maoistische Philosophie als Ganzes in Mitleidenschaft ziehen, wie denn der Maoismus in China immer und zu allererst wirtschaftlich legitimiert war: als theoretisch-praktischer Ausdruck einer effektiven Methode, das Land aus den Tiefen nationaler Schande heraus auf die Höhen moderner Wirtschaftsmacht zu katapultieren. Als im Großen Sprung die damit verbundenen irrationalen Elemente und deren Kosten ans Tageslicht traten, waren weite Teile nicht nur der Partei, sondern auch des Volkes bereit, den zwar nüchterneren, aber sichereren liuistischen Weg zu versuchen, eine Anpassung an die Wirklichkeit, die, wie wir am Anfang gesehen haben, der Vorsitzende in Grenzen mitgemacht hatte. Jetzt, wo die öffentlich herausposaunte Entscheidung des maoistischen Zentrums für Rebellensturm und Kommune (in Schanghai wie anderswo) eine neue katastrophale Krise für die Gesamtbevölkerung herbeigeführt hatte, genügte der beruhigende und ordnungstiftende Armee-Einsatz offensichtlich nicht mehr, um die verunsicherte Arbeiterelite und die verbitterten Kader, also die Schlüsselkräfte des tonangebenden städtischen, modernen, industriellen Sektors, mit der Pekinger Politik zu versöhnen. Dazu war nicht nur ein Rückzug von unhaltbar gewordenen Extrempositionen vonnöten, sondern mehr noch ein positives Kompromißangebot, das diese wichtigen Klassen zu Stützen der kulturrevolutionären Bewegung machte. Sie verlangten eine großzügig aufgefaßte Rehabilitierung, die ihnen, den Zielscheiben der Januarrevolution, Sicherheit für die Zukunft und volle Mitwirkung an den weiteren Aufgaben versprach. Es zeugt für die Klugheit der Gruppe um Mao, daß sie nach dem Scheitern ihrer revolutionären Maximalpolitik die Zeichen der Zeit zu lesen verstand und alles daransetzte, die ihr entfremdeten Schichten dadurch zurückzugewinnen, daß sie die notwendig gewordene gesellschaftliche Konsolidierung nicht nur nicht hinderte, sondern sich in einer schnellen Umkehrung an ihre Spitze zu stellen verstand. Sie, die ihre liuistischen Gegner so ausgiebig als Opportunisten diskreditiert hatten, erwiesen sich in der Stunde der Not gewandter als ein Fouché und schlüpften in weniger als einem Monat durch alle Phasen einer erstaunlichen Mauser, die sie von der Kommunevision zum autoritären Revolutionskomitee führte.

Kapitel VI

Die Peripetie: von der Kommune zum Revolutionskomitee

1. Die maoistische Wende

Der Vorsitzende hatte die Roßkur des Januarsturmes nur als letztes Mittel verschrieben, um die Kulturrevolution vor dem Schicksal der voraufgegangenen Sozialistischen Erziehungsbewegung zu retten, die von der wohlgeschmierten Mühle des Parteiapparats zu rhetorischem Feinschrot vermahlen worden war. Da die Annahme abstrus wäre, der alternde Mao habe sich – am Ende eines langen und konsequenten Lebensweges – zu Bakunin bekehrt, muß die Kommunepolitik vom Januar als eine kurzfristig angelegte Schocktherapie mit dem Ziel gesehen werden, das Minimalprogramm der seit August angestrebten Parteireform doch noch durchsetzen zu können[1].
Aber Mao hatte seit Beginn des kulturrevolutionären Unternehmens mit seinen Verbündeten ausgesprochenes Unglück gehabt. Die studentischen Rotgardisten waren zu sehr auf das eigene Fortkommen bedacht und deshalb unzulänglich gewesen. Die Revolutionären Rebellen, die sie ersetzen und die maoistische Sache zu Ende führen sollten, dienten ihrem Gott mit allzu flammendem Eifer und waren auf dem besten Wege, den Maoismus in den unwillkommenen Ruch des Anarchismus und Libertinismus zu bringen. Wenn der Vorsitzende in diesen Tagen des drohenden Unheils auf die hochgehende See der chinesischen Provinzen hinausblickte, so mochte er nach einem Ordnungsfaktor Ausschau halten, der revolutionäre Autorität mit der gebotenen gesellschaftlichen Zurückhaltung verband; nach einer hilfreichen Macht, die ihm erlaubte, die aufgezwungene Jakobinermütze beiseite zu legen und sich in den nach allen Seiten hin koalitionsbereiten Girondisten zurückzuverwandeln, als der er im August 1966 in die politische Arena getreten war.
Den deus ex machina fand er in Shansi, wo sich die Armee über das Eingreifverbot hinweggesetzt und zur ordnungsstiftenden Tat aufgerafft hatte. Die Bedeutung, die diese Vorgänge von Taiyüan erlangten, läßt eine genauere Schilderung geboten erscheinen.
Hier war Kommandeur Ch'en Chin-yü zwischen die streitenden Parteien gefahren und hatte am 12. Januar sein eigenes »Rebellenoberkommando« (tsao-fan tsung-chih-hui-pu) gebildet, eine Organisation, deren radikal klingender Name nicht über den wesentlich gemäßigten, auf sozialen Frieden bedachten Inhalt ihrer politischen Linie hinwegtäuschen konnte. In diesem »Oberkommando« fanden sich nur wenige genuine Rebellen, dafür zahlreiche Vertreter von Massenorganisationen der Arbeiteraristokratie in den Taiyüaner Großbetrieben sowie Führungskader, die sich von der alten Parteileitung um

Wei Heng und Wang Ch'ien abgesetzt und der Armee zugewandt hatten. Der ziemlich konservative Aspekt des neuen »revolutionären« Machtorgans wird durch nichts so sehr unterstrichen, wie durch die Einladung an Yüan Chen, als »verantwortliche Persönlichkeit« daran teilzuhaben. Man muß wissen, daß Yüan als langjähriger Generaldirektor und Erster Parteisekretär des gewaltigen Anshan-Hüttenkomplexes (in Liaoning südlich von Mukden) als einer der besten Wirtschaftsfachleute in der Partei galt und bei den revolutionären Kräften den Ruf eines abgebrühten Technokraten genoß.

Nun hätte der ziemlich subalterne Ch'en Chin-yü ein derart gewagtes Experiment kaum selbst in die Wege geleitet, wenn nicht höheren Orts inspirierte Nachhilfe geleistet worden wäre. Liu Ko-p'ing war der Mann im grauen Flanell, der als der eigentliche Kopf hinter dem Shansi-Unternehmen gesehen werden muß, ein Mann des ZK, der sofort die Zügel des neuen »Oberkommandos« ergriff und sie durch alle Wirren der Zeit bis zum IX. Parteitag hinweg nicht mehr abgab[2].

Auch Liu war politisch durch einen Höheren abgedeckt: den eigentlichen starken Mann der KRG in Peking, Hsieh Fu-chih, dessen Ämterhäufung ihn neben Yang Ch'eng-wu zum mächtigsten Militär des nordchinesischen Raumes gemacht hatte. Hsieh war nach dem Abtreten von Yang Yung als Befehlshaber des Pekinger Armeebezirks[3] die führende Rolle im Kommando wie von selbst zugefallen, da er als Kandidat des (VIII.)Politbüros und Mitglied der Pekinger KRG rangmäßig weit über Cheng Wei-shan stand, der im Janur 1967 vom bisher stellvertretenden zum geschäftsführenden Oberbefehlshaber ernannt worden war[4].

Nehmen wir hinzu, daß Hsieh auch noch Politkommissar der Pekinger MR und der hauptstädtischen Garnisonstruppen war und zudem das Amt eines Sicherheitschefs sowohl in der VBA als auch im ganzen Lande ausübte[5], ergibt sich eine Machtfülle, die dem politischen Experiment einigen Spielraum erlaubte. Wenn Hsieh in eine ganz bestimmte Richtung manövrierte, so deshalb, weil in der immer unhaltbarer werdenden Lage deutlich zutage trat, daß derartige Versuche mit der stillschweigenden Duldung des Vorsitzenden rechnen konnten[6].

Shansi war nur ein erster Schritt auf dem Wege zur Konsolidierung, dem die Vorgänge in Tsingtao, der Hafenstadt in Schantung, mit nur wenigen Tagen Abstand nachfolgten. Yang Teh-chih, der Militärkommandant von Tsinan, hatte sich von Anfang an um die Aufrechterhaltung der Ordnung in der Provinzkapitale bemüht, konnte aber nicht verhindern, daß die Rebellen im industrialisierten Tsingtao zum Sturm antraten und die aufflammenden Kämpfe die Werften und anderen Produktionsanlagen teilweise lahmlegten. Jetzt, nach dem gelungenen Experiment von Shansi, wagte auch er einen Coup und ließ die aus sechs radikalen Gruppen bestehende Rebellenallianz mit bewaffneter Hand verdrängen und durch eine Dreier-Koalition ersetzen, die neben dem Militär vor allem gemäßigte Arbeiter und »revolutionäre« Führungskader beherbergte[7]. Die Bezeichnung der neuen Exekutive – »Revolutionäres Rebellenkomitee« (ko-ming tsao-fan wei-yüan-hui) – kam dem schließlich angenommenen Namen eines »Revolutionskomitees« schon recht nahe.

Es war das Verdienst eines dritten Armeechefs, des »Diktators des Nordostens« Ch'en Hsi-lien, diesen letzten Schritt getan und ein erstes »Revolutionskomitee« (ko-ming wei-yüan-hui) auf die Beine gestellt zu haben, eine Woche nach den organisatorischen Versuchen in Tsingtao. Daß dies gerade in Heilungkiang geschah, hängt mit der Tatsache zusammen, daß diese Provinz auf einer langen Linie mit der russischen Amurregion zusammenstößt und deshalb dort starke Truppenkontingente stationiert waren. Ch'en hatte sich schon Anfang Januar mit Wang Chia-tao beraten, der als Befehlshaber der Streitkräfte in HLK zwar sein Untergebener, aber auch sein langjähriger Vertrauter war[9]. Gleich nachdem am 25. Januar der entscheidende Artikel in der Pekinger Volkszeitung erschienen war, der unter der Überschrift »Der Große Sieg der Kulturrevolution in Shansi« das konservative Vorgehen in Taiyüan ausdrücklich guthieß, ergriffen Wang Chia-tao und der Erste Provinzsekretär P'an Fu-sheng die organisatorische Initiative, mobilisierten die Arbeiter vornehmlich der Eisenbahndepots und der Metallindustrie und drängten die um das Harbiner Militär-Technikum herum konzentrierten Rebellen beiseite. Das neue Machtorgan, das am 28. Januar gebildet wurde, konstituierte sich am 31. Januar offiziell[10]. Schon am 2. Februar lesen wir in der Pekinger Volkszeitung eine Glückwunschadresse unter der Überschrift: »Neuer Glanz im Nordosten«, worin die industrielle Bedeutung des Gebietes hervorgehoben und der Politik, alle alten Autoritäten herunterzureißen, eine entschiedene Absage erteilt wird[11].

Ende Januar und Anfang Februar: diese Zeit hat etwas von einem politischen Niemandsland an sich, wo der Vorsitzende in seinem Willen zur Wende schon weit gegangen ist, aber den Kommunegedanken noch keineswegs endgültig ad acta gelegt hat, zumindest nicht für Schanghai; wo die entscheidenden Leute der Pekinger KRG in ihren wichtigen Reden bald diese, bald jene Ansicht zur weiteren Zukunft des Rebellensturmes verkünden und in den höchsten Kreisen offensichtlich Wirrung und Spaltung vorherrscht. Was soll das einfache Fußvolk noch glauben, wenn es etwa Ch'en Po-ta lauscht, der noch am 15. Januar in einer programmatischen Ansprache die Priorität der Revolution und der Zerstörung der alten Autoritätsstrukturen vor allen anderen, namentlich den wirtschaftlichen Belangen der Produktion unterstreicht[12], und wenige Tage später Chou En-lai zuhört, der in einer ebenfalls richtungweisend gedachten Rede das neue Shansi-Modell preist, das gerade das Gegenteil getan und die ökonomischen Forderungen vor die revolutionäre Fortentwicklung gestellt hatte[13]. Aber: noch am Tage der Einrichtung des ersten Revolutionskomitees in HLK sehen wir Wang Li auftreten, gleichfalls ein geachtetes Führungsmitglied der KRG und als »Mund des Vorsitzenden« respektiert, der in einer Ansprache an Angehörige des Redaktionsstabes der PV dazu aufruft, es sei hoch an der Zeit, der glorreichen Schanghaier Kommune eine Pekinger Kommune nachfolgen zu lassen, die KRG sei darum bemüht[14]. Während doch andererseits erwiesen ist, daß genau zur gleichen Zeit eine Verordnung die Amtsstuben des Pekinger Staatsrats verließ, an die nachgeordneten Einheiten in den Provinzen gerichtet, des Inhalts, das Beispiel der Schanghaier Kommune sei veraltet und anderswo nicht mehr zu befolgen[15].

Es sind schließlich die Ereignisse in Schanghai selber, die rasch die Nebelfelder vertreiben und die politische Landschaft im geklärten Licht des neuen maoistischen Kompromisses aufleuchten lassen. Am Huang-pu hatte sich die Lage Anfang Februar bedrohlich zugespitzt. Die Kommune war nicht in der Lage, dem unerbittlichen Kampf der Gruppen ein Ende zu setzen. Weder gelang es, Scharlachgarden und Rebellen davon abzubringen, sich in den Fabriken an die Kehle zu fahren, noch war es möglich, den rapiden Verfall innerhalb des »Arbeiter-Rebellenhauptquartiers« aufzuhalten, wo die »Drei Regimenter« in einem Ringen aller gegen alle den Kampf um die korrekte politische Linie ausfochten.

Als sich die von Peking bestellten Führer, Chang Ch'un-ch'iao und Yao Wen-yüan offensichtlich unfähig zeigten, diesen chaotischen Zuständen und der damit verbundenen ökonomischen Desintegration in der wichtigsten industriellen Zentrale des Landes einen Riegel vorzuschieben, zitierte sie Mao zu einer Serie von Aussprachen in seine Chungnanhai-Residenz.

Ein äußerst gereizter und ungnädiger Parteivorsitzender kanzelte die beiden »jungen« Leute regelrecht ab. Dabei zeigt er sich ganz als der »Mann der politischen Mitte«[16] und wettert mit Vehemenz gegen die anarchistischen Auswüchse in der Yangtsemetropole: »Da haben wir die Losung: ›Zieht alles in Zweifel! Bringt alles zu Boden!‹. Das ist eine reaktionäre Parole. Die Organe des Schanghaier Volkskomitees haben den Premier des Staatsrats gebeten, alle Obrigkeit abzuschaffen. Dies ist doch extremer Anarchismus und äußerst reaktionär. Zur Zeit ist überhaupt niemand mehr bereit, jemanden mit seinem Titel anzureden. Man nennt ihn nur ›Adjutant‹ oder ›Diener‹. Aber in Wirklichkeit ist das alles nur Form. Es wird immer Autoritäten geben müssen.«[17] Mao fährt in seiner Philippika fort: »Im Augenblick haben zahlreiche Gemeinden Petitionen an das ZK gerichtet, mit der Bitte, Volkskommunen einrichten zu dürfen. Aber das ZK hat ein Dokument aufgesetzt, worin es heißt, daß es außer Schanghai keiner anderen Stadt mehr erlaubt sein soll, derartige Formen zu entwickeln.«[18]

Dem in Mißkredit geratenen radikalen Schanghaier Modell stellt Mao jetzt die von der Armee hervorgebrachten Organe in Shansi entgegen, wo es gelang, das aufgetretene Chaos zu bändigen und wo die »Dreierkoalition« alle gesellschaftlich wichtigen Kräfte in die Verantwortung einbezogen hatte. Genaue Angaben über das Modell in Taiyüan werden gegeben, nach den Prozentzahlen aufgeschlüsselt, die jede Gruppe für sich beanspruchen konnte[19], mit der klaren Moral, daß es so viel besser sei als beim konfusen Kommuneexperiment von Schanghai[20].

Und dann die Anweisung, die Chang und Yao mit auf den Heimweg bekamen: »Der Vorsitzende schlug vor, Schanghai solle seine Organisationsform noch einmal ändern und ein Revolutionskomitee oder ein Stadtkomitee einrichten.«[21] Das war stark und nicht mehr mißzuverstehen. Die Rebellen durchschauten denn auch die hier ausgesprochene Option für das konsolidierende, autoritäre RK als den Punkt, wo sich das Schiff der maoistischen Gruppen endgültig von der hohen See des Januarsturmes abwandte und den Hafen der gemäßigten Kompromißpolitik anzusteuern begann. »Warum hat der Genosse Mao Tse-tung den Kommunegedanken zuerst kraftvoll vertreten,

sich dann aber plötzlich der Einrichtung der »Schanghaier Volkskommune« widersetzt? Das kann das revolutionäre Volk nicht verstehen. Mao, der doch zunächst gefordert hatte, die neuen politischen Organe der Kulturrevolution müßten einen Kommunecharakter annehmen, hat jetzt eine rasche Wendung vollzogen und gerufen: »Wir brauchen die Revolutionskomitees.«[22]
Diese Gespräche von Peking, die zwischen dem 12. und 18. Februar 1967 stattfanden, waren in der Tat eine Wende und ein offenes Zeichen für alle, nicht zuletzt für die Militärkommandanten, die Akzente endgültig zu verschieben. Die Parole der Januarrevolution: »Rebellion ist vernünftig!« (tsao-fan yu-li) mußte jetzt zurücktreten und dafür die Organisation, Disziplin und Produktion zur Forderung des Tages werden. Deutlich zeigte sich, wie kräftig innerhalb der Pekinger KRG die gemäßigte Fraktion Chou En-lais an Boden gewann, nachdem sie in den frühen Januartagen so etwas wie einen politischen Tiefpunkt erlebt hatte[23]. Jetzt konnte der Premier das Kapital an Vertrauen einstreichen, das eine von den Ereignissen bestätigte Prophezeiung ihrem Urheber immer einträgt. Er konnte seinen gewachsenen Einfluß geltend machen, um den zu Schwankungen neigenden Vorsitzenden auf dem einmal eingeschlagenen Kurs festzuhalten. Es hat seinen guten Grund, wenn die radikalen Kräfte bitter bemerken: »Die widrige Februarströmung hat keinen anderen Urheber als den Premierminister.«[24] Und Wu Ch'uan-ch'i ließ sich kurz darauf (am 20. März 1967) vernehmen: »Der Premier bildet mit Li Hsien-nien, Li Fu-ch'un, Ku Mu sowie Yü Ch'iu-li eine schwarze Front, in der es darum geht, die Schwierigkeiten der Produktion hochzuspielen, um so die Revolution zurückzudrängen.«[25] Weiterhin wurde die Chou-Gruppe durch ihre seit langem guten Beziehungen zu verschiedenen wichtigen regionalen Militärkommandeuren aufgewertet. Vor allem der Draht zwischen dem Premier und dem sich im Laufe des Jahres 1967 zum starken Mann im südchinesischen Raum entwickelnden Huang Yung-sheng, aber auch zu Hsü Shih-yu in Nanking und Ch'en Hsi-lien in Mukden hat größte politische Bedeutung gewonnen[26]. Wo die eine Waagschale steigt, muß die andere sinken. Ch'en Po-ta, der eigentliche theoretische Kopf der radikalen Gruppe, hat denn auch erkannt, daß gegen diesen Strom nicht anzukommen war. Das hereingebrochene Chaos erzwang zumindest einen kurzfristigen Verzicht auf die radikaleren Forderungen der Rebellenpolitik. In einer vielbeachteten Rede vor dem Pekinger Rotgardistenkongreß (vom 19. Februar) wies Ch'en auf die furchtbaren ökonomischen Verluste hin und fügte in deutlich selbstkritischer Absicht hinzu: »Wenn wir einige so unangemessene Kampfformen gewählt haben, so deshalb, weil einige, darunter auch ich, die Schriften und Direktiven des Vorsitzenden Mao nicht richtig verstanden haben.«[27] Schon vorher, am 24. Januar, hatte Ch'en die Rebellenpolitik in der Krise gesehen und das bittere Fazit gezogen, die »Machtergreifung« sei in fast allen Städten das Werk einer Minderheit gewesen und darum gescheitert[28].
Die Kluft, die in diesen Wochen zwischen dem Vorgesetzten und seinem engsten Berater aufreißt[29], kann in ihrem Einfluß auf den weiteren Gang der Dinge kaum hoch genug eingeschätzt werden. In den Tagen nach 1962, als sich Mao meist nicht in der Hauptstadt, sondern in Schanghai und seinem Landhaus bei Hangchow aufhielt, war der Privatsekretär sein wichtigster

Gesprächspartner gewesen. Jetzt, wo die realen wirtschaftlichen Probleme des 800-Millionen-Volkes gebieterisch in den Vordergrund treten, wird der vielgewandte Premier zum neuen, angemesseneren alter ego und Interpreten des Vorsitzenden. Die Ereignisse vom Februar 1967 nehmen in vieler Hinsicht die spätere Entwicklung vorweg: das gänzliche Verschwinden des radikalen Einflusses, die Konzentration aller Kräfte auf die Weiterentwicklung einer modernen Wirtschaftsgesellschaft bei gleichzeitiger Stillstellung der Elemente, die den Inhalt der populistischen Massenlinie gebildet hatten[30].
Was immer noch bis zum IX. Parteitag vom April 1969 geschah: es waren trotz aller oft blutigen Wildheit nur noch Gefechte von sekundärer Bedeutung im Vergleich zur entscheidenden Februarschlacht, in der die Würfel mit bitterer Endgültigkeit gegen die Rebellen und die antiautoritäre Kommunepolitik gefallen waren.
Mit dem Ziel der Revolutionskomitees, die Kurve der wirtschaftlichen Produktivität am weiteren Absinken zu hindern, ergab sich die organisatorische Konsequenz einer breiten Koalition von selbst. All diejenigen gesellschaftlichen Kräfte mußten beteiligt werden, die für die Wirtschaft wesentlich waren; in erster Linie also die fachlich qualifizierten Arbeiter und die Kader auf allen Ebenen, die allein den lebenswichtigen Verteilungsstrom in Fluß halten konnten. In Shansi hatte man erst allgemein von der »Großen Koalition« (ta-lien-ho) gesprochen, in Tsingtao, eine Woche später, war der Begriff schon auf die »Dreierkoalition« (san-chieh-ho) hin präzisiert, und in der endgültigen Fassung der neuen Organe, im »Revolutionären Komitee« von Heilungkiang, trat der neue Bund der drei Machtblöcke – reguläre Arbeiter, Kader und Armee – zum erstenmal in einer genauen quantitativen Festlegung des Mitgliederschlüssels hervor, der für lange Zeit maßgebend blieb. Erst jetzt war es so weit, daß das Bekenntnis zu dieser Koalition zum revolutionären Credo gehörte und nur der ein Recht darauf hatte, mit dem Ehrentitel eines maoistischen Kämpfers ausgezeichnet zu werden, der sich der strengen Disziplin dieser Organe unterwarf. »Bislang ist der rebellische Geist (ko-ming tsao-fan ching-shen) der große Maßstab gewesen, an dem eine revolutionäre Haltung gemessen worden ist; jetzt aber besteht das Kriterium darin, ob ihr bereit seid, euch um die große Koalition der Revolutionäre zu bemühen«, hatte Hsieh Fu-chih am 10. Februar vor einem Auditorium von Pekinger Revolutionären Rebellen gesagt und damit umschrieben, was man von ihnen nach der vollzogenen Wende erwartete: Aufgabe ihrer Sonderposition, Einordnung in die neue Allianz, in der die gemäßigten Kräfte dominierten[31].
Das alles war nur möglich, wenn die bisher von den Rebellen verunglimpften Gruppen der Arbeiterelite und der Führungskader aus dem politischen Hundehäuschen geholt und gründlich rehabilitiert wurden. Und so erleben wir in diesen Wochen den interessanten Vorgang, daß eine »Übertragung der Namen« stattfindet, d. h., daß die so begehrten Begriffe »links«, »proletarisch« und »revolutionär« auf die Wanderschaft gehen, an deren Ende sie sich den Schichten anheften, die im Januarsturm für revisionistisch oder gar konterrevolutionär galten. Fürwahr eine »verkehrte Welt«, die nicht nur den Rebellen zu schaffen machte, sondern auch den Interpreten verwirrt, dem sich die politische Welt unter der Hand in einen Maskenball der Begriffe verwandelt.

2. Die Rehabilitierung in der Verwaltung

Im wilden Aufbruch der Januartage, als die maßvolle Kaderpolitik der »Sechzehn Punkte« Lichtjahre entfernt schien und ein Ch'i Pen-yü zum Sturz aller Autoritäten aufrufen konnte[32], nimmt sich die kaderfreundliche Politik des Premiers wie die Stimme des Rufers in der Wüste aus. In einer Rede vom 13. Januar weist Chou die Rebellen darauf hin, sie sollten sich damit begnügen, die Verwaltung zu »überwachen« (chien-tu), um die Masse der Kader auf keinen Fall zu verprellen. Nur die politischen Spitzen dürften ausgewechselt werden: »Genossin Chiang Ch'ing meint zwar, man solle auch die verwaltungstechnischen Kompetenzen (yeh-wu-ch'üan) an sich ziehen, aber das wichtigste ist die politische Macht.«[33]

In einer weiteren Rede vom 21. Januar wird er deutlicher. Er lehnt die bisher praktizierte radikale Kaderpolitik als kindisch ab und spricht von der bevorstehenden »neuen Stufe der Revolution«, wo es die Pflicht aller sein müsse, »die Kräfte zu einer großen Einheit zusammenzufassen«. Monopolansprüche von sektiererischen Anarchisten dürften nicht geduldet werden[34].

Wichtiger als diese sporadischen Reden aber ist die Signalwirkung, die von der sogenannten »ku-t'ien«-Resolution ausgeht, die auf Veranlassung des Premiers (und gewiß nicht ohne Einwilligung von Mao), ab Mitte Januar in ungeheuren Mengen zirkuliert und in Hunderten von Presseorganen nachgedruckt wird. Dieses Schriftstück ist der Resolutionsentwurf, den Mao im Dezember 1929 für den IX. Parteitag des 4. Korps der Roten Armee (auf dem Chingkangshan) ausgearbeitet hatte und der unter dem Titel: »Über die Berichtigung falscher Ansichten in der Partei«[35] in die Geschichte der chinesischen kommunistischen Bewegung eingegangen ist. Was diesen Entwurf so interessant macht, ist der Umstand, daß sich die Armee der damaligen Zeit in einem verlotterten, quasi-anarchistischen Zustand befand und Mao als ihr Politischer Kommissar es für richtig erachtete, den scharfen Drillmeister herauszukehren und gegen alle Formen von »extremer Demokratisierung«[36] und »absoluter Gleichmacherei«[37] vom Leder zu ziehen. In einem eindrucksvollen Plädoyer für Gehorsam und organisatorische Disziplin werden alle »individualistischen Tendenzen« sowie die »Mentalität umherschweifender Rebellenhaufen« mit dem revolutionären Bannfluch belegt[38]. Alles in allem ein Dokument, wie es sich die Gegner der radikalen, antiautoritären Kaderpolitik nicht besser wünschen konnten, sind doch ganze Passagen der »Resolution« so abgefaßt, als seien sie Wort für Wort gegen die Rebellen vom Januar 1967 geschrieben worden: ein erstaunlicher Beleg dafür, wie gleiche Erscheinungen auch gleiche Reaktionen verursachen.

Die massenhafte Verbreitung der ku-t'ien-Entschließung mußte jedenfalls den Kadern zeigen, daß eine Wendung bevorstand und ihre Sache nicht gar so schlecht bestellt war, wie es in den Tagen nach dem Sturm den Anschein gehabt hatte. Das Rebellenmotto: »Zuerst wird aufgeräumt, dann sehen wir weiter!« (hsien ta-tao-le tsai-shuo) genoß offensichtlich nicht mehr das Wohlwollen der maßgebenden Pekinger Autoritäten.

Sie hatten recht. Am gleichen Tag noch, als das ZK den Einsatz der Armee zur Wiederherstellung der verfallenden Ordnung befahl, erschien in der PV ein

Leitartikel, der in autoritativer Weise die »Große Allianz der Massen« beschwor und alle Kräfte, außer einer »Handvoll kapitalistenfreundlicher Spitzen«, darin eingeschlossen sehen wollte. Zum erstenmal taucht hier das zukunftsträchtige Bild des »revolutionären Kaders« (ko-ming kan-pu) auf, der unbedingt der neuen Koalition angehören müsse[39]. Im Leitartikel vom 2. Februar, nach den Vorgängen in Harbin also, wird die Stimme des maoistischen Zentrums noch deutlicher: »Eine Politik, die alle Autoritäten beseitigen will, ist durch und durch falsch (wan-ch'üan tso-wu-ti). Man [d. h. die Rebellen] sollte doch sehen, daß viele Führungskader (ling-tao kan-pu) auf der Seite der revolutionären Linie des Vorsitzenden Mao stehen und sich der Handvoll kapitalistischer Autoritäten in der Partei energisch widersetzt haben. Solchen Kadern müssen wir unbedingt vertrauen und Schulter an Schulter mit ihnen kämpfen. Selbst mit solchen Führungskadern, die Fehler in der politischen Richtung begangen haben, aber sich zu bessern bereit sind, müssen wir zu einer Koalition bereit sein.« Und kurz darauf lesen wir weiter: »Alle revolutionären Kader sind hiermit aufgerufen, in den neu entstehenden provisorischen Machtorganen aktiv mitzuarbeiten, in der Kulturrevolution neue Erfahrung zu gewinnen, bescheiden von den Massen zu lernen und sich neue Verdienste zu erwerben.« Hier schließt sich im Text der PV der berühmte Mao-Satz vom 1. Februar 1942 an, Ziel jeder Korrektur sei es, »die Krankheit zu bekämpfen, um den Patienten zu heilen« (cheng-ch'ien pi-hou)[40]. Der Schanghaier wen-hui-pao greift diesen Ball der PV sofort auf und gibt in seinem Leitartikel vom 4. Februar folgendes zum besten: »Die Führungskader mit ihrer reichen Erfahrung sind ein wertvolles Kapital für die Partei. Es kann der Machtübernahme nur nützen, wenn sich solche Kader der revolutionären Sache anschließen.« Alle Erfahrung habe gezeigt, führt das Blatt weiter aus, daß der kulturrevolutionäre Prozeß immer vorangetrieben worden sei, wenn die Führungskader einbezogen worden waren[41].
Am 10. 2. nimmt Peking die Kaderfrage wieder auf und treibt die Rehabilitierung noch eine Stufe weiter voran. Im Leitartikel der PV: »Ein Musterbeispiel proletarisch-revolutionärer Machtübernahme« lesen wir: »Die große Mehrzahl der Führungskader in Partei und Verwaltung hat in den vergangenen Monaten für die revolutionäre Sache von Partei und Volk hart gekämpft und sich dabei Verdienste erworben. Sie war seit langem mit den kapitalistenfreundlichen Autoritäten in Widerspruch geraten. Jetzt steht sie entschlossen auf der Seite der revolutionären Linie des Vorsitzenden Mao. Sie kämpft und kooperiert mit den revolutionären Massen. Die Praxis des revolutionären Kampfes hat gezeigt, daß diese führenden Genossen einen festen proletarischen Standpunkt haben und die Revolution ernsthaft weiterführen wollen. Sie besitzen reiche politische Kampferfahrung und hohe organisatorische Fähigkeiten. Sie sind gute Kader, die die Schule des Vorsitzenden Mao genossen haben und aus einer langjährigen Kampfpraxis gestählt und erfahren hervorgegangen sind.«[42]
Der wichtige Komplex »Kader und Kulturrevolution« wird mit den Nummern 3 und 4 der Pekinger »Roten Fahne« (hung-ch'i tsa-chih) in die angemessene pontifikale Form gebracht[43]. Der große Aufsatz in Nr. 3 (Ende Januar 1967), der unter dem Titel erschien: »Zur Frage der proletarisch-revo-

lutionären Machtübernahme«, schreibt den Rebellen unter Punkt drei ins Stammbuch: »Wir müssen die Bedeutung der revolutionären Kader bei der Machtübernahme hochschätzen lernen. Die Führungskader, die auf dem proletarischen Standpunkt stehen, sind unschätzbar für die Partei. Sie sollten am Kampf an leitender Stelle beteiligt werden.« Und darauf lesen wir: »Jegliche Haltung, die in diskriminierender Weise alle Autoritäten ablehnt, ist mit dem Klassenstandpunkt unvereinbar, den der Marxismus-Leninismus und die Maotsetungidee verfechten.«[44]

Chou En-lai, der in einer Rede in der Kleinen Halle der Chungnanhai-Residenz zur gleichen Zeit für die Kader wirbt und in einem Gespräch mit Rebellen betont, sie müßten sich mit allen bereitwilligen Behörden zusammentun, beruft sich ausdrücklich auf diesen RF-Leitartikel[45].

Im Artikel: »Die Kader müssen korrekt behandelt werden« führt die RF Nr. 4 (vom 20. Februar 1967) all diese Linien zu Ende und schließt nach einer langen Exposition: »Seit die Chinesische Volksrepublik vor siebzehn Jahren gegründet wurde, hat die vom Vorsitzenden Mao vertretene Linie den herrschenden Platz eingenommen. Die große Mehrheit der Kader, der Parteimitglieder und der Angehörigen der Jugendliga (t'uan) ist dieser Linie gefolgt. Es steht außer Frage, daß mit dieser Politik gewaltige Erfolge errungen worden sind. Jede Linie, die alle Kader hinwegfegen will, wendet sich damit gegen die wesentlichen Gegebenheiten der letzten siebzehn Jahre und leugnet die großen Erfolge dieser Zeit.«[46]

Die Armeeabteilungen, die sich seit Ende Januar um die Einrichtung der Revolutionskomitees bemühten, hatten somit eine ziemlich klare Richtschnur an der Hand und wußten, daß sie mit der Rehabilitierung »reuiger« Verwalter recht weit gehen konnten: nach dem Motto in einem Leitartikel der zentralen Armeezeitung, der die Führer der einzelnen Militärkommandos anwies, »die leitenden Kader als wertvolle Kapitalien (kuei-ts'ai fu) anzusehen, denen man mit allen Kräften beistehen muß, ihre Arbeit weiterzuführen und ihre Führungsaufgaben zu erfüllen.«[47]

In Shansi, wo die Konsolidierung ihren Anfang nahm, hören wir den alten Kommandeur (Ch'en Chin-yü) und den neuen Bevollmächtigten (Liu Ko-p'ing) einhellig erklären: »Die Führungskader haben reiche politische und organisatorische Erfahrung. Ohne ihre Beteiligung kann die große Koalition nicht richtig durchgeführt werden.«[49] Konsequenterweise werden viele alte Behördenchefs in die neuen Machtorgane übernommen. In Tsingtao wird sogar der frühere Bürgermeister Li Yüan-jung in das neu gebildete RK der Stadt übernommen.

In Kweichow, wo Kommandant Ho Kuang-yü den Rebellen besonders feindlich gesinnt ist, wird selbst ein so eingefleischter Bürohengst wie Li Li, der Chef im Sekretariat des alten Parteikomitees, mit übernommen, dazu noch in der Stellung eines stellvertretenden Vorsitzenden des neuen RK[49].

Was in Kanton geschieht, werden wir noch im Detail erfahren[50]. In Schanghai jedenfalls sah es nicht besser aus als im Machtbereich von Huang Yung-sheng. Als das »eiserne Dreieck« (Chang Ch'un-ch'iao, Yao Wen-yüan und Liao Cheng-kuo) daranging, die Stadt von der Kommunestruktur auf das RK umzurüsten, nahm man viele alte Größen wieder in den »revolutionären

Dienst« und behauptete frech: »Alle Erfahrungen der sechs Monate unserer Kulturrevolution haben gezeigt, daß unsere Kader in der übergroßen Mehrheit revolutionär gesinnt sind«[51], obwohl alle Erfahrung genau das Gegenteil gezeigt hatte. Um die Anklagen von Keng Chin-changs immer regem »II. Regiment« parieren zu können, erscheinen Februar/März im offiziösen Sprachrohr des wen-hui-pao Dutzende von Artikeln, die alle auf die gleiche Tonart gestimmt sind, wie die folgende Passage: »Es ist eine nicht wegzuleugnende Tatsache, daß unser Staat unter ihrer [d. h. der Führungskader] Leitung große Erfolge erzielt hat. Nehmen wir nur unser Schanghai als Beispiel, wo unter der korrekten Führung des Genossen K'o Ch'ing-shih [von 1955–1965 Bürgermeister der Yangtsemetropole] die revolutionäre Linie des Vorsitzenden Mao angewandt und die politische Arbeit richtig durchgeführt worden ist. Daran kann man doch sehen, daß die übergroße Mehrheit unserer Kader zuverlässig oder relativ zuverlässig ist und die wirklichen Kapitalistenfreunde nur eine kleine Minderheit darstellen. Das ist die einzig korrekte Weise, die Arbeit der Kader zu beurteilen. Wenn wir darangehen, die Führungskader global zu verurteilen, müssen wir dann nicht auch die großen Erfolge der letzten siebzehn Jahre verwerfen? Dies wäre doch offensichtlich eine Vorstellung, die zu den Maotsetungideen in krassem Widerspruch steht.«[52]

In Chengtu, wo der Chef der Militärregion, Huang Hsin-t'ing, die Rebellen noch härter als anderswo einschränkt, wird die Januarrevolution damit »zu Ende geführt«, daß so gut wie alle Parteileute (mit Ausnahme der obersten Spitzen) den Ehrentitel des »revolutionären Kaders« erhalten und in Amt und Würden bleiben dürfen. Huang belehrt die ungläubigen Rebellen: »In der kritischen Periode des großen Januarsturmes ist deutlich geworden, daß revolutionäre Kader und besonders revolutionäre Führungskader von großer Bedeutung für die Machtübernahme sind. Und ob man die Kader richtig behandelt, ist von ausschlaggebender Bedeutung für Erfolg oder Mißerfolg dieses Ringens um die Machtübernahme.«[53]

Zusammenfassend können wir sagen: Ob es sich um ein voll entwickeltes RK wie in Heilungkiang, um eine Vorstufe wie in Shansi oder auch nur um ein »Militärisches Verwaltungskomitee« wie in Kanton und vielen anderen Orten handelte, in allen Fällen begann unter dem Einfluß der maoistischen Wende eine Welle von Kader-Rehabilitierung, die sich bis auf die höchsten Chargen erstreckte und manchmal, wie im Fall Heilungkiang, auch den alten Ersten Sekretär einschloß[54]. Dies war nur der Anfang einer Entwicklung, die schließlich fast alle Ränge in den Provinzen und im Zentrum wieder an die Macht bringen sollte. 1971 jedenfalls war die zunächst schleichende, dann immer offenere Restauration so weit gediehen, daß Hsü Chin-sheng, Parteisekretär einer Dieselmotorenfabrik in Kirin, in einer weitverbreiteten und zum Studium empfohlenen Abhandlung über Marxens ›Kommunistisches Manifest‹ schreiben durfte: »Es ist die Aufgabe der Führungskader, die Massen im Kampf gegen den Klassenfeind anzuleiten«[55] – einen Klassenfeind, den sie vor kurzem noch selber darstellten. So schnell wandeln sich die Zeiten.

3. Die Rehabilitierung auf dem Lande

Wir haben gesehen, wie die Rebellen der Dörfer, vor allem aber im Hinterland der großen Städte, die Mehrzahl der Bauern zu einer antietatistischen Haltung fortreißen konnten, wie die Versorgung der urbanen Märkte nur über mühsame Lastwagenbrücken der Armee aufrechtzuerhalten war, vor allem aber, wie die massenhafte Vertreibung der Wirtschafts- und Rechnungskader jeden geordneten Produktionsbetrieb stillgelegt hatte.

Jetzt, Ende Januar, zur Zeit also, wo die Vorbereitungen für die wichtige Frühjahrsbestellung getroffen werden mußten, kamen immer noch Hiobsbotschaften aus den Brigaden und Kommunen, daß der bäuerliche Leistungswille auf einem Tiefpunkt angelangt sei. Die notwendigen Arbeiten seien nirgendwo pünktlich angelaufen.

Hören wir ein einziges Beispiel, einen Armeebericht aus Nanking, der uns den Zustand in der seit alters fruchtbarsten agrarischen Provinz Chinas – Kiangsu – beschreibt: Die Bauern auf der faulen Haut (t'ang-tao pu-kan), die Felder verlassen, die politischen Gruppen mit Parteikämpfen und Fehden beschäftigt (tsung-p'ai tou-cheng), Rebellengruppen aktiv am Werk, die versuchen, die verbliebenen Kader zu hindern, die Frühjahrsbestellung zu organisieren[56].

Kein Wunder, daß die Armee, die im Februar in Zehntausenden von »Propagandatruppen« in die Dörfer ausschwärmt, im Kampf um die ländliche Front ihre vornehmste Aufgabe erblickt. Es geht buchstäblich um das Überleben der Städte. Und damit steht die gesamte weitere Modernisierung auf dem Spiel. Überall, wo die VBA in die Dörfer einzieht, werden sogenannte »Produktionskomitees« (sheng-ch'an wei-yüan-hui) gebildet, denen die alten Kader, vornehmlich die alten Finanzkader, angehören, und die, von den militärischen Einheiten sorgfältig überwacht, nahezu diktatorische Vollmachten erhalten.

Über die Legitimierung brauchen sich die Soldaten keine Sorgen zu machen. Die zentralen Behörden haben den Ernst der Lage erkannt, und in der maßgebenden PV erscheinen ab Ende Januar laufend Berichte, wie die ländliche Kaderpolitik betrieben werden soll, eindeutige Direktiven, die die Militärs den opponierenden Rebellen ständig vor Augen halten.

So lesen wir etwa in dem vielverbreiteten Artikel der PV vom 11. Februar »Macht die Revolution und fördert die Produktion! Der erste Schuß an der Front der Frühjahrsbestellung«: »In den Dörfern geht jetzt alles darum, die in der Kulturrevolution entfesselten himmelhohen Energien für die Vorbereitungen zur Frühjahrsbestellung einzusetzen und so die große geistige Macht der Maotsetungideen in eine gewaltige Produktionskraft zu verwandeln.« Die Kader können sich durch Einsatz und Leistung voll rehabilitieren: »Die ländlichen Führungskader auf allen Ebenen sollen sich Mühe geben und die Frühjahrsarbeit gut verrichten ... Sie sollen aktiv unter die Massen gehen, mit ihnen zusammen arbeiten, die Arbeit energisch beaufsichtigen und so neue Verdienste erwerben. Selbst schwer verschuldete Kader können sich auf diese Weise Verzeihung erarbeiten.«[57]

Das Kantoner »Südliche Tageblatt« greift das Thema auf und präzisiert, mit deutlichem Blick auf die prekäre Lage im eigenen Hinterland und den Rebellen

zur Warnung: »Es ist auf keinen Fall gestattet, den Kampf gegen die Kader in den Produktionsgruppen und den Brigaden zu richten ... In den Volkskommunen sind die Kader aller Stufen in der übergroßen Mehrheit verläßliche Revolutionäre.«[58] Weiter lesen wir: »Die Kader in den PG sind mit der Arbeit eng verbunden. Sie haben lediglich die Aufgabe, die in den Kommunen und Brigaden aufkommenden Organisations- und Produktionsfragen zu regeln. Sie sind überhaupt keine ›Machthaber‹ (tang-ch'üan-p'ai).«[59] Und mit warnendem Finger: Wer sich gegen diese Vorgesetzten vergeht und ihnen den Gehorsam verweigert, der treibt eine »scheinbar linke, in Wahrheit rechte (hsing-tso shih-yu) Politik« und muß als Volksfeind eingestuft werden[60].
Alle diese Ansätze werden im »Brief des ZK der KPCh an die armen Bauern und unteren Mittelbauern sowie an die Kader aller Grade in den Volkskommunen im ganzen Lande« (vom 20. Februar) zusammengefaßt, weiterentwickelt und ex cathedra verkündigt[61]. Nicht nur, daß hier die Stationierung von VBA-Einheiten auf allen Ebenen der ländlichen Kommunen ausdrücklich sanktioniert wird. Die Massen werden auch dazu angehalten, mit ihren alten Kadern in jeder Hinsicht zu kooperieren und unter ihrer Führung an die Arbeit zurückzukehren. Dieses ZK-Dokument, von dem es am Ende ausdrücklich heißt, es solle in allen Dörfern veröffentlicht werden, gab dem Militär praktisch freie Hand, die Kader- und Produktionsdisziplin auf dem Lande wieder herzustellen. Sehen wir uns einige lokale Beispiele an.
In der »Zweibrücken«-Kommune im Kreis Wu-ming in der Nähe von Nanning, der Hauptstadt der Provinz Kwangsi, hatten die lokalen Rebellen mit Unterstützung der radikalen Kräfte aus dem großstädtischen Raum die Disziplin in den Kommunen beträchtlich gelockert. Während des Januars war fast alle Arbeit zum Stillstand gekommen. Als erstes veranstaltet die Armee, die sich auf lokaler Ebene festsetzt, zahlreiche kleine Foren, die meist in »Kampfsitzungen« ausarten, wo die Rebellen in die Enge gedrängt und politisch entmachtet werden. »Am Morgen des zweiten Tages«, so berichten die militärischen ›Propagandateams‹, »konnten die Kader zusammen mit den Bauern durch den Frühjahrsregen schreiten und die Arbeit der Pflanzung aufnehmen«[62].
Oder begeben wir uns auf die zu Kwangtung gehörende Insel Hainan. Hier wird, als die Frühjahrsarbeit beginnen soll, eine Armeegruppe hingeschickt, um in der anarchistisch gefährdeten »Rotstadtkommune«[63] nach dem Rechten zu sehen. Sie findet das höchst fruchtbare, gut bewässerte Land ungenutzt, die PG-Leiter ihrer Ämter enthoben. Nach kurzer Zeit sind die Rebellen vertrieben, die alten Kader wieder eingesetzt und die Felder unter intensiver Bebauung[64].
Im gleichfalls fruchtbaren Hupeh zieht die Armee von Wuhan aus in die agrarische Schlacht. Da ist z. B. die Hung-shan-Kommune, aus der besonders niederschmetternde Nachrichten gemeldet werden. Fast alle Basiskader sind von den Rebellen kassiert worden. Die VBA ruft eine Großversammlung (ta-hui) zusammen, und die wichtigsten Verwalter werden vor aller Augen in ihre Ämter zurückgeführt. Von den Rebellen als revisionistisch kritisierte »Autoritäten« wie Liu Pao-lin, der alte Parteisekretär der Langflußbrigade (ch'ang-chiang ta-tui), und Ho Hsing-fu, der Leiter der Ostwindbrigade

(tung-feng ta-tui), erhalten Lob für ihren Arbeitseifer, beide werden als Modell des guten maoistischen Kaders hingestellt, die ihre Gedanken erfolgreich reformiert hätten. An die Rebellen ergeht eine strenge Warnung, diese oder andere »gute Kader« nicht weiter zu behelligen[65].

Ähnliches erfahren wir aus der nahen Changan-Kommune im Kreis Ying-shan, wo Wang Hsüeh-yüan, der Erste Parteisekretär der Lin-chai-Brigade, vom Militär öffentlich gelobt wird, weil er es verstanden hat, den Geist der Apathie aus seinem Sprengel fernzuhalten[66]. Die Wandzeitungen der Rebellen, heißt es, gingen von gänzlich falschen Anklagen aus, Wang sei durchaus keine »bürgerliche Autorität«, sondern ein »proletarischer Kader«. Die Kritik der Rebellen habe die Lage an der landwirtschaftlichen Front nicht richtig erfaßt, sie sei an den Realitäten vorbeigegangen (pu-ta fu-ho shih-shih)[67].

Oder schauen wir weiter nach Norden, in den Fang-shan-Kreis im Pekinger Hinterland, wo die Basiskader gleichfalls arg dezimiert worden waren. Kaum sind Hsieh Fu-chihs Kommandos in den Dörfern erschienen, werden alle PG-Leiter (hsiao-tui-chang) und alle Brigadenführer (ta-tui-chang) sowie die Buchhalter (k'uai-chi) und die speziellen Rechnungsführer für die Berechnung der Arbeitspunkte (kung-fen) rehabilitiert[68].

Ganz im Süden bei Kanton, in der Kommune P'ing-chou im Nanhai-Kreis mit der Stadt Fatshan, sehen wir das gleiche Bild: Das fruchtbare Perlflußdelta, eine der Reiskammern des Landes, ist viel zu wichtig, um es irgendwelchen Ruhestörern zu überlassen. Die Armee marschiert mit der gängigen Losung ein: »yao chieh-yüeh nao-ko-ming«, also: »Man muß die Revolution einschränken«, und handelt danach[69]. Sogleich werden die Rebellenkomitees entmachtet und Organe der konservativen Kräfte an ihre Stelle gesetzt. Den Fachleuten wird von den VBA-Einheiten wieder der nachhaltige Respekt verschafft. Bald kann die Frühjahrsbestellung mit voller Intensität einsetzen[70].

Zum Schluß noch ein Wort zur berühmten Tachai-Brigade in Shansi, die immer als Modell korrekter maoistischer Agrarpolitik herausgestellt wurde und deren Vorgängen eine gewisse Signalfunktion zukommt. Am 15. Februar erscheint in der PV ein Artikel, der hervorhebt, daß in Tachai Basiskader und Kommunemitglieder gut kooperieren. Die Verantwortung für die neue Produktion sei ihnen wieder voll übertragen worden. Der erste Parteisekretär, Ch'en Yung-kuei, sei während der JR mit gutem Beispiel vorangegangen und habe alle Führungsaufgaben erneut übernommen[71]. Die Moral des Artikels ist klar: Wie in der vorbildlichen Tachai-Brigade sollen alle ländlichen Einheiten die Autorität ihrer alten Kader erneut anerkennen.

4. Die Rehabilitierung in den Betrieben

Auf dem industriellen Sektor war die Produktion vor allem deshalb am Zusammenbrechen, weil die technischen Fachkräfte und Personen, die auf Werkshallenebene das untere Management leiteten, sich aus der Gefahrenzone abgesetzt hatten und den Sturm im Schoß der Familie überdauerten. Die Rechnung geht auf. Als die Armee Ende Januar in die Großbetriebe einzieht

– wie auf dem Lande in der Form von »Propagandatruppen« –, da geht sie schnellstens daran, die Kompetenzen der Kader und Fachleute wieder herzustellen und ihren Anordnungen erneut Gehör zu verschaffen. Unter dem allgemeinen Motto: »Es kommt darauf an, in allen Zweigen von Gewerbe und Industrie den normalen Rhythmus der Arbeit wiederherzustellen«[72], kümmert sich die VBA vor allem um die Kräfte, die in der Lage sind, aus dieser Losung Wirklichkeit werden zu lassen: um die Facharbeiter und das technische Personal.
Sehen wir uns einige Beispiele dieser neuen »revolutionären« Politik an.
Als Schwierigkeiten im Kantoner E-Werk fortdauern, geht ein Zug der VBA in den gigantischen Versorgungsbetrieb, um den Beschäftigten die »Probleme des Klassenkampfes nahezubringen«. Aber von derartigen Dingen, z. B. von den Privilegien der Facharbeiter, wird überhaupt nicht geredet. Der erstaunte Leser des Arbeitsberichtes bemerkt, daß Klassenkampf und Produktionsmechanismus in fast liuistischer Weise verbunden werden: »Die revolutionären Arbeiter des Kraftwerks sollten aufs genaueste verstehen, daß der Kampf gegen den Klassenfeind um so besser geführt werden kann, je mehr Strom erzeugt wird.« Die Arbeiter, die PG-Leiter, die Fachkräfte, sogar die Ingenieure sind jetzt die Kerntruppe der »proletarischen Linkskräfte«; die Rebellen, die den erwachten Produktionsfetischismus der Soldaten eher durchkreuzen, erhalten so gut wie gar kein Gehör[73]. Die Parole: »Die Arbeitseffektivität mit aller Macht erhöhen« (ta-ta t'i-kao lao-tung hsiao-lü) wird unter der Ägide der Militärkommandanten zum Synonym für korrekte kulturrevolutionäre Gesinnung[74]. Das Hauptaugenmerk galt dabei dem Schutz der sheng-ch'an tsu-chang, den Vorarbeitern und Obmännern auf der untersten Ebene, die unter dem Sturm der Jungarbeiter besonders gelitten hatten.
Da ist z. B. eine Textilfabrik in Tsingtao. Die Soldaten, denen die Entscheidung darüber abverlangt wird, ob diese Kader sich eines »reaktionären Ökonomismus« schuldig gemacht haben, antworten mit einem emphatischen Nein. Sofort zeigen sich die positiven Folgen der Neuaufrichtung der Gehorsamsstruktur: es gelingt, den durch Kohlenmangel bedingten Energieengpaß zu überwinden und die stagnierende Produktion auf neue Höhen zu bringen[75].
Nun zu einer anderen Textilfabrik, der Nr. 17 in Schanghai, wo Wang Hung-wen ursprünglich beschäftigt war. Hier stellt die Armeegruppe gleichfalls die alte Hierarchie an der Basis fast ausnahmslos wieder her. »Wenn auch einige Führungskader bürgerliche Attitüden angenommen haben, so waren sie doch auch nur Opfer der bürgerlichen Denkart. Die Kader sind die gleichen geblieben, aber ihr Bewußtsein hat sich verändert. Deshalb sollten wir sie in der ›Dreierallianz‹ herzlich willkommen heißen.«[76]
Das neue betriebliche RK zeigt denn auch die Präferenzen der militärischen Ordnungstruppe: Von den insgesamt 23 Mitgliedern stellen die »Massenorganisationen« (die einfachen Arbeiter) zehn, die Kader und Techniker zusammen elf, das Militär zwei Repräsentanten[77].
Die an vielen Orten neu eingerichteten »Leitungsgruppen für die Abteilungen« (ch'e-chien ling-tao pan-tzu) sind fast immer konservativ besetzt. In einer Großfabrik in Kweiyang finden wir, daß ihnen nur technische Fachkräfte

(chi-shu-jen) und alte Arbeiter (lao-kung-jen) angehören[78].

Interessant ist, daß die verschiedenen ›Scharlachgarden‹, in denen sich die reguläre und fachlich qualifizierte Arbeiterschaft vornehmlich zusammengeschlossen hatten, vom Militär höchst zuvorkommend behandelt werden. Zwar müssen die Garden sich auflösen, aber ihre Mitglieder gehen geschlossen zu den neuen, von der VBA geförderten »Rebellenorganisationen« über. Wir finden sie bald als Vertreter der »Massenverbände« auf allen Ebenen der sich erhebenden Komiteestruktur. »Um die Wahrheit zu sagen«, hatte der Schanghaier wen-hui-pao schon am 21. Januar, also noch vor dem Eingreifen der Armee, seinen Lesern verraten, »die übergroße Mehrheit der Mitglieder der Arbeiter-Scharlachgarden sind nur kurzfristig in die Irre gegangen. In der Praxis des Kampfes werden sie aufwachen und die Wahrheit erkennen.«[79] Das war keine gewagte Prophezeiung zu einer Zeit, wo Chang Ch'un-ch'iao und seine Pekinger Mentoren sich schon entschieden hatten, auf die gemäßigte Karte zu setzen.

In Harbin, wo eine differenzierte, moderne Industriestruktur besonders anfällig ist, besetzen Wang Chia-taos Truppen schon früh alle wichtigen Unternehmen. Die Rebellen werden gezwungen, die Falschheit ihrer radikalen Kaderpolitik öffentlich einzugestehen: »Wir proletarischen Rebellen haben zwar die Macht den Händen einer Handvoll kapitalistisch gesonnener Autoritäten entrissen, haben aber in der Kaderfrage keine angemessene Klassenanalyse angesetzt. Wir haben alle Kader ohne Unterschied ihrer Posten enthoben (yi-lü ta-tao). Ein solches Verhalten stand im Widerspruch zur Kaderpolitik des Vorsitzenden Mao und verletzte die Prinzipien der Maotsetungideen.«[80] Die alten Autoritäten werden »revolutionär« legitimiert, und die Rebellen müssen sich fügen.

Bleibt als Fazit festzuhalten: Nachdem die »Widrige Februarströmung« und der »Schwarze Märzwind« über die chinesischen Betriebe hinweggegangen waren, zeigte sich die Hierarchie wieder intakt, und die an Ort und Stelle stationierten militärischen Einsatzkommandos wachten darüber, daß die so lange gestörte Produktion wieder auf vollen Touren anzulaufen begann.

5. Der politische Kompromiß: die Revolutionskomitees

Mehrfach trat bereits heraus, wie zäh die Kader aller Gradierungen an der alten Parteiführung festhielten. In der Tat waren Rotgardisten und Revolutionäre Rebellen nicht der Gegner, vor dem eine erfahrene und durch viele Kämpfe gegangene Verwaltungselite zurückbeben mußte. Ihr an zahlreichen Wendungen der volksrepublikanischen Geschichte geschulter Instinkt sagte ihnen richtig voraus, daß diese Gewitterböen vorübergehen und die Sonne der politischen Normalität wieder scheinen würde. Als sich mit der konkreten Machtübernahme durch die Armee-Einheiten der zehn großen Militärregionen der erwartete Thermidor ankündigte, gingen fast alle Chargen zur neuen maoistischen Linie über. Das fiel ihnen um so leichter, als von ihnen kaum ernsthafte Gegenleistungen verlangt wurden, wenigstens nichts, was dem Canossagang gleichkam, den die Rebellen von ihnen verlangt hätten. Die

Forderung der VBA beschränkte sich im allgemeinen darauf, eine in der Öffentlichkeit vollzogene Lossagung von der eigentlichen Parteispitze zu verlangen, eine Konfession, die Ehrenstandpunkt und Gewissen viel weniger berührte, als der westliche Beobachter meint, da die Kader über viele Kampagnen hinweg Kritik und Selbstkritik mehr als gewöhnt waren. Die Armee stellte eben eine höhere Gewalt dar, und die Verwaltung hat dem Sieger immer gehuldigt, nicht nur in östlichen Ländern.

So sehen wir denn die nachgeordneten Kader einen nach dem anderen hervortreten und vor versammelter Mannschaft ihr Schuldbekenntnis hersagen. Ob nun die betreffenden Sitzungen »Kampfveranstaltungen« (tou-cheng-hui) heißen oder »Versammlungen der zwei Erinnerungen und der drei Prüfungen« (liang-yi san-ch'a ta-hui): immer kam es darauf an, durch angemessene Belastung der »kleinen Handvoll kapitalistenfreundlicher Autoritäten« das »Tor zu durchschreiten« (kuo-kuan) und damit das Amt durch militärische Investitur neu zu empfangen, diesmal als ausgewiesener »revolutionärer Kader«.

Li Li, der ehemalige Gouverneur von Kweichow, gibt vor seiner Aufnahme in das RK eine Erklärung ab, die sich so anhört: »Im Anfang der Kulturrevolution habe ich die Dinge nicht richtig gesehen und dabei schwere Fehler gemacht. Selbstverständlich werde ich diese Fehler den proletarischen Revolutionären offenlegen und gründlich mit der alten bürgerlich-konterrevolutionären Linie brechen. Ich werde mich nun völlig auf die Seite der proletarisch-revolutionären Politik des Vorsitzenden Mao stellen, mit der proletarischen Revolution zusammenarbeiten, zusammen kämpfen, zusammen siegen.«[81]

Oder ein kleinerer Fisch: Hsü Chih-yüan, Erster Parteisekretär des Hsin-Sonderbezirks, der in der Provinz Shansi in der Nähe der Hauptstadt Taiyüan liegt, war von den Rebellen kassiert worden. Jetzt geben ihm die VBA-Kommandos sein Amt zurück, aber er muß seine Beichte ablegen: »Seit über zehn Jahren habe ich mich von der kleinen konterrevolutionären und revisionistischen Clique im Provinzkomitee von Shansi (unter Führung von Leuten wie Wei Heng und Wang Ch'ien) in die Irre führen lassen.« Und er schildert beredt, wie er – ganz gegen seinen Willen – vom rechten maoistischen Pfade abgebracht wurde. Durch die Vorgänge in der KR sei er sich nun – zwar langsam, doch gründlich – über seine Fehler klargeworden, und: »Am 3. Februar habe ich vor aller Welt verkündet: ich will mich der Revolution anschließen! Ich will mit den Revolutionären zusammengehen. Und ich habe mit der kleinen kapitalistenfreundlichen Gruppe gebrochen. Mein Schreiben: ›Das Manifest meiner Rebellion‹ (wo-ti tsao-fan sheng-ming) wurde sofort von den Revolutionären und den lokalen Armee-Einheiten unterstützt und begrüßt. So bin ich wieder vereint mit der VBA und den revolutionären Kräften.«[82]

Man könnte diese Beispiele beliebig vermehren. Sie gehen immer nach dem gleichen Schema vor sich: nach festgestellten Spielregeln, die von den Parteien peinlich genau befolgt werden. Man könnte aber auch sagen, die Veranstaltung wurde mit Vorbehalt genossen und mit leisem Augenzwinkern über die Bühne gebracht. Das positive Ergebnis der »Prüfung« stand meist von vornherein fest[83].

Natürlich gab es auch ernstere Einbußen, so die Versetzung vieler Kader in die »Schulen des 7. Mai«, wo sie meist kurzfristig die Werke des Vorsitzenden durchnehmen mußten. Ernst war auch die Tatsache, daß für einige Jahre der Personalbestand in vielen Ämtern gekürzt wurde, und zwar manchmal empfindlich, so in der Pekinger Großbürokratie, wo der Parkinsonsche Garten allzu üppig ins Kraut geschossen war[84]. In der Textilfabrik von Tsingtao z. B. wurden mehr als 130 Kader zurück in die Produktion geschickt[85].

Aber was am meisten weh tat und das Experiment der RK's zu einem Kompromiß machte, der diesen Namen durchaus verdiente, war die Neigung der militärischen Stellen, sich die maoistische Sorge um die »Nachfolger der Revolution« (ko-ming ti chieh-pan-jen) zu eigen zu machen und zu verlangen, daß über die Vertreter der »Massenorganisationen« junge Leute in die Machtorgane einströmten, die unter dem Namen der »neuen Kader« (hsin-kan-pu) mit den alten gleichberechtigt an einem Tisch saßen[86].

Man sollte die RK's daher nicht so sehr als eine »Dreierkoalition« sehen, sondern als Zweierbündnis mit einer militärischen Spitze, der die schwierige und undankbare Aufgabe zufiel, die rivalisierenden Kadergruppen so weit zu trimmen, daß sie langfristig zu gemeinsamer Aktion fähig wurden und in der Lage sein würden, die schweren Aufgaben der Zukunft als ein Gespann anzugehen. Man muß zugeben, daß die Armee ausgezeichnete Arbeit geleistet hat. Ihre lange politische Schulung war, wie sich nun zeigte, nicht vergeblich, und auch ihr diplomatisches Geschick bestand die Probe glänzend[87].

Die positiven Folgen blieben nicht aus. Der Kompromiß schuf seine eigene Dynamik, die sich gesellschaftlich wie wirtschaftlich auszuwirken begann. Indem die unerläßliche Erfahrung der alten Verwalter erhalten blieb, der schon schwerfällig gewordene Organismus aber eine kräftige biologische Auffrischung erfuhr, wurde die effektive Leistung der administrativen Maschine auf eine nie gekannte Höhe getrieben. Freilich, so muß man hinzufügen, nur für den Zeitraum von einigen Jahren. Hier hatten die Rebellen schärfer gesehen als die Armee: Die Bürokratie würde entweder vernichtet, oder ihre Regeneration war nur eine Frage der Zeit. Gewiegte Kader haben mit Eintritt der Konsolidierung ihre Zukunftschancen gesehen und teilweise artikuliert: »Laß drei Jahre vergehen«, hören wir die einen sagen, »und sehen wir dann, wer der Sieger sein wird.« Oder: »Laß die Rebellen nur drängen, am Ende haben Leute wie wir doch immer das Heft in der Hand!«[88] War das »Tor« erst einmal passiert und man selbst als »Diener des Volkes« neu installiert, würde man auch bald wieder herrschen. Das ergab sich bei dem gesellschaftlichen Riesenmechanismus ganz einfach von selbst. Die Kader brauchten keine große Phantasie, um sich die Zeichen zu deuten. Sie hatten diesen Vorgang schon mehr als einmal erlebt. Die Bürokratie würde wie ein Phönix aus der Asche aufsteigen, dies war die unerschütterliche Meinung der »harten« Rebellen[89]. Einmal wieder an den Hebeln der Macht, würden sie automatisch auf die alteingefahrenen Gleise des Kaderverhaltens zurückrollen und alle Basisinitiative von langer Hand unterdrücken.

Sie haben richtig gesehen. In den Jahren, die auf den IX. Parteitag folgen, verlieren die »Massenorganisationen« immer mehr an Bedeutung, ist der

»demokratische« Zentralismus in dem Sinne wieder hergestellt, daß alle wesentliche Initiative von oben ausgeht. Selbst die Sprache der Presse reflektiert diesen Vorgang. Während 1968/69 immer wieder zu lesen ist, daß in dieser oder jener Brigade oder Kommune die Bauern diese oder jene Aktion eingeleitet hätten, heißt es ab 1971 fast unisono, daß die Partei Urheber dieser oder jener Unternehmung gewesen sei[90]. Die Untertöne der sogenannten »Anti-Konfuzius-Kampagne« und einige ärgerliche Ausfälle des Vorsitzenden[91] sprechen deutlich davon, daß der kulturrevolutionäre Elan wieder am Abnehmen ist.

Am chinesischen Fall wird einmal mehr demonstriert, daß sich revolutionäre Dynamik auf Dauer in einer Maschine nicht halten kann, deren naturwüchsiges Interesse so eindeutig auf überschaubares und bequemes Routineverhalten hinausläuft. Maos apokrypher Ausspruch, eine kulturrevolutionäre Explosion sei alle zehn Jahre vonnöten, erweist sich bei Licht besehen nur als die lapidare Formulierung der Einsicht, daß die Struktur der Wirklichkeit das Bewußtsein immer von neuem besiegt.

6. Der wirtschaftliche Kompromiß: die Industriekomitees

Auch an der Basis der Betriebe hat die Armee versucht, eine rein restaurative Politik zu vermeiden. Von Anfang an bemühte sie sich, der Produktion durch einen Kompromiß zwischen den Kräften die dringend erforderlichen Energien zuzuführen.

Die Armee hatte in den Jahren unmittelbar vor der KR über ihre »Allgemeine Politische Abteilung« versucht, auf die schwerfällig gewordene Wirtschaftsbürokratie Einfluß zu nehmen. Dabei verfolgte sie das Ziel, eine unproduktive Aufblähung und Komplizierung des Apparats zu verhindern und den Informationsfluß zwischen oben und unten zu beschleunigen. Umsonst: die Verwaltung hatte rechtzeitig Mittel gefunden, die militärischen Eindringlinge zu hemmen und ihre Anregungen in der Alltagsroutine versanden zu lassen.

Jetzt bot sich eine Gelegenheit, mit der Belebung von unten, von der betrieblichen Basis her, zu beginnen. Wir erinnern uns: die Rebellen hatten im Januar die Vorarbeiter, die technischen Kader und selbstverständlich die übergeordneten Manager aus Werkhallen und Direktionsstuben verdrängt und in den »befreiten« Abteilungen sogenannte Produktionsförderungsteams (sheng-ch'an fu-wu hsiao-tsu) eingerichtet. Diese Organe, die einen gewählten Leiter (tsu-chang) besaßen, waren keineswegs nur eine Rebellenangelegenheit gewesen. Die überaus rigide und hierarchische Betriebsverfassung hatte viele regulären Arbeiter bewogen, an diesem Experiment teilzunehmen, wenn auch nur, um den verhaßten »kleinen Autoritäten« eins auszuwischen[92].

Nachdem die Armee in den Fabriken das Heft in die Hand genommen hatte, wurden diese Rebellenkomitees selbstverständlich beseitigt und der technischen und Führungselite die alten Positionen zugesprochen. Aber die Arbeiter hatten nicht vergeblich bewiesen, daß sie auch in eigener Regie Produktionsleistung und -phantasie zu erbringen wußten. Zuerst nur in einigen Betrieben in Schanghai, dann in wachsendem Maße in den Großunternehmen aller chinesischen Metropolen, gingen die in den Werkhallen stationierten Einheiten der VBA dazu über, sogenannte »Industriekomitees« (kung-yeh wei-yüan-hui) zuzulassen: Einrichtungen, die unterhalb der gesamtbetrieblichen RK's auf Abteilungsebene arbeiteten, aus Arbeitern, unteren Kadern und technischen Spezialisten zusammengesetzt. Diese Organe, in der Literatur zumeist einfach als »ling-tao pan-tzu« (Führungsgruppen) bezeichnet, gaben dem einfachen Mann an der Werkbank eine bislang nicht vorhandene Chance, an der Weiterentwicklung von Produktionstechniken vollberechtigt mitzuwirken. Indem ihre Fähigkeit, am industriellen Wachstumsprozeß entscheidend mitzuarbeiten, institutionell anerkannt worden war, konnte das alte Untertanenverhältnis natürlich nicht dauern. Es wurde durch stärkere kooperative Beziehungen ersetzt[93].

Auch hier hatte die Armee mit feinem Gespür für die psychischen Faktoren im ökonomischen Prozeß gewisse Kräfte, die sich im kulturrevolutionären Geschehen spontan freigesetzt hatten, nicht unterdrückt, sondern organisatorisch gebändigt und damit für die Zukunft nutzbar gemacht. Das chinesische »Wirtschaftswunder«, das ungebrochen bis heute andauert, hat seine geistige Basis in dieser organischen Verbindung von Spontaneität und Disziplin, die dem kulturrevolutionären Industriekompromiß zugrunde gelegt worden ist.

Die Frage ist selbstverständlich auch hier, welche Frist einer solchen Dynamik gesetzt ist. Wie lange wird es möglich sein, die vor allem nach der Westöffnung moderner und komplexer werdenden Unternehmen weiterhin mit einer – wenn auch eingeschränkten – Basisinitiative in Einklang zu bringen? In einer der besten Studien zum Thema hat Richard Baum festgestellt: »Im Kontext der modernen chinesischen Industrie läuft alles auf die eine Frage hinaus: Wie kann es gelingen, eine Werkzeugmaschinenfabrik von 9000 Mann Belegschaft, die 300 verschiedene Produkte hervorbringt, so zu organisieren, daß die Gestehungskosten minimiert werden, bei gleichzeitiger Beibehaltung eines Systems, das es den Arbeitern ermöglicht, ihre Fähigkeiten auszuweiten und als wertvolle Mitglieder einer ›Gruppe‹ an technischen Entscheidungen teilzunehmen.«[94]

Es könnte sich herausstellen, daß mit dem Industriekompromiß ein moderner Fall von Geschichtsironie vorliegt: Vielleicht hat die Armee eine Wirtschaftsentwicklung in Gang gesetzt, die mit Notwendigkeit über jene organisatorischen Formen hinausdrängt, die ihr den Anfangsimpuls verliehen haben[95].

Doch es ist noch zu früh, aus dem augenblicklich vorliegenden Befund definitive Schlüsse ziehen zu wollen. Immerhin sprechen die Zeichen dafür, daß die Verschiebungen, die sich seit 1971/72 in vielen wichtigen Branchen vollziehen, die technische Elite wieder in die unbestrittene Vorhand gebracht haben[96].

Revolutionskomitee oder Industriekomitee: es bleibt hervorzuheben, daß die Armee in beiden Fällen zurückgetreten ist und die führende Rolle der neuen Partei überlassen hat. Wir erleben das außerordentliche Schauspiel, daß die VBA die neuen Machtorgane wie einen Turm in die Höhe führt, um mit einem letzten prüfenden Blick das angefahrene Gerüst wegzurollen und die Zeit der militärischen Vormundschaft über die Partei ohne große Fanfare für beendet zu erklären. Die »bonapartistische Lösung«, die viele westliche Chinaexperten vorausgesagt hatten, blieb dem Lande erspart. (Daß sie bislang in keinem Lande, wo eine kommunistische Partei herrscht, zum Siege gelangte, ist ein wichtiges Spezifikum.) Die chinesischen Prätorianer zogen sich nach verrichteter Tat in die Kasernen zurück – anders als es der politische Beobachter nach ähnlichen Einsatzaktionen gewohnt ist[97].

Hier hat die vertiefte politische Schulung gewirkt, die das militärische Selbstverständnis seit den Tagen des Chingkangshan auf die politische Priorität der Partei festgelegt hat. Die furchtbaren Erfahrungen der Kriegsherrenperiode hatten den Satz, daß die Armee nur vollziehender Arm der Partei sein dürfe, zum bleibenden Dogma erhoben. »Die Rote Armee führt nicht Krieg um des Krieges willen, sondern um unter den Massen eine Propaganda zu entfalten, sie zu organisieren und zu bewaffnen, ihnen bei der Errichtung einer revolutionären Macht zu helfen.«[98] Sie kämpft also um gesellschaftliche Ziele, die ihren reinsten Ausdruck in der Programmatik der Kommunistischen Partei gefunden hatten, deren organisatorische Kraft allein in der Lage sein würde, die allgemeinen Vorstellungen mit der geschichtlichen Praxis des chinesischen Volkes zu verbinden. Die Armee war einfach zu schwach, um sich diese Aufgabe zutrauen zu können. Ihre Einheiten konnten niemals das Millionenheer der Kader ersetzen, das bis an die gesellschaftlichen und wirtschaftlichen Wurzeln hinabreichte. Dies dürfte den Kommandeuren im Jahr 1967 so richtig klar geworden sein, als es galt, die lebenswichtige Unternehmung der Frühjahrsbestellung bei angeschlagener Kaderstruktur in Gang zu bringen.

Die intensive Schulung der sechziger Jahre[99] war also nicht vergebens gewesen. In entscheidender Stunde hat die Armee, vertreten durch das Zentrum und die Kommandanten der großen Militärregionen, die politische Vollgewalt wieder an die Organe der rekonstituierten Partei zurückübertragen[100].

Kapitel VII
Drei Fallstudien: Kanton, Schanghai, Peking

1. Kanton

Nirgendwo sonst hat die Rebellenbewegung alle Stadien und Phasen so vollständig und gleichsam abgerundet durchschritten wie hier. Den Bogen des Auf- und Niedergangs können wir hier genauer als anderswo verfolgen, da die Materialien wegen der großen Nähe zu Hongkong in Fülle vorhanden sind.
Dazu kommt, daß mit Huang Yung-sheng, dem Kommandanten der MR Kanton, ein Gegner auf der Bühne erscheint, der an Kühnheit der Entscheidung und Gespür für die sich wandelnden Bedingungen des politischen Kampfes der Mehrzahl seiner Kollegen voraus ist. Indem Huang seine Schlacht um Kanton früh mit der Chou-En-lai-Gruppe des Pekinger Zentrums verbindet, werden die Ereignisse im südchinesischen Raum zu einem Testfall, der vor allem in den Entscheidungskämpfen vom Sommer die Augen des ganzen Landes auf sich zieht und zu nationaler Bedeutung gelangt.
Eine nationale Bedeutung, die Kanton auch aufgrund seiner militärischen und parteipolitischen Stellung besitzt: Die Militärregion, die von hier aus verwaltet wird, umfaßt die drei wichtigen Provinzen Hunan, Kwangsi und Kwangtung. Das so lange von T'ao Chu beherrschte Mitte-Süd-Büro hat zusätzlich die beiden Provinzen Hupeh und Honan unter seiner Kontrolle und reicht damit weit in den zentralchinesischen Raum hinein. Kein Wunder, daß der Kampf um die Perlflußmetropole von beiden Seiten unter Aufbietung aller verfügbaren Ressourcen geführt worden ist[1].
In Kanton war die Januarrevolution nur langsam und schwerfällig in Gang gekommen. Erst als die Ereignisse in vielen Zentren ihren Höhepunkt erreicht und teilweise schon überschritten hatten, begann der Sturm auf die Zentralen der städtischen und provinzialen Macht.
Der Grund ist nicht schwer zu erraten: Huang hatte schon im Dezember deutlich gemacht, daß er einen Zusammenbruch der Ordnung nicht dulden würde, und von einem Mann wie ihm war zu erwarten, daß er keine leeren Drohungen in die Welt setzen ließ. Zudem waren sich die Linkskräfte wohl bewußt, daß ihr Anhang unter der Bevölkerung klein war und bei einer handstreichartigen »Machtübernahme« mit Widerstand vieler gesellschaftlicher Schichten gerechnet werden mußte. Die verschiedenen Verbindungsbüros von Chiang Ch'ing nahestehenden nordchinesischen Gruppen, die sich seit Dezember in großer Zahl in der südlichen Metropole eingenistet hatten, drängten zwar auf schnelle Aktion, konnten aber gegen das abwartende Taktieren der heimischen Rebellen wenig ausrichten.
Vielleicht wäre der »Sturm« in Kanton nie losgebrochen, hätte sich die

Pekinger Linksgruppe nicht zum Handeln entschlossen. Als die Ereignisse in Schanghai und anderswo (namentlich in Wuhan, Harbin und Chengtu) einen deutlich negativen Verlauf nahmen und die Militärkompromisse von Taiyüan und Tsingtao ihre Schatten zu werfen begannen, schien es geboten, im fernen Süden eine weitere Front zu eröffnen, um der wankenden Rebellenoffensive neue Kräfte zuzuführen und das in Untiefen geratene Revolutionsschiff wieder in offenes Wasser zu bringen.

Lin Chieh, einer der politischen Adjutanten von Wang Li und Kuan Feng, wurde mit der Aufgabe betraut, die Rebellen im Süden aus ihrer Reserve zu bringen und ins Feuer zu führen. Seit dem 15. Januar führt er Dutzende von Telefongesprächen mit den Vorständen der wichtigsten Rebellenorganisationen, die schließlich dem Drängen nachgeben und eine allgemeine Lagebesprechung ansetzen.

Am Abend des 19. 1. sehen wir Hunderte von jungen Kämpfern der Großen Aula der Kantoner Sun-Yat-sen Universität zustreben, dick in Mäntel vermummte Gestalten, denn der Wintertag war für das sonst milde Klima des südlichen China entschieden zu kalt.

Auf dem Podium sitzen die Vertreter der »Rotfahnenkommune« (hung-ch'i kung-she) der chung-ta (SYSU), in der Mitte Huang Yi-lu, der als Vorstandsmitglied dieser bedeutendsten Rebellenvereinigung den Vorsitz in der Aussprache führt. (Die »Rotfahnen-Kommune« wurde so sehr zum Inbegriff der radikalen Aktion, daß die Rebellen später vielfach nur noch mit dem Namen »Rotfähnler« [hung-ch'i-p'ai] bedacht wurden. Sie zählte in ihrer Führung einige der besten theoretischen Köpfe der SYSU, und die programmatischen Äußerungen, die ihre schon im Untergrund operierenden Mitglieder Ende 1967 bis Anfang 1968 an die Öffentlichkeit brachten, haben die Geschichte des Kampfjahres 1967 und die Politik der siegreichen militärischen Restauration ebenso scharf und nüchtern geschildert wie die »Wohin geht China?«-Erklärung ihrer Rebellengenossen in Hunan.) Neben ihm sehen wir Wu Ch'uan-pin, den politisch hochbegabten spiritus rector der »Truppe des 31. August« (pa-san-yi ping-t'uan), ebenfalls eine Organisation, die von der SYSU ausging und in den Februarkämpfen eine wichtige Rolle spielen sollte. (Wu werden wir nach der Augustniederlage als den Abgesandten der Rebellen in Peking erleben, der in Gesprächen mit Vertetern der KRG und den siegreichen Kantoner Militärs [Huang Yung-sheng, Liu Hsing-yüan] in schwieriger Lage bemüht ist, einen annehmbaren Kompromiß für die Linkskräfte auszuhandeln.) Wu hat Ko Feng zum Nachbarn, ebenfalls aus dem Vorstand der »Rotfahnen-Kommune« und wichtig als persönlicher Freund von Lin Chieh, ein Mann, der bis zum Ende (März 1968) die bisweilen mühsame und undankbare Aufgabe hatte, die Verbindung zwischen dem lokalen Aufstand und der Pekinger chiang-ch'ing-p'ai nicht abreißen zu lassen.

Vierter am Führertisch ist Mo Ching-wei, ein etwa dreißigjähriger Medizinalassistent aus Kwangsi, fraglos eine der angenehmsten Gestalten unter den Kantoner Rebellen: ein Mann, der einige Jahre in den Dörfern des Hinterlandes verbracht und von dort eine tiefe Antipathie gegen den rhetorischen Pseudokommunismus der städtischen Elite mitgebracht hatte.

Mo war als Mitglied des Krankenhauses im Stadtteil Yüeh-hsiu von Kanton dem maoistischen Gedanken des »Dem Volke dienen« [wei jen-min fu-wu] allzu ernsthaft gefolgt, um bei den Vorgesetzten nicht einigen Anstoß zu erregen.

Im Juni 1966, als die ersten Ausläufer der KR das abgelegene Perlflußdelta erreichten, hatte Mo mit einer Wandzeitung Aufsehen erregt, die mit gut belegten Einzelangaben die korrupten Praktiken einiger Oberärzte anprangerte.

Mo wurde seiner Stelle enthoben, aber im Juli trat der Feuerkopf wieder in Aktion. Diesmal präsentierte er eine zusammen mit einigen Kollegen verfaßte Flugschrift, die unter der Überschrift »Die zehn Todsünden« weit über den Distrikt Yüeh-hsiu hinaus in Umlauf geriet und Mo zu einer stadtbekannten Person machte.

Das Pamphlet nahm die verfehlte Politik der Kantoner Gesundheitsbehörden (wei-sheng-chü) zur Zielscheibe radikaler Kritik: Sie habe bei der Aufgabe, die medizinische Versorgung der Landbevölkerung sicherzustellen, kläglich versagt. (Man sollte wissen, daß seit der Eingemeindungswelle von 1958 große Teile des P'an-yü-Kreises im Süden und des Hua-Kreises im Norden ins Stadtgebiet integriert wurden, mit dem Ergebnis, daß sich die munizipale Fläche auf über 1260 qkm erhöhte und 61 Dörfer unter die unmittelbare Jurisdiktion der Metropole kamen. Von den ca. 3,5 Millionen Einwohnern sind heute über 600 000 in rein ländlichen hsien ansässig.)

Bald darauf gründete Mo mit anderen Rebellen die »Kampftruppe des 1. August« (pa-yi chan-tou tsu), die er als ihr Erster Vorsitzender in die Dachorganisation der »Rotfahnen-Kommune« der SYSU eingliederte.

Unter den insgesamt 17 Verbänden, die an diesem Orientierungsgespräch teilnehmen, finden wir fast alle Organisationen, die in den Februarkämpfen an vorderster Front stehen und dann in den ersten Märztagen zusammen aufgelöst werden: die »Ostrot-Kommune« der Perlfluß-Filmateliers, der die Ehre gebührt, die einsame Fahne des Aufstands gegen die alten Autoritäten schon am 18. April 1966 erhoben zu haben und die damit bei weitem erste der kulturrevolutionären Organisationen am Ort ist; die »Rotfahnenbrigade« der Kantoner Medizinischen Hochschule; die »Ostrot-Kommune« der Tsinan-Universität; das »Revolutionäre Rebellenhauptquartier« der Sportakademie; die »Ostrot-Kommune« der Südchinesischen Technischen Hochschule; zwei »Kampfverbände« der Kantoner Forstakademie.

Soweit zu den Vereinigungen, die sich alle in den Dezembertagen von den Rotgardistenhauptquartieren abgespalten und als separate Rebellenorgane konstituiert hatten. Sie sind die geistigen Führer in den kommenden Auseinandersetzungen. Wichtiger als materielle Gewalt aber sind die verschiedenen Organe, in denen sich vornehmlich Jung- und Kontraktarbeiter zusammengeschlossen haben. Einige von ihnen nehmen an dem Treffen vom 19. Januar teil.

So finden wir vor allem die zwei wichtigen Gruppen des »Hauptquartiers der Kantoner Arbeiterallianz« (kuang-chou kung-jen lien-ho tsung-pu) und des »Hauptquartiers der Kantoner Rotgardisten und Rotfahnenarbeiter« (hung-ch'i kung-jen ch'ih-wei-tui kuang chou tsung-pu), beide Verbände mit der weitgespannten ch'ang-ko-lien liiert, der Kantoner »Fabrik-Allianz«, in der sich radikale Jungarbeiter zu Rebellen-Kampftruppen zusammengeschlossen hatten[2].

Weiter sehen wir Abgeordnete der »Revolutionären Arbeiterallianz« (kung-ko-lien), die ihre Basis in der Kantoner Glühbirnenfabrik und der Textilfabrik Nr. 2 besitzt und sich aus den »Rebellen der ersten Stunde« zusammensetzt, also jungen Arbeitern, die in den Monaten zwischen Oktober und Dezember in ihren Abteilungen rebellierten und von den Betriebsleitern als »konterrevolutionäre Elemente« eingestuft und bestraft worden waren[3].

Erwähnt werden muß auch die kleine Truppe der »Rotfahnen-Arbeiter« (hung-ch'i kung-jen), die in vielen Großbetrieben radikale Zellen gebildet hatte[4].

Die bäuerlichen Teile des Kantoner Großraums sind ebenfalls vertreten, durch die Delegierten der »Rotbauernfreunde der Maotsetungideen« (mao-tse-tung-szu-hsiang-hung-nung-yu), einer Gruppe, in der sich radikale Landarbeiter (nung-yeh kung-jen) und arme Bauern (p'in-nung) zusammengetan hatten und die besonders in den Kreisen des Perlflußdeltas operierte[5].

Als gesonderte Gruppe traten die Vertreter der Veteranen auf, die sich in einer eigenen »Truppe des 1. August«[6] organisiert hatten. Derartigen »fu-yüan«-Verbänden begegnen wir im China der Januarrevolution und der Februarströmung in vielen Teilen des Landes[7], da sich die gesellschaftliche Lage der entlassenen Soldaten im liuistischen Arbeitssystem rapide verschlechtert hatte: Die zwar politisch, aber nicht fachlich geschulten Reservisten fanden kaum Beschäftigung, die ihrem gehobenen Selbstverständnis als revolutionäre Elite entsprach und mußten in der Regel mit Aushilfs- und Dreckarbeiten vorliebnehmen, eine Tatsache, die viele von ihnen dem Prinzip der differenzierten Leistungsgesellschaft entfremdete[8]. Genau wie die Verbände der zurückgekehrten »Bauernhelfer«, von denen oben die Rede war, finden wir die Truppen der rebellisch gewordenen Veteranen immer in der vordersten Linie. Mehr als einmal haben sich Soldaten der Kantoner Garnison geweigert, gegen ihre ehemaligen Kameraden vorzugehen.

Zum Schluß seien die Delegierten der verschiedenen auswärtigen »Verbindungsbüros« genannt, die damals in Kanton ihren Sitz aufgeschlagen hatten, wie die Vertreter der »Pekinger Luftfahrtakademie«, der Rebellen vom »Militärtechnikum« in Harbin, und des »III. Hauptquartiers der Vereinigten Fachhochschulen« in Wuhan. Sie sind die entschlossensten von allen und wollen die sofortige Aktion, auf Teufel komm raus[9]. Insgesamt betrachtet, hatten die Einsatztruppen der »Verbindungsbüros« der linken Sache nur geschadet. Sie boten den Kadern und später dem Militär die Gelegenheit zu behaupten, die »Machtübernahme« sei im wesentlichen von ortsfremden Gruppen inszeniert worden, eine Beschuldigung, die von den gemäßigten Arbeiterorganisationen aufgegriffen und als wirksame propagandistische Waffe gegen die Rebellenallianz eingesetzt wurde[10].

Aber wie sehr die Vertreter der »Verbindungsbüros« auch zu Entscheidungen drängten, der breite Konsensus ging dahin, daß man noch zu schwach sei, um den »Sturm« mit Erfolg wagen zu können. Man müsse vor allem darum bemüht sein, weitere Basen in der Arbeiterschaft der Großbetriebe zu gewinnen. Huang Yi-lu als Vorsitzender verlas nach einer langen, erschöpfenden Nachtsitzung eine Kompromißresolution, nach der sich die Versammlung auf den übernächsten Abend vertagte, um dann von einer numerisch stärkeren Position aus zu Taten zu schreiten[11].

Am 21. Januar war es soweit: zwei Tage der intensivsten Propaganda und mündlichen Bearbeitung der verschiedensten Gruppen war nicht vergebens gewesen. Über vierzig meist kleine Gruppen aus mehreren Kantoner Betrieben waren bereit, sich der neuen Rebellenkoalition anzuschließen, so die »Rote Fahne der Chinesischen Arbeiter« (hua-kung hung-ch'i), die vor allem junge Belegschaftsmitglieder der Schiffswerft zu ihren Mitgliedern zählte[12]. Aus den Kantoner »Volkswagenwerken« war eine starke Truppe von Jungarbeitern erschienen, die sich mit den Rebellen solidarisierten. Eine weitere bäuerliche Vereinigung stößt zu den Aufständischen, die »wu-hu szu-hai«-Truppe[13], meist Landarbeiter und in den ländlichen Außenbezirken beheimatete Kontraktleute (ho-t'ung-kung) aus den Kreisen Taishan und Hsinhui der weiteren Umgebung. Eine wertvolle Erwerbung ist das »hung-wei san-szu«, das »Dritte Rotgardistenhauptquartier«, das lange gezögert hatte, jetzt aber bereit ist, bei eventuellen Kommandoaktionen mitzumachen[14].

Das alles konnte aber nicht darüber hinwegtäuschen, daß der weitaus größte Teil der regulären Arbeiterschaft sich gleichgültig, wenn nicht feindselig verhielt. Einige Vertreter von gemäßigten Arbeiterorganisationen gingen so weit, die Versammlung unter Protest zu verlassen, kein gutes Omen für eine Aktion, die unter dem Zeichen der »proletarischen Revolution« firmieren wollte.

Dennoch: die Delegierten beschlossen, an Ort und Stelle eine Koalition zu bilden, die als einzig legitime Dachorganisation der Kantoner und Kwangtunger RR fungieren sollte, allein berechtigt, für die antiautoritäre Linke zu sprechen. Der Name der neuen Vereinigung, auf den man sich nach langen Debatten einigen konnte, lautete: kuang-tung-sheng ko-ming tsao-fan lien-ho wei-yüan-hui, »Komitee der Revolutionären Rebellenallianz der Provinz Kwangtung«[15]. Ein Vorstand wurde bestellt unter der Bezeichnung: sheng-wei lin-shih chien-tu hsiao-tsu (Provisorische Überwachungsgruppe des Provinz-Komitees), meist einfach: »Leitungsgremium« (ch'in-wu hsiao-tsu) genannt, wo sich zwischen acht und elf (die Angaben sind hier ungenau und variieren) »Verantwortliche« (fu-tse-jen) zusammenfanden, um die Aktionsvorbereitungen zu treffen und die »Macht« nach einmal erfolgter Vertreibung der reaktionären Kräfte zu übernehmen. Neben den uns bereits bekannten Personen finden sich zwei weitere namentlich genannt: Ma Hsiao-yün und Chin Ying-hsi. Von Ma ist wenig bekannt, aber von Chin wissen wir, daß er seit 1963 als Redakteur an der Zeitschrift »Geschichtliche Studien« (li-shih yen-chiu) mitgearbeitet hatte. Zusammen mit Ch'i Pen-yü war er 1964 von Li Shu und Chou Yang wegen ultralinker Ansichten kritisiert worden. Zugleich war er als Leiter der Historischen Abteilung an der SYSU tätig. Seine Beziehungen zu Ch'i hatte er sorgsam gepflegt. Dieser war jetzt durch die Gunst der Stunde in den inneren Zirkel der Macht aufgerückt und hatte dafür gesorgt, daß sein alter Kollege in die Kantoner Rebellenführung kooptiert wurde.

Schließlich zog die typische Vorabendstimmung in den ehemaligen Sitz des Mitte-Süd-Büros ein, wo nämlich sinnigerweise getagt wurde: Neue Hundertschaften rückten an, Redner standen auf, um unter dem Beifall der Massen die Unrechtsherrschaft der alten Partei herunterzureißen, die Lieder der heroischen vierziger Jahre erklangen, immer wieder unterbrochen von der Maohymne des »Wer die Meere befährt, braucht einen verläßlichen Steuermann«, und dem Triumphgesang »Der Osten ist rot«.

Als die Stunden vorrückten, begannen die Tausende in rhythmischen Sprechchören immer lauter nach Taten zu rufen. Die unerträglich gewordene Spannung suchte Entladung, die in angemessener Form nur im Sturm der Aktion kommen konnte. Wir kennen diese hochgetriebene Stimmung am Abend vor der Entscheidung sehr wohl. In der Pariser Kommune waren ähnliche Massenveranstaltungen der Proklamation der Volksherrschaft vorausgegangen: in der Nacht, als man sich aufmachte, die Geschütze in die Mauern zu holen. Im Petersburger »Cirque Moderne«, kurz vor dem Ausbruch der Juliunruhen, oder, in unserer eigenen Geschichte, kurz vor der »Märzaktion« von 1921, als die Arbeiter im mitteldeutschen Industriegebiet zum Aufstand ansetzten, herrschte eine verwandte Atmosphäre.

Und immer mußten bei diesen Groß- und Kampfveranstaltungen die lauten Ovationen und das Stakkato der Sprechchöre dazu dienen, der eigenen, schwankenden Seele Mut zuzuklatschen, um die nüchterne Stimme der Vernunft zum Schweigen zu bringen, die in harten Zahlen vorrechnen konnte, daß man ziemlich allein stand und bei einer gleichgültigen oder auch müde-abgekämpften Masse auf wenig Unterstützung rechnen konnte – in einem Kampf, in dem der Gegner über ausgezeichnete personelle und materielle Kräfte verfügte und alle Trümpfe auf seiner Seite verbuchte. Die RA konnte den Rausch einer Sporthallenatmosphäre wohl brauchen, hatte sie doch selber festgestellt; daß »die Massen gegen den bewaffneten Kampf sind«[16], und mußte später noch öffentlich zugeben: »Es war ein Fehler, daß wir (d. h. die RA) zur Zeit der Übernahme der Macht nicht in der Lage waren, uns eine größere Basis zu schaffen.«[17]

Yen Ting-hung, ein Mitglied des »Verbindungsbüros« der Wuhan-Rebellen, der später zur Huang Yung-sheng-Gruppe überging, hat bestätigt, wie schwach im Grunde die »Kampftruppen« waren, über die die Rebellen verfügten, als sie zu ihrer Großaktion schritten[18]. Gegen Jahresende, nach dem Sieg über das Gros der Rebellenkräfte, konnte Chou En-lai in seinem Novembergespräch mit Abgesandten aus Kanton, ohne Widerspruch zu erfahren, behaupten, im Süden hätten die Radikalen keine Unterstützung durch die Massen erfahren (ts'an-chia jen-shu pu-to, pu-kuang). Die Macht sei nur errungen worden, um wieder verloren zu gehen[19]. Die Kantoner Rebellen werden später selber bereuen, die Massen nicht besser vorbereitet zu haben: »Wir haben es nicht verstanden, die Waffe der Propaganda ausreichend zu handhaben.«[20]

Wenn wir versuchen wollen, die Zahl der Kämpfer abzuschätzen, die dem Aufruf der Rebellenallianz zum Kampf aktiv Folge leisteten, kommen wir in Schwierigkeiten. Es wird zwar hier und da die Anzahl der Gruppen angegeben, die die RA auf dem Höhepunkt ihrer Machtentfaltung zwischen dem 25. und

30. Januar 1967 vereint haben soll: die Rebellen selber nennen die stolze Zahl von 84 Einzelvereinen, die dem Ruf der Koalition gefolgt seien[21], aber konkrete Angaben über die Mitglieder erfahren wir nirgends. Der ›hung-se feng-pao‹ (Roter Gewittersturm), der von den RG der südchinesischen Forstakademie herausgegeben wurde, nennt einmal die runde Zahl »einhunderttausend«, die der »Truppe des 1. August« im März angehört hätten. Da damals üblich war, alle Rebellen unter dem Kollektivnamen »Rotfähnler« oder »Truppe des 1. August« zu führen, hätten wir somit eine grobe Vorstellung von der Größenordnung, um die es sich handelt[22].

Um Mitternacht begann die Aktion »Wintersturm«. In drei großen Säulen stießen die jungen Kämpfer auf die hauptsächlichen Bastionen des alten Regimes: das Sicherheitsbüro der Provinz (sheng kung-an t'ing, etwa einer Zentrale unserer kasernierten Bereitschaftspolizei entsprechend), das Sicherheitsbüro der Stadt Kanton (shih kung-an chü) und die Parteizentrale für Kwangtung. Alle drei Stellen konnten im Handstreich erobert werden.

Gleichzeitig hatten sich zwei Sondertruppen aufgemacht, um das »Kantoner Tageblatt« zu besetzen und die Sendeanlagen von Radio Kwangtung in ihre Gewalt zu bekommen. Beide Aktionen verliefen erfolgreich. Härteren Widerstand gab es an der Basis. Etwa dreihundert zwischen zwanzig und fünfzig Mann zählende Einsatzkommandos waren bemüht, die wichtigsten Polizeistationen und Verwaltungseinrichtungen der verschiedenen Stadtteile unter die Kontrolle der RA zu bringen. Das ging nicht ohne heftige Gegenwehr. Die alten Behörden mobilisierten die Kräfte der »Straßenkomitees« (chieh-tao wei-yüan-hui), der »Blockzellen« (chü-min hsiao-tsu) sowie der »Dienstbrigaden« (lao-tung fu-wu tui), es kam an einzelnen Knotenpunkten zu Gefechten, die sich bis weit in den grauenden Morgen hinzogen, und viele Bezirke konnten den Sturm erfolgreich abwehren.

Dennoch: zwei Tage lang wehte die rote Flagge der radikalen Rebellenmacht über Kanton, das »Tor zum Süden« schien dem Beispiel der Schanghaier Kommune folgen zu wollen.

a) Februarströmung und Märzwind

Kommandant Huang hatte sich erstaunlich ruhig verhalten, seine Truppen wurden gegen alle Erwartung nicht eingesetzt. Aber diese Abstinenz war kaum zufällig, eher durch ein richtiges politisches Kalkül bedingt. Ein direkter Einsatz der Soldaten hätte bei vielen gemäßigten Gruppen eher eine solidarisierende Wirkung hervorgerufen.

Es war besser, die Metropole von den Rebellen ins Chaos stürzen zu lassen, um dann als Retter in der Versorgungsnot zu erscheinen. Kurz, Huang Yung-sheng verfiel auf den alten Trick, nicht als erster zu handeln, sondern sich rufen zu lassen.

Der Ruf ließ nicht lange auf sich warten. Die gemäßigten Arbeiter, wir haben es schon gehört, gingen zu Aktionen des san-t'ing über, deren Intensität an einen Generalstreik mahnte. Aber damit nicht genug: es bildete sich eine neue Koalition aus, die sich das »Hauptquartier des 25. Januar« nannte. Soviel

erscheint an dieser etwas undurchsichtigen Angelegenheit sicher, daß sich hier Facharbeiter, Techniker, Sicherheitsbeamte und mittlere Kader zu einer Kampffront verbanden, die zusammen mit einigen »beurlaubten« Soldaten der Kantoner Garnison am 25. Januar einen wütenden Gegensturm auf das von den Einheiten der RA besetzte Provinz-Sicherheitsbüro machten.
Diese Kämpfe zogen immer weitere Kreise, am 25. und 27. Januar waren auf beiden Seiten schon Tausende in die Auseinandersetzungen verwickelt. Die Ordnung in der Innenstadt drohte endgültig dem Chaos zu weichen, als eine gemäßigte Gruppe das MK als »Schlichter« anrief, es möge seine »neutralen« Verbände zwischen die streitenden Parteien schieben. Huang folgte natürlich dieser »Bitte«. Reguläre Einheiten erschienen und gingen gegen die Kämpfenden vor.
Die Rebellen, die sehr wohl über die wahren Absichten der VBA informiert waren, weigerten sich strikt, ihre vorteilhaften Positionen zu verlassen.
Huang, der ja von seinem Freund in Harbin, Wang Chia-tao, über die Entwicklungen in Heilungkiang Bescheid wissen mußte, entschloß sich jetzt zu einem ähnlich harten Durchgreifen. In drei Tage währenden Mann-zu-Mann-Kämpfen wurden die Rebellen der RA aus einer Stellung nach der anderen gedrängt. Am 31. Januar, also am gleichen Tag, als in Harbin die Bildung des neuen Revolutionskomitees bekanntgegeben wurde, waren auch die letzten Stützpunkte der Radikalen in der Innenstadt von VBA-Einheiten besetzt.
Wie überall kam den Ordnungskräften die Unfähigkeit der anarchistisch gesinnten Kräfte zu Hilfe, sich selbst in der Bedrängnis des Kampfes einer dirigierenden Zentrale unterzuordnen. Der eingesetzte »Lenkungsausschuß« hatte bald keine Autorität mehr, die einzelnen Gruppen verhielten sich nach dem Grundsatz: »wei-wo ko-ming«, wir allein sind die Revolution, und betrachteten sich in Sachen Kriegführung als souverän.
Eine letzte Vollversammlung der Gruppen vom 29. Januar, schon unter den Zeichen der drohenden Niederlage einberufen, brachte zwar die Mängel zu Tage, zeigte sich aber völlig außerstande, wirksame Abhilfe zu schaffen. Die Delegierten verließen das Lokal verwirrter und zerstrittener als zuvor. Sie sollten sich nie wieder treffen. Das »shang-hsia t'o-chieh« – wörtlich: die Verbindungsglieder (Gelenke) zwischen oben und unten lösen sich – war in vollem Gange, die RA schon zehn Tage nach ihrer Gründung eine todgeweihte Organisation.
Nachdem am 2. Februar der große Artikel in der PV erschienen war, der die Vorfälle in Heilungkiang als Sieg der maoistischen Revolution gefeiert und damit die dem RK Harbin zugrundeliegende Militärherrschaft implizite legitimiert hatte, beschloß Huang Yung-sheng, nicht mehr länger zu warten.
Am 3. Februar überraschte er die politischen Kräfte in Kanton mit der Ankündigung, zur Konsolidierung der Revolution werde ein neues Gremium gebildet, das unter dem Namen eines »Militärischen Verwaltungskomitees« (MVK) seine Tätigkeit aufnehmen würde[23]. Mit dem MVK beginnt die Geschichte der Kantoner »Februarströmung« in ihr gesichertes, organisatorisch verfestigtes Stadium zu treten[24].
Huang hat den Satz des altchinesischen Strategen Sun-tzu, daß alle gute Politik

mit der Auswahl der richtigen Personen anfängt, als gelehriger Schüler befolgt und sich von Anfang an mit einem ausgesuchten Stab von Leuten umgeben, die sowohl fähig als auch ihm persönlich ergeben waren. Diese aus dem militärischen Bereich stammenden Männer haben ihm während des schwierigen Jahres 1967 als ausführende Organe gedient, die Verbindung mit dem Zentrum sichergestellt und die drei provinzialen Bestandteile der ausgedehnten Militärregion zusammengehalten. Sie haben nach erfochtenem Sieg seine Triumphe geteilt und sind neben Huang zu den unbestrittenen Führern im südchinesischen Raum aufgerückt. Die meisten wurden auf dem konservativen Siegesparteitag vom April 1969 mit ZK-Ehren bedacht.

Rechte Hand des Kommandeurs wird K'ung Shih-ch'üan, seit Februar 1963 dritter politischer Kommissar der Militärregion Kanton, ein äußerst begabter Mann, der das wohltemperierte Klavier der politischen Organisation perfekt zu spielen verstand, was er auf seinem schwierigen Posten in Kwangsi (er war dort in der turbulenten Zeit 1967 als PK eingesetzt) unter Beweis stellen konnte.

K'ung war seit den Tagen des Bürgerkrieges mit Huang eng verbunden, vor allem seit 1947/48, als er in der von Huang befehligten VIII. Brigade von Lin Piaos Nordost-Feldarmee den Posten eines stellvertretenden Politkommissars bekleidete und sich Huang durch eine offensichtlich erfolgreiche Führung empfahl. Er folgte Huang gleichfalls im Range eines stellvertretenden PK's, als dieser Anfang 1949 Kommandant der 45. Division wurde. Auch in seiner weiteren Karriere blieb K'ung mit Huang Yung-sheng verbunden. 1955 konnte er in den Rang eines Generalleutnants (chung-chiang) aufsteigen.

Während Huang in den Februar- und Märztagen (1967) trotz aller Härte den Rebellen immer wieder den Ölzweig der Versöhnung entgegenhält, um seiner Rolle als Schiedsrichter und versöhnender Landesvater gerecht zu werden, erscheint K'ung als der Mann mit den schmutzigen Händen, der die undankbaren Arbeiten erledigen mußte. Er ist deshalb von Rebellen mit verständlicher Wut angefeindet worden[25].

Im Frühjahr 1968 sehen wir ihn als Ersten Stellvertretenden Vorsitzenden des Kwangtung RK, im April 1969 als Vollmitglied des IX. ZK. Ein weiterer wichtiger Adjutant ist Liu Hsing-yüan, mit Huang ebenfalls seit Jahren verbunden, zumindest seit er 1951 zum Leiter der Kadersektion der Politischen Abteilung in der damaligen Mitte-Süd-Militärregion aufrückte. Die fachlichen und persönlichen Beziehungen wurden noch enger, seit Liu 1954 (nicht ohne Zutun von Huang) auf den Posten eines Ersten Stellvertretenden PK's der von Kanton aus befehligten Streitkräfte berufen worden war.

Liu mehr als anderen war es zu verdanken, daß die Kanton-Truppen im turbulenten Sommer 1967 ihrem Kommandeur im großen und ganzen die Stange hielten. Vor allem im Juli, als in Chiang Min-feng ein ernsthafter Rivale auf den Plan trat, hat Liu sich durch seinen unerschütterlichen Einsatz auf Kompanieebene Verdienste erworben. Sein Anteil an der Repression der Rebellen hat auch ihm den Namen einer »kapitalistenfreundlichen Autorität in der Armee« eingetragen[26]. Auch er wird 1969 Vollmitglied des ZK und rückt im Herbst des Jahres zum Vorsitz im RK Kwangtung auf.

Als dritten Vertrauten nennen wir Huang Jung-hai, zu Beginn der Kantoner

Rebellenaktion Kommandant der Truppen in Kwangtung, dem Oberbefehlshaber seit der Schlacht von Chinchow[27] auch in persönlicher Freundschaft verbunden. Huang wird 1967 doppelt nützlich: einmal als Chefplaner, der den Einsatz der Verbände der Kantoner Garnison mit dem richtigen politischen Geschick zu verbinden versteht; zum anderen als Huang Yung-shengs Verbindungsmann zu Hunan, wo Lung Shu-chin (seit April 1963 Chef des MB Hunan) im turbulenten Changsha einen besonders schweren Stand hat. Huang Jung-hai, dessen ganze militärische Laufbahn aufs engste mit Lung verbunden war, ist genau der richtige Mann, um zwischen Changsha und Kanton die notwendigen intimen Politkontakte herzustellen[28]: falls der Außenbezirk von Hunan an die chiang-ch'ing-p'ai verlorengehen sollte, war auch die Kantoner Bastion nicht mehr sicher.

Huang Jung-hai, der sich in den Kämpfen des Bürgerkrieges den Ehrennamen »Huang der Tapfere« erworben hatte, wurde entsprechend belohnt: Neben dem Posten des Vorsitzenden des Revolutionskomitees für Kanton Stadt erhält er einen Platz im engeren Vorstand des Kwangtung-RK's. Im April 1969 wird er als Kandidat in das IX. ZK aufgenommen.

Zum Schluß sei auf Ch'en Teh verwiesen, einen PK im Militärbezirk Kwangtung, der Huang Yung-sheng schon lange als Wachhund gedient hatte. Im Frühjahr 1967 wird er der Spezialist für die Repression der linken Störenfriede und ist als inoffizieller Führer der sogenannten »Arbeiterkontrollbrigaden« auch für die eigentlichen Verhaftungen zuständig. Seine Stellung als Erster PK der Kantoner Garnison (ab Januar 1967) bestimmte ihn ganz zum Mann der ersten Linie, der für seinen Herrn die anrüchigen und schon an illegale Praktiken streifenden Seiten der militärischen Politik erledigen mußte. Im Herbst war seine Tätigkeit derart in Verruf geraten, daß ihn Huang für einige Monate nach Peking abschob, »zum Studium der Maotsetungideen«, wie es offiziell hieß[29].

Aber im Dezember ist er, anscheinend unreformiert, wieder in Kanton, wird federführendes Mitglied des Vorbereitenden Ausschusses (VA), der die Aufgabe hat, dem zu errichtenden RK den politischen Weg zu ebnen. Im Februar 1968 sehen wir ihn im Vorstand des neuen RK für Kwangtung.

Aber natürlich mußte die MVK mehr Leute aufweisen als nur Militärs. Huang war als Kenner der politischen Landschaft darauf bedacht, sein Programm des »san-chih erh-chün«[30] in den wichtigen Bereichen der Kader und der gemäßigten Arbeiter fest zu verankern.

Die Kader merkten bald mit Dankbarkeit, daß sie noch einmal davongekommen waren. Mit Ausnahme der obersten Spitzen wurden fast sämtliche Chargen in ihren Ämtern bestätigt. In die engere Umgebung der MVK holte Huang mehr als ein Dutzend erfahrene Großkader aus der alten Partei- und Verwaltungselite, ein Umstand, den die Rebellenpresse mit beißender Ironie kommentierte.

Vor allem zwei Männer sollen hier erwähnt werden, die den Trend zur politischen Restauration deutlich unterstreichen: Ch'en Yü und Wang Shou-tao.

Daß Ch'en Yü in den inneren Kreis um Huang Yung-sheng aufgenommen wurde, war in jeder Hinsicht ein Programm und eindeutig als Friedensgeste gegenüber den verunsicherten Behörden gedacht. Ch'en, der als Altkommunist schon zu den Führern des legendären Hongkong-Kanton-Hafenarbeiterstreiks von 1925 gehört hatte, war seit 1949 ununterbrochen eine wichtige Persönlichkeit auf der Bühne der südchinesischen Politik gewesen. Als 3. Sekretär im Mitte-Süd-Büro der Partei und technischer Leiter des wichtigen Vorstandssekretariats hatte er an seiner »revisionistischen« Politik federführend mitgewirkt und war schon im Oktober 1966 ins Schußfeld der rotgardistischen Kritik geraten[31]. Zudem hatte Ch'en Yü als Vorstandsmitglied des Parteibüros von Kwangtung die nun inkriminierte Politik von Chao Tzu-yang aktiv und öffentlich unterstützt. Seine langjährige Stellung als Gouverneur von Kwangtung, die er 1958 angetreten hatte, tat ein übriges, um ihn als idealtypischen Vertreter des alten Establishments erscheinen zu lassen. Ch'ens Aufgabe in der MVK hat darin bestanden, das Vertrauen der Kader zurückzugewinnen und die Verwaltungs- und Versorgungsmaschine wieder auf normale Touren zu bringen. Im VA nimmt er als Experte für organisatorische Fragen teil, im Februar 1968 wird ihm ein Platz als stellvertretender Vorsitzender des neuen RK's von Kwangtung zugedacht.

Wang Shou-tao hat eine ähnliche Funktion wie Ch'en Yü als Aushängeschild der neuen konservativ-soliden Politik, die Huang hinter dem kunstvoll aufgetragenen Anstrich eines maoistischen Revolutionärs mit Systematik betreibt. Wang, der von 1958–1964 Verkehrsminister in Peking war und lange Jahre dem alten Mitte-Süd-Büro angehörte, wird jetzt Leiter eines Planungsstabes, der die zusammengebrochene Versorgung wieder in Schwung bringen soll. Auch er wechselt von der MVK bruchlos in den VA über und erhält im Februar 1968 den Rang eines stellvertretenden Vorsitzenden des RK's von Kwangtung. Sowohl Wang als auch Ch'en Yü gelingt es, ihre Vollmitgliedschaft im ZK zu behaupten.

Aber erst die Teilnahme einer ausreichenden Zahl von Arbeitervertretern verleiht dem MVK die nötige proletarische Legitimität, ohne die es Huang trotz seiner überlegenen Macht schwergefallen wäre, seiner neuen Herrschaft die erforderliche Autorität an der Basis zu verschaffen. Auch die offizielle Anerkennung aus Peking kommt erst, als Huangs MVK nachweisen kann, daß es die Mehrheit der Kantoner werktätigen Massen repräsentiert[32].

Huang hatte bereits mit dem »Hauptquartier des 25. Januar« einen ersten Versuch gemacht, sein Eingreifen auf eine solide gesellschaftliche Bais zu stellen. Die hier vereinten Gruppierungen umfaßten den Kern der proletarischen Verbände, die sich im Februar ausdrücklich hinter das MVK stellten. So selbstverständlich die »Arbeiter-Scharlachgarde«, die sich jetzt in »Revolutionäre Rebellen« umbenannte[33], und das »Hauptquartier Kanton der Rotarbeiter der Maotsetungideen«, die sich mit anderen, kleineren Facharbeiter- und Technikerverbänden am 5. Februar zusammenschlossen, um unter der Bezeichnung: »Allgemeines Hauptquartier der Kantoner Revolutionären Arbeiterrebellen« (kuang-chou kung-jen ko-ming tsao-fan tsung-szu-ling-pu) zur hauptsächlichen gesellschaftlichen Stütze der neuen Militärverwaltung in den Betrieben zu werden[34].

In die Große Koalition wird auch die »Rote Sonne« (hung-t'ai-yang) einbezogen: eine Sammelorganisation in den Kantoner »Volkswagenwerken«,

die einen Mitgliederstand von über 8000 Mann zu haben behauptet[35]. Ende Februar sollen im Huang nahestehenden »Hauptquartier der Arbeiterrebellen« mehr als 200 000 »Kämpfer« zusammengeschlossen gewesen sein[36].
Die Anhänger der alten RA wurden in den vier Wochen von Anfang bis Ende Februar ganz in die konterrevolutionäre Ecke gedrängt. Nicht, daß Huang gleich den großen Knüppel geschwungen hätte. Er versuchte durchaus, sich mit den Führern der Rebellen ins Benehmen zu setzen und hatte auch einigen Erfolg. Wu Ch'uan-pin etwa zog sich von der antiautoritären Sache zurück und begann in vorsichtigen Tönen zu Gunsten des MVK's zu sprechen. Viele einfache Mitglieder, die sehen mußten, daß ihre Sache politisch verloren war, gingen mit wehenden Fahnen zur neuen Rebellenkoaliton über, als sei dies die selbstverständlichste Sache der Welt, und konnten damit rechnen, ohne große Umstände als heimgekehrte »verlorene Söhne« aufgenommen zu werden[37].
Aber: die große Mehrheit der Linken blieb der Rebellenfahne treu. Zu weit klafften revolutionärer Schein und restaurative Wirklichkeit in der Politik des MVK's auseinander, als daß irgendwelche versöhnlichen Gesten vermocht hätten, die prinzipielle Feindschaft zu mildern. Vor allem die »Rotfähnler« (hung-ch'i-p'ai) haßten den »Verräter der Revolution«, den sie mit Vorliebe nur noch als den »kuang-t'an«, den »T'an Chen-lin von Kanton« apostrophierten[38].
Seit der »kuang-chou jih-pao« vom Militär zurückerobert worden war, besaßen die Rebellen keine große Zeitung mehr. Desto üppiger blühten die Untergrundpresse und die Wandzeitungsliteratur, in denen sich der Zorn über die neue Reaktion in scharfen Ausfällen Luft machte. »Gegen welchen Gegner wollen die Herren denn vorgehen, die die RA bekämpfen?« lesen wir an einer Stelle. »Im Augenblick liegt die Macht in dieser Allianz in den Händen einiger echter Rebellen aus der Region Kanton. Wenn der Gegner [d. h. das MVK] die Macht nochmals erobern will, wer wird dann wohl die Macht verlieren? Die revolutionären Rebellen natürlich!«[39] Und weiter heißt es: »Mit Straßenplakaten und Radiopropaganda bekämpfen sie die Aktionen der RA. In einer Tonart, die früher selbst im Kampf gegen die kapitalistenfreundlichen Autoritäten nicht angewandt wurde. Mit einem Wort, sie negieren alles, wofür die RA steht. Ist ein solches Verhalten noch eines wahren Rebellen würdig?«[40] Weiter, mit einiger Selbstkritik: »Auch wir sehen ein, daß man bei der Machtübernahme zu isoliert und zu sporadisch vorgegangen ist, daß dabei Fehler und Mängel aufgetaucht sind. Das muß korrigiert werden. Aber: es handelt sich hier weder um eine Frage der Richtung noch um eine solche des Standpunktes. Deshalb sollte man die Fehler der RA wie unter Genossen behandeln und kritisieren. Auf gar keinen Fall darf man sie aus der Gemeinschaft ausstoßen und mit einem großen Knüppel totschlagen (yi-kun-tzu ta-szu).«[41]
Die neuen Machthaber konnten sich nicht sicher fühlen, solange es Organe gab, die es sich zur Aufgabe gemacht hatten, die konservative Substanz hinter der revolutionären Oberfläche der neuen Koalition aufzudecken. Noch immer fehlte es nicht an organisierten »alten Rebellen«, deren lautstarke Existenz alle politisch denkenden Mitbürger darauf hinweisen mußte, daß die Militärverwaltung eben eine zweite Machtübernahme repräsentierte und daß die Ehre,

den Januarsturm eingeleitet zu haben, ein für allemal der RA gebührte. Kurz: die permanente Opposition der verdrängten Rebellen stellte den militärischen Kompromiß immer wieder in Frage. Es konnte auf die Dauer nicht zwei Gruppen geben, die beide von sich behaupteten, die »wahre« revolutionäre, maoistische Kraft darzustellen.

So sehen wir, wie die militärisch kontrollierte Presse im Laufe des Februar immer schärfere Töne anschlägt. Unmerklich wird die Linie überschritten, die den qualitativen Unterschied zwischen den »Widersprüchen im Volke« und den »Widersprüchen zwischen uns und dem Feinde« markiert, die Wendemarke, hinter der sich nichtantagonistische (fei-tui-k'ang-hsing) in antagonistische (tui-k'ang-hsing) Gegensätze zu verwandeln beginnen[42]. Der »nan-fang jih-pao« vom 24. Februar hat das Signal gegeben, die Rebellen aus der Gemeinschaft der »echten« revolutionären Kräfte auszustoßen. Unter der Überschrift: »Ein Verrat an den revolutionären Prinzipien der Pariser Kommune« werden die alten Gruppen der RA als »Instrument der bürgerlichen Diktatur« angeschwärzt. Ihre organisatorischen Strukturen müßten »zerschlagen« werden. Es war allen Beobachtern klar, daß dies nur der Auftakt zu einer großangelegten Kampagne sein konnte, mit dem Ziel, die Rebellen als politischen Faktor in Kanton auszuschalten. Der Beginn der eigentlichen Repression hat nicht lange auf sich warten lassen. Schon vom 20. Februar ab finden wir die direkt militärisch geleiteten und vom MVK inspirierten »Arbeiterkontrollbrigaden« am Werk, die als neue Sicherheitspolizei fungieren und die verschiedenen Linksverbände genau observieren.

Gegen Monatsende verschärft sich die Lage. Genau wie in der alten Zeit werden »Arbeitsgruppen« (kung-tso-tui) aufgestellt, deren Aufgabe darin besteht, mißliebige Verbände so zu reorganisieren, daß sie der offiziellen Linie keinen Widerstand mehr entgegensetzen[43].

Vor allem den Rotfahnengruppen gegenüber, die den harten Kern der Rebellenbewegung darstellen, wird die Politik des »ch'in yi-p'ai«, shu yi-p'ai« durchgeführt. Man will sie ganz von der politischen Bühne verdrängen[44]. Als die Rebellen nicht schweigen, sondern in weiteren Pamphleten gegen die sich steigernden Unterdrückungsmaßnahmen protestieren[45], macht die VBA ernst und läßt den »Schwarzen Märzwind« (san-yüeh hei-feng) übers Land wehen. In einer Nacht- und Nebelaktion vom 1. zum 2. März werden die wichtigsten Linksgruppen aufgelöst, ihre Führer als »konterrevolutionäre Anstifter« (fan-ko-ming t'ou-mu) von Sicherheitskräften und eingesetzter Militärpolizei festgenommen. Betroffen sind die »Kampftruppe des 1. August« der SYSU und die gesamte »Rotfahnen-Kommune« der gleichen Hochschule. Als weitere Opfer erscheinen die »Ostrot-Gruppe der Perlfluß-Filmateliers«, die bäuerliche Vereinigung der »wu-hu szu-hai« sowie vier kleinere Vereinigungen, alle zur alten RA gehörig[46]. Mit einem tendenziösen Machwerk unter dem Titel: »Die zehn Todsünden der ›Kampftruppe des 1. August‹«, das im Anschluß an die Säuberung von den hörigen Presseorganen veröffentlicht wurde, versuchte sich die Militärverwaltung mit dem seltsamen Argument zu rechtfertigen, die Linksgruppen hätten (ausgerechnet) bürgerlich-kapitalistische Zustände wiederherstellen wollen[47].

Da alle die gleichen Begriffe verwenden, könnte sich der Leser verwirrt fühlen.

Doch wird ihm die Orientierung durch einen bestimmten Sprachgebrauch sehr erleichtert. Die Linke spricht ständig vom »Schwarzen Märzwind«, wenn sie sich auf die hier geschilderten Ereignisse bezieht. Die Gruppen, die dem Militär nahestehen, reden dagegen nur vom »glorreichen Ostwind des März« (san-yüeh tung-feng hao-tang), in der Absicht, die Großaktion des MVK als revolutionäre Tat erscheinen zu lassen. Die Flugschrift, die die »Rotfahnen-Kommune« der SYSU später unter das Publikum brachte (mit dem Titel: »Ein erschütternder Klassenkampf«), hat zu diesem Begriff sehr gut bemerkt: »Die Redewendung: ›Ostwind des März‹ ist nichts anderes als die Verteidigung (pien-hu) eines Geschehens, das sich restaurative Ziele gesetzt hat. Dabei zeigt sich einmal mehr der militärische Herrschaftsanspruch.«
Wie dem auch sei, der »Märzwind« hatte den »Januarsturm« siegreich bezwungen. Mitte des Monats mußten auch die letzten Rebellen zugeben, »daß sie von allen Seiten die Gesänge von Ch'u hören konnten«[48].

b) Der Sommer der Entscheidung

Der politische Fahrtwind, der das Rebellenschiff wieder flott machen sollte, blies vom Zentrum her, wo die Gruppe um Chiang Ch'ing und Ch'en Po-ta die Ereignisse nicht nur in Kanton, sondern in nahezu allen Provinzen mit wachsender Sorge ansah. Die Pekinger Linkskräfte hatten sich der maoistischen Wende zunächst gefügt, weil die sich rapide verschlechternde ökonomische Lage die Gefahr mit sich brachte, daß die Nation desintegrieren und damit die kommunistische Herrschaft als Ganzes zur Disposition stehen könnte.
Aber die chiang-ch'ing-p'ai hatte sicher nicht damit gerechnet, daß die Militärkommandanten darangehen würden, nicht nur den anarchistischen Wildwuchs zu zähmen, sondern auch die Rebellen als politischen Faktor auszuschalten. Dieser schnelle Sieg der VBA förderte ein gesellschaftliches Klima, in dem die gemäßigten Kräfte aufs beste gediehen und das die Äußerungen des linken Flügels der Pekinger KRG wie lauter unzeitgemäße Betrachtungen vorkommen ließ. Schon wurden in Kanton und anderswo Stimmen laut, die gegen Lin Chieh Stellung bezogen. Wie lange würde es dauern, bis das Feuer dieser Kritik den Olympos selber erreichte? Die chiang-ch'ing-p'ai mußte sich nach den Märzaktionen fühlen wie die Jakobiner nach Robespierres Sturz.
Sie beschloß daher anzugreifen, bevor es zu spät war. Ihre beherrschende Position in der MA des Zentralkomitees sowie in der APA der Streitkräfte war noch nicht erschüttert. Von hier aus konnte eine Gegenoffensive versucht werden. Deshalb sind Emissäre der Pekinger Linken seit dem April bemüht, in den verschiedenen MR oppositionelle Zellen in der militärischen Führung zu fördern, um ein Gegengewicht gegen die siegreichen Kommandanten zu schaffen. In Kanton z. B. ist Chiang Min-feng, der stellvertretende Leiter der Politischen Abteilung in der MR, nicht ohne Erfolg bestrebt, Huang Yung-shengs Vorgehen anzuschwärzen und eine Koalition von unzufriedenen Offizieren zusammenzubringen.
Die Angriffsparole, die erst leise und hinter vorgehaltener Hand, dann lauter

und öffentlich vorgetragen wird, lautet: »Reißt das kleine Häuflein der Kapitalistenfreunde aus der Armee« (ch'iu chün-nei yi-hsiao-ts'o ti tsou-tzu-p'ai), wobei mit dem »kleinen Häuflein« immer deutlicher die Chefs der großen Militärregionen gemeint sind. Der Angriff gegen die »bürgerlichen« Autoritäten war gescheitert, weil sich die militärischen Autoritäten schützend davor gestellt hatten: Damit wurde »die militärische Frage zur Kernfrage der Revolution«, wie das »Wohin geht China?« später richtig festgestellt hat[49].

Wenn die zentrale Linksgruppe den südchinesischen Raum für ihren Gegenstoß wählte, so deshalb, weil Huang Yung-sheng mehr noch als Mukdens Ch'en Hsi-lien mit dem Chou En-lai-Flügel verbunden war und ein Schlag gegen ihn zugleich ein Volltreffer im Pekinger Machtkampf sein würde.

Am 6. April erläßt die MA des ZK eine Verordnung, die allen Kommandeuren verbietet, Rebellenorganisationen aufzulösen oder zu zerschlagen, wenn sie nicht nachgewiesenermaßen konterrevolutionäre Ziele verfolgen. Bereits verbotene Verbände müssen wieder zugelassen werden. Die Spitze gegen Huang ist nicht zu verkennen. Nur in Kanton war es so weit gekommen, daß sämtliche Führer der alten Rebellenkoalition nicht nur aus den Machtpositionen verdrängt, sondern in Haft genommen worden waren. Hier allein hatte man revolutionäre Großorganisationen auf die Ächtungsliste gesetzt[50]. Wie um zu unterstreichen, daß mit dem Erlaß der MA in erster Linie Huang und kein anderer getroffen werden sollte, gibt Lin Chieh den Rebellen, die aus Kanton nach Peking gereist waren, um sich über die Märzaktion zu beschweren, die deutliche Auskunft: »Huang Yung-sheng hat Fehler der politischen Linie begangen. Ihr habt unsere Erlaubnis, ihn zu vertreiben.«[51]

Nicht zu Unrecht faßte Chou En-lai diese Vorgänge als persönliche Herausforderung auf und reagierte sofort. Den Delegierten sagte er, Huang besitze das volle Vertrauen des Vorsitzenden Mao, schließlich sei sein MVK am 15. 3. vom ZK offiziell anerkannt worden. Damit nicht genug, am 18. April reist er selber nach Süden: vorgeblich, um an den Feiern zum Jahrestag der »Roten Fahne der Perlflußfilmateliers« teilzunehmen, die 1966 als erste die Fahne des Aufstands in Kanton entrollt hatte; in Wahrheit, um dem bedrohten Huang massive Schützenhilfe zu gewähren. In seiner Rede greift er die Rebellen der ersten Stunde (lao-tsao-fan) als »Utopisten« (wu-t'o-pang) an, die jedes Augenmaß für die chinesischen Realitäten verloren hätten, und schließt seine Ausführungen mit den Worten: »Die Militärverwaltung in Kanton ist in einer extremen Notlage vom Vorsitzenden Mao und vom ZK eingerichtet worden.«[52] Das Ganze war ad usum Delphini gesprochen. Die chiang-ch'ing-p'ai sollte wissen, daß die gemäßigte Mehrheit der Pekinger KRG bereit war, ihr Schicksal mit dem des Kantoner Kommandanten zu verbinden[53].

Dennoch hat auch die Chou-Rede nicht viel genützt: Huang konnte nicht umhin, die verbotenen Organisationen wieder zuzulassen und ihre Führer in Freiheit zu setzen. Aber diese taktische Niederlage der MVK reicht nicht aus, um den ungeheuren Aufschwung zu erklären, den die Rebellenkräfte im Frühsommer nehmen. Dazu müssen wir uns die Politik des Militärs genauer ansehen.

Die Stillstellung aller Basis-Initiative und die damit verbundene Aushöhlung der Kompetenzen der Massenorganisationen, auch der von gemäßigten Arbeitern, hatte wachsende Kritik ausgelöst. Man sah sich zwar aus dem Chaos gerettet, aber der Preis erwies sich nachträglich als hoch. Vor allem zeigte sich, wie sehr das MVK von Huang und seiner engeren Offiziersgruppe beherrscht wurde. Die zugelassenen Vertreter des neuen »Hauptquartiers der Arbeiterrebellen« waren in wichtigen Fragen kaum mehr als nützliche Statisten, die ihre proletarische Unterschrift hergeben durften.

So sehen wir schon im März an den Mauern der Stadt die Plakate hochgehen, die zu Tausenden die Losung verkünden: »Hoch die ›Revolutionäre Allianz‹!« An der organisatorischen Front beginnt es zu bröckeln. Der »Rotgardisten-Vertreterkongreß«, der Ende März zusammentritt, spaltet sich. Ein linker Flügel, der das III. Hauptquartier und ein »Neues I. Hauptquartier« umfaßt, erklärt sich gegen die »Diktatur der MVK«. Sein Organ, der »hua-shih hung-ch'i«, spricht von Huang Yung-sheng plötzlich als dem »T'an Chen-lin von Kanton« und vergleicht ihn mit dem doppelgesichtigen T'ao Chu. Eine Anti-Huang-Koalition bildet sich aus, der sich viele Kräfte anschließen, die der alten Rebellenallianz skeptisch oder gar feindlich gegenüberstanden, z. B. die wichtigste Gruppe an der »Südchinesischen Forstakademie«. Der Verband der Rebellen nennt sich mit dem neuen Namen: »Rote Revolutionäre Allianz« (hung-ko-lien) und nimmt im Laufe des April/Mai zahlreiche kleine Gruppen auf, wie die »Kanton-Truppe« (kuang-chou ping-t'uan), die hauptsächlich aus Jungarbeitern und Landarbeitern besteht.

Im Juni hat sich die Rebellenbewegung weitgehend von der Märzniederlage erholt und steht den herrschenden Militärs mit wachsender Aggressivität gegenüber. Beide Seiten taktieren trotz allem vorsichtig, suchen ihre Kräfte zu stärken und den Gegner politisch bloßzustellen. Beide Seiten pflegen die Beziehungen zu den jeweiligen Faktionen in Peking.

Der Auslöser kam weder aus Peking noch aus Kanton, sondern aus dem zentralchinesischen Wuhan, von wo aus Ch'en Tsai-tao als Chef der MR die beiden Provinzen Honan und Hupeh in Schach hielt. Ch'en hatte sich bei der Unterdrückung der Rebellen, nicht nur in Wuhan, sondern vor allem in Chengchow (Kommune des 7. Februar) kräftig hervorgetan und die »Eine Million Helden« als seine politische Hausmacht gefördert. Vielleicht, daß ihm die Erfolge zu Kopf gestiegen waren, vielleicht auch, daß er einen Coup gegen die chiang-ch'ing-p'ai für militärisch durchführbar hielt: Als Wang Li und Hsieh Fu-chih zu Unterhandlungen eintrafen, ließ er beide verhaften[54].

Ch'en's Handstreich bietet ein gutes Beispiel dafür, wie in der Politik eine Dummheit genügt, um eine überaus günstige Lage in ihr Gegenteil zu verwandeln. Hätte er seine Aktion auf Wang Li beschränkt, wäre wohl nicht viel geschehen. Aber Hsieh Fu-chih war eine Großmacht im maoistischen Lager, und seine Arretierung kam einer Kriegserklärung an den Vorsitzenden gleich. Lin Piao, sonst eher passiv, wurde zu schnellem Handeln getrieben. Loyale Einheiten des Zentrums gingen in Wuhan in Stellung. Ch'en, dem die anderen Militärkommandanten keine Hilfe zukommen ließen, mußte schmählich kapitulieren. Die Linke erlebte ihren großen Triumph, den sie weidlich auszukosten gesinnt war.

Ch'en Tsai-tao, einer der Wortführer der gemäßigten Militärkommandeure, war als »Konterrevolutionär« entlarvt! Das bot den Linkskräften die Gelegenheit, das Blatt zu ihren Gunsten zu wenden und mit der bisher nur angedeuteten Politik ernst zu machen, »die kapitalistenfreundlichen Autoritäten aus der Armee herauszuholen.« Sechs Tage nach dem Debakel der konservativen Offiziere in Wuhan erscheint in der PV der entscheidende Artikel, der diese Forderung offen ausspricht und von den lokalen Rebellenkräften mit Vehemenz aufgegriffen wird.

Der linke Sturm wird allenthalben geführt, vor allem aber im südchinesischen Raum, wo Huang eine Bastion aufgebaut hatte, neben der auch die nordöstliche Hausmacht von Ch'en Hsi-lien zurücktreten mußte. Zudem war Huang enger als andere Kommandanten mit den gemäßigten Kräften des maoistischen Kompromisses in Peking verbunden. Die Rede des Premiers in Kanton hatte diese Achse vor aller Welt deutlich gemacht. Der Sturz von Huang Yung-sheng mußte die Position von Chou En-lai, Li Hsien-nien und Li Fu-ch'un wenn nicht zerstören, so doch schwächen.

Wie sehr man sich der nationalen Bedeutung der Kämpfe am Perlfluß bewußt war, beweist der Aufruf eines Rebellenblattes: »Genossen! Unser Kampf gegen den T'an Chen-lin und Ch'en Tsai-tao von Kanton, unser Ringen mit den ›Kapitalistenfreunden in der Armee‹ wird das politische Geschick der gesamten kulturrevolutionären Bewegung bestimmen.«[55] Diese Überzeugung erhielt ständige Nahrung durch die Botschaften, die die chiang-ch'ing-p'ai den südchinesischen Rebellen durch Lin Chieh zukommen ließ. Schon am 28. Juli hatte dieser eine Massenveranstaltung in der Pekinger »jen-ta« (Volksuniversität) geleitet, die unter dem Motto stattfand: »Was geht in der Militärregion Kanton vor?« Unter dem Beifall der Tausende hatte Lin auf dem Höhepunkt des Abends gerufen: »Die Kulturrevolution hat bereits eine Handvoll Reaktionäre aus der Partei gescheucht. Sie wird auch die Handvoll Reaktionäre aus der Armee verjagen! Geht nach Kanton! Holt die Reaktionäre aus den dort stationierten Einheiten heraus! Und holt auch Kantons Ch'en Tsai-tao!«[56]

Eine Sondertruppe der Chiang Ch'ing-Anhänger wurde zusammengestellt und mit mehreren Zügen nach dem fernen Süden geschickt, um den lokalen Kräften im ›letzten Gefecht‹ beizuspringen.

Auf diese Weise von den zentralen Stellen angefeuert, nahm die Hetzkampagne der Rebellen in Kanton nach dem 20. Juli Ausmaße an, die alles bisher Dagewesene weit hinter sich ließ. »Ihr Massen, die ihr von den konterrevolutionären Kräften in Kanton betrogen worden seid! Hört gut zu!« beginnt etwa ein einflußreiches Rebellenorgan und bringt dann eine Liste der »Verbrechen« der Militärverwaltung, die mit der Behauptung schließt, Huang sei schlimmer noch als ein »Kuomintanggeneral«[57]. »Huang Yung-sheng, der Räuberkönig des Südens, der Todfeind der proletarischen Revolution«, lautet eine andere Posaune, mit der die Rebellen weitere Schandtaten des Militärkommandeurs unters Volk blasen[58]. Kein Zweifel, die Stimmung, von glühenden Sommertagen ohnehin kräftig gefördert, ist auf dem Siedepunkt, eine Explosion der politischen Leidenschaften ist nur noch eine Frage des richtigen Zeitpunkts.

Die »Augustkämpfe«[59] beginnen schon im Juli, nur einen Tag nach der Entscheidung von Wuhan: Aus einem lokalen Geplänkel zwischen Rebellen und technischem Personal in der Zuckerfabrik von Hua-ch'iao entwickelt sich ein Kampf, der immer weitere Kreise zieht und schließlich zu einer stundenlangen schweren Straßenschlacht wird, in der sich die »chu-yi-ping« zum erstenmal blicken lassen, von Ch'en Teh organisierte Einsatzkommandos, denen neben Soldaten in Zivil, Sicherheitsbeamten und Militärpolizei auch harte Kerngruppen von Elitearbeitern angehören. Der Kampf endet bei Anbruch der Dunkelheit mit einem Unentschieden[60].

Zwei Tage später weiten sich diese ersten Zusammenstöße aus. Es kommt in einem Gefecht vom 23. Juli, das von beiden Seiten mit Schlagstöcken und Eisenstangen ausgekämpft wird, zu den ersten Toten und Schwerverletzten. Beide Lager holen Verstärkungen herbei. Wieder kann keine Partei einen eindeutigen Vorteil erringen[61].

Am 25. Juli versammeln sich die Rebellen zu einer großen Trauerkundgebung für die »Märtyrer des 23. Juli« und ziehen in langem Marsch zur Sun-Yat-sen-Gedächtnishalle. Unterwegs wird der Demonstrationszug, dessen Sprechchöre: »Nieder mit Huang Yung-sheng!« in den tropischen Gewitterhimmel donnern, von konzentrierten Kräften der Gegner in die Flanke gefaßt und zersprengt. Bei den Kämpfen, die sich die ganze Nacht hinziehen, gibt es wieder Tote und zahlreiche Verletzte[62].

Seit diesem 25. Juli kommt Kanton nicht mehr zur Ruhe. Wie in den Tagen des Januarsturms versucht die neue »Rote Rebellenallianz«, die Macht an sich zu reißen (to-ch'üan). Mit allen Kunstgriffen der Partisanentaktik werden Verwaltungsgebäude gestürmt, Fabriken besetzt, Wasser und Strom unterbrochen. Ab Anfang August wagt man sich auch an die Polizeiwachen und sucht mit den Soldaten, die einzelne strategische Objekte bewachen, zu fraternisieren. Am 13. August fühlt man sich so weit gestärkt, daß man einen erfolgreichen Sturm auf die Höhle des Löwen ansetzt, auf das HQ der Militärregion von Kanton, das der vorsichtige Huang natürlich schon lange geräumt hat. Bei den Gegenattacken der »chu-yi-ping« kommt es wiederum zu langandauernden Straßenschlachten, in denen das Militär auch von der Schußwaffe Gebrauch macht[63].

Alle diese zahlreichen Einzelgefechte fließen um den 18. August zu einer umfassenden Entscheidungsschlacht zusammen. Sie beginnt in der Nacht vom 18./19. bei den E-Werken, dehnt sich dann auf alle städtischen Versorgungsbetriebe aus und kulminiert am 20. August in einem den ganzen Tag währenden Gefecht, in dem beide Seiten alle Reserven einsetzen. Bei den Rebellen finden wir die »Arbeiterallianz« (kung-lien), der etwa 15 Jungarbeiterverbände angehören, darunter die »Kommune von Radio Kanton« (kuang-chou tien-t'ai kung-she), die »Truppe des 31. August« (pa-san-yi ping t'uan) und die »Rotfahnenarbeiter« (hung-ch'i kung-jen), vor allem aus dem »Volkswagenwerk«, wo sie zahlreich vertreten sind. Daneben streiten die linken RG vom III. HQ und vom Neuen I. HQ sowie als bedeutende eigenständige Kraft die »Ostrot-Gruppe« der Perlfluß-Filmateliers. Den organisatorischen Kern bilden die über 2000 Kämpfer der »Rotfahnen-Kommune« der SYSU (chung-ta hung-ch'i kung-she)[64].

Die militärischen Einheiten waren nicht alle auf der Seite von Huang Yung-sheng. Wir haben oben angemerkt, daß der stellvertretende Leiter der

PA, Chiang Min-feng, seit den Apriltagen bemüht war, in der Garnison für die Rebellensache zu werben. Wenn auch die große Mehrzahl der Offiziere und Mannschaften ihrem Kommandanten treu blieb, so müssen wir doch annehmen, daß die Rebellen von einigen Soldaten unterstützt wurden. Hier bleiben wir ganz im Reich der Vermutungen: Die siegreiche Gruppe um Huang hat alles getan, um diesen Punkt zu verhüllen, und die erhaltenen RR-Dokumente sind zu spärlich, um über eine etwaige militärische Unterstützung Aufschluß zu geben. Die Luftwaffe, unter dem Einfluß von Yü Li-chin, wahrte in den Auseinandersetzungen eine strikt neutrale Position.

Wenn sich auch die Angaben in den verschiedenen Informationsdiensten widersprechen, soviel ist sicher: Der Abfall ging niemals so weit, daß er die überragende Autorität von Huang Yung-sheng ernsthaft in Frage gestellt hätte. Für Huang streiten außer den schon erwähnten kampferprobten »chu-yi-ping« die »ti-tsung«-Verbände, die sich auf die Kantoner Werftbetriebe stützen, die verschiedenen Vereinigungen des »Arbeiter-Rebellenhauptquartiers« sowie zahlreiche Soldaten in Zivil.

Als sich zeigt, daß die Anhänger der Militärverwaltung zwar in der Überzahl, den Gegnern aber an Einsatz und Kampfwillen unterlegen sind, läßt Huang jede politische Rücksicht fallen. Aus der indirekten Beteiligung wird immer mehr ein direkter Eingriff von bewaffneten militärischen Einheiten, die nach langem Ringen die Oberhand gewinnen. Gegen Abend sind die meisten Rebellenverbände umzingelt und werden entwaffnet. Der Großeinsatz der Armee hat den Tag zugunsten der gemäßigten Kräfte entschieden[65]. Und diese wissen, daß ihr Sieg endgültig ist. Noch in der Nacht bringen die Rebellen unter der Überschrift: »k'ang-yi« (Widerstand) eine Flugschrift heraus, die über ganz Kanton verteilt wird und die schwarzen Taten des Militärs anprangern soll[66].

Aber der stolze Titel des Aufrufs kann nicht darüber hinwegtäuschen, daß den Linken nur die Wahl zwischen Aufgabe und Untergrund bleibt.

Nach einigen Versuchen, den Kampf neu aufzunehmen, müssen die RR die Aussichtslosigkeit des Bemühens erkennen. Am 2. September wird bei den »Alten Speichern« im Hafengebiet die letzte Schlacht geschlagen. Danach beherrscht die Huang-Liu-Junta völlig das politische Feld. Zwar redet ein Rebellenblatt davon: »Wir müssen unsere Taktik überprüfen, wir müssen das Vertrauen der irregeleiteten Massen zurückgewinnen, um in kurzer Frist eine Änderung der Lage herbeizuführen«[67], aber die Zustände in den Organisationen sprechen eine andere Sprache. Von den über 1200 Rebellen etwa, die das Werftgelände Anfang August zählte, sind kaum 100 übriggeblieben. Die anderen haben ihre alten Bindungen aufgegeben. Und anderswo dürfte es kaum besser ausgesehen haben. Eine poetische Stimme sprach von »roten Frostblättern über Sommerblumen«. Der Traum von einer antiautoritären Kantoner Kommune war endgültig ausgeträumt.

c) Der Weg zum Revolutionskomitee

Die Ereignisse von Kanton hatten ihre sofortigen Auswirkungen in der Zentrale. Die Militärkommandanten, die sich in Peking trafen, wollten Gerichtstag halten, und die gemäßigte Mehrheit der KRG schloß sich ihren Forderungen an. Nie wieder sollte es der Gruppe um Chiang Ch'ing erlaubt werden, durch verantwortungslose Appelle an die unruhige Basis den als notwendig erkannten maoistischen Kompromiß in Frage zu stellen.
Chiang Ch'ing sah sich gezwungen, in einer langen Rede von ihren alten Ansichten und Anhängern abzurücken. »Vor kurzem gab es eine irrige Losung, die hieß: ›Stürzt die Kapitalistenfreunde in der Armee!‹« hören wir sie öffentlich erklären. Welche Demütigung für jemand, den alle Welt als die Urheberin dieses Irrtums kannte! Diese Erklärung vom 5. September ist nicht nur ihr eigener Schwanengesang. Sie apostrophiert den Fall des ganzen »IV. Hauptquartiers« um Wang Li, Kuan Feng und Ch'i Pen-yü, die allesamt nur noch als machtlose Schatten auf der Pekinger Bühne weiter agieren: politisch schon tot und nur noch geduldet, weil man dem Land nach den Wochen der Unruhe nicht noch einen Schauprozeß zumuten will. Der endgültige Sturz dieser »Clique des 16. Mai« folgt im März 1968. Mit ihnen zusammen fallen Militärs, die wie Yang Ch'eng-wu und Yü Li-chin der Machtexpansion des linken Flügels der KRG Vorschub geleistet hatten[68].
Eine Rechnung wurde allerdings sofort beglichen: die mit der APA. Zu sehr hatten ihre Leute den Widerstand gegen die regionalen Militärkommandanten geschürt, um jetzt einer Strafe entgehen zu können. Schon Ende August wird der Leiter der Abteilung, Hsiao Hua, von Lin Piao scharf kritisiert. Anfang September verliert er seinen Posten endgültig. Die APA, die Seele der politischen Indoktrinierung in der Armee, konnte keinen Platz mehr in einer Zeit haben, wo die auf Disziplin und Ordnung bedachten Militärkommandanten einen so eindeutigen Sieg erfochten hatten. Bis heute hat die rekonstituierte APA die dominierende Rolle, die sie bis August 1967 spielte, nicht wieder erlangt.
Zurück in Kanton kann Huang an den Neubau der politischen Einrichtungen denken: mit der beruhigenden Gewißheit, daß ihn diesmal keine neuen Rebellen davon abhalten werden, die provisorischen Organe der Macht bis zu dem Grad von politischer Reife zu führen, der für ihre Umwandlung in ein vollgültiges Revolutionskomitee notwendig ist.
Der Rechtsstreit, der zwischen den Rebellen und ihm vor dem ZK anhängig ist, braucht ihm keine weitere Sorge zu machen. In China ist, wie überall und zu allen Zeiten, das Recht der Diener der Macht. Hat diese ihr Wort gesprochen, ist auch der Rechtsentscheid absehbar. Er kommt am 12. November, in Form einer »Entschließung des Zentralkomitees, des Staatsrats, der Zentralen Militärkomitees und der Kulturrevolutionären Gruppe in der Kwangtung-Frage« und gibt Huang in allen Punkten recht, kaum daß mit einer flauen Kritik an einigen repressiven Maßnahmen die »Unparteilichkeit« wenigstens der Form nach gewahrt werden soll[69].
Am wichtigsten ist die Ankündigung unter Punkt 4, die die Errichtung eines Vorbereitenden Revolutionskomitees (VRK) vorsieht. Dies darf niemanden

überraschen: Hatte Huang doch schon im März daran gedacht, seine Militärverwaltung in die solidere Form eines RK zu überführen. Nur durch die widrige Entscheidung der MA des ZK und die darauffolgenden stürmischen Zeiten war die Ausführung verhindert worden. Auch in seiner Unterredung mit Chou vom September hatte dieses alte Thema eine Rolle gespielt. Jetzt endlich schienen die politischen Bedingungen in voller Reife gegeben zu sein.

An der Mitarbeit von Kadern und Militär sollte es nicht fehlen. In der Tat sehen wir aus der Personenliste des VRK, daß diese Gruppe mit exakt den gleichen Leuten vertreten ist wie schon im voraufgegangenen MVK. Weniger einfach lagen die Dinge bei den Massenorganisationen. Hier hatten die Juliereignisse und die Augustkämpfe tabula rasa gemacht, die alten, im Frühjahr so mühsam aufgebauten Strukturen waren zerschlagen. Huang mußte auf diesem Gebiet ziemlich von vorne beginnen.

Um seine neue proletarische Allianz zusammenzubringen, hat Huang auch vor repressiven Maßnahmen nicht zurückgescheut. In allen Betrieben waren militärische »Propagandatruppen« im Einsatz, deren Aufgabe es war, die vielen zersplitterten Verbände zu großen, die gesamte Fabrik umspannenden Organisationen zusammenzufassen, wobei es nach dem vertrauten Motto zuging: Bist du nicht willig, so brauch' ich Gewalt[70]. Alte Rebellenverbände wurden in die neuen Großstrukturen integriert und verschwanden als selbständige Einheiten. Wo immer sie sich wehrten, wurden sie zerschlagen[71].

Es war eine Zeit, wo viele auch der standfesteren Rebellen ihre Sache fürs erste aufgaben und sich entweder zurückzogen, oder, wie etwa ein Wu Ch'uan-pin, für einen »langen Marsch« durch die Institutionen zu rüsten begannen. Weiterzukämpfen hatte schon deshalb keinen Sinn, weil die Bevölkerung nach einem Jahr der Entbehrung normale Verhältnisse wünschte und die Soldaten, die mit ihren Lastwagenkonvois die Versorgung wieder herzustellen begannen, bei jeder Gelegenheit hochleben ließen. »Der Hauptstrom (chu-liu) ist zufrieden«, lautete ein melancholischer Rebellenkommentar, »nur der Seitenstrom (chi-liu) sieht in den Ereignissen den neuen ›Bösen Märzwind‹ wehen.«[72]

Wu Ch'uan-pin, der schon mehrfach erwähnt worden ist, erwies sich bei der Integrationsarbeit als unentbehrlicher Helfer. Wir erinnern uns: Wu hatte sich am Januarsturm als führendes Mitglied im Lenkungsausschuß der RA beteiligt, war dann im März wie die anderen »Rädelsführer« zuerst verhaftet, nach dem Spruch der MA des ZK wieder auf freien Fuß gesetzt worden. Wu mußte schon damals gesehen haben, zu einer Zeit, als es scheinbar wieder bergauf ging, daß die Rebellen angesichts der überwältigenden militärischen Opposition auf die Dauer nichts ausrichten konnten, und hatte daraus seine Schlüsse gezogen. Den Kämpfen im Sommer blieb er fern, statt dessen suchte er Kontakt zur Gruppe um Huang. Die Verbindung war bald hergestellt, denn Huang war durchaus darauf bedacht, die repressiven Aspekte in Grenzen zu halten. Als Mann von politischer Einsicht war ihm nicht unbekannt, daß dem zerrissenen Kanton und der ganzen Provinz ein »Komitee der Versöhnung« am besten anstehen würde, und Wu, der als aufrechter Linker bekannt war, konnte bei dieser schwierigen Aufgabe als Mittelsmann helfen. Ihm vor allen anderen war es zu danken, daß das VRK, das Anfang Dezember zusammentrat, tatsächlich mehr war als eine bloße Versammlung der Sieger.

Am 12. Dezember hatte Huang Yung-sheng seinen großen Tag. Die lange Rede in der Sun-Yat-sen-Gedächtnishalle, wo er das neue Exekutivorgan (das selbstverständlich auch Repräsentativorgan war) der Öffentlichkeit vorstellte, ist in verschiedener Hinsicht bemerkenswert. Der Grundton der Versöhnung war unverkennbar. Das große Volk von Kanton und ganz Südchina sollte den von einer kleinen reaktionären Clique angezettelten Faktionskampf der vergangenen Monate vergessen und sich entschlossen einer glücklichen Zukunft zuwenden. Gleichzeitig aber machte er unmißverständlich klar, daß für anarchistische Experimente kein Raum sei. »Konterrevolutionäre« Störer, die den wirtschaftlichen Neubau sabotieren wollten, würden in den »Organen der proletarischen Diktatur« rücksichtslos verfolgt werden. Kurz: Friede für alle ordnungs- und arbeitswilligen Bürger, unnachsichtiger Kampf gegen die Kräfte, die nicht bereit waren, die wiederhergestellte Kaderherrschaft als Endprodukt der KR anzuerkennen[73].

In den folgenden zwei Monaten hat Huang dieses Programm mit großer Energie und politischer Konsequenz durchgesetzt, ohne die fast diktatorischen Vollmachten für sich und seine engsten Mitarbeiter im geringsten zu mindern. Die Kritik der in den Untergrund gegangenen Rebellen konnte nicht ausbleiben. Sie sahen unter maoistischen Vorzeichen genau den Mißstand wiederkehren, gegen den sie so lange Sturm gelaufen waren. Ja, die Formen der Herrschaft zeigten sich in ihrer militärischen Ausprägung autoritärer und offener als jemals zuvor.

Und so erscheinen gleich nach der programmatischen Rede des Vorsitzenden des VRK Wandzeitungen, in denen der harte Kern der Linkskräfte seiner Frustration Ausdruck verleiht. »Kanton braucht eine neue Rebellion«, heißt es da und: »Der Klassenkampf muß aufs neue organisiert werden«.[74] Die Einrichtung der neuen Exekutive erscheint als »Staatsstreich« (pien-fa) und eine Flugschrift unter dem Titel: »Mit dem Ostwind voran!« versteigt sich zu der Anklage, Huang wolle die Massen in seine Gewalt bekommen »durch die Mittel der politischen Palastrevolution« (kung-t'ing-shih ti cheng-pien). In einem gleichzeitig verbreiteten Pamphlet: »Die Zehn Großen Spaltungen« (shih ta-fen-ch'i) werden die Linien zwischen Huang und Chou gezogen und der Pekinger Zentrale ein Gut Teil Schuld an den Vorgängen in Kanton angelastet.

Im Januar tritt die Gruppe hervor, die den Untergang der Rebellenverbände in Kanton in einer ähnlich nüchternen und theoretisch anspruchsvollen Weise begleitet, wie es die PA in Hunan für die gesamte kulturrevolutionäre Bewegung getan hat. Diese »Kommune des 5. August« setzt sich zumeist aus Angehörigen der politisch-juristischen Abteilung der SYSU zusammen: alles Leute, die als »alte Rebellen« an den glorreichen Januartagen von 1967 teilgenommen hatten[75].

Die Kommune beginnt ihre Solokampagne mit zwei weitverbreiteten Flugschriften, die auch als Wandzeitungen geklebt wurden: der »Ersten Widerlegung von Huang Yung-sheng«, und der in Abstand von Tagen folgenden

»Zweiten Widerlegung von Huang Yung-sheng«. In beiden Pamphleten wird der Kommandant als Totengräber der Revolution angeprangert. Ein Produktionsfetischist sei er, der sich über das maoistische Konzept der »ta-min-chu«, der Basisdemokratie, hinwegsetze und eine Generation von neuen »gefügigen Werkzeugen« (hsin shun-fu kung-chü) heranzüchten wolle. Es folgt die Streitschrift: »Die Ruhe vor dem Sturm« (chi-chan ch'ien ti shen-chi), die die Ursachen der Niederlage in nahezu wissenschaftlicher Weise analysiert und nüchtern bemerkt, daß eine neue Phase der »bürgerlichen Diktatur« bevorstehe. »Sie [d. h. die neuen Machthaber] sagen, sie bekämpfen die ultralinken Tendenzen. In Wirklichkeit kämpfen sie gegen die Rebellen und ihre volksdemokratischen Ziele«, heißt es am Schluß. Unter dem Deckmantel radikaler Phrasen würde nichts anderes betrieben als »bürgerlicher Reformismus« (tzu-ch'an chieh-chi kai-liang chu-yi), der in der Praxis auf neue Differenzierung und Elitebildung hinauslaufen müsse[76].

Das zusammenfassende Urteil: »Das gegenwärtige Vorbereitende Revolutionskomitee ist im wesentlichen (shih-chi-shang) nichts anderes als eine Kopie (fan-pan) der alten politischen Macht«[77] steht am Ende dieses Dokumentes, das sich selbst als ›pei-ming‹ (Klagegesang) verstanden wissen will und in der Tat der literarische Grabstein geworden ist, den sich die Rebellenbewegung in Kanton gesetzt hat.

All diese Widerstände waren geistiger Natur und deshalb keinerlei Hindernis für die politische Macht. Anfang Februar konnten die Vorbereitungen als abgeschlossen gelten, und am 21. Februar wurden zugleich das RK für die Stadt Kanton und das RK für die Provinz Kwangtung feierlich konstituiert[78].

Zwischen Dezember 1967 und März 1968 waren in Provinzen und Metropolen insgesamt neun wichtige RK eingerichtet worden. Aber keines reichte auch nur annähernd an die Bedeutung der neuen Machtorgane in Kanton heran. Hier hatte ein Ringen getobt, das über Monate hinweg die Augen der ganzen Nation in Hoffnung oder in Bangen auf sich gezogen hatte. An dieser uneinnehmbaren Festung waren die Vorwärtsaktionen der Pekinger Linken zuerst zum Stehen und schließlich zum Scheitern gekommen.

Es war kein Zufall, daß die endgültige Abrechnung mit den politischen und militärischen Verfechtern der Chiang Ch'ing-Partei der Kantoner Konsolidierung auf dem Fuße folgte. Es lag in der Logik der Dinge, daß zum Nachfolger des amtierenden Generalstabschefs der VBA kein anderer bestellt wurde als der Sieger des Tages: Huang Yung-sheng. Dieser Aufstieg von lokaler zu nationaler Statur fand seine parteioffizielle Bestätigung auf dem IX. Parteitag, als Huang ins Politbüro einziehen durfte.[79].

2. Schanghai

In den schwierigen liuistischen Zeiten, die nach dem Großen Sprung für den Vorsitzenden hereinbrachen, war die Yangtse-Metropole so etwas wie seine politische Fluchtburg geworden. Es gab Perioden, wie die von 1964/65, wo sich Mao mehr in Schanghai als in Peking befand, wo er in seinem Refugium im ehemaligen französischen Klub[80] die zahlreichen informellen Sitzungen abhielt, in denen sich seine engeren Freunde zur Manöverkritik oder auch nur zu geselligen Zwecken vereinten: K'o Ch'ing-shih, der damalige Bürgermeister der Stadt und zugleich Erster Sekretär im wichtigen Ostchina-Büro der Partei, Ch'en Po-ta, sein Freund seit den gemeinsamen Kämpfen von 1922, zugleich der engste Berater des Vorsitzenden, Chiang Ch'ing und K'ang Sheng, daneben immer häufiger die Angehörigen einer jüngeren Generation wie Yao Wen-yüan und Chang Ch'un-ch'iao. Hier fühlte Mao sich wohl; wohler als in den Kreisen der Pekinger Großbürokratie, denen er sich zunehmend entfremdete. Und hier, in der Geborgenheit der »Zweiten Linie«, reiften langsam jene kritischen Vorstellungen über Tun und Lassen der »Ersten Linie« um Liu, Teng und das Pekinger Parteikomitee, die später in der kulturrevolutionären Explosion ihren öffentlich-politischen Ausdruck erhielten.

In Schanghai wurde der berühmte Artikel Yao Wen-yüans geschrieben, der sich gegen Wu Hans neuestes geschichtliches Drama richtete und den Eröffnungsschuß in der KR darstellen sollte – nur daß dies im November 1965 noch kaum jemand ahnte. Und von hier aus betrieb Mao die politischen und militärischen Vorbereitungen, die den Sturz des ›Parteihauptquartiers‹ in Peking einleiten würden.

Als der Kampf gegen die Provinzpartei nach dem XI. Plenum in voller Schärfe entbrannte, mußte es das erste Anliegen der maoistischen Faktion sein, Schanghai, die »proletarische Hauptstadt« des Landes, zur sicheren Bastion auszubauen. Chang Ch'un-ch'iao und Yao Wen-yüan reisten zwischen August und Dezember Dutzende von Malen zwischen beiden Zentren hin und zurück, um den linken Flügel der Schanghaier Arbeiterschaft für die kulturrevolutionäre Linie zu gewinnen. Wang Hung-wen und Keng Chinchang, beides proletarische Aktivisten der jüngeren Generation, wurden zu ihren bevorzugten Gesprächspartnern und zu den organisatorischen Wegbereitern der maoistischen Linkspolitik.

Denn diese war nicht mehr selbstverständlich, wie zu Zeiten von K'o Ch'ing-shih, der im April 1965 gestorben war. Seine Nachfolger, unter die seine Ämter als Bürgermeister von Schanghai und als Erster Parteisekretär der Stadt aufgeteilt waren, Ts'ao Ti-ch'iu und Ch'en P'i-hsien, waren aus anderem Holze geschnitzt. Nicht, daß sie im Ernst jene »kapitalistenfreundlichen Autoritäten« gewesen wären, als die sie die Rebellen hingestellt haben. Aber daß ihr Kommunismus einen starken technizistischen Einschlag aufwies, war unverkennbar, wie auch aus der oben zitierten Amtsantrittsrede von Ts'ao deutlich hervorgeht.

Das große Geschick, mit dem diese neuen Männer die rotgardistischen Attacken abwehrten und sich allen Bemühungen der chiang-ch'ing-p'ai, die Revolution in der Stadt zu »vertiefen«, widersetzten – in einer verbalradikalen Form, die sich nach außen als Muster orthodoxer Rhetorik darstellte –, zwang die Pekinger KRG, ihre zuverlässigste Waffe, die neuen Organisationen der RR, immer stärker zu fördern. Chiang Ch'ing's III. HQ hat sich dabei besonders hervorgetan. Die zahlreichen Verbindungsleute, die zu Zwecken der politischen Agitation nach dem Yangtse geschickt wurden, waren federführend an Aufbau und Schulung der Schanghaier Rebellenorganisationen beteiligt.

Dennoch waren die Erfolge verhältnismäßig bescheiden. Noch im November enthüllt der Anting-Zwischenfall, daß die Rebellen nicht mehr sind als ein kleines Häuflein von wenigen Tausend, während die konservativen »Scharlachgarden« bereits eine Anhängerschaft haben, die in die Zehntausende geht. Ganz sicher wäre den Führern wie Chang Ch'un'ch'iao und Keng Chin-chang lieb gewesen, noch einige Monate für organisatorische Aktivitäten zur Verfügung zu haben, aber in Politik und Geschichte gehen die Ereignisse selten nach Wunsch, und wie wir gesehen haben, war das maoistische Zentrum Ende Dezember zur Erkenntnis gekommen, daß die kulturrevolutionäre Bewegung bei Strafe ihrer Niederlage auf eine neue, intensivere Stufe gehoben werden müsse: auf die Stufe des Rebellensturmes, und daß die Schanghaier Basis am geeignetsten sei, bei der neuen Offensive die Vorhut zu spielen.

Die technischen Details der Machtübernahme brauchen hier nicht wiederholt zu werden: Sie ähnelten in allen wesentlichen Punkten denen in Kanton. Auf einen Besucher von außen, der das gerade in eine Kommune verwandelte Schanghai erlebt hätte, müßte die revolutionäre Atmosphäre unwirklich und überwältigend zugleich gewirkt haben. Etwa so, wie das anarchistische Barcelona dem eben aus England eingetroffenen George Orwell erschienen ist: voll von Plakaten und Transparenten, jede Mauer mit Wandzeitungen bedeckt, von Quadratmetergröße bis zu Heftseitenformat. Überall diskutierende, demonstrierende, sich bewegende Gruppen und Züge, überall Propagandalastwagen, die langsam die Straßen durchfahren, um weltanschauliche Parolen oder technische Anweisungen in die Wohnblöcke zu rufen.

Die Mehrzahl der öffentlichen Gebäude von revolutionären Organisationen besetzt, Theater, Kino, Aulen, Sporthallen und Stadien in Versammlungslokale umfunktioniert, wo in überhitzter Atmosphäre und unerträglicher Stickluft Dutzende von kleinen und großen Meetings und Konferenzen gleichzeitig tagen, wieder und wieder unterbrochen vom rhythmischen Klatschen, das das Weichbild der Stadt in einen allgegenwärtigen akustischen Nebel einhüllt[81].

Aber: dieser politische Karneval kann die Verantwortlichen der »Arbeiterrebellen« (kung-jen tsao-fan-che) nicht über die Tatsache hinwegtäuschen, daß die Mehrheit der Schanghaier Arbeiter und Angestellten nicht mit der neuen Rebellenkommune geht, sondern in den Scharlachgarden und anderen eher gemäßigten Verbänden organisiert ist. Die Jubelstimmen aus Peking und die Autorität des Vorsitzenden sind stark genug, um sie von politischen Gegenaktionen Abstand nehmen zu lassen. Aber ohne Opposition wird es auf die Dauer nicht abgehen. Schon am 8. und verstärkt am 9. und 10. Januar beginnen die regulären Arbeiter, technisches Personal und Kader ihre Aktionen des passiven Widerstandes, die die Großbetriebe und die gesamte städtische Versorgung zum großen Teil lahmlegen. Wir haben schon gehört, wie Chang Ch'ung-ch'iao, der von Peking bestimmte Chef der »Arbeiterrebellen«, in der »Dringenden Bekanntmachung« vom 9. Januar eingestehen muß, daß er die Vorgänge im industriellen und administrativen Sektor der Stadt nicht mehr kontrolliert, daß die Linke zu schwach ist, um der Mehrheit die Kommuneideen aufzwingen zu können.

Die unerbittliche Realität hat Chang in der Folgezeit mehr und mehr von der ursprünglichen Rebellenlinie abrücken lassen und in eine ganz andere Richtung gedrängt, in der die Vorstellung von einem gesellschaftlichen Kompromiß dominierte, noch bevor es der Pekinger Führung und dem Vorsitzenden klar wurde, daß die Zeit für radikale Experimente in China endgültig vorbei war. Chang ging den Weg vom Saulus zum Paulus[82] wie so viele vor ihm, die sich aus extremen Positionen plötzlich in Stellungen von großer Verantwortung eingesetzt sahen.

Chang, aus Rücksicht auf den starken linken Flügel[83] nach außen von unverändert verbaler Radikalität, bemüht sich schnell, mit den gemäßigten Gruppen ins Gespräch zu kommen. Schon um den 10. Januar, also noch vor dem militärischen Shansi-Experiment, schlägt er den Elitearbeitern und den Kadern so etwas wie eine große Koalition vor, in einer Form, die den in späteren Revolutionskomitees ausgehandelten Kompromissen nicht unähnlich sieht. Als Mittelsmann dient ihm dabei Wang Shao-yung, einer der Sekretäre des alten Parteikomitees, der als stiller Pate bei der Geburt der Scharlachgarde mitgewirkt und deshalb zu dieser im politischen Kräftefeld so wichtigen Organisation die besten Beziehungen hatte.

Während er alles tut, um den Kampfeifer der linken Sturmtruppen im II. Regiment zu dämpfen[84], baut er dem Gegner goldene Brücken, um ihm den Weg zur Angliederung an die neuen Machthaber leicht zu machen: nicht ohne durchgreifenden Erfolg. Sobald die Führer der proletarischen Mehrheitsfaktion erkennen, daß sich in der Pekinger Politik mit Shansi und Tsingtao eine Wende angebahnt hat, nach der die Januarrevolution in einem neuen, gemäßigten Lichte erscheint, zögern sie nicht, mit den AR in ernste Verhandlungen einzutreten. P'an Kuo-p'ing, ein weiterer Adjutant von Chang und in dieser kritischen Zeit sein geschicktester Unterhändler, bringt die Scharlachgarden schließlich so weit, daß sie auf ihren »schwarzen Wind des Ökonomismus« verzichten, allerdings erst um Ende Januar, als der Stern von Heilungkiang über den politischen Horizont aufgegangen ist und allen tüchtigen Beobachtern der kulturrevolutionären Szene deutlich sein mußte, daß die Periode der Stürme vorüber war und milderes Wetter bevorstand. Jetzt willigen viele Verbände der SG ein, der »Revolution beizutreten«, sie wechseln den Namen und schließen sich insgesamt den lokalen Sektionen der AR an oder erklären einfach ihre alten Organisationen zu Bestandteilen des »kung-szu«[85].

Schon das »Einheitskomitee« (ta-lien-ho wei-yüan-hui), das Chang, Yao und Wang gegen Ende Januar zusammenstellen, enthält zahlreiche »Neurebellen«, die längst über die Kommune hinaus nach der problemloseren Organisationsform des Revolutionskomitees Ausschau halten. Als sich herausstellt, welche Thesen der Vorsitzende in seinen Gesprächen mit den Führern der Schanghaier Kommune vertreten hat, wissen die gemäßigten Kräfte, daß sie gewonnen haben. Ihr Masseneintritt in das »kung-szu« verkehrt dessen politischen Charakter ins Gegenteil: Während die Linksgruppen um das II. Regiment hinausgedrängt werden, übernehmen die »Neurebellen« die Schalthebel der Macht. Das Rebellenhauptquartier, das am 24. Februar 1967 die Kommune abschafft und das RK einsetzt, hat mit der ursprünglichen

Organisation nur den Namen und die oberste Führungsspitze gemein. Offiziell ist die SG besiegt, da ihre Verbände in der Rebellenorganisation aufgegangen sind, in Wirklichkeit haben die gemäßigten Kräfte Rebellion und Kommune einfach geschluckt und aus der kung-szu ein zeitgemäßes Vehikel ihrer Interessen gemacht. Das Rebellenhauptquartier vom Februar ist die beste Scharlachgarde, die es je gab[86].

Die Linke bleibt die Antwort nicht schuldig. Überhaupt ist die relative Stärke des linken Flügels und sein zunächst erfolgreiches Ringen mit den Vertretern des maoistischen Kompromisses das besondere Merkmal, das die Schanghaier Rebellenbewegung vor anderen Städten auszeichnet. Wir haben schon erwähnt, wie Keng Chin-chang, der Führer des II. Regiments, beim Anting-Zwischenfall vom November 1966 zum erstenmal hervortrat. Dieser Arbeiteraktivist erwies sich bald als ein politisches Naturtalent: nicht nur geschickt im Organisieren, sondern auch mit der charismatischen Fähigkeit begabt, die Massen zu begeistern und an sich zu ziehen. Seine Gruppe, das II. Regiment, hatte ihren Namen erhalten, als sie zum Protest nach Peking fahren wollte, von Chang aber in Soochow gestoppt worden war[87].

Zunächst kaum mehr als einige hundert Mitglieder zählend, war sie sowohl wegen ihres beständig antiautoritären Programms als auch wegen der Gestalt ihres »Kommandeurs« schnell an Zahl gewachsen. Ihre steile Karriere bietet ein gutes Beispiel dafür, wie rasch es einer aktiv missionierenden, überzeugten Gruppe gelingen kann, aus dem Nichts zu großer politischer Bedeutung aufzusteigen, wenn die Umstände reif und das richtige gesamtgesellschaftliche Klima gegeben ist. In der Basisarbeit in den Betrieben jedenfalls waren Kengs Leute allen anderen voraus. Es war ein Fehler der Führung um Chang Ch'un-ch'iao und Wang Hung-wen[88], zu sehr auf das diplomatische Spiel und die »große Politik« abgestellt und die organisatorische Detailarbeit Keng Chin-chang und seinem II. Regiment überlassen zu haben. Keng war in den Fabriken bald weit bekannter und populärer als die fernen Chefs[89], seine Sondergruppe konnte überall ihre Zellen errichten und hatte die beiden anderen Regimenter[90] bald weit überflügelt. Man würde es kaum glauben, wenn wir es nicht aus sicherer Quelle (von den Gegnern) wüßten, daß das II. Regiment gegen Ende Januar im Großraum Schanghai über 520 000 Mitglieder zählte[91].

Und das war noch nicht alles. Keng Chin-chang stand nicht allein, er hatte Verbündete, die seine radikalen, bis ans Anarchistische gehenden Vorstellungen von einer gesellschaftlichen Reorganisation teilten: wenn nicht in den Einzelheiten, so doch in den großen Umrissen. Da ist das sogenannte »Dritte Hauptquartier der Arbeiterrebellen« (san-kung-szu), von Ch'en Hung-k'ang mit großem Geschick geführt, eine Organisation, die Ende Januar vielleicht 50 000 Anhänger zählen mochte, neben jungen Arbeitern aus der Arzneimittelfabrik Nr. 3 auch viele, nicht regulär Beschäftigte der verschiedenen Textilfabriken, dazu zahlreiche Hilfskräfte aus dem ausgedehnten Hinterland des Yangtsedeltas. Ch'en, ein Arbeiter aus der Radio-Fabrik Nr. 15, hatte die sich kompromißlerisch wendende Haltung der Führung der kung-szu schon in der ersten Januarhälfte mit Mißtrauen betrachtet und sich gleich nach dem Sturm, am 7. Januar, an Keng Chin-changs konsequent kaderfeindliche,

libertär-kommunistische Linie angeschlossen. Als Keng um den 15. Januar ein
»Verbindungsbüro« (lien-lo-pu) einrichtet, um ein politisches Gegengewicht
gegen das »Einheitskomitee« von Chang Ch'un-ch'iao zu schaffen, gehört
Ch'en Hung-k'ang zu seinen führenden Mitgliedern.
Eine Rolle spielten auch die demobilisierten Soldaten (fu-yüan). Wir haben
gesehen, wie ihre Organisationen die Rebellenfahne in Kanton hochhielten
und zu den härtesten Gegnern der Huang-Yung-sheng-Militärverwaltung
zählten. So auch in Peking und an vielen anderen Orten, wo wir die
fu-yüan-Verbände überall die politische Verbindung mit den antiautoritären
Kräften eingehen sehen. In Schanghai sind die Schwierigkeiten der Veteranen
größer als anderswo. Die überaus komplexe industrielle Welt der Yangtse-Metropole hatte schon in den frühen sechziger Jahren kaum Verwendung für die
politisch geschulten, aber fachlich wenig qualifizierten Abgänger aus den
Reihen der VBA. Viele wurden im Rahmen der SEB eingesetzt, aber andere
mußten mit niederen Aushilfsjobs vorliebnehmen. Das brachte in einer
urbanen Gesellschaft, die gewohnt war, Prestige und Arbeitsplatz ins rechte
Verhältnis zu setzen, eine starke Einbuße an Selbstachtung mit sich.
Schon Ende November beginnen sich unzufriedene fu-yüan zu Verbänden
zusammenzuschließen, die im Dezember eine gemeinsame Dachorganisation
bilden, die »Rotgardenarmee« (hung-wei-chün), der es gelingt, die antiliuistischen Gefühle vieler Veteranen anzusprechen. Ihre Reihen wuchsen bis Ende
Januar auf gut 200 000 Mann. Daneben gehören zum Umkreis um das II.
Regiment einige kleinere Verbände, so die »Truppe des 8. Mai«, der
vornehmlich Arbeiter aus der Wei-Ming-Batteriefabrik angehören, und die
»shang-hai-shih mieh-tzu hsing-wu ch'an-hsiu t'ing-chin-chün« (»Vorwärtsarmee der Stadt Schanghai, zur Zerstörung der Bourgeoisie, zur Förderung des
Proletariats, zur Ausrottung des Revisionismus«), zumeist aus gedienten
Soldaten bestehend und der »Rotgardenarmee« locker angeschlossen.
Insgesamt eine bedeutende Macht, über eine dreiviertel Million entschlossene
Kämpfer: mehr als die Gegenkräfte, die Chang und seine Leute in den Reihen
des Arbeiterrebellenhauptquartiers aufbieten konnten[92].
Ende Januar war das Mißtrauen zwischen den beiden Flügeln des kung-szu so
weit gediehen, daß die Führungsgremien ihre eigenen Wege gingen, als
gehörten sie zwei unabhängigen Organisationen an. Chang führte sein
»Einheitskomitee« zunehmend diktatorisch und hinter verschlossenen Türen,
in engem Kontakt mit der gemäßigten Pekinger Gruppe und den lokalen
Scharlachgarden, ohne Vertreter des linken Flügels weiterhin einzuladen, ohne
ihnen seine politischen Pläne mitzuteilen[93].
Der Tag, an dem die Kräfte gemessen wurden, kam Anfang Februar, als beide
Seiten darangingen, unabhängig voneinander die Schanghaier Kommune
(shang-hai kung-she), die bislang nur in der rhetorischen Fiktion bestand, auch
offiziell auszurufen. Bei dieser Gelegenheit traten die ganz unterschiedlichen
politischen Vorstellungen über die Zukunft der Stadt offen zutage. Für Chang
und Yao war das Ganze nur noch ein Name, sie blickten nach dem Nordosten,
nach Harbin, wo sich das RK des Gespannes P'an Fu-sheng und Wang
Chia-tao glänzend bewährt und seinen Schöpfern höchstes Pekinger Lob
eingetragen hatte[94]. Die »Kommune«, die vom »Einheitskomitee« am Abend

des 5. Februar beschlossen wird, hat denn auch mit dem ständig beschworenen Pariser Vorbild nur mehr die Bezeichnung gemeinsam. Weder ist von der jederzeitigen Abrufbarkeit der Beamten die Rede, noch vom »Volk in Waffen« oder von den Formen der Gruppendemokratie – Erscheinungen, die mit der freiheitlich-anarchistisch inspirierten französischen Bewegung untrennbar verbunden sind. Nicht einmal eine Großveranstaltung wird einberufen, die Proklamation findet heimlich statt, unter Ausschluß der Massen, deren Interessen wahrgenommen werden sollen. Die Mitglieder des neuen Komitees der Kommune sind die alten Gesichter, die wir aus dem »Einheitskomitee« kennen, gewählt wird sowieso nicht, alle Machtpositionen werden per Kooptation vergeben. Insgesamt eine ziemlich üble Persiflage des antiautoritären Kommunegedankens.

Anders auf der Gegenseite. Als Keng und seinen Leuten klar wurde, daß die offizielle Führung der kung-szu mit ihren Pseudo-Kommune-Plänen vorangehen und ihre diktatorische Macht über Schanghai aufrichten wollte, haben sie zunächst scharf protestiert. Flugblätter wurden massenweise verteilt, mit dem Inhalt, daß Chang seine Kommune »unter Ausschluß der Massen« einführen wolle mit dem Ziel, seine gefährdete Position als Leiter des »Arbeiterrebellenhauptquartiers« damit zu sanieren, daß er sich als Oberhaupt der gesamtstädtischen Kommune unangreifbar mache. Das Unternehmen wird für illegal erklärt und als »Staatsstreich« (pien-fa) bezeichnet.

Als Chang auch nach mehrfachen dringlichen Vorsprachen der Vertreter des »Verbindungsbüros« nicht erscheint und unauffindbar bleibt, entschließen sich die radikalen Rebellenverbände, auf eigene Faust zu handeln. Einen Tag, nachdem Chang seine autoritäre Herrschaft errichtet und sein Kabinett zur »Kommune« erklärt hatte, versammelt sich eine große Menschenmenge, mehrere hunderttausend, um die linken Führer reden zu hören. Insgesamt sind 48 Organisationen erschienen, was die späteren Apologeten der offiziellen Kommune von Chang Ch'un-ch'iao in arge Verlegenheit bringen sollte: Denn dieser hatte kaum 30 Verbände auf seine Seite gebracht. Schlimmer wog noch der Umstand, daß Keng und seine linke Koalition des »Verbindungsbüros« gut dreiviertel aller Mitglieder des »Arbeiterrebellenhauptquartiers« repräsentierten.

Die »Zweite Schanghaier Volkskommune« (ti-erh-tzu shang-hai jen-min kung-she), die nach langen Reden und Ansprachen schließlich ausgerufen wird[95], lebt ganz aus dem Gedanken, der in Sprechchören immer wieder auftönt: »pu-fu-ch'i«, also: »Wir werden uns vor keinen Autoritäten beugen!«[96] Schon in den Januartagen war in den Basisverbänden des II. Regiments die Theorie der »vielen Zentren« (to-chung-hsin) entwickelt worden, eine Vorstellung, die davon ausging, daß die Vollgewalt in der Stadt künftig nicht bei einem zentralen Komitee liegen dürfe, sondern bei den Aktivgruppen der Betriebe und sonstigen Produktionseinheiten verbleiben müsse. Die Kommune Nr. 2 ist ganz nach diesem Prinzip des politischen Polyzentrismus aufgebaut: Die Exekutive hat kein Recht, irgendwelche Basisverbände aufzulösen, sie darf über wesentliche Fragen nur dann entscheiden, wenn eine Vollversammlung der Fabrikgruppen das proletarische Plazet gegeben hat.

Hier wird ein Konzept der Produktions- und Gruppendemokratie entwickelt, das voll in der antiautoritären, libertär-sozialistischen Tradition steht. Wäre es praktiziert worden, dann hätte man den »demokratischen Zentralismus« überwunden gehabt, der doch nur die tatsächliche Herrschaft der Kader verschleierte.

Wenn die antiautoritäre Kommune nach nur zwei Wochen Dauer aus der Geschichte verschwindet, so vor allem aus zwei Gründen. Die Rebellen um Keng waren fest überzeugt, daß der Vorsitzende hinter den Kommune-Ideen stand, und die warmen Worte, mit dem Mao den anfänglichen Sturm vom 6. Januar begrüßt hatte, schienen ihr Vertrauen zu rechtfertigen. Aber die wachsenden Schwierigkeiten, der Widerstand der Kader und der gemäßigten Arbeiterschaft hatten bewirkt, daß sich ein Gesinnungswandel vollzog, der den Vorsitzenden an die Seite der gemäßigten Pekinger Kräfte brachte, die das autoritäre, militärisch gesteuerte Revolutionskomitee als organisatorische Form der Zukunft durchsetzen wollten. Die Gespräche, die Mao vom 12. 2. bis 18. 2. in Peking führte, zeigten aller Welt, daß der Vorsitzende seine ganze Autorität in die Waagschale warf, um die libertären (tzu-yu-hua) Ideen des Januarsturms zu disqualifizieren. Der Kompromiß mit den maßgebenden gesellschaftlichen Kräften machte den Vorsitzenden zum Vorkämpfer der Konsolidierung und des inneren Ausbaus.

Dagegen war schwer anzukommen. Wir haben gesehen, wie das Pamphlet »Wohin geht China?« dem Vorsitzenden vorgeworfen hatte, seine Wendung zum RK habe den Idealen der Kommune den politischen Todesstoß versetzt. Genauso hören wir aus dem Mund der Schanghaier Rebellen die bitteren Worte: »Hat sich der Vorsitzende zum Revisionismus bekehrt? Warum stützt er die Kräfte, die eine Wiederherstellung der alten Klassenherrschaft betreiben?«[97]

Dennoch war nicht zu vermeiden, daß sich viele Anhänger des II. Regiments in die politische Ecke gedrängt fühlten. Ihre Gegner hatten das glänzende Argument, daß die Kommune Nr. 2 nichts anderes sei als ein anti-maoistisches Komplott, vom Klassenfeind unter Verwendung von radikalen Parolen angestiftet, um die echte, die maoistische Kommune des Chang Ch'un-ch'iao zu sabotieren. Keng wurde in infamster Weise angegriffen. Hatte er noch im Januar als »Held der proletarischen Rebellion« gegolten, war er im Dezember von Chang und Yao neben Wang Hung-wen als Stütze der maoistischen Linkskräfte in Schanghai bezeichnet worden, so war jetzt, wo es galt, einen gefährlichen Gegner zu vernichten, keine Lüge zu dick oder zu dumm, um nicht von der propagandistischen Dreckschleuder verwendet zu werden. Keng, lesen wir, habe sich in die proletarischen Reihen eingeschlichen, schon 1944 habe er sich der japanischen Militärpolizei angeschlossen, um seinen verbrecherischen Gelüsten frönen zu können, sei dabei auch vor Mord und Vergewaltigung nicht zurückgeschreckt. 1948 habe er es durch üble Tricks fertiggebracht, als Mitglied der KPCh akzeptiert zu werden. Kurz: er sei ein Wolf im revolutionären Schafspelz, der es verstanden habe, die heroische Schanghaier Arbeiterschaft irrezuführen[98].

Entscheidend ist, daß viele linke Einheiten bereit sind, nach der offensichtlichen maoistischen Wende das II. Regiment zu verlassen und sich der von

Chang und den gemäßigten Kräften repräsentierten Ordnung zur Verfügung zu stellen: nicht weil sie diesen Anwürfen Glauben schenken, sondern weil von Tag zu Tag deutlicher wird, daß die antiautoritäre Linke gegen den mächtigen Strom der neuen nationalen Politik anschwimmen muß und abzusehen ist, daß sie dabei den kürzeren ziehen wird. Vor allem auch deshalb, weil das Militär nahezu einheitlich auf seiten der kompromißlerischen Kräfte steht. Dies ist auch in Schanghai der zweite wichtige Grund: Chang kann für sich in Anspruch nehmen, die Garnison für seine Ziele einsetzen zu können.

Der Oberbefehlshaber der Nankinger Militärregion, Hsü Shih-yu, als stellvertretender Verteidigungsminister und einer der Sekretäre im Ostbüro der Partei eine Persönlichkeit von nationaler Statur, hatte schon im Dezember die Rebellen vor allzu großer Störung der wirtschaftlichen Produktion gewarnt. Hsü war auch für die Schanghaier Region zuständig, da sein militärischer Sprengel neben den Provinzen Kiangsu und Anhwei auch die Garnison dieser Stadt mit umfaßte. In Nanking herrschte Hsü mit eiserner Hand. Rebellenaufstände und -demonstrationen wurden in einer solch blutigen Weise unterdrückt, wie es sonst nur aus Kanton, Wuhan, Chengchow und Chengtu gemeldet worden war. Der Kommandant hatte Changs Kommuneunternehmen mit verständlicher Skepsis betrachtet, war dem Vertrauensmann der Pekinger KRG aber nähergerückt, sobald ihm klar wurde, daß hier ein Stürmer seinen Tag der Umkehr erlebte. Mehrere Schreiben, die im Januar zwischen Hsü und Chang hin- und hergingen, überzeugten den General davon, daß hier keine anarchistische Gefahr drohte. Im Gegenteil: Changs Bemühen um einen gesellschaftlichen Kompromiß mit den Scharlachgarden und den Kadern sei aller Unterstützung wert.

Es folgte eine Anweisung an Liao Cheng-kuo, den damaligen Chef der Schanghaier Garnison, sich dem »Arbeiterrebellenhauptquartier« von Chang Ch'un-ch'iao und Yao Wen-yüan zur Verfügung zu stellen. Liao hat diesen Auftrag tadelsfrei ausgeführt. Wenn immer die Herrschaft des »Einheitskomitees« von seiten des II. Regiments oder sonst einer Linksgruppe bedroht schien, waren Liaos Soldaten zur Stelle. Um nur ein Beispiel zu nennen: als Hsü Ching-hsien, ein Mitglied des Beraterkreises um Chang, von Rebellen gefangengenommen wird, kommt es zu einer Konfrontation vor den Toren der Futan-Universität. Ein militärisches Einsatzkommando erreicht die radikale Gruppe in dem Augenblick, als diese dabei ist, mit ihrem prominenten Opfer im Hochschulgelände unterzutauchen. Die Rebellen müssen sich zurückziehen, der Berater von Chang Ch'un-ch'iao wird befreit[99].

Noch einen Tag vor Einrichtung des Revolutionskomitees (24. Februar) versuchen Keng und seine Anhänger eine letzte Demonstration: Im Yang-p'u-Distrikt, der alten Hochburg der linken Rebellen, gehen mehr als 80 000 Mann auf die Straße, um für die Kommune und gegen das Revolutionskomitee zu kämpfen. Aber die überlegenen Armee-Einheiten, die mit schweren Waffen aufgefahren sind, machen jeden ernsthaften Widerstand illusorisch. Gegen die organisierte Gewalt des technischen Großstaats sind die Massen hilflos – hier wie überall sonst. Die maoistische Losung: »Die Massen – nur die Massen – sind die Schöpfer der Geschichte« erweist sich im Zeitalter der Megastruktur als pathetischer Anachronismus.

Letztlich geht die Rebellenkommune am Desinteresse der Mehrheit der Schanghaier Arbeiterschaft zugrunde. An ein relativ hohes Lebensniveau gewöhnt, empfindet man die Störung des Alltags und die mit dem Januarsturm verbundenen wirtschaftlichen Entbehrungen als unerträgliche Zumutung. »Die Linken sind schlecht, die Konservativen sind auch schlecht, die Mitte ist am Besten! (tsao-fan-p'ai pu-hsiang, pao-shou-p'ai pu-ch'ou, chung-chien-p'ai tsui-hao)«[100]. Diese Losung, die ab Mitte Februar die Wandzeitungsszene bestimmt, gibt die vorherrschende Mehrheitsstimmung präzise wieder. Man will zu einer Politik zurückkehren, die an Geist und Magen keine allzu hohen Anforderungen stellt. Und Chang Ch'un-ch'iao bietet eine Lösung, die diese allgemeine Sehnsucht in genauer Weise befriedigt: ein in linke Gewandung gehülltes Rekonstruktionsprogramm, das jedem das Seine läßt und soziale Experimente auf Schönheitsoperationen beschränkt.

Das Maß an Freiheit, das die Aktions- und Gruppendemokratie der Keng'schen Kommune geboten hätte, wäre von den Aufsteigerschichten der Facharbeiter und Angestellten, die in der Yangtse-Metropole numerisch und prozentual stärker als irgendwo sonst in China vertreten waren, mit egalitärer Münze zu honorieren gewesen – dazu war man nicht bereit. Die Freiheit hätte mit der Unsicherheit in Permanenz bezahlt werden müssen, man war zu sehr etablierter Kleinbürger geworden, um diese Perspektive goutieren zu können, und gab der oligarchischen, aber berechenbaren Herrschaft des Chang'schen Revolutionskomitees entschieden den Vorzug.

3. Peking

Die Ereignisse in Peking haben schon vielen Rätsel aufgegeben. Einerseits ist hier das Zentrum der kulturrevolutionären Bewegung und damit das Orakel der radikalen Rhetorik, dessen Losungen weit ins Hinterland tönen. Andererseits werden die Rebellen hier kürzer als sonstwo gehalten, und jeder Versuch einer eigenständigen Politik wird mit brutaler Gewalt unterdrückt. Das Paradox ist nur scheinbar, wenn wir bedenken, daß die radikalen Spitzen als Waffe im Offensivkampf gegen die provinziellen Parteipositionen gedacht waren, daß aber Parolen wie die der »Machtübernahme« (to-ch'üan) für ein Zentrum nicht gelten konnten, wo mit der KRG die angeblich »echten Revolutionäre« den Umschwung bereits durchgeführt hatten.

Wir sehen die chiang-ch'ing-p'ai in der Rolle des Meisters, der einen Golem für seine Zwecke zurichtet, aber ständig Gefahr läuft, daß sich das Unwesen umkehrt und die aggressiven Energien gegen seinen Schöpfer losläßt. Was hier versucht wurde, erwies sich als gewagter Balanceakt, dessen schließliches Scheitern vorprogrammiert war. Man konnte den antiautoritären Löwen nicht immer nur auf andere hetzen. Der Augenblick mußte kommen, wo er sich gegen die überstrenge Fuchtel des politischen Dompteurs auflehnen würde.

Wenn wir den Ursprüngen der Rebellen nachspüren wollen, sehen wir uns lieber nicht nach dem konventionell als »Rebellenhochburg« geltenden III. HQ um. Hier sind die offiziellen Radikalen, von der Chiang Ch'ing-Gruppe verwöhnt und verhätschelt, genauso mit Kontrollpöstchen bedacht wie ihre

Rivalen von den beiden anderen Dachorganisationen. Und die wirklich Aufmüpfigen werden schnell in die Ferne geschickt, um in den vielen »Verbindungsbüros«, die das III. HQ in allen Metropolen unterhält, ihren revolutionären Dampf abzulassen.

Wir müssen vielmehr auf die Vorgänge im II. HQ sehen, wo es der Gruppe um Chou En-lai, Li Hsien-nien, Li Fu-ch'un und Yü Ch'iu-li gelungen war, mit den Elitestudenten der Pekinger Fachhochschulen ein stillschweigendes Bündnis zu schließen. Hier, wo die Bürokratisierung der kulturrevolutionären Bewegung am weitesten gediehen war, regte sich der entschlossenste Widerstand gegen die eingerissenen korrupten Verhältnisse.

Im II. HQ finden wir eine ganze Reihe von Organisationen der ersten Stunde assoziiert, Verbände, die sich zu einer Zeit gebildet hatten, als jeder rebellische Akt noch als »Anti-Partei-Verbrechen« notiert und von den liuistischen AG rücksichtslos niedergeschlagen wurde. Jetzt mußte diese Alte Garde erleben, wie »ihre« Revolution von radikalen Silbenstechern und Karrierehengsten als bequemes Trittbrett für den Weg in die Kaderlaufbahn gebraucht wurde. Verständlich, daß sie, die »lao-hung-wei-ping« (alten Rotgardisten), zunehmend bitterer wurden und mit harter Kritik nicht zurückhielten.

Schon Ende August, also nicht lange Zeit nach der Gründung des II. HQ's, treffen sich die Führer dieser Pionierverbände, um ihren Protest gegen den rapide einsetzenden Verfall der ursprünglichen revolutionären, antiautoritären Gesinnung in aller Öffentlichkeit anzumelden. Was unter den linken Kräften Rang und Namen hat, ist vertreten. Wir finden die »Rotfahnentruppe« (hung-ch'i ping-t'uan) der Pekinger Luftfahrtakademie, die zahlenmäßig am stärksten ist und als einladende Organisation auftritt. Es folgen die »Maoismus-Rotgardisten« der Hochschule für das Eisenbahnwesen, dann die »Rotgardisten der Maotsetungideen« an der Akademie für Leichtindustrie. Bedeutend größer ist die von Shen Hsiao-yü geführte »Ostrot-Kommune« an der Geologischen Hochschule, die später unter der fähigen Leitung von Shen zur hauptsächlichen Basis der Pekinger radikalen Bewegung avancieren wird. Li Hung-shan vertritt den radikalen RG-Flügel der Forstakademie, der sich zunächst in der »Truppe des 1. August« zusammengeschlossen hat. Von der Politisch-Juristischen Akademie haben sich Delegierte der »Kampftruppe« (cheng-fa ping-t'uan) eingefunden. Auch eine Reihe von Eliteoberschulen sind vertreten, so die »alten Rotgardisten« der 101. Oberschule und die »Rotfahnengruppen« der beiden Schulen, die der Pekinger Universität und der Pekinger Landwirtschaftlichen Hochschule angegliedert sind. Auch die radikalen Kräfte der »tsing-hua fu-chung« haben Vertreter entsandt. Diese Gruppen sind sich einig in dem Ziel, den Motor der Bewegung wieder auf schnellere Touren zu bringen.

Obwohl ein formeller Zusammenschluß als gesonderter Block nicht erfolgt, bildet sich in den Septembertagen so etwas wie eine radikale Fraktion, die auf Vollversammlungen und in Vorstandssitzungen ziemlich geschlossen auftritt und alles versucht, der schleichenden Einverleibung des Hauptquartiers in die Struktur der Pekinger Bürokratie entgegenzutreten. Noch haben die Linken, die sich in diesen Wochen allmählich den Namen »Rebellen« zulegen, nicht die Hoffnung verloren, die Großorganisation des II. HQ's, die mit ihren über

30 000 Mitgliedern einen politischen Machtfaktor ersten Ranges darstellt, durch energische Aktivitäten zu reformieren.
Die Gruppe um den Premier hat die Gefahr natürlich erkannt und setzt zum Gegenangriff an, mit dem Ziel, die Rebellen in jeder Weise politisch zu disqualifizieren. Sie werden zu wichtigen Besprechungen nicht mehr eingeladen und von Vorstandssitzungen zu spät unterrichtet. Verleumderische Wandzeitungen erscheinen an vielen Gebäuden, und was der bekannten Tricks mehr sind.
Am 9. Oktober kommt dann der erste große Eklat. Nach einer scharfen Debatte über den Stand der Bewegung und das Schwinden des revolutionären Elans, in der die Rebellen alle Autoritäten schonungslos angreifen, spaltet sich die Versammlung, wie vordem die russische Sozialdemokratie auf ihrem berühmten II. Parteitag, in »Mehrheitler« und »Minderheitler«, nur daß hier die Minderheit die radikalen Positionen verficht. Als es zur Abstimmung kommen soll, wird den linken Kämpen kein Stimmrecht eingeräumt: ein offenkundiger Verstoß gegen die Regeln, aber durch die Behauptung scheinbar gerechtfertigt, wer Mitglieder der KRG angreife, gehöre zur Konterrevolution und dürfe nicht damit rechnen, in »revolutionären Organen« weiterhin agieren zu können[101].
Jetzt erst beschließen die Linken, sich auch formell zusammenzutun: gewissermaßen zum Selbstschutz, um ihre bedrohten Rechte besser wahren zu können. Sie bilden den »Rebellenverband« (RV), dem neben den oben genannten Organisationen auch andere Gruppen angehören, wie die »Rote Vierte Armee«. Dieser RV, dem wir eine Stärke von einem guten Drittel der aktiven Mitglieder des II. HQ's zutrauen dürfen, versucht Anfang November, die Macht im Hauptquartier durch einen Coup (feng-pao) an sich zu ziehen[102]. Rebellentruppen besetzen die Gebäude des Vorstands und bringen die beiden Publikationsorgane des HQ's unter ihre Kontrolle.
Die Rebellen hätten diesen Aufstand wohl schwerlich unternommen, wären sie nicht der aktiven Unterstützung und politischen Rückendeckung durch die Chiang Ch'ing-Gruppe sicher gewesen. Diese hatte den Machtzuwachs der »Premierclique« (tsung-li-p'ai), der mit der de facto-Eingliederung des II. HQ's in die administrativen Strukturen zwangsläufig verbunden war, höchst ungern gesehen. Die Rebellen kamen zur richtigen Stunde und wurden von Ch'i Pen-yü, dem damals aktivsten Agenten der chiang-ch'ing-p'ai im Pekinger rotgardistischen Raum, in jeder Hinsicht gefördert. Als der Coup über die Bühne gegangen ist und die gemäßigten Führer Zeter und Mordio schreien, nimmt es Ch'i (aber auch Wang Li) auf sich, die Aktionen des RV's als politisch richtig zu verteidigen. In einer viel verbreiteten Rede vor den Leuchten des II. HQ's, am 12. November gehalten, macht Ch'i klar, daß der Aufstand vom 7. November nur die Konsequenz einer immer müder werdenden Anpassungspolitik von seiten des Hauptquartiers war[103].
Für die chiang-ch'ing-p'ai war der RV nicht viel mehr als eine neue interessante Figur im politischen Dauerschach, das in den Hinterstübchen der KRG mit Hingebung gespielt wurde. Nur, daß man sich diesmal den falschen Partner ausgesucht hatte. Allerdings hätte jemand wie Ch'i Pen-yü wissen müssen, daß es sehr schwerfallen würde, so selbstbewußte Leute wie diese alten Rotgardi-

sten einfach zu übernehmen und für die machtpolitischen Interessen der chiang-ch'ing-p'ai in Bewegung zu setzen. Li Hung-shan von der Rebellentruppe der Pekinger Forstakademie, Shen Hsiao-yü von der Hydraulischen Abteilung der Geologischen Akademie, P'eng Hsiao-meng, Kung Hsiao-chi, Niu Wan-p'ing als Führer von linken RG an wichtigen Eliteoberschulen der Hauptstadt waren alles »Junge Soldaten«, die am Anfang der Bewegung im Juni/Juli im ersten Feuer gestanden hatten, die von Mao persönlich empfangen und hochgeehrt worden waren. Wie die »Alten Garden« fast immer, waren auch sie von der Art der Unbestechlichen, für die revolutionäre Ziele mehr sind als bloßer Vorwand für eigennützige Sonderinteressen.

Wir können uns vorstellen, daß sich solche Menschen weigerten, Kärrnerdienst für fremde Machtansprüche zu leisten. Ch'i hat in mehreren Konferenzen versucht, den RV ins Chiang Ch'ing-hörige III. HQ hinüberzuholen und ihnen dort eine organisatorische Heimat zu geben. Aber der Preis war zu hoch. Man war nicht bereit, die alten Herren nur gegen neue zu tauschen. Man wollte die Abschaffung aller Autoritäten.

So war der Bruch zwischen RV und chiang-ch'ing-p'ai aufgrund der unterschiedlichen gesellschaftspolitischen Vorstellungen unvermeidlich geworden. Als Ch'i Pen-yü und andere sich anschickten, die Autorität der KRG auszuspielen, konterten die Rebellen mit einer Gegenkampagne, die zum erstenmal den revolutionären Anspruch der maoistischen Führung als Ganzes in Frage zu stellen begann.

Schon in den ersten Flugschriften, die Mitte November erscheinen, bezeichnen sie sich als die »Widerständler« (fan-tui-p'ai), die sich in bewußter Opposition zur Politik des kompromißlerischen Ausverkaufs sehen, der nach ihrer Ansicht in den drei großen Hauptquartieren getrieben wird. Revolutionäre Politik, rufen sie der KRG zu, sollte darin bestehen, »das Bewußtsein der Menschen so zu verändern, daß sie jede autoritäre Sklavenmoral ablehnen. Ihr aber unterdrückt die Demokratie! (ni-men ya-chih min-chu)«[104].

Bald nach diesem ersten Geplänkel tritt Li Hung-shan von der Forstakademie auf den Plan und macht die KRG insgesamt für den »flauen Zustand der Bewegung« (yün-tung leng-leng-ch'ing-ch'ing) verantwortlich. Seine Wandzeitung schließt mit den provozierenden Worten: »Was brauchen wir noch eine KRG? Machen wir selber die Revolution!«[105] Shen Hsiao-yü und seine »Offensivtruppe« (kung-chin tou-cheng tui) wollen nicht zurückstehen und fahren ähnlich schweres Geschütz auf: 95 % der Parteimitglieder in Peking seien korrupt und den Massen entfremdet, hören wir. Es komme darauf an, alle alten Strukturen, einschließlich der KRG, als hoffnungslos faul aufzugeben und neue Einrichtungen von der Basis her aufzubauen[106]. In die gleiche Kerbe schlägt T'an Li-fu, seines Zeichens stellvertretender Vorsitzender des (provisorischen) Revolutionskomitees an der Pekinger Industrieakademie. »Der Hof ist zwar gefegt worden«, ruft er den Rebellen zu, »aber noch lange nicht sauber!«[107] Die eigentliche antiautoritäre Revolution habe erst begonnen und es komme jetzt darauf an, »Erfahrung zu sammeln, um alle Autoritäten besser bekämpfen zu können«[108].

Schließlich macht sich die »Truppe des 1. August« an der Pekinger Luftfahrtakademie auf, um die vorgebrachte Kritik zu systematisieren. Vier in kurzen Abständen aufeinanderfolgende Flugblätter, die unter den Überschriften: Erste, Zweite, Dritte und Vierte Frage an die KRG des ZK veröffentlicht werden, fordern eine Verwirklichung der kommunitären Ideen der Maoreden von Mai und Juni. So schnell wie möglich solle eine Pekinger Volkskommune eingerichtet werden. Dies konnte vom maoistischen Zentrum nur als programmatische Kampfansage aufgefaßt werden[109]. Diese Gruppe ist auch für die Losung verantwortlich, die in diesen ersten Dezembertagen an den Wänden der Luftfahrtakademie erscheint: »Die KRG muß von der politischen Bühne verschwinden«[110].

Wichtig für den Gang der späteren Entwicklung ist der Umstand, daß nicht nur die KRG, sondern auch andere bislang unbezweifelte Autoritäten vom hohen Podest herabgeholt werden, z. B. die Volksbefreiungsarmee. Die VBA hatte recht erfolgreich versucht, sich den Glanz einer unangreifbaren revolutionären Instanz zu verschaffen. Wer gegen ihren Willen verstieß, war damit als konterrevolutionäres Element abgestempelt, ohne daß weitere Argumente vonnöten gewesen wären. Bei ihrem Einsatz vom Januar/Februar (1967) kam ihnen diese Aura der politischen Unfehlbarkeit sehr zunutze. Viele Rebellengruppen akzeptierten das Armeeverdikt und gaben den weiteren Kampf auf, weil sie das allgemeine Dogma von der automatisch linken und roten Qualität militärischer Entscheidungen zu sehr verinnerlicht hatten[111].

Die Pekinger Rebellen haben sich als erste nicht an die von der Gegenseite festgesetzten Spielregeln gehalten. Als Hsieh Fu-chih am 28. November einen Unteroffizier mit 50 Soldaten ausschickt, um eine Versammlung des aufsässigen RV mit Gewalt zu verhindern, geben die Rebellen keineswegs auf. Es entspinnt sich eine lebhafte Diskussion mit den Angehörigen der Einheit, in deren Verlauf von linker Seite der erregte Ausruf zu hören ist: »Ihr wollt die Befreiungsarmee sein! Ihr steht ja auf seiten der Reaktionäre!«[112]

Wann immer VBA-Verbände später auftauchen, um gegen die Pekinger Rebellen vorzugehen, tönt ihnen der Ruf entgegen: »Nieder mit dem Geist der neuen Sklaverei!«[113] Die allgemeine theoretische Abrechnung mit der militärischen Konsolidierungspolitik würde zwar von der »Proletarischen Allianz« (Hunan) vorgenommen werden, aber den Pekinger Gruppen gebührt das Verdienst, den Popanz Armee zuerst als nackten Kaiser ohne revolutionäre Kleider vorgestellt zu haben.

Fast wichtiger noch erscheint der Mut, mit dem sie sich vom viel nachhaltigeren Mythos des Maokults distanzieren. Zunächst versucht man wie alle Rebellen, am gewohnten hohen Bild vom Vorsitzenden festzuhalten und klammert sich an den alten Topos vom guten König und den schlechten Ratgebern, nach dem Muster: »Was Chiang Ch'ing sagt, gibt die Ansichten des Vorsitzenden Mao nicht richtig wieder.«[114] Oder man behauptet: »Der Vorsitzende Mao ist nicht in der Stadt«[115] und spielt dabei auf das Interregnum von Juni/Juli an, wo Mao nicht in Peking war und Liu Shao-ch'i seinen Namen usurpierte, um eine »konterrevolutionäre Unterdrückung« durchzuführen.

Aber bald muß man erkennen, daß die repressive Politik der KRG vom Vorsitzenden in keiner Weise verurteilt wird. Die Nähe, in der man sich zum Zentrum der Macht befindet, gestattet nicht, die illusionistische Optik aufrechtzuerhalten, die man sich in den fernen Provinzen leisten kann.

Entweder ist der Vorsitzende nur eine Marionette, oder er billigt die Geschehnisse. In beiden Fällen verliert er den Anspruch, als der »große Steuermann« gesehen zu werden, der die revolutionäre Basis gegen die bürokratischen Verfestigungen verteidigt. Unter diesen Auspizien fühlen sich die Rebellen bereit, ihre Revolution auch ohne die Absegnung durch den Vorsitzenden durchzuführen. Auf einer Großveranstaltung vom 4. Januar werden Maosprüche verbrannt, von einer anderen am 10. Januar wird sogar berichtet, man habe selbst Maofotos den Flammen übergeben[116]. Die Pekinger Rebellen sind also die ersten, die sich von einer Bindung lösen, die dem antiautoritären Lager aufs Ganze gesehen nur geschadet hat. Denn die maoistische Wende vom Ende Januar hat die gemäßigten Gegner als »echte«, weil vom Vorsitzenden gebilligte, revolutionäre Kräfte legitimiert und den Rebellen mehr als alles andere den Kampfeswillen gebrochen.

Wir haben oben gesehen, wie die erste Etappe der KR im Dezember in eine Sackgasse geraten war, wie die Bewegung dabei war, in die Rebellenphase hinüberzuspielen. Wenn überall organisiert wurde, konnten auch die Pekinger Rebellen nicht zurückstehen. Bisher war ihre Basis ja ausschließlich in der rotgardistischen Welt der Schulen und Hochschulen gegründet. Jetzt mußte der Versuch gewagt werden, einen neuen Verband auf die Beine zu stellen, der auch den proletarischen Bereich erfassen würde.

Schon am 28. November hatte eine Konferenz getagt, auf der sich Vertreter der RV und von Jungarbeitergruppen zusammenfanden. Allerdings war man an jenem Tage nicht weit gekommen, da die VBA prompt zur Stelle war, um das Meeting zu unterbinden. Am 5. Dezember kam man wieder zusammen, diesmal besser getarnt. Ziel war die Gründung einer Vereinigung, die nicht nur fähig sein sollte, der bürokratischen Degeneration der KR ein Ende zu machen, sondern die auch in der Lage sein mußte, den »Kampf um die Macht« wirksam voranzutreiben. Was da nach langem Ringen gegründet wurde, nannte sich schließlich das »Vereinte Aktionskomitee der Hauptstädtischen Rotgardisten« (shou-tu hung-wei-ping lien-ho hsing-cheng wei-yüan-hui)[117]. Neben den uns schon bekannten Organisationen finden wir eine Reihe von proletarischen Verbänden assoziiert, so die »Garden« (han-wei-t'uan) in der Pekinger Textilfabrik Nr. 3[118], den »Rebellenverband« (tsao-fan-tui) in der Pekinger Ziegelfabrik, die »Gardentruppen« (han-wei-ping-t'uan), in denen sich einige hundert Jungarbeiter und Lehrlinge der Pekinger Werkzeugmaschinenfabrik Nr. 1 schon am 14. November zusammengeschlossen hatten[119]. Einige kleinere Verbände aus den Pekinger Pharmazeutischen Werken runden das Bild ab.

Die Veteranen dürfen nicht fehlen. Wir haben sie schon in Kanton und Schanghai kennengelernt. Die Gründe für ihren linken Aktivismus sind natürlich dieselben: mangelnde Integration in eine sich spezialisierende Gesellschaft, die ihre besonderen politischen Fähigkeiten nicht richtig zu würdigen weiß. In Peking treten uns die »fu-yüan« in der Dachorganisation der »kung-nung hung-ch'i-chün« (Rotfahnenarmee der Arbeiter und Bauern) entgegen, eine Vereinigung, die etliche tausend ehemalige Soldaten umfaßt haben muß, denn noch am 2. Februar (1967), also weit nachdem die Rebellenbewegung in Peking ihren Höhepunkt überschritten hatte, konnte sie über 2000 Mitglieder zu einer Protestdemonstration mobilisieren.[120].

Dem VAK gehören auch »Bauernhelfer« an, die aus dem Nordosten und Ninghsia in die Metropole zurückgekehrt sind. Zwei Organisationen gliedern sich ein: die »Nationale Rotrebellentruppe der Staatsfarmen« sowie die »Nationale RR-Truppe der intellektuellen Jugend, die in die Landwirtschaftliche Produktion gegangen ist«.

Der Gründungskongreß, den einige Quellen in die Aula der Geologischen Akademie, andere in die Sporthalle der Forsthochschule verlegen, fand unter der in Sprechchören immer wieder aufbrandenden Losung statt: »Wir brauchen keine Herren, wir sind alle gleich!« (tsa-men pu-yao tang-ch'üan, tsa-men ta-chia p'ing-teng). Das Gründungsmanifest, das unter dem Titel: »Das neue Gesicht der bürgerlich-reaktionären Linie ist die größte Bedrohung der jetzigen Bewegung« an die Öffentlichkeit gelangte, entfaltete diesen Gedanken in breitester Weise. Hier war eine Kraft im Entstehen, die sich für politisch mündig erklärte, die nicht mehr bereit war, irgendwelche Autoritäten über sich anzuerkennen, auch nicht solche, die mit dem Anspruch auftraten, Sachwalter der maoistischen Lehre zu sein.

Das Pekinger VAK hat sich nicht lange bei theoretischen Manifesten und Proklamationen aufgehalten. Seit Mitte Dezember war es bemüht, aktive Kampftruppen aufzustellen, mit dem Ziel, in den Behörden einen zweiten Sturm zu entfesseln und die Bastionen der Großbürokratie endgültig niederzuwalzen. Unter dem Motto: »Die breiten Massen müssen mobilisiert werden!«[121], hat das VAK auf einen »Aktionskongreß« hingearbeitet, der am 26. Dezember in der Pekinger Ausstellungshalle stattfand.

Auf dieser »Schwarzen Generalversammlung«[122] herrscht dieselbe Vorabendstimmung, die wir schon in Kanton kennengelernt haben. Man singt und klatscht sich politischen Mut zu, man lebt im Rausch einer Stärke, die in der gesellschaftlichen Realität keine Entsprechung findet. Der Angriff, so ist der allgemeine Konsensus, soll an drei Fronten geführt werden: an der Spitze gegen die Ministerien und die Repressionsgewalt von Hsieh Fu-chihs Sicherheitsbehörden, an der Basis gegen die Führungskräfte in den Betrieben.

Man hat es eilig und glaubt, nicht mehr warten zu können. Denn es scheint offenkundig, daß die Spannung, die sich seit Wochen im ganzen Lande aufgebaut hat, zur baldigen Entladung in einem neuen politischen Unwetter drängt. Die alte Rotgardistenelite der Hauptstadt will auch in dieser zweiten Phase die Speerspitze stellen und auf keinen Fall anderen, etwa den argwöhnisch beobachteten Schanghaier Gruppen, den Vortritt beim Losschlagen lassen.

Der Sturm auf das HQ der Sicherheitskräfte (kung-an-chü) bricht schon zwei Tage nach der Versammlung los: etwa 1200 RR und ausgediente Soldaten können das Gebäude zwar besetzen, werden nach langen Gefechten mit herbeigeeilten Verstärkungen aber wieder vertrieben[123]. Der Sturm wird am 31. Dezember mit gleichem Ergebnis wieder in Szene gesetzt. Im Januar wiederholt sich das Schauspiel noch dreimal. Am 6., 7. und 11. Januar attackieren die RR von neuem, nur um jedesmal an den gut organisierten und stärkeren Widerstandskräften zu scheitern. Viele der Rebellen werden von militärischen Greiftrupps gefangengenommen, andere ziehen sich entmutigt vom aktiven Kampf zurück. Die schwere Niederlage in dieser wichtigsten aller Aktionen hatte der radikalen Bewegung das organisatorische Rückgrat gebrochen[124].

In den Fabriken gehen die Kämpfe ähnlich übel aus. Die Pekinger Arbeiterschaft, mit hohen Löhnen bedacht und wegen der offenkundigen Hegemonie der politischen Sphäre im Hauptstadtbereich schon immer ans autoritäre Gängelband gewöhnt[125], folgte der KRG und behandelte die anstürmenden Rebellen als gefährliche Parteifeinde. Als z. B. in der Textilfabrik Nr. 3 einige hundert »Garden« vom VAK in die Werkhallen eindringen, um die Betriebsführung auszuschalten, kommt es zu Kämpfen mit konservativen Arbeitern, die RR müssen die Stellung räumen. Ähnlich in den verschiedenen Werkzeugmaschinenfabriken und im Pekinger Chemiekonzern[126]. In der Zentralen Ziegelei besetzen die Rebellen, die mit 300 Mann etwa ein Zehntel der Belegschaft stellen, die wichtigsten Gebäude. Aber nach nur 24 Stunden gelingt es den gemäßigten, von der Chou-En-lai-Gruppe dominierten »Revolutionären Rebellen der Angestellten und Arbeiter der Hauptstadt« mit etlichen tausend Mann zum Entsatz anzurücken und die Fabrik zu »befreien«[127]. Die beiden Rebellenführer, Wang Wen-ming und Li Chih-ch'eng, werden von Sicherheitskräften abgeführt.

Ende Januar herrscht Ruhe an der Betriebsfront. Die Rebellen sind zurückgedrängt, die meisten ihrer Basisverbände aufgelöst oder im Untergrund. Wenn auch vereinzelte Sabotageakte noch bis in den Sommer hinein unternommen werden, so ist die antiautoritäre Bewegung in den Fabriken als politisch ernstzunehmende Kraft seit der Januarniederlage verschwunden.

In den Ministerien stehen die Dinge für die Rebellen so ungünstig, daß Chou En-lai nur wenig repressiven Mechanismus einsetzen muß, um den neuen Sturm abzuschlagen. Chou zeigt sich in diesen Januarkämpfen als der große Zauberer der Organisation, der es in fast spielerischer Weise versteht, jede Rebellenaktion mit einer raffinierten Gegenaktion zu übertrumpfen und es auf diese elegante Tour fertigbringt, die andere Seite scheinbar mühelos ins politisch-ideologische Abseits zu schieben.

Sehen wir uns einige Fälle an:

Am 10. Januar beginnen die Rebellen den Angriff gegen das VII. MM, ein Ministerium, das auch für die Organisation kriegswichtiger Industriebereiche zuständig ist und ausdrücklich aus dem Komplex der Einrichtungen herausgenommen worden war, in denen revolutionäre »Machtübernahmen« gestattet waren. Als die Rebellenvereinigung »Truppe des 15. September« dennoch versucht, gegen Wang Ping-chang und andere führende Kader vorzugehen, organisiert Chou eine »Neue Truppe des 15. September«, die sich als echte Trägerin der Rebellion ausgibt und, gestützt auf ihr zufließende Mittel, einen wilden Propagandawirbel entfesselt, in dem die Rebellen bald als Rechte, bald als Ultralinke erscheinen, wie es sich gerade ergibt[128]. Ende Februar sind die linken Kräfte aus dem Ministerium verdrängt, die Revolution ist in den Händen der alten Machthaber. Wang Ping-chang ist bald wieder persona gratissima und bleibt nicht nur an der Spitze seines Ministeriums, sondern rückt 1969 zum Vollmitglied des neuen ZK auf[129].

In den langwierigen Kämpfen um die Kontrolle des VII. MM wird das Karussell von »Machtübernahme« (to-ch'üan) und »Gegenmachtübernahme« (fan-to-ch'üan) in schwindelerregendem Tempo gedreht.
Im I. MM geht es ganz ähnlich zu. Hier versuchen die Rebellen die »Machtübernahme« am 14. Januar, aber schon zwei Tage später stellt Chou eine hauseigene »Rebellentruppe« (tsao-fan-tui) zusammen, die die radikalen Kräfte des VAK zum ministeriellen Tempel hinauswirft und in ihren Aufrufen behauptet, die Rebellion gründlich durchführen zu wollen. Davon ist jedoch nichts zu spüren. Minister Tuan Chün-yi wird einigen milden »Verhören« unterzogen, bleibt aber samt seinem Stab weiter im Amt.
In vielen anderen Ministerien, z. B. in dem für das Eisenbahnwesen, muß der Minister zwar gehen, aber die Chou-Truppen verhindern die Desorganisation und garantieren unter dem Schutz der eilends aufgezogenen »Rebellenfahne« das für die nationale Wirtschaft so wichtige Weiterfunktionieren dieser Großbürokratien.
Für den flüchtigen Beobachter haben am Ende die Rebellen gesiegt. Alle Ministerien sind von Rebellenorganisationen beherrscht. Der Kenner der Materie muß jedoch nüchtern feststellen, daß sich hinter der neoradikalen Fassade die ungebrochene Kontinuität einer konservativen Beamtenherrschaft verbirgt: plus ça change, plus c'est la même chose.
Bald braust auch in Peking, wie überall sonst, die »Widrige Februarströmung« (erh-yüeh ni-liu) durch die politische Landschaft. Wer von den Anhängern des alten VAK nicht in den Reformlagern einsitzt, der wird in einer großangelegten »cheng-feng«-Reformbewegung so lange ideologisch bearbeitet, bis er vom konterrevolutionären Charakter seiner Ideen wirklich überzeugt ist oder es glaubhaft vorgeben kann. Das ganze findet in einer recht müden Atmosphäre statt. Jeder weiß, daß die wesentlichen Dinge gelaufen sind und es nur noch darauf ankommt, die »Korrektur der Namen« (cheng-ming) in gehöriger Weise zu Ende zu bringen. Eine Welle der Apathie breitet sich aus und kommt den Führern des maoistischen Zentrums entscheidend dabei zu Hilfe, die heimische Szene weitgehend zu befrieden[130].
Was die sechs Wochen bis zur Gründung des RK's angeht, so herrscht ein kleinliches Gerangel bei beiden Flügeln der KRG, bei dem es um Hausmacht und Einfluß und sonst herzlich wenig geht. Ende Februar ist im Rahmen der »Reformkampagne« der gesamte Bereich der »Massenorganisationen« in drei große Blöcke gefaßt: Rotgardistenvertreterkongreß (hung-tai-hui), Arbeitervertreterkongreß (kung-tai-hui), und Bauernvertreterkongreß (nung-tai-hui) stehen als drei gigantische Überverbände in der politischen Landschaft, die alle unabhängige Basisaktivität ausgelöscht haben und deren Vorstände unter die Anhänger der zwei herrschenden maoistischen Flügel der KRG sorgfältig aufgeteilt sind.
Überhaupt scheint das ungeschriebene Gesetz eingehalten zu werden, daß man sich zwar in den Provinzen mit allen Mitteln bekämpft[131], im hauptstädtischen Raum aber eher den organisatorischen Kompromiß sucht: wohl in der genauen Erkenntnis, daß ein offener, auch mit militärischen Mitteln ausgefochtener Konflikt in der Hauptstadt ein Signal wäre, das überall im Land den blutigen Bürgerkrieg auslösen mußte. Das Pekinger RK, das am 21. April unter dem

Vorsitz von Hsieh Fú-chih ins Leben tritt, ist denn auch sehr stabil geblieben und hat erst im allgemeinen Revirement vom März 1968 die ersten einschneidenden Veränderungen erlebt[132].

Für Peking war die kulturrevolutionäre Phase vorbei. Während im Lande das blutige Ringen zwischen Rebellen und Militär einem neuen Höhepunkt zustrebte, sehen wir in der Hauptstadt im Sommer 1967 ganz andere Kräfte am Werk. Die um ihr geistiges Zentrum Chou En-lai, Li Hsien-nien, Li Fu-ch'un, Yü Ch'iu-li und Wang Ping-chang versammelte Pekinger Großbürokratie ist schon dabei, die politischen Daten des siegreichen maoistischen Kompromisses vom Februar/März in ehrgeizige wirtschaftliche Planungsziele für die siebziger Jahre überzuführen. Während das Kommune-Ideal ins Konventikelwesen einer einflußlosen Subkultur absinkt, entsteigt den grauen Gebäuden am Changan-Boulevard die neue herrschende Vision einer an der Basis dynamisierten, an der Spitze fachlich kontrollierten Wirtschaftsgesellschaft. Sie soll dem Reich der Mitte endlich ermöglichen, den sehnlichst erstrebten Platz unter den ersten Industrienationen der Welt einzunehmen[133].

Schluß
Zur Niederlage der revolutionären Rebellen

Bei Hegel noch erscheint als geschichtliches Leitmotiv der »Fortschritt im Bewußtsein der Freiheit«. Beim späteren Max Weber sind solche Gedanken als illusionäre Vorstellungen ad acta gelegt. Sein für uns immer noch maßgebendes Werk subsumiert den gesamten Prozeß der Moderne unter die allein gültigen Kategorien von Rationalität und Herrschaft.
In der Tat hat der geschichtliche Ablauf gezeigt, daß das more-geometrico-Denken der exakten Wissenschaften keineswegs unschuldig-neutral in die Welt tritt, sondern seinem ganzen zweckrationalen Wesen nach dahin tendiert, sich soziopolitisch nicht als Momentum der Freiheit, sondern der Kontrolle zu bestimmen[1].
Demnach war die historische Linie von Wissenschaft, Technik, Großindustrie, Großbürokratie glänzend geeignet, die Herrschaft über die Natur und ihre Umschaffung in menschliche Lebensmittel in bislang unbekanntem Maße zu fördern, nicht aber, wie ein frühbürgerlicher Optimismus glaubte annehmen zu dürfen, die Heranbildung des Menschen zum tatsächlichen Subjekt seiner Umwelt in die Wege zu leiten. Die mit den aufeinanderfolgenden Stadien der industriellen Revolution als quasi naturwüchsige »Sachzwänge« einhergehende Tendenz zur immer weiteren Subdividierung und Differenzierung aller Arbeitsvorgänge, sowohl horizontal wie vertikal, hat den hierarchisch kontrolliert konzipierten Großverband in Wirtschaft und Verwaltung zum allgemeinen, unausweichlichen Schicksal gemacht[2].
Die technische Vernunft als »Techno-Logik« verlangt von ihren Nutznießern, denen sie eine Fülle von Gütern und ein komfortableres Leben in jeder materiellen Hinsicht beschert, als unerbittlichen Preis den Verzicht auf die unreguliert-unberechenbaren, spontanen Formen der Lebensgestaltung[3].
Wenn die Sozialisten geglaubt hatten, durch eine Aufhebung der privatkapitalistischen Form des ökonomischen Ablaufs dieser Logik entgehen zu können, so haben die konkreten Entwicklungen im Sowjetbereich diese Hoffnungen als illusorisch erwiesen. Rationale Akkumulation und Große Industrie haben im Endergebnis zu den gleichen Strukturen geführt, die wir überall sonst als Merkmale der »technisch-wissenschaftlichen Zivilisation« anzusehen gewohnt sind. Wer Düsenflugzeuge und Atomkraftwerke, Computer und Farbfernseher wolle, hat Galbraith konstatiert, der optiere damit auch zumindest unbewußt für die kontrollierte, formierte Gesellschaft[4].
Es ergibt sich aus dieser kurzen Übersicht von selbst, daß unter solchen Auspizien für die kommunitären, freiheitlich-anarchistischen Vorstellungen

eines Bakunin oder Kropotkin keinerlei Entfaltungsraum blieb. Daß sie die politische Entwicklung im kleinstrukturierten Verband und die Bedeutung der Warenversorgung heruntergespielt hatten, mußte sie aus dem Hauptstrom aller modernen Gesellschaft und Politik eliminieren. Zwei militärische Katastrophen und eine drohende dritte haben an dieser Tatsache nichts zu ändern vermocht.

China ist nur ein Fall in der Fatalität des Ganzen. Es mußte im vorigen Jahrhundert erleben, wie seine alte Kultur von der zur überlegenen materiellen Gewalt geronnenen technischen Rationalität zunächst gedemütigt, dann völlig zerschlagen wurde. Daher war es das erklärte Ziel aller Führer des Landes, von den »Selbststärkern« der T'ung-chih-Periode (1862–1874) bis auf die heutigen kommunistischen Erben, das Reich durch Adaptierung an westliche Muster, wenn auch in sinisierter Form, in einer Weise zu stärken, daß es in einer Welt sich bekämpfender Nationalstaaten in der Lage sein konnte, als unabhängige Macht zu bestehen.

Tschiang Kai-schek und die Kuomintang haben das Ziel zwar in Permanenz proklamiert, waren aber de facto verhindert, die notwendige Modernisierung, die unabdingbar vorausgehen mußte, in harter Konsequenz zu betreiben. Denn ihre Herrschaft stützte sich wesentlich auf eine ländliche Oberschicht, die mit den Formen der überkommenen Gentrygesellschaft ökonomisch und weltanschaulich aufs engste verbunden war. Die Kommunisten konnten deshalb als unumstrittene Erben ihrer nationalistischen Gegner auftreten, weil sie die anstehenden sozialen Veränderungen rücksichtslos durchzusetzen vermochten.

Dabei ergab sich aber ein besonderer Umstand. Während die russischen Bolschewiki ihre anarchistische Phase (Kriegskommunismus) kurzfristig durchstießen, um sich dann als die neuen Lenker einer großen Nation dem »Schicksal der Akkumulation« (Preobrazenskij) zuzuwenden, sehen sich die maoistischen Truppen zu einem Jahre währenden Marsch durch das chinesische Hinterland gezwungen. Von den gewohnten städtischen Zentren getrennt, waren sie in einer Umgebung zu kämpfen genötigt, wo nicht die technische Ratio, sondern die menschliche Mobilisierung das militärische und politische Überleben bedingte. So liefen die Realitäten in den kleinstrukturierten Partisanenverbänden und Grenzlandgemeinschaften (Basisgebiete) fast ohne theoretisches Zutun auf eine Vermählung von Freiheit und Gleichheit hinaus.

Es ist das Verdienst des Maoismus oder besser: der Maotsetung-Ideen, diese »Yenan-Erfahrung« nach 1949 nicht einfach auf den geschichtlichen Scherbenhaufen geworfen zu haben. Maos Widerspruchslehre (mao-tun-lun) ist ja der angestrengte Versuch, das partizipatorische Erbe des Bauernkommunismus mit den Erfordernissen des sich modernisierenden chinesischen Großstaats zusammenzubringen, auch wenn dabei das dialektische Rüstzeug bis an die begriffliche Grenze bemüht werden mußte.

Jedoch zeigte sich schnell, daß die ökonomische Aufgabe ihre eigene Logik hervortrieb, die sich unabweisbar als die altbekannte universelle Techno-Logik entpuppte, immer komplexere Kapital- und Verbrauchsgüter zu vertretbaren Kosten produzieren zu können. Nicht nur die innere Industrialisierung, auch die (echte oder nur angenommene) äußere Bedrohung verwies auf die Spielregeln des allgemeinen Modernisierungsmodells. Nach der gescheiterten Offensive des Großen Sprunges, der den sich bedrohlich schließenden Zirkel durch die neue Logik der populistischen Basismobilisierung aufbrechen wollte, hatte das vorsichtig gewordene spätmaoistische Denken nur noch Rückzugsgefechte anzubieten. Ziel war nicht mehr die Sprengung der administrativ-technokratischen Struktur, sondern der bescheidenere Versuch, den sich abzeichnenden Bewußtseinsschwund durch verstärkte ideologische Arbeit unter den gegenwärtigen und den prospektiven Eliten (SEB!) auszugleichen, um den Verfassungsauftrag des »modern und sozialistisch« langfristig weiter erfüllen zu können. (Dagegen scheint das liuistische Denken wie das der früheren Führer der II. und III. Internationale dadurch bestimmt, daß es in geschichtsoptimistischer Weise annimmt, die sich entwickelnde industrielle Gesellschaft werde über ein selbsttätiges Regulativ ein neues, gehobenes kollektives und damit sozialistisches Denken hervorbringen.)

Auch die Kulturrevolution ist über diesen Rahmen in keiner Weise hinausgegangen. Das politische Verhältnis zu den libertären Kommuneideen war allein von den kurzfristigen Erfordernissen der Tageslage bestimmt und entsprach in keiner Weise einer Wesensverwandtschaft der gesellschaftlichen und wirtschaftlichen Vorstellungen. Die maoistische Wende zum Realkompromiß im Februar und März wäre so oder so eingetreten, nur daß sie wegen des wirksamen Widerstandes der tragenden städtischen Schichten mit überraschender Schnelligkeit kam. Indem sich die Rebellen einen wenn nicht völlig fiktiven, so doch anachronistischen Mao zum Vorbild erkoren, war die schließliche Desavouierung durch den Mund des eigenen Idols nur eine Frage des Zeitpunkts geworden.

Es wäre ganz müßig, den antiautoritären Kräften ihre Fehleinschätzungen vorzuhalten: etwa nach dem Tenor, sie hätten das schmückende, antibürokratische Beiwerk der maoistischen Lehre zur Kenntnis genommen, die eigentlich effektiven autoritären Bestandteile jedoch übersehen. Die Revolte gegen die übermächtige Autorität der Partei mußte sich aus einer ebenso gewaltigen Gegenkraft speisen, deren Quelle unter den vorwaltenden Umständen des zeitgenössischen China nur die religiöse Inbrunst des Maokults sein konnte.

Die Rebellen waren in keiner Weise in der Lage, den langen Schatten der eigenen politischen Kultur zu überspringen. Aber diese Kultur war in allen ihren herrschenden Teilen der akkumulativen Logik verpflichtet, die mit Vehemenz dagegen ankämpfen mußte, irgendwelche antihierarchischen, antidisziplinären Experimenten den politischen Durchbruch zu erlauben. Und so sehen wir im China der nach-kulturrevolutionären Epoche die technokratisch-rationalen Kräfte ihren Platz an den Schalthebeln der politischen und wirtschaftlichen Macht mit der gleichen Selbstverständlichkeit einnehmen, mit der sie in allen anderen Großstaaten die nicht länger bestrittene Herrschaft besitzen. China reiht sich ein in das System der nationalen und internationalen »Megamaschinen« (L. Mumford), die als einzig übriggebliebene Potenzen das absehbare Schicksal unseres Planeten bestimmen.

Anhang

Abkürzungsverzeichnis

AG	Arbeitsgruppen
APA	Allgemeine Politische Abteilung (in der Armee)
AR	Arbeiterrebellen
ARL	Association of Research Libraries (in Washington, D. C.)
AS	Asian Survey
AW	Ausgewählte Werke
CB	Current Background
CCRM	Center for Chinese Research Materials
CLG	Chinese Law and Government
CQ	China Quarterly
CS	Current Scene
GPKR	Große Proletarische Kulturrevolution
HI	Hoover Institution on War, Revolution and Peace
HK	Hongkong
HKU	Hongkong University
HLK	Heilungkiang
HQ	Hauptquartier
HUP	Harvard University Press
HYL	Harvard-Yenching-Library
JMJP	jen-min jih-pao
JPRS	Joint Publications Research Service
JR	Januarrevolution
KMT	Kuomintang
KR	Kulturrevolution
KRG	Kulturrevolutionäre Gruppe
LC	Library of Congress
MA	Militärische Abteilung
MB	Militärbezirk
MK	Militärkommandant
MM	Ministerium für Maschinenbau
MR	Militärregion
MVK	Militärisches Verwaltungskomitee
NCNA	Nachrichtenagentur Neues China
OUP	Oxford University Press
PA	Politische Abteilung
PG	Produktionsgruppe
PH	Pädagogische Hochschule
PK	Politkommissar
PV	Pekinger Volkszeitung
RA	Revolutionäre Rebellenallianz

RF	Rote Fahne
RG	Rotgardisten
RGHQ	Rotgardistenhauptquartier
RIIA	Royal Institute of International Affairs
RK	Revolutionskomitee
RR	Revolutionäre Rebellen
RRHQ	Revolutionäres Rebellenhauptquartier
RV	Rebellenverband
SEB	Sozialistische Erziehungsbewegung
SG	Scharlachgarde
StR	Staatsrat
SYSU	Sun Yat-sen Universität (in Kanton)
UP	University Press
UPM	unified-purchasing-marketing-system
URI	Union Research Institute (HK)
UWP	University of Washington Press (Seattle)
VA	Vorbereitender Ausschuß des (Kwangtung) Revolutionskomitees
VAK	Vereinigtes Aktionskomitee (lien-tung)
VBA	Volksbefreiungsarmee
VRK	Vorbereitendes Revolutionskomitee
ZK	Zentralkomitee
ZMK	Zentrales Militärkomitee

Anmerkungen

Einführung   Anmerkungen zu Seite 7–14

1 Die Misere des ländlichen China ist detailliert dargestellt bei: Robert H. Tawney: Land and Labour in China, London 1932. Neudruck New York 1964. Siehe auch die klassische Beschreibung in: Agrarian China: Selected Source Materials from Chinese Authors. Institute of Pacific Relations, London 1939. Sehr gut auch bei: Lucien Bianco, Origins of the Chinese Revolution, 1915–1949, Stanford, Cal. 1971.
2 Siehe die klassische Darstellung bei: Fei Hsiao-t'ung: Peasant Life in China, Kegan Paul, London 1939. Siehe auch: Ch'en Han-seng, Landlord and Peasant in China: A Study of the Agrarian Crisis in South China, New York 1936.
3 Mao Tse-tung, Untersuchungsbericht über die Bauernbewegung in Hunan, in: AW, Band I, 22.
4 Mao Tse-tung, Einige Fragen der Führungsmethoden, in: AW, Band III, 137.
5 Zum Gesamtproblem der historischen Quellenforschung siehe Th. Mommsens berühmte Rektoratsrede von 1874, in: Reden und Aufsätze. Ges. und hg. von Otto Hirschfeld, Berlin ³1912, 3–16.
6 J. Haller: Das Papsttum. Idee und Wirklichkeit. rde 221/222, Band I, 410.
7 J. Burckhardt: Weltgeschichtliche Betrachtungen. Pfullingen o.J., 43.
8 Die verwendeten Quellen sind im bibliographischen Anhang gesondert aufgeführt.
9 Buddhistische Meditation, taoistische Experimente in alchemistischer Magie, etc. Zum Gebrauch von »hsieh« im kulturrevolutionären Kontext siehe etwa: Was führt der »rote Aufstand« im Schilde, in: kung-jen chan-pao (Arbeiterkampfblatt), 9. Juni 1967. In diesem Artikel ist das althergebrachte »ziviltheologische« Element besonders deutlich erkennbar.
10 Innerhalb weniger Monate war es T'ao Chu gelungen, vom Provinzsekretär zum viertwichtigsten Mann in der Parteihierarchie aufzusteigen. Siehe den Artikel von Peter R. Moody, Jr.: Policy and Power: the Career of T'ao Chu 1956–1966, in: CQ 54 (April–June 1973), 267–293.
11 Siehe: Die Himmelschreienden Verbrechen der Wang Li, Kuan Feng, Lin Chieh, Mu Hsin, Wu Chuan-ch'i-Konterrevolutionären Klique, in: yeh-chan-pao (Der Frontkampf). Hg. von der »Rotfahnen-Frontkämpfertruppe« der »Revolutionären Arbeiterallianz« in Kanton, Nr. 12 u. 13, März 1968 (shang-hsün), 6, Spalte 1.
12 Siehe in: ching-kang-shan (Tsinghua-Universität), Sondernummer vom 25. März 1967, 1.
13 Siehe Michel Oksenberg: Getting Ahead and Along in Communist China: The Ladder of Success on the Eve of the Cultural Revolution, in: John W. Lewis Hg., Party Leadership and Revolutionary Power in China, Cambridge, 1970, 339–340.
14 Das vorherrschende Milieu einer Welt, in der sich niemand auf etwas festlegen will, ist gekonnt in einem kleinen Sketch portraitiert, der sich in einer Nummer des »ching-kang-shan« findet: Linker Aktivist zu einem Passanten: »Warum muß man

so viele alte Kader absetzen?« Antwort: »Darüber habe ich noch nicht genügend nachgedacht (hsiang-pu-t'ung). Weitere Frage: »Warum muß man Liu Shao-ch'i bekämpfen?«. Darauf dieselbe Antwort, und so fort bei jeder weiteren nicht ganz geheuren Frage. (Siehe »Das ist mir nicht ganz klar«, in: ching-kang-shan [Tsinghua-Universität], 23. März 1967, 4.) Dieses »hsiang-pu-t'ung« war die bei allen Schichten verbreitetste Mentalität während der KR.

15 Wörtlich: die »Keule von Tausend-chün-Gewicht«, in der klassischen Literatur das Instrument, mit dem der Goldene Affe die kristalline Himmelssphäre zerschlägt. Als Anfang eines Mao-Gedichtes verwendet und als Inbegriff der revolutionären Zerstörung des Alten, Überständigen bei Rotgardisten wie Rebellen sehr beliebt.

16 Diese Sammlung wurde unter dem vollen Namen, der »Seltsame Aufzeichnungen aus einem einsamen Gelehrtenschlupfwinkel« um 1675 von P'u Sung-ling zusammengetragen.

17 Siehe im Tso-chuan, Herzog Hsi (von Lu). Viertes Jahr: ch'u-shih tui ch'i-shih. In der Ausgabe: tso-chuan chü-chieh. Lien-ho t'u-shu kung-szu ch'u-pan. Hongkong, o. J., 59.

Kapitel I

Die vorsichtige Revolution

1 Die »Sechzehn Punkte« sind der volkstümliche Name für die Entschließung des XI. Plenums von Anfang August 1966, die am 8. des Monats unter dem Titel: »Resolution des ZK der KPCh zur Großen Proletarischen Kulturrevolution« veröffentlicht wurde. Den vollen Wortlaut siehe in: Union Research Institute: chung-kung chung-yang wen-chien hui-pien (kuan-yü wen-hua ta ko-ming), 1966–1967, Hongkong 1968, 33–41.

2 jen-min jih-pao, 14. September 1966, Leitartikel. Bei den Massen gehe es darum, weiß die gleiche Quelle zu sagen, »auf dem Posten zu bleiben (chien-shou tzu-chi ti kang-wei) und alle Energien einzusetzen, um die industrielle und die landwirtschaftliche Produktion zu erhöhen«.

3 Siehe: Die Revolution soll und wird die Produktion fördern, in: hung-wei-pao (Rotgardistenblatt), 9. September 1966, 2. N.B.: der hung-wei-pao ist das altbekannte »Schafstädter Abendblatt« (yang-ch'eng wan-pao), so benannt nach einer klassischen Bezeichnung für die Stadt Kanton. Der hung-wei pao ist trotz seiner radikalen Aufmachung ziemlich gemäßigt und ständig bemüht, kontroversen Themen aus dem Wege zu gehen. Das Blatt ist das Musterbeispiel für eine Linie, die von den Revolutionären Rebellen später als »Politik der versteckten Reaktion« gebrandmarkt werden wird.

4 Siehe: Die Industrieproduktion hat in Schanghai einen neuen Sieg errungen, in: hung-wei-pao, 14.9.1966, 2.

5 Ebd., 1

6 Siehe: Die Stahlwerke Wuhan verbessern den Ausstoß wichtiger Produkte, in: hung-wei-pao, 12. September 1966, 3.

7 Ebd.

8 Ebd.

9 Ebd.

10 Siehe: kuang-chou hung-wei-ping, Nr. 14, 10. Feb. 1967, 1. Diese Zeitschrift wird vom Revolutionären Rebellenhauptquartier beim Rotgardistenvertreterkongreß der

Anmerkungen zu Seite 23–25

Kantoner Fachhochschulen herausgegeben und neigt dazu, die neue Autorität von General Huang Yung-sheng qualifiziert zu unterstützen.

11 Dieser Punkt – die Rebellen hätten versucht, die proletarische Basis zu mobilisieren – ist ein wichtiger Teil im Anklageregister, das den Rebellen vorgehalten wird, siehe: Chronik des Aufstands, in: tung-fang-hung, Nr. 7, 27. Nov. 1966, 2. Der Titel: »tung-fang-hung« (Der Osten ist rot) war gar zu verlockend, um nicht von vielen Gruppierungen als Aushängeschild verwendet zu werden. Und so sehen wir ein gutes Dutzend der größeren Rotgardistenblätter unter diesem Zeichen firmieren. Im obigen Fall handelt es sich um das publizistische Organ des Revolutionären Rebellenverbandes im Rotgardistenhauptquartier der Pekinger Fachhochschulen, dem sogenannten II. HQ. Die Zeitschrift nimmt eine konsequent linke Richtung ein.

12 jen-min jih-pao, 14. Sept. 1966, Leitartikel. Am 7. 9. hatte die Volkszeitung an die jungen Hitzköpfe die Aufforderung gerichtet, die Maotsetungideen nicht fehlzuinterpretieren , und auf die große Yenan-Reformkampagne verwiesen, deren Ziel u.a. darin bestand, die geistigen Energien zu mobilisieren, um der kritischen Lage an der Wirtschaftsfront eine Wendung zu geben. Siehe: Macht die Revolution, aber fördert die Produktion, in: jen-min jih-pao, 7.9.1966, 1.

13 Zu diesen Vorgängen siehe: hung-wei chan-pao (Rotgardistenkampfblatt), Nr. 8, 30. August 1966, 3. Diese Zeitschrift war das kurzlebige Sprachrohr einer kleinen Linksgruppe im Pekinger Weststadt (hsi-ch'eng)-Bezirk.

14 Chang war als alter Kenner der Yangtse-Metropole von der KRG als ›troubleshooter‹ an die kritische Schanghaier Front abgesandt worden.

15 Siehe zu Anting: kung-jen tsao-fan-pao (Blatt der Arbeiterrebellen), 13. März 1967, 1. Diese Zeitschrift ist das Hauptorgan des Schanghaier Hauptquartiers der Arbeiterrebellen (abgekürzt: shang-hai kung-szu) und vertritt die Interessen von Chang Ch'un-ch'iao und Yao Wen-yüan. Es hat eine ähnliche publizistische Funktion wie der wen-hui-pao nach der Machtübernahme vom Januar 1967.

16 Von einer Schanghaier Wandzeitung am 13. Nov. 1966, in der Sammlung der Library of Congress. Siehe den sehr ähnlichen Text in: N. Hunter, Shanghai Journal. An Eyewitness Account of the Cultural Revolution, Beacon Press, Boston 1969, 140.

17 Macht die Revolution, aber fördert die Produktion, in: jen-min jih-pao, Leitartikel, 7. September 1966, 1.

18 Siehe: hung-wei-pao (Kanton), 16. Sept. 1966, Rede des Genossen Chou En-lai, 2.

19 Nochmals zur Frage von Revolution und Produktion, in: jen-min jih-pao, 10. Nov. 1966, Leitartikel, 1.

20 Die vorsichtige Haltung des Premiers in der Kulturrevolution wird von einem Kenner dahingehend zusammengefaßt: »Therefore, Chou, as Mao's top administrative official, moved as decisively as possible to brake the Red Guards' expansion of the Cultural Revolution to every possible corner of the country«, in: Thomas W. Robinson, Chou En-lai and the Cultural Revolution in China, in: Ders. Hg., The Cultural Revolution in China, Berkeley 1971, 182.

21 Nieh's augenfällige Begünstigung muß als politische Demonstration der maoistischen Kräfte gewertet werden, die den einflußreichen Militärkommandanten der zehn großen Armeeregionen bedeuten sollte, daß auf dem wichtigen Rüstungssektor keine Abstriche zu befürchten waren. Nieh's Beförderung war zudem die logische Konsequenz der Tatsache, daß es gerade die Maoisten in der Pekinger Führung waren, die in der großen Debatte um die richtige strategische Linie die Position der atomaren Aufrüstung vertraten. Siehe: Michael Yahuda, Kremlinology and the Chinese Strategic Debate, 1965–1966, in: The China Quarterly (CQ), Nr. 49 (Jan.-March 1972), 61, 63, 83.

22 Siehe: Cheng Chu-yuan, Growth and Structural Changes in the Chinese Machine-Building Industry, 1952–1966, in: CQ, Nr. 31 (Jan.-March 1970), 28.
23 Dieses Forum vereinte die Mehrzahl der wichtigsten Parteiführer und kann in vielem als inoffizielle Fortsetzung der Debatten gesehen werden, die auf dem Elften Plenum vom August geführt worden waren. Die Konferenz fand im Oktober statt.
24 Siehe: Rede Lin Piao's auf der Arbeitskonferenz des Zentrums, in: Wandzeitung einer Linksgruppe in der Dritten Allgemeinen Maschinenfabrik in Peking, zit. in: Chinese Law and Goverment, Spring 1968, Bd. I, Nr. 1, 14.
25 Diese Wendung ist vor dem Hintergrund des Achten Plenums (des VIII. ZK) zu sehen, auf dem Mao genötigt war, die volle Verantwortung für die Fehlschläge des Großen Sprunges zu übernehmen. Die Passage ist es wert, ausführlich zitiert zu werden: »Der Wegfall einer allgemeinen Planung hat bedeutet, daß wir darauf verzichteten, die (wirtschaftlichen) Kräfte auszubalancieren. Über Kohle, Eisen und die Transportkapazitäten wurden überhaupt keine Berechnungen angestellt. Kohle und Eisen können sich nicht von selbst bewegen, sie müssen in Güterwagen transportiert werden. Ich habe diese Dinge nicht vorausgesehen. Weder ich noch der Premier X-x [Chou En-lai] hatten uns zuvor um diese Sachen gekümmert, weshalb verständlich ist, daß wir von den Planungsangelegenheiten wenig verstanden. Ich will mich nicht entschuldigen, obwohl auch das eine Entschuldigung ist. Ich bin eben nicht der Vorsitzende der Staatlichen Planungskommission. Vor dem August des letzten Jahres habe ich mich hauptsächlich der Revolution gewidmet, und ich hatte keine Ahnung vom Wirtschaftsaufbau (chien-she) und war ohne Erfahrung auf dem Gebiet der industriellen Planung (tui kung-yeh chi-hua pu-tung). In meiner Rede im West-Gebäude [das West-Gebäude der Pekinger chung-nan-hai Residenz] habe ich gesagt, man solle nicht über meine weise Führung schreiben. Ich habe mich um diese Dinge nicht gekümmert, wie kann man da von einer weisen Führung reden? Aber, Genossen, 1958, 1959 habe ich die hauptsächliche Verantwortung getragen, ich bin der, an den man sich halten muß (ying-kai shou wo). Früher haben andere die Verantwortung getragen, z. B. Chou En-lai und X-x [wohl: Ch'en Yün]. Jetzt fällt der Tadel auf mich, denn ich habe wirklich viele Dinge an mich gezogen«. Und er fährt fort, über die Kampagne zur Stahlerzeugung zu sprechen und bemerkt: »Wer hat die Idee von der Stahlkampagne ersonnen, K'o Ch'ing-shih [der Bürgermeister von Schanghai] oder ich? Ich war es (wo shuo shih wo). Ich habe mit K'o Ch'ing-shih gesprochen und ihm sechs Millionen t vorgeschlagen. Danach habe ich mit anderen geredet, auch X-x hat gemeint, die Sache sei möglich ... Das ganze hat uns in eine große Katastrophe (ta-huo) geführt« (Rede Mao Tse-tung's auf dem Achten Plenum des VIII. ZK, 23. Juli 1959(?), in: Union Research Institute Hg. The Case of P'eng Teh-huai, 1959–1968, Hong Kong 1968, 411). Wer gezwungen war, seine Fehler in der Wirtschaftspolitik so offen einzugestehen, mußte sich wohl oder übel dem allgemeinen Rekonstruktionsprogramm anschließen, das die Mehrheit der Führung für richtig befand. Es bestand keine Aussicht, dem neuen Meinungsklima zu entgehen.
26 Siehe dazu: tung-fang-hung (Der Osten ist rot), Nr. 20, 18. Februar 1967. Wie stark sich der Vorsitzende vom »Kommunistischen Wind« des radikalen Kommuneexperiments von 1958 abgewandt hatte, geht daraus hervor, daß die erfolgreiche Kulturrevolution weder an der Entwicklung der Kommune noch an der Größe des Privatlandes irgend etwas änderte. Wir haben die »Direktive des ZK der KPCh zur Kulturrevolution auf dem Lande in diesem Winter und im nächsten Frühjahr«, vom 4. Dezember 1967, also zu einer Zeit, als sich der maoistische Kompromiß mit Hilfe der regionalen Militärkommandanten gegen alle Manöver der Revolutionären

Rebellen und der Chiang-Ch'ing-Gruppe durchgesetzt hatte. Hier lesen wir: »Das gegenwärtig in den ländlichen Volkskommunen bestehende System der dreifachen Staffelung mit Schwerpunkt bei der Brigade, sowie die Verteilung des Privatlandes (tzu-liu-ti), sollen in der Regel beibehalten werden« (URI, chung-kung chung-yang wen-chien hui-pien, op.cit., S.628). Diese Verordnung ist bis heute in Kraft. Die »Sechzig Punkte zur Landwirtschaft«, von den Roten Garden als Inbegriff eines liuistischen Revisionismus verschrien, sind somit dem effektiven Teil maoistischer Wirtschaftspolitik einverleibt worden.

27 Franz Schurmann, einer der exaktesten Beobachter der chinesischen Szene, sieht sich gleichfalls außerstande, maoistische und liuistische Wirtschaftspolitik sauber zu trennen: »Despite the voluminous material that has come out of China on the Cultural Revolution (official newspapers, foreign dispatches, Red Guard newspapers, reports of visitors, etc.) we are still not certain about the ideological differences between the ›Maoists‹ and the ›Liu-ists‹. Were there basic disagreements about the economy? Were the former in favor of social mobilization, and the latter in favor of material incentives? This line of thought has been fairly popular among American observers but does not appear very convincing to me ... Some of the most prominent advocates of material incentives have either not been critized at all or lightly (for example, Ch'en Yün). The political survival of Ch'en Yi, who several years ago told students it was all right for them to be mainly experts, suggests that differences over economic ideology may not be as neat as is suggested in America«, in: Ho Ping-ti and Tang Tsou Hg.: China in Crisis, University of Chicago Press 1969, Bd. I, T. 2, 550.

28 Zu Mao's Bestreben, sich mit den jüngeren Wissenschaftlern und Technikern zu liieren, siehe den interessanten Kommentar, den Michel Oksenberg zu John W. Lewis' Artikel geliefert hat: Leader, Commissar and Bureaucrat: The Chinese Political System in the Last Days of the Revolution, in: Ho Ping-ti and Tang Tsou Hg. China in Crisis, I, T. 2: China's Heritage and the Communist Political System, Chicago 1968, 495.

29 Nach einem Zitat von Chou En-lai, in seiner Rede vor den wissenschaftlich-technischen Arbeitern und Angestellten in Peking, am 20. Januar 1967, in: k'o-chi hung-ch'i (Rote Fahne der Wissenschaft und Technik), hg. vom Vereinten Rebellenkomitee der wissenschaftlichen Forschungseinrichtungen der Hauptstadt. (Vertritt bis in die Einzelheiten die politischen Interessen der Gruppe um Chou En-lai, Li Hsien-nien und Li Fu-ch'un), vom 26. 1. 67, 2, Sp. 3.

30 Siehe: nan-fang jih-pao (Südliches Tageblatt), 26. Dezember 1964. Um der Produktion willen wurde der Mittelbauer, der sich seit 1960 als Säule der dörflichen Rekonstruktion erwiesen hatte, ausdrücklich aus dem Kampagnenfeuer genommen, siehe: nan-fang jih-pao, 14. Dezember 1963.

31 Siehe den Artikel über die Langflußkommune, im Yingshan-Kreis, in der Provinz Hupeh, in: chua ko-ming ts'u sheng-ch'an chan-pao (Kampfblatt: Macht die Revolution, aber fördert die Produktion), 17. April 1967, 4.

32 Daß dieser Aspekt der SEB mehr als alles andere dazu beitrug, die Kulturrevolution auf dem Lande vielerorts zu einer anarchischen Protestbewegung gegen alle Autoritäten werden zu lassen, steht außer Frage und wird unten im Detail aufgezeigt werden.

33 Siehe den Artikel von Ch. Johnson: The Changing Nature and Locus of Authority in Communist China, in: John Lindbeck Hg. China: Management of a Revolutionary Society, Seattle and London, 1971, 65. Auch ein anderer Kenner hat lapidar vermerkt: »Das Maß des Erfolges ist für einen Kader die Höhe von Produktion und

Verkauf, die seine Einheit erreichen kann«, in: R. J. Birrell: The Centralized Control of the Communes in the Post-»Great-Leap« Period, in: A. Doak Barnett Hg.: Chinese Communist Politics in Action, Washington 1969, S. 423.
34 URI, chung-kung chung-yang wen-chien hui-pien, op.cit., 40.
35 Nachgedruckt in: hung-wei-pao (Kanton), Ehre den Arbeitern, Bauern und Soldaten! Lernt von den Arbeitern, Bauern und Soldaten! 15. 9. 66, 1.
36 Siehe den Bericht der Mathematiklehrerin T'eng Yü-hung aus den Anfängen der KR in der Choukoutien-Oberschule im Fangshan-Kreis, in: pei-ching jih-pao, 4. Februar 1967, 3 + 4.
37 Vgl. etwa: Betreibt die Arbeit der Handelsorganisationen im Geiste der Maotsetung-ideen, in: kuang-chou jih-pao (Kantoner Tageblatt), 25. Dezember 1966, 1. Für die westliche Presse war die Kontinuität nicht vorhanden, da sie sich verständlicherweise auf die spektakulären Merkmale der KR konzentrierte und in der journalistischen Freude über den Rotgardistenzauber vergaß, die Genesis der Bewegung und die ihr gezogenen Grenzen genauer ins Auge zu fassen. Bis heute hat die Literatur über diese Phase der modernen chinesischen Geschichte nicht vermocht, den Ruch von Exotik und Effekthascherei loszuwerden, der sie von Anfang an begleitete.
38 Siehe: First Five Year Plan for the Development of the National Economy of the People's Republic of China, in 1953–1957, Peking, Foreign Languages Press 1956, 21.
39 Das spätmaoistische Konzept wird ähnlich gesehen in: Michel Oksenberg: China: Forcing the Revolution to a New Stage, in: Asian Survey, Bd. VIII, Nr. 1 (January 1967), 1–15. Siehe die Formulierung eines gemäßigt-pragmatischen Maoismus in: Cheng Chih-szu: The Great Lessons of the Paris Commune, in: Peking Review, 8. April 1966.

Kapitel II

Der Widerstand in der Partei

1 Die »Sechzehn Punkte« haben sich bemüht, das Fußvolk über die Ziele der neuen Kampagne zu beruhigen. Abschnitt 8 bemerkt ausdrücklich, die große Mehrheit der Kader würde als »gut« oder »verhältnismäßig gut« angesehen.
2 Neale Hunter, der Augenzeuge der Schanghaier Szene, hat zum Zustand der Gesamtpartei angemerkt: »From the provincial committees to the grass roots, it was the pragmatists who had power.« (N. Hunter, Shanghai Journal, op. cit., 17).
3 Siehe die Schilderung in: William Hinton: Iron Oxen. A Documentary of Revolution in Chinese Farming, 1970, 183
4 Siehe die Bemerkung in jen-min jih-pao (Pekinger Volkszeitung), 10. Januar 1952
5 In: wen-hui-pao (Schanghai), 10. Dezember 1965.
6 jen-min jih-pao, 11. Februar 1963, 1.
7 Ebd.
8 Man denke etwa an T'ao Chu, lange Jahre die bedeutendste politische Figur im südchinesischen Raum, der sich Fragen der klassischen Oper und der Landschaftsverschönerung zuwandte.
9 Ch'en Yi, Meine Selbstkritik, abgefaßt im Außenministerium am 24. Januar 1967. In: hung-wei-pao, Nr. 12–13, 8. Feb. 1967, hg. von der Rotfahnen-Kampftruppe der Pekinger Fremdsprachenhochschule. Ein ungeschminktes Beispiel für den damaligen Kult des Experten findet sich im Pekinger kung-jen jih-pao (Arbeiterzeitung),

25. Oktober 1962, unter der Überschrift: »Lernt ohne Reserve von den Fortgeschrittenen«. Zur Psychologie des sich abmildernden Klassenkampfes auf dem Dorfe siehe ausgezeichnet: Jack Gray, The Two Roads. Alternative Strategies of Social Change and Economic Growth in China, in: St. Schram Hg.: Authority, Participation and Cultural Change in China. Essays by a European Study Group, Cambridge 1973, 119.
10 Siehe dazu die Anmerkungen in: kuang-ming jih-pao, 23. Januar 1965.
11 Siehe: Eine schwarze Verseuchung, zwei giftige Kräuter, in: wen-hsüeh chan-pao, Nr. 7, 30. April 1967, 3. Diese Zeitschrift war Organ der revolutionären Rebellentruppe des chinesischen Schriftstellerverbandes und der Chiang Ch'ing-Richtung zugeneigt.
12 Siehe: Mao Tse-tung, Ausgewählte Werke, B. III, 75–110.
13 Siehe in: wen-yi ko-ming, Nr. 3 + 4, 30. Juli 1967, 2. Zeitschrift herausgegeben vom »Hauptquartier der revolutionären Rebellen der Literatur«, Peking, gleichfalls der Chiang Ch'ing-Gruppe nahestehend. Chou erkennt auch, daß der Alltag nach einfacher Unterhaltung verlangt: »Filme sollen die Leute erfreuen. Es ist nicht nötig, daß sie immer eine starke politische Aussage besitzen« (jen-min jih-pao, 15. Juli 1966). Auch Hsia Yen, stellvertrender Kulturminister und hauptverantwortlich für die Filmindustrie, glaubt die Zeit gekommen, »Kulturprodukte zu schaffen, die den Massen eine heitere, friedvolle Welt zeigen, eine Welt des erreichten sozialistischen Weges«. (»Gründliche Enthüllung der Antiparteiverbrechen von Hsia Yen, dem ›Alten Manne‹ der Filmindustrie«, in: jen-min jih-pao, 10. November 1966).
14 In: Vergeßt auf keinen Fall den Klassenkampf! kuang-ming jih-pao, Peking, 4. Mai 1966, 2. Chou En-lai spricht das gleiche Problem in anderer Form an, wenn er am 1. Mai 1966 zur sinoalbanischen Freundschaftsdelegation bemerkt: »Wir sind in einen langen und harten Kampf um den Sieg auf dem geistigen Gebiet eingetreten. Wir müssen energisch darangehen, die proletarische Weltanschauung gegenüber der bürgerlichen zu fördern, auf dem Gebiet der Wissenschaft, der Erziehung, des Zeitungswesens, der Kunst, der Literatur und in allen anderen Sparten der Kultur. Dies ist zur Zeit die Kernfrage der Weiterentwicklung unserer sozialistischen Revolution, eine Frage, die unsere Gesamtlage betrifft.« (In: NCNA, 1. Mai 1966).
15 Siehe: Philip Bridgham: Mao's »Cultural Revolution«: Origin and Development, in: CQ, Nr. 34 (April–June 1968), 6.
16 Jerome Ch'en: Mao Papers, A New Anthology and Bibliography, Oxford 1970, 27.
17 N. Hunter: Shanghai Journal. An Eyewitness Account of the Cultural Revolution, Boston 1969, 26.
18 Zitiert in: Jahrbuch des chinesischen Kommunismus, 1968; Taipeh 1968, 773.
19 Mao hat später vermerkt, daß von seiten der Teilnehmer viele »bittere Worte« (yüan-yen) zu hören gewesen seien. Siehe: hung-hsien-pao, 19. Dez. 1966. Organ der Rotrebellen der Dritten Allgemeinen Pekinger Maschinenbaufabrik, nachgedruckt in ARL, CCRM, Bd. XIX, 6018. Es ist zu beachten, daß die Vorgänge dieses Plenums bis heute nicht veröffentlicht worden sind.
20 Siehe dazu: chung-yang jih-pao, Taipeh, 23. Oktober 1966.
21 Ein so gut informierter Beobachter wie Shen Hsiao-yü (lange Zeit der Führer der linken Fraktion am Hydrologischen Institut der Pekinger Geologischen Akademie) hat im Oktober 1966 zu diesem Plenum bemerkt: »Im ZK ist der Vorsitzende nur von einer Minderheit unterstützt worden. Wenn er nicht gut aufpaßt, wird er wieder in die Berge gehen müssen, um den Partisanen zu spielen (kao-pu-hao chiu yao shang-shan ta-yu-chi)«. Siehe: Die reaktionäre Theorie des Rechtsabweichlers Shen Hsiao-yü, in: tung-fang hung-pao, 29. März 1967, 2, Sp. 1, Anschuldigung Nr. 4.

Das Blatt ist Organ der Ostrottruppe an der Pekinger Geologischen Akademie. Zunächst links orientiert, schwenkt es nach einer »Säuberung« vom Februar 1967 auf gemäßigten Kurs ein.

22 Auf der »Arbeitskonferenz des Zentrums« vom Oktober 1966 hat Mao einiges zu den Schwierigkeiten verlauten lassen und fast apologetisch bemerkt: »Diese [kulturrevolutionären] Ereignisse geschahen in einem ganz kurzen Zeitraum, und die Bewegung entwickelte sich in weniger als fünf Monaten, von Juni bis Oktober 1966. Die ganze Sache kam plötzlich und mit wilder Wut. Kein Wunder, daß die Genossen aus den Provinzen die Ereignisse nicht begreifen wollten.« (Rede vor der »Arbeitskonferenz des Zentrums«, 25. 10. 1966, in: hung-hsien-pao, 19. Dez. 1966, nachgedruckt in: ARL, CCRM, vol. XIX, 6018).

23 Ein Gegenplenum, das Liu Shao-ch'i am 21. Juli geplant haben soll, ist denn auch nicht zustandegekommen. Dieses Plenum sollte dem sogenannten »Parteihauptquartier« um Liu Shao-ch'i, Teng Hsiao-p'ing und P'eng Chen Gelegenheit bieten, sich vor einem angemessenen Gremium zu rechtfertigen. Zur Rolle des PHQ siehe M. Oksenberg: Policy Making Under Mao 1949–1968. An Overview, in: A. Doak Barnett, Hg.: Chinese Communist Politics in Action, Seattle 1969, 101.

24 Siehe: M. Oksenberg, op.cit., 84.

25 Siehe: N. Hunter: Shanghai Journal, op.cit., 64.

26 Nicht nur symbolisch gehen alle Uhren im weiten Reiche nach Pekinger Zeit.

27 Franz Schurmann: Ideology and Organization in Communist China, Berkeley ²1971, 86.

28 Darüber herrscht in der Literatur seltene Einmütigkeit, siehe Peter Schran: Economic Management, in: John Lindbeck Hg.: China. Management of a Revolutionary Society, Washington 1971, 214; sowie: Marianne Bastid: Levels of Economic Decision-Making, in: Stuart R. Schram Hg., Authority, Participation and Culterel Change in China. Essays by a European Study Group, Cambridge 1973, 182–184. Auf den außerordentlich geweiteten Spielraum der mittleren, provinziellen Ebene nach 1961, nicht nur wirtschaftlich, sondern auch iedologisch, verweist F. C. Teiwes in: Chinese Politics 1949–1965: A Changing Mao, in: Current Scene, Bd. XII, Nr. 2 (Feb. 1974), 7. Es besteht kein Zweifel, daß die Kulturrevolution die Hand des Zentrums langfristig gestärkt hat (siehe dazu auch den Artikel in der Pekinger Volkszeitung, 8. Juni 1972, 2).

29 Diese Region, größer als Frankreich und von natürlichen geographischen Barrieren umgeben, hatte in jeder Schwächeperiode der kaiserlichen Regierung die Neigung gezeigt, eine relativ unabhängige Lokalpolitik zu betreiben. Grundlage dafür war die günstige Wirtschaftslage, die Szuchuan zum agrarischen Überschußgebiet par excellence gemacht hatte. Siehe dazu Teiwes: Provincial Politics in China: Themes and Variations, in: J. Lindbeck Hg.: China. Management of a Revolutionary Society, op. cit., 127.

30 Li konnte sich manches herausnehmen. Als Sohn des großen Li Ta-chao war er bislang nahezu unangreifbar gewesen.

31 Siehe dazu: hei-lung-chiang jih-pao (Heilungkiang Tageblatt), 16. Juni 1967; und: Li Li-an muß gestürzt werden, in: tung-fang-hung chan-pao (Ostrot-Kampfblatt). 26. Dez. 1966, 3. Dieses Blatt wurde von den Ostrot-Rotgardisten im Rotgardistenhauptquartier von Harbin herausgegeben. Nach der Chiang Ch'ing-Gruppe ausgerichtet.

32 Siehe: Rede auf der Konferenz des Zentrums, in: hung-hsien-pao, 19. Dez. 1966, nachgedruckt in: ARL, CCRM, Bd. XIX, 6018.

33 Ebd., 6020.

34 Siehe: Report über China im Asahi Shimbun, 12. Nov. 1966; und im Mainichi Shimbun, 5. Nov. 1966.
35 Siehe: Silas H. L. Wu: Communication and Control in China. Evolution of the Palace Memorial System, 1693–1735, Harvard East Asian Series Nr. 51, Cambridge, Mass. 1970. Die bekanntesten Beispiele für kaiserliche Verbindungsleute in den Provinzen sind Ts'ao Yin (K'ang-hsi-Periode) und der später als Opiumkommissar berühmte Lin Tse-hsü (Tao-kuang-Ära).
36 Dazu am besten und ausführlichsten das große Werk von A. Doak Barnett: Cadres, Bureaucracy, and Political Power in Communist China. With a Contribution by Ezra Vogel, New York und London 1967. Siehe auch Michel Oksenberg: Methods of Communication Within the Chinese Bureaucracy, in: CQ/57 (January-March 1974), 1–39. Der Aufbau der Kontrollwege wurde zweifellos durch die Ereignisse in der Mandschurei beschleunigt, wo der allmächtige Parteichef Kao Kang versucht hatte, sich der Pekinger Einflußnahme weitgehend zu entziehen. Kao mußte seine Ämter 1954 aufgeben.
37 Siehe: »Rede des Vertreters der Maotsetungideen-Rotrebellengruppe am Militärtechnikum in Harbin«, gehalten am 21. Oktober 1966, in: ARL, CCRM, Bd. XVIII, 5728, Sp. 2.
38 Auf dem Lande kommt es immer wieder vor, daß bedrohte Kreissekretäre das öffentliche Radiosystem unterbrechen, siehe den Bericht aus dem Hai-ting Kreis im Pekinger Hinterland, Eine dringende Bekanntmachung, in: nung-min yün-tung, Nr. 3, 22. Feb. 1967, 3.
39 Die Bezeichnung ist genauso unscharf wie die Kompetenzen der neuen Organe, die durch keine ZK- oder Staatsratdirektive exakt abgegrenzt wurden.
40 So in vielen Kreisstädten, wo das rotgardistische Linkselement zahlreich vertreten war. So auch auf dem Lande, wo derartige Zellen nach der Einbringung der Ernte ausdrücklich zugelassen wurden.
41 Chiang Ch'ings III. HQ hat sich in dieser Aufgabe besondere Verdienste erworben.
42 Bei allem Bemühen, in der großen Bewegung nach dem August 1966 die alte Revolution aufleben zu lassen, ja, sie Stück für Stück zu reinkarnieren, sind die Unterschiede nicht zu verkennen: Ging doch die ursprüngliche maoistische Revolution vom Hinterland aus, mit der Gewinnung der Metropolen als Schlußpunkt; während die Kulturrevolution offensichtlich eine Angelegenheit war, die vom Zentrum ausstrahlte und gerade in den rückständigeren Provinzen einen nur schwachen Widerschein fand.
43 Dieser »lao-kan-pu« war Erster Sekretär des Lankao-Kreises im ländlichen Honan gewesen, siehe: jen-min jih-pao, 7. Februar 1966.
44 Daß Mao im Denken vieler die Stellung eines milden, weisen, doch sehr entrückten Wesens eingenommen hatte (etwa nach dem Muster der Götter in Brechts »Gutem Menschen«), darf nicht bezweifelt werden. Mao selbst hat sarkastisch bemerkt, man erweise ihm Ehren, »so wie man Buddha verehrt« (Artikel in der New York Times, 26. Oktober 1970, 6). Siehe auch die Beobachtungen in: Terrill Ross: 800 000 000: The Real China, New York 1972, 81 ff.
45 Beide Zitate in: Zerschlagt gründlich die schwere geistige Fessel, in: t'i-yü chan-hsien, 18. März 1967, 3. Hrsg. vom Revolutionären Rebellenhauptquartier der Schanghaier Sportfront. Gemäßigt, dem RK nahestehend.
46 Ebd.
47 Der Vorsitzende Mao hat mir ein neues Leben geschenkt, in: t'i-yü chan-hsien, 11. März 1967, 3
48 Ebd. Yang Hsi-jang, ein unterer Funktionär aus der Hauptstadt, sagte später im

Rückblick auf seine Kadererfahrung: »Ich war gewöhnt, alles ohne Widerrede zu tun, was die Vorgesetzten aufgetragen hatten. Mehr als zehn Jahre Training hatten aus mir einen kleinmütigen, übervorsichtigen Menschen gemacht.« shou-tu hung-wei-ping (Hauptstadt-Rotgardisten), 21. März 1967, 4

49 Für die revolutionären Genossen, die an den Sitzungen zum Studium der Kaderfrage teilnehmen, in: t'i-yü chan-hsien, 11. März 1967, 1. Ironischerweise hat gerade die maoistische Einrichtung der regelmäßigen weltanschaulichen Kurse für Kader zur Mediatisierung mit beigetragen. Die verhandelten Materialien, etwa Artikel der »Roten Fahne« oder der »Pekinger Volkszeitung«, wurden ja nicht einfach gelesen, sondern interpretiert, selbstverständlich im Interessenlicht der vorgesetzten Behörde, die es sich auch angelegen sein ließ, die Seminarleiter entsprechend zu instruieren. Siehe die Anmerkungen von F. Schurmann: The Attack of the Cultural Revolution on Ideology and Organization, in: Ho Ping-ti and Tang Tsou Hg.: China in Crisis, vol.I, book 2, op.cit., S. 547.

50 Zu dieser Aktion siehe die Ausführungen in: Chalmers Johnson: Lin Piao's Army and Its Role in Chinese Society, in: Current Scene, Bd. IV, Nr. 14 (July 1966), 1–11. Die Veralltäglichung der Geschäfte hatte es mit sich gebracht, daß auf allen Ebenen der Partei eine unwiderstehliche Abneigung gegen derartige »Kampagnen« entstand, eine Atmosphäre der Normalität, die alle Anläufe, die Gemüter noch einmal zu revolutionieren, nach kurzem Auftakt zu rostigem Stillstand verdammte. Siehe auch die Schilderung dieser gelassenen Stimmung im China vor 1966 bei: Charles Taylor: Reporter in Red China, New York 1966, 160–161.

51 Die maoistische Linke berichtet später wütend über die »Abmachungen« und die »Komplizenschaft« (huo-t'ung), die zwischen der Führung und diesen vorgeschickten Sündenböcken bestanden, siehe etwa: Zerschlagt die schwere Fessel des Geistes, in: t'i-yü chan-hsien, 18. März 1967, 3.

52 Die »Revolutionäre Rebellenkommune« im Tung-Kreis hat eine Führung, die die alte Politik fortsetzt, in: t'ung-hsien feng-pao (Sturmblatt des Tung-Kreises), 31. Mai 1967, 4. Hier lesen wir auch die bezeichnende Klage: »Die Autoritäten halten wie Pech und Schwefel zusammen, immer wieder lenken sie den Kampf in eine andere Richtung«.

53 Siehe z. B.: Bekämpft erbittert die egoistische Gesinnung, in: t'i-yü chan-hsien, 11. März 1967, 2. Ähnlich bei: Jean Daubier: A History of the Cultural Revolution, New York 1974, 15.

54 Siehe: Kritik an der Politik der »Revolutionären Rebellenkommune« des Tung-Kreises, in: t'ung-hsien feng-pao (Tung-Kreis Sturmblatt), 31. Mai 1967, 1.

55 Ebd.

56 Siehe die Wandzeitung der »Kampftruppe des Ersten August«, 28.10.1966, in der URI Sammlung Hongkong. Zur Verurteilung von Mo Ching-wei siehe auch den Artikel: Mo Ching-wei ist ein Vorkämpfer der Revolution, in: tung-fang-hung (Der Osten ist rot), 11. Juli 1967, 3, Sp. 2. Hg. von der »Ostrotredaktionsabteilung« des »Rotrebellenhauptquartiers« an der Tsinan-Universität in Kanton: ein Blatt der radikalen Observanz.

57 Die übrigens höher bezahlt sind als die technischen Direktoren.

58 Siehe: Li Kuang-lin, ein Held unter den revolutionären Kadern, in: hung-se chih-kung (Der rote Arbeiter und Angestellte), Nr. 5, 2. März 1967, 4. Das Blatt wurde gemeinsam herausgegeben von der »Revolutionären Rebellentruppe« der Pekinger Arbeiter und Angestellten und der »politisch-juristischen Truppe« der Hauptstadt. Ziemlich gemäßigt in seinen Stellungnahmen.

59 Alle Angaben in: Der Vorsitzende Mao hat mir ein neues Leben geschenkt, in:

pei-ching jih-pao (Pekinger Tageblatt) 4. Februar 1967, 3. Wie sehr die Mehrheit der Bevölkerung in alten Vorstellungen von Autorität gebunden war, erhellt daraus, daß jeder Versuch der Beschuldigten, sich öffentlich zu rechtfertigen, mit der empörten Losung niedergeschrieen wurde: »Es lebe die Partei!« (Ebd.) Bis in welche absurden Niederungen die Schnüffelei gehen konnte, belegt der Fall von Cheng-Ch'ao-nan, einer Spracherzieherin an einer Pekinger Oberschule, die sich mit rotgardistischen Vorwürfen solidarisierte. In einer Kampfsitzung« (tou-cheng-hui) wurde u.a. als Beleg für ihre »schwarze Gesinnung« angeführt, sie habe vor Jahren einen Band der »Ausgewählten Werke« des Vorsitzenden Mao mit einer sowjet-russischen Zeitung eingebunden. Siehe: Leben und Sterben der Heldin Cheng Ch'ao-nan, in: chung-hsüeh wen-ko-pao (Kulturrevolutionäre Zeitung der Oberschulen,) 21. Februar 1967, 1. Hg. von der »Propagandatruppe« des revolutionären Rebellenhauptquartiers der hauptstädtischen Oberschüler. Auf Hsieh Fu-chih-Linie ausgerichtet.
60 Ebd.
61 Leitartikel: Die Proletarische Diktatur und die Große Proletarische Kulturrevolution, in: hung-chi'i tsa-chih, Nr. 15 (13. Dezember 1966), 19.
62 Kuei-yang hung-wei-ping, 20. Oktober 1966, 2.
63 Die Großkader verstehen es geschickt, die bekannte Furcht der gemäßigten Gruppen vor negativen ökonomischen Folgen der sich radikalisierenden Bewegung weiter zu nähren und für ihre Zwecke zu nutzen. So ruft Sung Chi-wen, einer der stellvertretenden Bürgermeister von Schanghai, im November 1966 einige Studentenführer zusammen, um ihnen den Ernst der Lage vor Augen zu führen. »Unordnung kommt in dreifachen Stufen«, warnt Sung seine rotgardistischen Zuhörer, »im Augenblick haben wir noch geringfügige Unordnung, d.h., die industrielle Produktion fällt um 10 %. Eine Unordnung mittlerer Größenordnung führt zu einem beträchtlichen Verlust. Wenn wir aber eine totale Unordnung bekommen, dann zerstört das die Lebensgrundlagen der Massen. Dann gehen alle Errungenschaften verloren« (Aus einer Wandzeitung vom 12. Dez. 1966, Tokio).
64 Für Szuchuan siehe im: shih-yüan tung fang-hung (Ostrotblatt der Pekinger Pädagogischen Hochschule), 8. April 1967, 1. Vor allem zu den Vorgängen in Chungking. Für Kweichow siehe im: tung-fang-hung pao, 23. 1. 1967, 4. (Blatt der radikal orientierten Ostrotgruppe der Pekinger Geologischen Akademie.)
65 Schon im November kann von Basisaktivität keine Rede mehr sein, der innere Kreis hat alles an sich gezogen. Hören wir eine Pekinger Stimme: »Die Wandzeitungen werden nur noch von den Führern der Organisationen besprochen. Warum haben die einfachen Rotgardisten keine Stimme mehr? Die Führer reden und bringen die Massen zum Schweigen.« (chung-hsüeh lun-t'an [Forum der Oberschulen], 6. April 1967, 4)
66 Siehe: ching-kang-shan (Tsinghua Universität), 19. Dezember 1966, S. 3. Zum oft gehörten Vorwurf, die kulturrevolutionäre Bewegung werde durch »oligarchische Neigungen in den Massenorganisationen« zerstört, siehe auch: tung-fang-hung (Der Osten ist rot), 27. Nov. 1966, 2. (Hg. vom Revolutionären Rebellenbund im Rotgardistenhauptquartier der Pekinger Fachhochschulen) Ein westlicher Beobachter hat angemerkt, innerhalb der Verbände hätten sich richtige »career structures« herausgebildet. (Andrew J. Watson: A Revolution to Touch Men's Souls: The Family, Interpersonal Relations and Daily Life, in: Stuart R. Schram Hg.: Authority, Participation and Cultural Change in China, op.cit., 305.)
67 Neale Hunter: Shanghai Journal, op.cit., 133. Am schärfsten ist diese »schleichende Konterrevolution« im Gründungsmanifest des »Vereinten Rotgardisten-Aktionskomitees« gegeißelt worden, das unter dem Titel: »Das neue Gesicht der

bürgerlich-reaktionären Linie ist die größte Bedrohung der jetzigen Bewegung« am 5. 12. 1966 erschien und in Abschriften und Flugblättern weitere Verbreitung erlangte. Diese radikallinke »lien-tung«-Organisation wird uns später noch genauer beschäftigen.

68 Einige Kritiker wollen sogar wissen, daß wichtige Dokumente der Gruppe mit aktiver Unterstützung abgefaßt wurden, sowohl von Sung Hui, dem Direktor im Stabsbüro (pan-kung-t'ing chu-jen), als auch von T'ang K'o, dem stellvertretenden Minister. Siehe den einschlägigen Artikel in: chung-hsüeh lun-t'an, 18. März 1967, 1. (Blatt herausgegeben vom »Diskussionsforum der Oberschulen«, im Rotgardistenhauptquartier der Hauptstadt. Sehr gemäßigt ausgerichtet)

69 Hsü Ming, eine Stellvertreterin von Chou, beging Ende 1966 Selbstmord, nachdem sie von linken Gruppen angeklagt worden war, ihren Chef bei der Ausrüstung der Schutztruppe unterstützt zu haben. Siehe: tsao-fan (Rebellion), Organ der Revolutionären Rebellen im Schanghaier Druckergewerbe, 15. Januar 1967. Viele Aufrufe und Materialien der kooperierenden RG wurden mit Hilfe des Staatsrats gedruckt.

70 Und zum Ankauf von Armbinden: Insgesamt wurden 5141 dieser hsiu-chang gefertigt, was in etwa der Mitgliederzahl entsprechen dürfte. Alle Angaben in: chung-hsüeh lun-t'an, 18. März 1967, 1.

71 Was den zeitgenössischen ausländischen Beobachtern einen wirklichen Durchblick fast unmöglich machte und die überaus irreführende Berichterstattung dieser ersten Monate erklärt und entschuldigt.

72 Im Widerspruch zur Behauptung der Rotgardisten zeigt ein unabhängiger Überblick über die Zulassungspolitik der sechziger Jahre, daß den Erziehungsbehörden daran gelegen war, Kinder aus werktätigem Milieu zu fördern. Selbst ein rotgardistisches Blatt muß zugeben: »Zur Zeit, als die revisionistische Clique das Sagen hatte, konnte die Hochschulbehörde zu Semesterbeginn lauthals verkünden: ›Dieses Jahr wird die Masse der Kinder aus den unteren Schichten bevorzugt aufgenommen‹. Es gab Hochschulen, die es sich zur Regel gemacht hatten, fast keine Kinder aus bürgerlichem Milieu aufzunehmen.« (chung-hsüeh wen-ko-pao [Kulturrevolutionäre Zeitung der Oberschulen], 18. Januar 1967, 3.) Das Problem bestand darin, daß solche Schüler und Studenten es ungleich schwerer hatten als die besser vorbereiteten bürgerlichen Kameraden und viele (manche Berichte sprechen von 50–60 %) vorzeitig abgehen mußten. Das System arbeitete formal revolutionär, aber es schuf sich im Nachhinein seine eigene Korrektur.

73 Der Ehrentitel eines »Rotgardisten« war anfänglich nur den Mitgliedern dieser Gruppen vorbehalten. Erst ab August, als »Revolution« in allgemeinen Schwang kam und die Form einer studentischen Hysterie angenommen hatte, wurden derartige Restriktionen beiseitegefegt, und alle ohne Unterschied nannten sich mit diesem stolzen und aufreizenden Beiwort.

74 Diese Theorie fand reichlichen Zuspruch, ungeachtet der Tatsache, daß Mao in den »Dreiundzwanzig Punkten« (Januar 1965) ausdrücklich vermerkt hatte, die Nachkommen der alten herrschenden Klasse sollten ausschließlich danach beurteilt werden, wie sie sich in der alltäglichen Praxis verhielten, es gebe keine jungen Leute, die apriori »links« oder »rechts« seien. Die »Theorie« hat eine umfängliche Literatur ins Leben gerufen, radikale wie gemäßigte Rotgardisten haben an diesem Stoff ihre Federn versucht, siehe etwa den langen Artikel: Welche Linie soll man loben?, in: chung-hsüeh wen-ko-pao, 1. April 1967, 1+2.

75 Zu diesem »Terror« siehe den rückblickenden Artikel: Der Unterricht durch Angehörige der VBA ist eine gute Sache, in: chung-hsüeh feng-lei (Gewitter der

Anmerkungen zu Seite 42–45

Oberschulen), hg. von der Rotfahnenkampftruppe der hauptstädtischen Rotgardisten, 25. Februar 1967, 4. Die Armeegruppen, die im Frühjahr 1967 den Schulbetrieb wieder auf die Beine stellen sollten, hatte große Schwierigkeiten damit, die bürgerlichen Kinder über ihre künftige Stellung zu beruhigen. Linke Übergriffe wurden hart unterdrückt.

76 Ändert gründlich die unerfreuliche Lage an den Oberschulen, in: chung-hsüeh wen-ko-pao, 21. Februar 1967, 5. Und das in der Hauptstadt, wo die Bewegung zahlenmäßig viel stärker vertreten war als irgendwo in den Provinzen!

77 Bis zum Tode für die Revolution kämpfen, in: chung-hsüeh lun-t'an (Forum der Oberschulen), 6. April 1967, 2.

78 Siehe in: Neale Hunter: Shanghai Journal, op.cit., 75.

79 Siehe: Das Verhalten der ›Rotgardisten vom 18. August‹ beleuchtet die politische Linie im »Rotgardistenhauptquartier der Vereinigten Fachhochschulen der Hauptstadt«, in: tung-fang-hung, hg. von der Rotrebellentruppe im II. Hauptquartier, 9. Dezember 1966, 3 N. B.: Das Pekinger II. Hauptquartier und das »Hauptquartier der Vereinigten Fachhochschulen der Hauptstadt« sind in ihrer Mitgliederschaft nahezu völlig identisch.

80 Wie ich zur proletarisch-revolutionären Linie des Vorsitzenden Mao zurückgekehrt bin, in: pei-ching jih-pao (Pekinger Tageblatt) 29. März 1967, 3.

81 Trotzki hätte in ganz anderem Umfang politische Leistung verlangt, wozu man nicht mehr bereit war. Siehe Isaac Deutscher: Trotzki. Der unbewaffnete Prophet, 1921–1929, Stuttgart 1962, wo der historische Sieg der Mittelpartei über den Aktivisten in aller Breite dargestellt ist.

82 Siehe die Stimmungsbilder in: Douwe W. Fokkema: Report from Peking. Observations of a Western Diplomat on the Cultural Revolution, London 1971, 44 ff. und in: Bennett und Montaperto, Hg.: Red Guard.

83 The Political Biography of Dai Hsiao-ai, New York 1971. In: tung-fang-hung-pao (Ostrot-Blatt), Pekinger Geologische Akademie, 15. 3. 1967, 2.

84 Siehe die spätere Betrachtung in: nan-fang jih-pao (Südliches Tageblatt, Kanton), 7. März 1968, 2.

85 Siehe etwa in: A. J. Watson: A Revolution to touch Men's Souls, in: Schram Hg.: Authority, Participation and Cultural Change in China, op.cit., 310.

86 In den Beteiligten hat dieses Erlebnis eines aufgesprengten Universums lange nachgewirkt, siehe die Bemerkungen von R. Terrill in: Ders.: 800 000 000: The Real China, op.cit., 121.

87 Überdurchschnittlich viele Frühehen waren ein unerwarteter und vom bevölkerungspolitischen Gesichtspunkt sicher unerwünschter Nebeneffekt der Kulturrevolution.

88 In: chung-hsüeh feng-lei (Gewitter der Oberschule), 25. Februar 1967, 1.

89 In: pei-ching jih-pao (Pekinger Tageblatt), 8. Februar 1967, 3.

90 Siehe: wen-yi tsao-fan-pao (Rebellenblatt für Kunst und Kultur), hg. von den revolutionären Rebellen der kulturschaffenden Kreise des ganzen Landes, 10. Januar 1967, 1.

91 Schon Ende August hatte Ch'i Pen-yü als Vertreter der KRG den allzu bequem gewordenen Hauptquartieren mit Konsequenzen gedroht, siehe: Die Chronik des Aufstands, in: tung-fang-hung (Der Osten ist rot), hg. von den RR im RGHQ der Pekinger Fachhochschulen, Nr. 7, 27. Nov. 1966, 2. Vom radikal eingestellten Verfasser werden die meisten der alten Rotgardisten als konservative Kräfte bezeichnet, die bemüht sind, sich mit der Partei gutzustellen.

92 Ändert gründlich die unerfreuliche Lage an den Oberschulen!, in: chung-hsüeh

wen-ko-pao, 21. Feb. 1967, 5.
93 Proletarische revolutionäre Rebellen, vereinigt euch, entreißt den kapitalistischen Autoritäten die Macht!, in: pei-ching jih-pao (Pekinger Tageblatt), 22. Januar 1967, 1.
94 Auf zu neuen Siegen! in: hung-ch'i, Nr. 16 (1966), 14–16
95 Wohin geht die revolutionäre Minderheit? in: hung-ch'i (Die Rote Fahne), Pekinger Luftfahrtakademie, Nr. 2, 26. Dezember 1966, 3. Siehe ganz ähnlich die Stimme eines ausländischen Beobachters: »By the end of 1966, the ›revolutionaries‹, if not losing, were far from winning the battle against the Party bureaucracies in the provinces.« (Harvey Nelsen: Regional and Paramilitary Groundforces, in: William W. Whitson Hg.: The Military and Political Power in China in the 1970s, New York 1972, 143).

Kapitel III

Die revolutionären Rebellen: ihr Standort in der Gesellschaft

1 Siehe: chung-ta hung-ch'i (Rote Fahne der [Kantoner] Sun Yat-sen Universität), Hauptorgan der RR, die sich im Gegensatz zu Huang Yung-shengs Politik befanden, Nr. 60, 15. März 1968, 4; ähnlich, wenn auch eingeschränkter, in: lao-kung chan-pao (Arbeiterkampfblatt), hg. von der RR-Allianz der »Roten Arbeiter im Kantoner Druckereigewerbe«, Nr. 2, 3. Februar 1968, 1, Spalte 2.
2 In verschiedenen Sammlungen, u.a. URI, Hongkong.
3 Der Besuch von Theater und chinesischer Oper ist ein wesentlicher Bestandteil der sich entwickelnden proletarischen Stadtkultur, siehe die Beobachtungen in: Terrill Ross: 800 000 000: The Real China, op.cit., 99 ff.
4 Nicht umsonst hat Mao in seiner »Instruktion zum Gesundheitswesen« (vom 26. Juni 1965) das Gesundheitsministerium als »Ministerium für die städtische Gesundheit« apostrophiert. Mit der kurzen Ausnahme der Großen-Sprung-Periode hatte sich der Versorgungsvorsprung der Stadt ständig vergrößert.
5 Allgemein schwollen die Kommunen über 100 000 Ew. unverhältnismäßig stark an: wo wir 1938 24,6 Mio Menschen in diesen Städten finden, sehen wir die Zahl 1958 auf über 66 Mio gestiegen. Alle Daten in der ausgezeichneten Studie: Dwight H. Perkins: Agricultural Development in China: 1368–1968, Edinburgh 1969. Das Problem der Landflucht bestand schon in den zwanziger Jahren und hat seinen angemessenen literarischen Ausdruck in Lao She's großem Roman »lo-t'o hsiang-tzu« (Übersetzt als Rickshaw Boy) gefunden.
6 Allein der Mehrverbrauch an Getreidefrüchten betrug zwischen 1950 und 1958 ca. 10 Mio t.
7 Schon in geschichtlichen Zeiten haben Transportprobleme das städtische Wachstum begrenzt, so entscheidend in der Nördlichen Sung, wo die Urbanisierung einen für vormoderne Epochen rapiden Aufschwung genommen hatte. Ab einer gewissen Größenordnung wurde die Versorgung so kostspielig, daß eine Rezession eintreten mußte. Große Wasserstraßen, z. B. der Kaiserkanal, waren die einzige Möglichkeit, die nördlichen Metropolen wie Peking oder Kaifeng mit den südchinesischen Anbaugebieten in erträgliche Verbindung zu bringen. Siehe dazu auch: Edwin G. Pulleyblank: The Background of the Rebellion of An Lu-shan, Oxford 1955.
8 Die Argumente sind gut zusammengefaßt in: kuang-ming jih-pao, 19. Dezember

1957. Die einzelnen Daten zur Parteipolitik finden sich alle im wichtigen Sammelband: John W. Lewis Hg.: The City in Communist China, Stanford 1971.
9 Es lebe die revolutionäre Bauernbewegung!, in: wen-hui-pao (Schanghai), 20. Januar 1967.
10 Das Motto der Kampagne lautet: »Städtebewohner gehen aufs Land« (ch'eng-chen chü-min shang-shan hsia-hsiang). Siehe den breiten Bericht aus der Kreisstadt Huining (in Kansu): Auch wir haben ein paar Hände und wollen in der Stadt kein müßiges Brot essen!, in: kung-jen tsao-fan pao (Arbeiter-Rebellenblatt), hg. von der Propagandaabteilung im HQ der Rev. Arbeiterrebellen von Schanghai, 22. Dez. 1968, 1.
11 Siehe die Bemerkungen bei Michel Oksenberg: Getting Ahead and Along, in: Lewis Hg.: Party Leadership, op.cit., 336. Aspiranten mit nur ländlichem Bildungsbackground haben kaum Chancen, in die bürokratische Machtelite aufzusteigen, siehe die Studie von Kau Ying-mao, The Urban Bureaucratic Elite in Communist China: A Case Study of Wuhan, 1949–1965, in: A. Doak Barnett Hg.: Chinese Communist Politics in Action, op.cit., 216–267.
12 Shigeru Ishikawa: The Chinese Economy: A General Framework for Long-term Projection, in: The China Mainland Review, Nr. 2 (September 1966), 75. Oksenberg hat dazu angemerkt: »This increase places a burden upon the economy for creating new jobs. The economy has not met this challenge and many youth believe that the skills they have acquired have been underutilized« (in: China: Forcing the Revolution to a New Stage, in: Asian Survey, Bd. VII, Nr. 1 [January 1967], S. 9) Der Altsinologe James T. C. Liu hat das Problem der chinesischen Jugendfrustration in folgende Worte gefaßt: »This discontent develops when the educational advancement of the new generation simply outstrips the career opportunities available to them.« (in: Ho Ping-ti and Tang Tsou Hg.: China in Crisis, Bd. I, T. 2, op.cit., 485). In den entwickelten Industrieländern ist das Problem ja nicht unbekannt: unter den neuen Bedingungen eines schwächeren Wachstums wird die Dauerlosung der sechziger Jahre vom »Aufstieg durch Bildung« zum problematischen Erbe, das viele Schul- und Studienabgänger in eine Wirtschaft entläßt, die für ihren »overkill« keine Verwendung mehr hat.
13 Siehe: die Praxis in der Stadt Chiangmen (bei Kanton), in: chi-nung hung-ch'i (Rote Fahne der jugendlichen Arbeitsdienstler), hg. von der »Rotfahnenkommune« und dem »Vereinten HQ Roter Jugend« im »Verband der Jungen Bauernhelfer« (scharf links orientiert), Nr. 7, Januar 1967, 3. Für die gleichen Methoden in Schanghai siehe den Artikel: Die Studenten sollen lernen, für die Revolution zu studieren, in: wen-hui-pao, 3. Juni 1965. Diese Fragen sind auch angedeutet in: John Gardner: Educated Youth and Urban-Rural Inequalities, 1958–1966, in: John W. Lewis Hg.: The City in Communist China, op. cit., 235–286. Die beste Darstellung für den Zeitraum unmittelbar davor bei Christopher Howe: Employment and Economic Growth in Urban China, 1949–1957, Cambridge 1971.
14 Siehe das Zitat in: ko-ming ch'ing-nien (Revolutionäre Jugend), hg. von einer sonst unbekannten »Kampftruppe« von jungen Leuten, die zum Arbeitsdienst aufs Land geschickt wurden (URI, Hongkong: RN 360), Nr. 2, 10. Nov. 1967, 1. Bei Liu und anderen Parteiführern, sicherlich auch bei Mao, spielte der Gedanke eine Rolle, die städtischen Jugendlichen sollten mithelfen, ein »neues sozialistisches Dorf« (hsin she-hui chu-yi nung-ts'un) und »eine erste Generation gebildeter Bauern« (yu-wen-hua ti nung-jen ti ti-yi-tai) auf die Beine zu stellen. Jedenfalls sind das die Losungen, die in der SEB immer wieder verwendet werden.
15 Viele Jugendliche zogen es vor, sich zu drücken und »lieber in der Stadt ohne Arbeit

müßig herumzusitzen« (tun tsai ch'eng-shih li mei-shih kan), als sich den Härten des ländlichen Wirtschaftslebens auszusetzen. (Siehe kung-jen tsao-fan-pao [Arbeiter-Rebellenblatt], 22. Dez. 1968, 1). Manche durchgefallenen Prüflinge aus betuchtem bürgerlichem Elternhaus hielten sich noch ein Jahr in der Stadt auf, um dann das Examen erneut in Angriff zu nehmen, eine Praxis, die wir von den japanischen »rō-min« her kennen.

16 ch'an-p'in ch'u tzu-p'in, kuo-chia ching-chi shou sun-hai, chieh-pan-jen ch'u tzu-p'in, kuo-chia cheng-ch'üan yao pien-se.

17 Mao ist vom Nachfolgeproblem fast besessen, es vergeht kaum ein Interview, bei dem er das heikle Thema nicht zur Sprache bringt, am eindringlichsten wohl in der Aussprache mit Edgar Snow, in: The New Republic, 27. Februar 1965, 23.

18 In: hung-ch'i tsa-chih (Die Rote Fahne, theoretisches Organ des ZK der KPCh), Nr. 4 (1964), Artikel: Die Heranbildung von Nachfolgern ist die niemals endende Aufgabe der Revolution, 34. Diese Äußerungen eignen sich vorzüglich als Replik auf eine Rede von Roger Hilsman, dem damaligen US. Assistant Secretary of State, der am 13. Dezember 1963 zur Frage der »schwindenden chinesischen Revolution« Stellung bezogen und u.a. von der »erosion of Communist values in the more sophisticated second echelon of leadership« gesprochen hatte (in: U.S. Department of State Bulletin, 6. Januar 1964).

19 Siehe die Liste am Ende der programmatischen Schrift: Chruschtschows falscher Kommunismus und seine geschichtlichen Lehren für die Welt, Peking Rundschau, Nr. 29 (1964), 26.

20 chung-kuo ch'ing-nien (Chinesische Jugend), 16. Januar 1963, 22.

21 Pekinger Volkszeitung, 4. Februar 1963, 2. Diese sinnliche Wirklichkeit der sich entwickelnden städtischen Wirtschaftsgesellschaft hat die bemühten Kampagnen einfach geschluckt, der reife urbane Zynismus war in der Lage, jede gewünschte Reaktion zu antizipieren und »spontan« zu erzeugen, siehe dazu Oksenberg, Getting Ahead and Along, op.cit., 345, und Ezra F. Vogel, Voluntarism and Social Control, in: Donald Treadgold Hg.: Soviet and Chinese Communism: Similarities and Differences, Seattle 1966, 168–184.

22 Eine große Aktion zur Mobilisierung, in: kung-jen tsao-fan-pao (Arbeiter-Rebellenblatt), 22. Dezember 1968, 2.

23 Die Gesamtzahl zwischen 1963 und 1966 wird von einer Quelle mit ca. drei Millionen angegeben, siehe: chi-nung ch'ing-nien hsiang ho-ch'u ch'ü? (Wohin gehen die jugendlichen Bauernhelfer?), ein Pamphlet der Kantoner Akademie der Schönen Künste vom 19. Oktober 1967. Doch erfaßt diese Zahl nur diejenigen, die ihre Posten mehr oder weniger auf Dauer angetreten hatten. Viele Millionen mehr hatten sich für eine begrenzte Zeit von ein oder zwei Jahren verpflichten müssen. Die Altersgruppe zwischen 16–18 war numerisch am stärksten vertreten, aber auch nur 13–14jährige kamen mit in die Auswahl. (Siehe: Drei Jahre voll Blut und Tränen, in: chi-nung hung-ch'i [Die Rote Fahne des Bauernhelfers], Nr. 7, Jan. 1967, 3).

24 Eine Übersicht über die Geschichte dieser Bewegung wird gegeben in: Zornige Kritik an Liu Shao-ch'i, in: ko-ming ch'ing-nien (Revolutionäre Jugend), Nr. 2, 10. Nov. 1967, 1. Zum ersten Mal findet sich der »hsia-fang«-Komplex breiter abgehandelt im Leitartikel der Pekinger Volkszeitung, 11. August 1955.

25 Siehe: Eine große Aktion zur Mobilisierung, in: kung-jen tsao-fan-pao (Arbeiter-Rebellenblatt), 22. Dez. 1968, 2.

26 Siehe Wandzeitung vom 31. 1. 1967 an den Mauern des VII.MM, Sammlung Tokio,

ganz ähnlich in: ko-ming ch'ing-nien (Revolutionäre Jugend), Nr. 2, 10. Nov. 1967, 2.
27 Siehe ein gutes Beispiel in: M. Oksenberg: Getting Ahead and Along, op.cit., 331.
28 Siehe: chün-hsing chan-shih (Der chün-hsing Kämpfer), Flugblatt, das am 18. Jan. 1967 von Angehörigen einer zurückgekehrten Arbeitsdienstgruppe in Peking verteilt wurde. Die Qualität des erhaltenen Originals ist schlecht, die Schriftzeichen sind verwischt und schwer zu entziffern. In der Sammlung der Harvard-Yenching-Bibliothek, Cambridge, Mass. Der Autor hat eine Kopie in seinem Besitz. Neuerdings auch reproduziert in: ARL, CCRM, Bd. IV, 0755.
29 Drei Jahre Blut und Tränen, in: chi-nung hung-ch'i (Rote Fahne der Bauernhelfer), Nr. 7, Januar 1968, 3.
30 chi-nung hung-ch'i, Nr. 6, Januar 1968, 4, Sp.1.
31 chün-hsing chan-shih, op.cit. NB: Neben der Jugendliga war die VBA die einzige Chance für nicht Graduierte, eine respektable Karriere zu machen. Die Armee in China ist eine ausgesprochene Eliteeinrichtung und kann sich ihre Leute aussuchen.
32 chün-hsing chan-shih, op.cit.
33 Ich klage an!, in: chi-nung hung-ch'i, Nr. 6, Januar 1968, 3.
34 Selbst für die Mitgliedschaft in städtischen Buchklubs ist diese Karte Voraussetzung.
35 chün-hsing chan-shih, op.cit. An solchen Einzelbeispielen zeigt sich die von linken Denkern häufig vernachlässigte Problematik eines Gesellschaftssystems, das von Staats wegen über ein Monopol der Arbeit verfügt und damit die Leute existentiell in der Hand hat.
36 wörtlich: kao-hsing-ti, also: frohen Herzens.
37 Drei Jahre Blut und Tränen, in: chi-nung hung-ch'i, Nr. 7, Januar 1968, 3. Die Materialien zeigen, daß fast niemand der bürokratischen Schraube standhalten kann und sich bis zum Schluß weigert, seine Kinder zum Arbeitsdienst »freizugeben«. Die Erfahrung lehrt, daß sich nur die Statusgruppen vor unliebsamen Staatseingriffen wirksam zu schützen vermögen, die über besondere Fähigkeiten, rare skills, verfügen. Als im März 1967 medizinisches Personal, darunter auch viele Fachärzte, aus Pekinger Kliniken im Hinterland versetzt werden sollen, ausgerechnet in den unwirtlichen ta-hsing Kreis im Süden der Hauptstadt, weigern sich die Leute. Viele werden einfach »krank«, und wir hören nicht, daß die Behörden zu irgendwelchen Zwangsmitteln greifen. (Siehe: Hilfe für die Front der Frühjahrspflanzung, in: hung-yi chan-pao [Kampfblatt der Roten Medizin], Nr. 2, 1. April 1967, 2.) Deshalb ja auch der harte Kampf der Jugend um die gezählten Plätze in den großen Fachhochschulen, die den Abgängern nicht nur einen gehobenen Lebensstandard, sondern vor allem einen privaten Freiraum verbürgen.
38 chün-hsing chan-shih, op.cit.
39 Ebd.
40 Siehe den Bericht aus dem Fan-yü-Kreis im Perlflußdelta bei Kanton, Ich klage an!, in: chi-nung hung-ch'i, Nr. 6, Januar 1968, 3.
41 In: ko-ming ch'ing-nien (Revolutionäre Jugend), Nr. 2, 10. November 1967, 1. Unter solchen Bedingungen kann man vermuten, daß die jungen Leute die »Großen Acht Schriftzeichen« (pa-ko ta-tzu), die sich überall an Häusern und Schuppen befanden, mit ähnlichen Gefühlen ansahen wie KZler die treffliche Losung des »Arbeit macht frei«. Dieser Spruch: hui-hsiang wu-nung, li-chih keng-yün, etwa zu umschreiben mit: »Zurück aufs Land, den Bauern helfen, mit hohem Mut das Feld bestellen, das Unkraut jäten«, steht als Zitat in der Maorede auf einer Kundgebung der Jugend in Yenan zu Ehren des zwanzigsten Jahrestages

der Bewegung des 4. Mai. Unter dem Titel: »Die Orientierung der Jugendbewegung« findet sich der Gesamttext in: AW, II, 279–288.
42 Zum Fall der Studentin aus der Teebergkommune im Tung-wan-Kreis (Kwangtung), die sich auf die Schienen der Bahnlinie Kanton-Peking legte, siehe: Warum hat sie Selbstmord verübt?. in: chi-nung hung-ch'i, Nr. 6, 2. Eine Reihe ähnlicher Beispiele in: op.cit., Nr. 7, 3.
43 chün-hsing chan-shih, op.cit.
44 Siehe: Die Untat von Heng-lan, in: chi-nung hung-ch'i, Nr. 3, 1. Nov. 1967, 2. Wer die Texte aufmerksam liest, kann den Schluß nicht vermeiden, daß die nur an der Oberfläche gebändigte Brutalität des chinesischen Dorfes, von der wir in Lu Hsün's Geschichten eine lebhafte Anschauung bekommen, in den schutzlosen Studenten und Schülern ein willkommenes Objekt sieht, aggressive Impulse unter dem Mantel politisch-ideologischer Rechtschaffenheit (denn die Massen haben immer recht) ungestraft ausleben zu lassen. Dazu gehören auch die gut belegten Fälle von Sadismus und Vergewaltigung, siehe: chung-kuo ch'ing-nien, Nr. 2, 10. Nov. 1967, 1.
45 Siehe: Zwei Blätter aus einem Tagebuch, in: ko-ming ch'ing-nien, Nr. 2, 10. Nov. 1967, 3, unten. Um seine Interessen durchzusetzen, darf man nicht direkt vorgehen, das System verlangt, daß sie in der Gewandung der gängigen Symbolik erscheinen und im politischen Rapport zur herrschenden Gesellschaftsmetaphysik stehen.
46 Tagebucheintrag, in: ko-ming ch'in-nien, Nr. 2, 10. Nov. 1967, 3.
47 Siehe dazu: Sind wir eine Banditenbewegung oder sind wir die Vorhut der Revolution?, in: chi-nung hung-ch'i, Nr. 3, 1. November 1967, 1, Sp. 2.
48 Siehe etwa: Die Geschichte läßt sich nicht so leicht verfälschen, in: chi-nung hung-ch'i, Nr. 3, 1. Nov. 1967, 3, wo die Vorgänge im Pao-an-Kreis in Mittelkwangtung geschildert werden.
49 In einer ersten Welle schwemmen ca. eine Million Arbeitsdienstler in die städtischen Zentren, siehe: pei-ching jih-pao, 8. Febr. 1967. Über einhunderttausend strömen allein in den Schanghaier Großraum, zur Verzweiflung der Behörden, siehe den Bericht: Eilt zurück nach Sinkiang, um die Revolution zu machen!, in: chieh-fang jih-pao, 28. Febr. 1967, 4.
50 Siehe: Wohin gehen die Jugendlichen, die aufs Land verschickt werden?, in: chi-nung hung-ch'i, Nr. 3, 1. Nov. 1967, 4.
51 Siehe: Stoppt die wütende Gegenoffensive des Feindes! in: fei-ming-ti (Der surrende Pfeil), hg. von der Propagandaabteilung der »Neuen Truppe des 15. September«, die im VII. MM ihre organisatorische Basis besitzt (sehr gemäßigt, von Chou En-lai unterstützt), Nr. 3, 8. März 1967, 1.
52 Siehe: Hsiangfluß-Gewitter, du bist die große Hoffnung der Kulturrevolution in Hunan!, in: ko-ming ch'ing-nien, Nr. 2, 10. Nov. 1967, 4. In dieser Kampfbrigade zählten die Rückkehrer neben den Jungarbeitern der Changsha-Textilwerke zum Rückgrat der Revolutionären Rebellen. Die Organisation war schon am 15. November 1966 gegründet worden.
53 Die Gruppe wird im Februar bei der ersten Konsolidierung der militärisch gemäßigten Kräfte vom Kommando in Wuhan aufgelöst, siehe: Befolgt die Worte des Vorsitzenden Mao!, in: ko-ming ch'ing-nien, Nr. 2, 1.
54 Von dieser Vereinigung später Genaueres.
55 In: Ostrot-Informationsdienst, zit. in: chi-nung hung-ch'i, Nr. 2, 7. Oktober 1967, 2. Zu den Opfern siehe auch in: Wohin gehen die jugendlichen Bauernhelfer?, Pamphlet der Kantoner Akademie der schönen Künste, vom 19. Oktober 1967.
56 Eine Wandzeitung der Rebellen legt den Finger auf diesen heiklen Punkt: »Die

Anmerkungen zu Seite 54–56

kapitalistenfreundlichen Autoritäten haben uns in den Dörfern das Mark ausgesogen. Sie sagten, die Revolution erfordere das Opfer des ganzen Lebens. Aber der Vorsitzende Mao sagt: Zwischen Revolution und Leben darf kein Widerspruch sein« (Wandzeitung von zurückgekehrten »Bauernhelfern« in Changsha vom 30. August 1967, in der Library of Congress). Der Vorsitzende Mao hatte natürlich nichts dergleichen gesagt, aber die Stelle ist bezeichnend für den Unwillen der Rebellen, das kommende Jerusalem aus Blutsteinen des heutigen Dauerverzichts aufzubauen.

57 Siehe den vollständigen Text in: URI, Dokumente, op. cit., 557–558.
58 Barry M. Richman: Industrial Society in Communist China, A Firsthand Study of Chinese Economic Development and Management – with Significant Comparisons with Industry in India, the U.S.S.R., Japan and the United States, New York 1972, 375. Dieses monumentale Werk des amerikanischen Wirtschaftsprofessors ist eine Fundgrube für jeden, der sich mit den industriellen Problemen des modernen China befaßt.
59 Detaillierte Angaben zur privilegierten Position des kung-jen weiter unten.
60 J. Emerson: Employment in Mainland China: Problems and Prospects, in: An Economic Profile of Mainland China, Bd. II, Washington, D. C., 1967, 445.
61 Siehe: Ein Brief an die Adresse der Revolutionären Rebellen und der Revolutionären Arbeitergenossen in Kanton, in: lao-tung chan-pao (Arbeiterkampfblatt), hg. von der Revolutionären Rebellenallianz der »Roten Arbeiter« im Kantoner Druckereigewerbe, vertritt eine scharfe Linkspolitik, Nr. 2, 3. Februar 1968, 2.
62 Meist war im Vertrag vorgesehen, daß ein Teil des Verdienstes an die Familie im Dorf oder an die alte ländliche Arbeitsgruppe abgeführt werden mußte. Da das System so ausgestaltet war, daß es bäuerliche Arbeit zeitweise in industrielle transformierte, wird neben der gebräuchlichen Bezeichnung: »Vertragsarbeit« (ho-t'ung-kung) auch der Begriff: »Saisonarbeit« (lin-shih-kung) angewandt. Ursprünglich war es in den fünfziger Jahren wohl so, daß gewisse Industrien, vor allem das Hoch- und Tiefbaugewerbe, Bauern der städtischen Randzonen ausdrücklich für die Dauer der arbeitsarmen Jahreszeit einstellten und die Leute zur Ernte oder Pflanzung regelmäßig in die Heimatdörfer zurückkehrten. In den sechziger Jahren ist der Ausdruck »Saisonarbeiter« zum Anachronismus und reinen Euphemismus geworden. Die jungen Landleute kommen in die Stadt mit der Hoffnung, den neuen Arbeitsplatz so lange wie möglich zu halten, weshalb der Name auch seltener wird und der genauere Begriff des »Vertragsarbeiters« ihn mehr und mehr verdrängt. Im allgemeinen ist zu bemerken, daß das ganze Problem dieser Kategorie von Arbeitern erst mit den Enthüllungen der Kulturrevolution an die breitere Öffentlichkeit kam, und zuvor auch in den chinesischen Medien sehr verschleiert behandelt worden ist. Der westlichen Forschung haben vor 1967 einfach die Daten gefehlt, um sich mit diesem »doppelten Arbeitssystem« zu beschäftigen. Richmans eben erwähnte große Wirtschaftsmonographie würdigt das Phänomen mit keinem Worte, auch anderswo vermissen wir eine genaue Beschreibung. Auch die während der KR zugänglich gewordenen Materialien sind spärlich, im Vergleich etwa zu dem, was wir gesichert über die Arbeitsdienstler besitzen, schon aus dem einen Grunde, daß wir es hier mit einer Bevölkerungsgruppe zu tun haben, die nicht nur wenig Gelegenheit hatte, ihre Gedanken und Interessen zu artikulieren, sondern häufig halbe oder gar ganze Analphabeten waren, während die »Bauernhelfer« als Schüler und Studenten ganz andere Möglichkeiten besaßen, ihre Beschwerden öffentlich vorzutragen.
63 Flugblatt einer »Proletarischen Kampftruppe für unsere Rechte«, am 12. Januar

1967 in Loyang verteilt, URI Sammlung, Hongkong. Hier ist auch ein Auszug aus der inkriminierten Rede wiedergegeben, die Liu Shao-chi im Juli 1964 vor Schanghaier Parteikadern gehalten haben soll: »Auch unter dem Sozialismus muß man flexibel sein! Wenn man Arbeitskräfte braucht, so muß man sie anstellen (ku-ch'ing), wenn möglich auf Kontraktbasis. Wenn man sie aber nicht mehr braucht, muß man den Vertrag wieder lösen (chieh-ku). Das sollte übrigens nicht nur für Arbeiter, sondern auch für die Verwaltungskader gelten«.

64 Das Kontraktarbeitersystem in seiner gegenwärtigen Gestalt ist ein gegen die Maotsetungideen gerichtetes großes giftiges Unkraut, in: lao-kung chan-pao (Arbeiterkampfblatt), Nr. 3, 3. Februar 1968, 1, Sp. 2. Siehe auch den Artikel: »Schaut her! Wie man in unserer Raffinerie die Kontraktarbeiter unterdrückt hat!«, in der gleichen Nummer. Es ist zu bemerken, daß die von Yü Ch'iu-li streng technokratisch gesteuerte Ölindustrie in der Beschäftigung von Vertragsarbeitern 1965/66 den Vorreiter machte, ein Tatbestand, der dem Minister immer wieder den Vorwurf des Erzkapitalisten und »Sklavenhändlers« eintrug.

65 Siehe den aufschlußreichen Artikel: Keng Chin-chang und seinesgleichen sind konterrevolutionäre Ehrgeizlinge!, in: kung-jen tsao-fan-pao (Arbeiter-Rebellenblatt), hg. vom HQ der Revolutionären Arbeiterrebellen in Schanghai, 13. März 1967, 2. Wir sollten uns dabei erinnern, daß der Schanghaier Großraum mit seinen zehn ländlichen Kreisen über drei Millionen bäuerliche Bevölkerung umfaßt, die eine beträchtliche Zahl von Vertragsarbeitern in die Yangtsemetropole und Industriehauptstadt Chinas entsandt hatten. Eine etwas ramponierte Wandzeitung, die von Kontraktleuten in der Schanghaier Hafengegend geklebt worden war, spricht von 300 000, was zweifellos eine Übertreibung ist, aber der Größenordnung nach stimmen dürfte. (Angaben in: »Das Kontraktsystem ist ein Musterbeispiel der revisionistischen-neokapitalistischen Politik von Sun Yeh-fang«, Wandzeitung vom 15. 1. 1967, URI Sammlung, Hongkong sowie Hoover Institution, Stanford. NB.: Sun Yeh-fang war bis Sommer 1966 der Leiter des Wirtschaftswissenschaftlichen Instituts bei der Chinesischen Akademie der Wissenschaften in Peking. Unter den Linken hatte er den Ruf eines besonders entschiedenen Vertreters liberaler, Libermanscher Wirtschaftstheorien.)

66 Siehe: Zeit- und Saisonarbeiter, auf zur Rebellion!, in: shou-tu hung-wei-ping (Hauptstadt Rotgardisten), 13. September 1966.

67 Siehe Daten in: hung-ch'i chan-pao (Changsha), Nr. 4, 31. 12. 1967, 2. Dieses kurzlebige Blatt ist nur in einer Nummer vorhanden, die sich in Tokio befindet. Auch in den Kantoner Kämpfen nehmen die nicht regulären Arbeiter ihren Platz in den Massenorganisationen der revolutionären Linken ein, siehe die Bemerkungen in: Ezra Vogel, Canton Under Communism. Programs and Politics in a Provincial Capital, 1949–1968, Cambridge, Mass. 1969, 342 f.

68 Siehe z. B. in: lao-tung chan-pao (Arbeiterkampfblatt), Nr. 2, 3. Febr. 1968, 1.

69 Siehe: United Nations, Department of Economic and Social Affairs: Future Populations Estimates by Sex and Age, Report 4: The Population of Asia and the Far East, 1950–1980, in: Population Studies, Nr. 31, New York 1959.

70 Siehe: James R. Townsend: Revolutionizing Chinese Youth: A Study of chung-kuo ch'ing-nien, in: A. Doak Barnett Hg.: Chinese Communist Politics in Action, op.cit., 449. Nichts kann den hoffnungslos unterschiedlichen Zustand unseres Planeten besser beleuchten als die Tatsache, daß viele Teile der Welt in Jugend ersticken, während die Einwohner westlicher Staaten sich Sorge machen müssen, ob der mehr und mehr versiegende Nachwuchs jemals im Stande sein wird, die Renten der heute Lebenden aufzubringen.

71 Siehe Mark Selden: The Yenan Way in Revolutionary China, Harvard East Asian Series 62, HUP, Cambridge, Mass., ²1972, Chp. 3, 79 ff., auch: Edgar Snow: Roter Stern über China (Frankfurt) 1974, und Jack Belden: China Shakes the World (London) 1970, beides klassische Berichte über die frühe Phase der chinesischen Revolution.
72 Macht die alten Bauern zu Ratgebern, wenn es um die Produktionsleistung geht, in: shih-shih shou-ts'e (Handbuch zum Zeitgeschehen), Nr. 3-4 (1962), 27.
73 kung-jen jih-pao (Arbeiter-Tageblatt), 2. Nov. 1962, 2. Wer will es den RG in der Kulturrevolution verdenken, daß sie solche Passagen als idealistisch und revisionistisch ausgemerzt haben?
74 In: shih-shih shou-ts'e, Nr. 3-4 (1962), 27.
75 kung-jen jih-pao (Arbeiter-Tageblatt), 10. Januar 1963, 2.
76 Ebd.
77 jen-min jih-pao, 11. Februar 1963.
78 chung-kuo ch'ing-nien (Chinesische Jugend), Peking, 25. Dezember 1962, 1.
79 Die Langlebigkeit der kommunistischen Elite war ein allgemeines Problem, das der Jugend in China schon in den fünfziger Jahren zu schaffen machte. Eine Studie zur Verwaltungselite in Wuhan zeigt auf, daß von den 108 städtischen Führungskadern 82 % schon seit 1946 in gehobenen Positionen saßen. (Siehe: Kau Ying-mao: »The Urban Bureaucratic Elite in Communist China: A Case Study of Wuhan, 1949–1965«, in: A. Doak Barnett Hg.: Chinese Communist Politics in Action, op.cit., 230–31.) Die Praxis des kaiserlichen China, alten und nominell schon zurückgetretenen Beamten weiterhin einen zwar inoffiziellen, aber höchst wirksamen Vorgesetztenstatus einzuräumen und keine wichtigen Entscheidungen ohne ihren Rat zu treffen, hatte sich im kommunistischen Staat fortgeerbt. Oft war eine geschickt inszenierte »Kampagne« mit anschließender »Säuberung« der einzige Weg, um die Jüngeren durch diesen ideologischen »Vatermord« endlich zum Zuge kommen zu lassen.
80 Dazu und zum Jugendproblem siehe auch in: Edwin Jones, The Emerging Pattern of China's Economic Revolution, in: U. S. Congress, Joint Economic Committee Hg.: An Economic Profile of Mainland China, op. cit., Bd. I; auch Oksenberg spricht davon, daß die guten Plätze in Technik und Bürokratie vergeben waren, und zwar auf Jahre hinaus, und fährt fort: »Instead, as stated earlier, the greatest employment opportunities for youth were now in the relatively unattractive fields«. (M. Oksenberg: Local Leaders in Rural China: 1962–1965, in: A. Doak Barnett: Chinese Communist Politics in Action, op.cit., 211). Die Folge war »eine wachsende Verbitterung auf Seiten der Jugend« (op.cit., 156).
81 Alle Angaben in: »Seht, wie die Liu-Teng-Klique an der Wirtschaftsfront schwere Vergehen begangen hat!«, doppelseitiges Flugblatt vom 2. Feb. 1967, URI Sammlung, Hongkong. Als zusätzliches Element soll nicht unerwähnt bleiben, daß die Tendenz, »reguläre Arbeiter« durch billige Vertragsleute zu ersetzen, von der oben die Rede war, auch bei der Jugend voll durchschlug. Immer wieder kam es vor, daß fertige Lehrlinge nicht in ein volles, sondern in ein zeitlich befristetes Arbeitsverhältnis übernommen wurden und damit der Möglichkeit beraubt waren, in die Ränge der privilegierten, abgesicherten Arbeiterelite aufzusteigen. Auch hier also war der gesellschaftliche Aufstieg stark eingeschränkt.
82 Mao hat seine ideale Vorstellung von dieser neuen Erziehung in einem Schreiben niedergelegt, das unter dem Titel: »Brief des Vorsitzenden Mao an die Genossen der Arbeitsuniversität in Kiangsi« Bedeutung erlangt hat. Nachgedruckt u.a. in: ARL, CCRM, Bd. XIX, 5966.

83 Siehe etwa die Rede von T'an Chen-lin vom 11. August 1964, als er das Programm erneut popularisierte, in: Kritik an der Rede T'an Chen-lin's zur Frage der Arbeitsplätze, in: chi-nung hung-ch'i, Nr. 7, Januar 1968, 2.
84 Siehe einschlägige Beispiele in: Pekinger Volkszeitung, 13. Juli 1965, und: min-tsu tuan-chieh, Peking, Nr. 3, März 1965, 3–5, wo deutlich gemacht wird, daß Schulabgänger als einfache »Arbeitskräfte« (lao-tung-li) angesehen wurden.
85 Siehe die Klage in: hsin-chan-pao (Das Neue Kampfblatt), hg. von den RR in Taching, Stimme der dortigen Arbeitsschüler, Nr. 10, 19. Juli 1967, 3.
86 Flugblatt, das im Mai 1967 in Peking ausgeteilt wurde, Harvard Yenching-Library, Cambridge, Mass. Zum Problem siehe auch in: Halb studieren und halb arbeiten, oder: weder studieren noch arbeiten?, in: kung-jen tsao-fan-pao (Arbeiter-Rebellenblatt), hg. vom Schanghaier HQ der Arbeiterrebellen, 17. August 1968, 4. Die Klage über schlechte Behandlung und schlechtes Essen ist allgemein, siehe auch: tung-fang-hung, (Der Osten ist rot), hg. von der »Ostrotkommune« der Pekinger Pädagogischen Hochschule, 12. Mai 1967, 3.
87 Siehe: Zeigt auf, wie Liu Shao-ch'i, T'ao Chu und ihre Hintermänner 600 Arbeitsschüler verfolgt haben, in: 831 (Der 31. August), hg. von der »Kampfbrigade des ›31. 8.‹«, von Arbeitsschülern im »Neuen I.HQ« in Kanton, Dezember 1967, 3.
88 wen-hui-pao, 29. Mai 1965.
89 Siehe die Details in: 831, op.cit., 1–4
90 Siehe: Wie wir aus der Schule gejagt wurden und was wir danach ausstehen mußten, in: 831, op.cit., Dezember 1967, 2.
91 Die KRG mahnt die Schulabgänger von 1965 mehrfach dringend, wieder in die Fabriken zu gehen, siehe etwa: shou-tu hung wei-ping (Rotgardisten der Hauptstadt), 31. Jan. 1967, 2.
92 Wie wir aus der Schule gejagt wurden und was wir danach erdulden mußten, in 831, op.cit., 2.
93 hsin-chan-pao, op.cit., Nr. 10, 19. Juli 1967, 3.
94 Auf der 7. Tagung des dritten Schanghaier Volkskomitees gab Ch'en Lin-hu, damals stellvertretender Leiter des städtischen Amtes für Kultur und Erziehung, einige Zahlen bekannt: Danach zählte man im Mai 1965 im gesamten kreisfreien Stadtgebiet 754 dieser Arbeitsschulen mit ca. 92 000 Kindern. Siehe: wen-hui-pao, 29. Mai 1965. Die beste westliche Monographie zur Frage der »Arbeitsschulen« (oder auch: »Teilzeitschulen«) ist die Studie von Robert Barendsen: Half-Work Half-Study-Schools in Communist China: Recent Experiments with Selfsupporting Educational Institutions, Washington, D. C. 1964.
95 Siehe: shang-hai hung-wei chan-pao (Kampfblatt der Schanghaier Rotgardisten), gemeinsam hg. vom »Rotgardistenrat der Schanghaier Fachhochschulen« und dem »Rotgardistenrat der Schanghaier Oberschulen« (vertritt eine gemäßigte Linie) 25. August 1968, 1.
96 Die etwa 1200 Rebellen der Kantoner Schiffswerft, die der »Allianz« erst die richtige proletarische Substanz verleihen, sind fast alles Jungarbeiter, siehe: Ist das der zweite Frühlingsdonner?, in: hung-ch'i-pao (Rotfahnenblatt), hg. vom »Revolutionären Rebellenkomitee« des Südchinesischen Technikums in Kanton, Nr. 45, 24. Oktober 1967, 4.
97 Wandzeitung vom 28. 12. 1966, Photokopie in Hongkong und in Tokio. Jean Daubier weist darauf hin, daß die ersten Rebellenorganisationen im Herbst 1966 in den Lehrlingsabteilungen der Betriebe aufkamen, cf. J. Daubier: A History of the Chinese Cultural Revolution, op.cit., 71.

98 Siehe die Flugschrift vom 5. Febr. 1967, Nieder mit dem großen Kriegsherrn Ch'en Hsi-lien! (in Peking verteilt) URI Sammlung, Hongkong.

99 Siehe etwa den Artikel in der Pekinger Volkszeitung: Die disziplinäre Erziehung der Jungarbeiter muß verstärkt, ihr Bewußtsein muß erhöht werden, 24. September 1969. Hier wird nicht nur der vorherrschende Mangel an Disziplin beklagt, sondern auch ultralinke, extrem-demokratische Tendenzen moniert. Von der notwendigen Umerziehung der Jungarbeiter handeln auch die zwei Geschichten in: Chinese Literature, Nr. 8 (1971), 75–88.

100 B. Richman: Industrial Society in Communist China, op. cit., 535. Diese Ansicht wird von fast allen Fachleuten geteilt, so von Dwight H. Perkins, der die immensen Schwierigkeiten in einer knappen Studie zusammengefaßt hat: Development of Agriculture, in: M. Oksenberg Hg.: China's Developmental Experience, New York 1973, 55–67.

101 In: Wie man die kollektive und die private Produktion korrekt behandelt, in: shih-shih shou-ts'e (Handbuch zum Zeitgeschehen), Nr. 3–4 (1962), 12.

102 Ebd. 13. Derartige Ansichten gingen weit über die formalen Parteibeschlüsse hinaus, aber die Notlage ließ keine andere Wahl, als die brachliegenden »bürgerlichen« Ressourcen voll zu mobilisieren, nachdem die sozialistische Methode so schmählich versagt hatte. Theoretiker wie Sun Yeh-fang haben den Sachverhalt ziemlich offen benannt und eine volle Ausschöpfung des liberalen Modells verlangt, siehe: Zum reaktionären wirtschaftlichen Programm von Sun Yeh-fang, in: hung-ch'i tsa-chih (Rote Fahne), Nr. 10 (1966). Leute wie Sun haben sich nicht gescheut, gewissen Mao-Texten zu neuer Verbreitung zu helfen, wie den »Wirtschafts- und Finanzfragen«, ein Referat, das der Vorsitzende im Dezember 1942 in Yenan gehalten hatte und dessen pragmatischer Geist die kritische ökonomische Lage des damaligen Grenzgebietes spiegelt. (Das erste Kapitel des Referats findet sich in: AW, III, 127 ff.)

103 Führt das System der harmonischen Lieferungen korrekt durch!, in: shih-shih shou-ts'e, Nr. 3–4, 1962, 36–37. Das ganze ist nach Ansicht einer anderen Zeitung »eine Anerkennung für die fortschrittlichen Elemente, eine Zuchtrute für die rückständigen Gruppen. Man muß zugeben, daß es in dieser Hinsicht Unterschiede gibt«, in: ta-kung pao, Peking, 14. Januar 1963, 3. Welcher Wandel innerhalb von zwei Jahren! Als »fortschrittlich« wurde jetzt der angesprochen, der am effektivsten innerhalb der Regeln der Marktrationalität operierte. Die Werte hatten sich völlig verkehrt, die Wirklichkeit konnte der Ideologie einen erstaunlichen Sieg abgewinnen.

104 Diese gründliche Abkehr von kollektiven Formen der Produktion, die man nur dem Rahmen und oft nur dem Schein nach aufrecht erhielt, ist in den vorhandenen Quellen gut dokumentiert. Siehe z. B. die Lien-chiang-Materialien, Parteiunterlagen aus einem Kreis in Fukien, die als Frucht eines erfolgreichen nationalchinesischen Kommandounternehmens vom Frühjahr 1964 nach Taiwan kamen. Die Dokumente befinden sich im Verteidigungsministerium in Taipeh. Der Autor konnte einen Mikrofilm in Stanford einsehen. Viele der folgenden Bemerkungen beruhen auf Aussagen, die sich in diesen Materialien finden. Auch das sogenannte kung-tso t'ung-hsün, das Handbuch der Allgemeinen Politischen Abteilung der Armee, das der westlichen Forschung zugänglich wurde, hat diese Tendenzen bestätigt. Siehe dazu auch die Bemerkungen von Robert A. Scalapino Hg.: The Communist Revolution in Asia, Englewood Cliffs, N.J. 1965, 58–59.

105 Siehe auch die Anmerkung bei M. Oksenberg: Getting Ahead and Along, in: Lewis Hg.: Party Leadership, op.cit., 322 f.

106 shih-shih shou-ts'e, Nr. 3-4 (1962), 12.
107 Zu diesen Problemen siehe die Anmerkungen in der Pekinger Volkszeitung vom 26. Oktober 1961 und im ta-kung-pao vom 6. Oktober des gleichen Jahres. Beide Artikel erkennen, daß hier unliebsame Entwicklungen im Gange sind.
108 Siehe etwa den Artikel: Bringt die Landwirtschaft in Ordnung. Führt die Massenlinie gründlich durch, in: shih-shih shou-ts'e, März 1962, 6.
109 Die russische NEP hatte ganz ähnliche Konsequenzen gezeigt, siehe die maßgebende Darstellung in: E. H. Carr: The Bolshevik Revolution, 1917-1923, Bd. II, London 1952, 280 ff.
110 Etwa in: Entschließungsentwurf zur Sozialistischen Erziehungsbewegung (1963), in: Sekai (Tokio), Februar 1967. Das Thema der Korrumpierung der dörflichen Basiskader (chi-ts'eng kan-pu) wird in der Presse immer wieder behandelt, siehe z. B. in: shih-shih shou-ts'e, Nr. 3-4 (1962), 13, und: jen-min jih-pao, Wir brauchen hohe Arbeitsenergie und steten Fortschritt, 27. Januar 1966.
111 E. Axilrod: The Political Economy of the Chinese Revolution, URI, Hongkong 1972, 351. Eine Übersicht findet sich auch in: Welche Linie soll man loben? Neue Kritik am reaktionären Standpunkt der Ostrotkommune an der Pekinger Leichtindustrieakademie, in: chung-hsüeh wen-ko-pao, 1. April 1967, 1.
112 NB.: Der Status der neureichen Familien blieb aus politischen Gründen unverändert der von respektablen »unteren Mittelbauern« (hsia-chung-nung), da sich niemand der Schmach aussetzen wollte, als »reicher Bauer« zu gelten. Es war eines der Ziele der SEB, die wahren Verhältnisse ausfindig zu machen, was in den seltensten Fällen gelang, da die lokalen Register entsprechend frisiert worden waren. Viele dieser Tricks kennen wir in ähnlicher Form aus dem ländlichen Rußland der zwanziger Jahre, wo die Kulakisierung auch »unter der Hand« betrieben wurde.
113 Auszüge aus der Rede P'eng Teh-huai's vor der Nordwest-Gruppe des Lushan-Treffen, 8. Juli 1959, in: URI, The Case of P'eng Teh-huai, op.cit., 395.
114 Siehe z. B.: cheng-hsieh hui-k'an, Nr. 6, Peking, 31.12.1959.
115 Pekinger Volkszeitung, 11. Februar 1963, 1.
116 Ebd.
117 Die SEB hat auch hier Änderung und Revitalisierung schaffen wollen, aber vergeblich, man kann keinen Körper beleben wollen, solange der Geist in Todesstarre verharrt. Siehe dazu Richard Baum: Revolution and Reaction in the Chinese Countryside: The Socialist Education Movement in Cultural Revolutionary Perspective, in: The China Quarterly, Nr. 38 (April-June 1969).
118 Über diese »neue Sklaverei« entrüstet sich z. B. der programmatische Aufruf, den die Rebellen der »Proletarischen Allianz« (Hunan) unter dem Titel: »Wohin geht China?« (chung-kuo hsiang ho-ch'u ch'ü) Ende Dezember 1967 verfaßten.
119 Siehe in: kung-jen tsao-fan-pao (Arbeiterrebellenblatt), 15. März 1967, 4. Zum Problem auch andeutungsweise: Chen Pi-chao: Individual Farming After the Great Leap as Revealed by the Lien-chiang Documents, in: Asian Survey, Bd. VIII, Nr. 9 (September 1968), 774-791.
120 Im Hinterland der urbanen Zentren fand so ein Austausch statt: Städtische Rebellen mobilisieren das Dorf (siehe etwa: Hoch die große rote Fahne der Maotsetungideen, nieder mit dem Ökonomismus!, in: hua-pei nung-ts'un [Das nordchinesische Dorf], Nr. 1, 18. Febr. 1967, 2), und radikalisierte Landarbeiter und arme Bauern strömen in die Kampfverbände der Stadtrebellen, um sie in entscheidenden Gefechten zu unterstützen. Zu den nung-yeh kung-jen im II. Regiment von Keng Chin-chang, siehe: Keng Chin-chang und seinesgleichen sind konterrevolutionäre

Ehrgeizlinge, in: kung-jen tsao-fan-pao, 13. März 1967, 3. Zur Errichtung der »kulturrevolutionären Führungsgruppen« (wen-hua ko-ming ling-tao-tsu) siehe den Artikel: Die Dörfer von Kwangtung folgen dem Aufruf von Lin Piao und bilden in großer Zahl kulturrevolutionäre Führungszellen, in: hsing-tao jih-pao (Sterninsel Tageblatt), Hongkong, 16. November 1966, 4.

121 Analog zur Anfangsphase der Rotgardistenbewegung, wo nur proletarische Kinder das Recht hatten, sich den »jungen Soldaten Maos« anzuschließen. Zur Belebung der min-ping in Heilungkiang siehe: Offener Brief des RK der Provinz Heilungkiang, in: pei-ching jih-pao (Pekinger Tageblatt), 8. Februar 1967, 1. Als die Armeekommandos im Februar 1967 in die Dörfer der verschiedenen Provinzen einrückten, waren die Milizeinheiten der Rebellen oft die entschiedensten Gegner.

122 Siehe detailliert in: Dwight H. Perkins: Market Control and Planning in Communist China, Cambridge, Mass. 1966, 49–50; und Thomas P. Bernstein: Cadres and Peasant Behavior Under Conditions of Insecurity and Deprivation: The Grain Supply Crisis of Spring of 1955, in: A. Doak Barnett Hg.: Chinese Communist Politics in Action, op.cit., 365–399.

123 Siehe etwa: ta-kung-pao, 26. Oktober 1964, unter dem Titel: »Die Arbeitsgruppen sollen gemeinschaftlich Getreidereserven aufbauen«. Klagen, daß die ländliche Arbeit zu niedrig eingestuft ist, finden sich in: Pekinger Volkszeitung, 5. Febr. 1963 und nan-fang jih-pao, 21. August 1962. Daß man den Staat und die Wirtschaftsbehörden betrog, wo man nur konnte, versteht sich von selbst. Mao hat auf dem X. Plenum Beschwerde darüber geführt, daß immer wieder große Mengen von Getreidefrüchten verschwinden und dem freien Markt zugeführt werden, in einer Pekinger Wandzeitung vom 8. März 1967, nachgedruckt in: Mainichi Shimbun (Tokio) Abendausgabe des 9. März 1967.

124 URI Sammlung, Hongkong, in Schanghai am 29. Dez. 1966 auch als Flugschrift verteilt.

125 Getreidefrüchte durften nur in der Menge auf dem freien Markt abgesetzt werden, die nach der Ablieferung der staatlichen Quote noch beim Bauern verblieb. Gemüse, Fleisch und andere »Seitenprodukte« (fu-shih-p'in) unterlagen in den meisten Provinzen keinem Abgabezwang. Wenn wir hören, daß ca. 80 % aller Schweine, 90 % des Geflügels und der überwiegende Teil aller Gemüselieferungen auf Privatland hervorgebracht wurden, so müssen wir bei aller Hochachtung vor den Leistungen privatwirtschaftlicher Unternehmung annehmen, daß die offizielle Grenze, die Familienland auf 5 % der anbaufähigen Bodenfläche beschränkte, vielerorts weit überschritten wurde.

126 Diese Beziehung konnte bisweilen offen ausgesprochen werden, vor allem in Kwangtung, wo eine demographische Zuwachsrate von ca. 3 % die Ernährungslage besonders zugespitzt hatte. Siehe im nan-fang jih-pao (Südliches Tageblatt), Kanton, »Die Ordnung der Arbeitspunkte und die Ordnung der Gedanken«, 26. Dez. 1964. Terrill Ross bemerkte, wie sich die Stimmung bei einer Festveranstaltung in Kanton merklich verdüsterte, als bekannt wurde, daß die Zuwachsrate auch dieses Jahr (1970/71) die 3 %-Grenze nicht unterschreiten würde. Siehe: T. Ross: 800 000 000. The Real China, op.cit., 126.

127 Dazu ist anzumerken, daß das Verrechnungssystem inzwischen derart kompliziert geworden war (bis zu 1300 Operationen waren anerkannt), daß ein gewiegter Rechnungskader einigen Spielraum hatte.

128 Siehe den Fall von Chou Ming-shan, der auf diese Weise das äußerste aus seiner Brigade im Chiang-Kreis (südwestliches Shansi) herausholt. Bei steigender Arbeit sinkt das Jahreseinkommen bei den bäuerlichen Unterschichten im Jahr 1966 um

durchschnittlich 17 yuan. In: Deckt die Wirklichkeit hinter dem Experiment vom Chiang-Kreis auf, in: hua-pei nung-ts'un (Das Nordchinesische Dorf), 18. Februar 1967, 4. Es besteht kein Zweifel daran, daß dem chinesischen Bauer um 1965 weniger Getreidefrüchte zur Verfügung standen als zehn Jahre zuvor, siehe R.J. Birrell: The Centralized Control of the Communes in the Post-»Great-Leap« Period, in: A. Doak Barnett Hg.: Chinese Communist Politics in Action, op.cit., 416.
129 So der Schanghaier wen-hui-pao vom 20. Januar 1967.
130 Siehe den Artikel über die Vorgänge in der Langflußkommune im Ying-shan-Kreis, Hupeh, in: chua-ko-ming ts'u-sheng-ch'an chan-pao (Kampfblatt zur Verbindung von Revolution mit Produktion), Wuhan, 17. April 1967, 4, Worte des Rebellenführers Wang Chih-ch'üan.
131 Im Artikel: Regelt die finanziellen Probleme, bekämpft den Ökonomismus und leistet gute Arbeit in der Etappe der Produktion, in: pei-ching jih-pao (Pekinger Tageblatt), 24. Februar 1967. Siehe auch die Ereignisse in der Provinz Shansi, wo die Städte besonders effektiv boykottiert werden, in: hua-pei nung-ts'un, Nr. 1, 18.2.1967, 2.

Kapitel IV

Das politische und gesellschaftliche Programm der Rebellen

1 Eine neue Sammlung der Reden von Führern der KRG zwischen August 1966 und Frühjahr 1967, die an Vollständigkeit alles bisherige überbietet, findet sich in: ARL, CCRM, Bd. XIX, 5895 ff. Wer eine Übersicht über den gesamten Personenkreis wünscht, der anfänglich zur KRG gehörte, lese nach in: ming-pao, Hongkong, 26. September 1966, 1.
2 Weshalb bei Jacob Burckhardt, der im politischen Weltjahr von 48 den »artigen Müßiggang« einer italienischen Reise pflegte, tiefere Auskunft über die Bedeutung der damaligen europäischen Revolution zu holen ist als von seinem Freund Hermann Schauenburg, der als Vorkämpfer und Handelnder im Dunkel des gelebten Augenblicks stand. Und weshalb die langen Betrachtungen, die die dramatis personae etwa im Thukydides anstellen, wohl niemals gemacht worden sind.
3 kuo-chia wird im allgemeinen als »Staat« wiedergegeben, aber dieser Begriff ist zu eng, da unter »kuo-chia« alle Ränge über der unmittelbaren lokalen Ebene zu verstehen sind, also »Herrschaft« in ihrer ganzen Fülle und Komplexität.
4 Siehe etwa den Ausspruch von Ma Hsiao-yün von der »Rotfahnenkommune« (hung-ch'i kung-she) der Kantoner Sun Yat-sen-Universität, in: chung-ta chan-pao, Nr. 55, 7. August 1968, 3.
5 Siehe: kung-jen p'ing-lun (Die Arbeitermeinung), hg. von einer nicht näher bekannten Rebellenorganisation in Kanton, Nr. 4, 2.
6 Siehe: chung-ta hung-ch'i, Nr. 60, 3.
7 Siehe: hung-ch'i (Die Rote Fahne), Zeitschrift der Rotfahnenkampftruppe der Pekinger Luftfahrtakademie, Nr. 10 und 11, 10. Feb. 1967, 2.
8 k'o-chi hung-ch'i (Die Rote Fahne von Wissenschaft und Technik), Nr. 7, 1. März 1967. Das Blatt ist in seiner gemäßigten Redaktionspolitik völlig von den Spitzen des StR, Chou En-lai und Li Hsien-nien abhängig. Auch Nieh Jung-chen, seit 1958 Vorsitzender der »Kommission für Wissenschaft und Technik« beim StR, hatte die Zeitung zu seinem bevorzugten Sprachrohr gemacht.

Anmerkungen zu Seite 68–69

9 Zur politischen Auseinandersetzung zwischen dem gemäßigten und dem radikalen Flügel in der Schanghaier Bewegung siehe weiter unten.
10 Das folgende ist einem Flugblatt entnommen, das nach dem Scheitern der radikalen Kommune und der Errichtung des konservativen »Revolutionskomitees« (24. Feb. 1967) in Peking zu sehen war, wo die doppelseitige Schrift von japanischen Journalisten fotografiert worden ist. Das Rebellenpasquill stellt sich vor unter dem Titel: »Lang lebe die Schanghaier Kommune!«
11 Auch andere Lokalitäten haben sich darum bemüht, die Kommunesubstanz politisch und gesellschaftlich zu definieren, so Peking, wo die »Rotfahnengruppe« der Luftfahrtakademie einen programmatischen Artikel unter der Überschrift: »Lang lebe die Pekinger Volkskommune!« in die einsetzende Diskussion wirft, in dem u.a. postuliert wird, «daß die breiten Massen des Volkes die staatlichen Organe direkt (chih-chieh) verwalten sollen«, daß eine gänzlich neue Ordnung geschaffen werden soll, in der »die Weisheit und der schöpferische Geist der Massen ihre Anwendung finden müssen«. Die auch hier wenig zahlreichen Kommunebeamten »genießen weder politisch noch wirtschaftlich die geringsten Vorteile oder Privilegien.« (Siehe: Lang lebe die Pekinger Volkskommune! in: hung-ch'i [Die Rote Fahne] Nr. 10 und 11, 10. Feb. 1967, 1.) Ähnliche Versuche einer breiteren Definition des Ziels nach der Machtübernahme finden wir auch bei den Organisationen der Kommune von Cheng-chow (Hunan), siehe die fünf Nummern des erh-ch'i chan-pao (Kampfblatt der ›Kommune des 7. Februar‹), die im Juni 1967 erschienen sind. Alle diese Bemühungen reichen nicht an die Klarheit der Schanghaier Ausführungen heran, wie sich denn auch die politische Substanz dieser kurzlebigen Gebilde mit den Rebellenorganen in der chinesischen Industriemetropole nicht vergleichen kann.
12 Siehe den Nachdruck dieses »großen giftigen Unkrauts« in: kuang-yin hung-ch'i, hg. vom RK der Druckereiarbeiter in Kanton, Nr. 5, März 1968, am leichtesten zugänglich in der neuen Sammlung: ARL, CCRM, Bd. IX, 2755–2758. Wir sind sicher, daß die Drucker, deren Blatt auch noch unter der Herrschaft von Huang Yung-sheng mit der politischen Linken in Kanton sympathisierte, den Text zwar mit der notwendig gewordenen pejorativen Einleitung versehen haben, am integralen Text aber nichts änderten – etwa wie Osiander seine Apologie zu den »Umdrehungen« des Kopernikus schrieb, ohne jedoch den Inhalt selbst zu entschärfen.
13 Diese Rebellenvereinigung hatte sich nach der Niederlage in den Augustkämpfen zusammengefunden, um die neue Lage auf die verbliebenen Möglichkeiten politischen Handelns zu prüfen, und sich am 11. Oktober 1967 in Changsha formell konstituiert. Insgesamt hat die PA drei publik gewordene Aufrufe verfaßt, das sogenannte »Programm« (kang-ling), die »Entschließung« (chüeh-ting) und das »Wohin geht China?« (chung-kuo hsiang ho-ch'u ch'ü), das zuletzt, Januar 1968, erschien und nicht nur am ausführlichsten ist, sondern die Grundgedanken der voraufgegangenen Schriften in ausgeweiteter Form alle enthält. Die PA muß einige der besten Köpfe der Rebellenbewegung in ihren Reihen gezählt haben, vergleichbar den Intellektuellen in der Kantoner »Rotfahnengruppe« (Sun Yat-sen-Universität) und der Pekinger Luftfahrtakademie. Die meisten sind für uns anonym geblieben, verständlich in einer Zeit, wo militärische Greiftrupps dabei waren, jeden erkannten Rebellen in Arbeitslager zu schicken. Spiritus rector scheint ein gewisser Chou Kuo-hui gewesen zu sein, ein 23jähriger ehemaliger Student der elektrotechnischen Fakultät der Changshaer Hunan-Universität. Die volle Bezeichnung der PA war: hu-nan-sheng wu-ch'an-chieh-chi ko-ming-p'ai ta-lien-ho wei-yüan-hui, also: »Komitee der Großen Allianz Proletarischer Revolutionäre in der Provinz Hunan«. In der Literatur lebt die Vereinigung nur als »sheng-wu-lien« fort.

14 Hunan war Geburtsland sowohl von Mao Tse-tung als auch von Liu Shao-ch'i, die in zwei hsien aufwuchsen, die nur durch eine Gebirgskette voneinander getrennt waren.
15 Siehe die Betrachtungen zur Thematik des »wu-wei«, die Needham angestellt hat, in seinem berühmten Artikel zur taoistischen Lehre: The ›Tao Chia‹ and Tao-ism, in: Needham: Science and Civilization in China, Bd. II, History of Scientific Thought, Cambridge 1956, 68 ff.
16 Siehe Needham, op.cit., 60. Siehe auch die Rekonstruktion dieser kommunalen Epoche in: Marcel Granet: Fêtes et Chansons anciennes de la Chine, Paris 1919. In der politischen Utopie der »Pfirsichblütenquelle« (t'ao-hua-yüan-chi) ist das altchinesische präetatistische Ideal in poetischer Weise beschrieben.
17 Die PA stand mit ihren Ansichten nicht allein. Die kleinere Vereinigung der »Hunan-Grenzfeuertruppe« hat etwa zur gleichen Zeit in einem »Aufruf« (kung-kao) bitter bemerkt, daß die Gewinne der Kulturrevolution auf Null geschrumpft seien, daß sich der alte Untertanengeist auf ganzer Linie durchgesetzt habe. Siehe: hsiang-t'an tou-p'i-kai (Hunan-Transformation), Nr. 8, 3. März 1968, 1. Der Gedanke eines chinesischen Kommuneverbandes mit vielen Zentren (das sogenannte to-chung-hsin lun) war in Rebellenkreisen weit verbreitet und wurde 1968 zum Ziel einer besonderen Kampagne, siehe etwa: Es gibt nur ein Führungszentrum. Es gibt nur eine korrekte Politik, in: kung-jen tsao-fan-pao (Arbeiter-Rebellenblatt), 17. August 1968, 2. Mao selbst hat diesen Kreuzzug durch zwei besondere »Bekanntmachungen« (pu-kao) unterstützt, eine vom 3. Juli, eine andere vom 24. Juli 1968. Hier wird mit pontifikaler Gebärde bestimmt, daß in letzter Instanz das Pekinger Zentrum entscheidet, nicht irgendwelche Basiseinheiten.
18 Die Rebellen konnten sich damit trösten, daß es ihrem großen Vorbild, der Pariser Kommune, ganz ähnlich erging. Bakunin hat dazu bemerkt: »Die Commune von Paris dauerte zu kurze Zeit und war in ihrer inneren Entwicklung von dem tödlichen Kampf, den sie gegen die Reaktion von Versailles zu bestehen hatte, zu sehr behindert, als daß sie ihr Programm, ich sage nicht einmal hätte anwenden, sondern auch nur hätte theoretisch ausarbeiten können.« (M. Bakunin: Die Kommune von Paris und der Staatsbegriff, in: Staatlichkeit und Anarchie und andere Schriften, hg. und eingeleitet von Horst Stuke, Frankfurt-Berlin 1972.) Erinnern wir uns, daß ja auch die jakobinische Verfassung vom Mai/Juni 1793 bei der inneren Zerrissenheit und äußeren Bedrohtheit des damaligen Frankreich nicht die geringste Chance hatte, ihre eventuellen Vorzüge in der politischen Praxis zeigen zu können.
19 Siehe etwa: pei-ching jih-pao, Dringende Aufforderung, den konterrevolutionären Ökonomismus in den Dörfern einzustellen, 1. Feb. 1967, 4. In einem Artikel unter der Überschrift: Die revolutionären Bauern erobern gemeinsam die Macht, in: nung-min yün-tung (Die Bauernbewegung), Nr. 1, 11. Feb. 1967, 2, lesen wir aus dem Mi-yün-Kreis (im Pekinger Hinterland) die Geschichte einer Brigade, wo die gesamte Investitionsrücklage von 40 000 yuan von den Einzelmitgliedern in Beschlag genommen wird.
20 Siehe: ebd. Das geht unter Umständen so weit, daß auch kollektives Vieh in eigene Regie genommen oder auf dem Markt verkauft wird, siehe: Offener Brief des RK der Provinz Heilungskiang, in: pei-ching jih-pao, 8. Februar 1967, 2.
21 Siehe etwa in: pei-ching jih-pao, 8. Feb. 1967, 2.
22 Es ist einem an europäischen Geschmack gewöhnten Leser nahezu peinlich zu sehen, einen welch großen Raum diese Dinge in den klassischen Volksromanen einnehmen, etwa in den berühmten »Ufergeschichten« (shui-hu-chuan). Rebellion und Fest gehören im Massenbewußtsein einfach zusammen. Ganz anders etwa die japanische

Tradition, die derartige hedonistische Züge gerne zurücktreten läßt.
23 Siehe: Daniel Guérin: Der Anarchismus. Begriff und Praxis, op.cit., 16. Eine gleichfalls genaue Beobachterin, Rosa Luxemburg, hat ein halbes Jahrhundert später in der deutschen Sozialdemokratie einen erbitterten Kampf mit dem Vorstand darum geführt, den sich schon vor dem 1. Weltkrieg überdeutlich abzeichnenden Tendenzen der Verbürgerlichung, ja Verspießung der Arbeiterbewegung rechtzeitig entgegenzutreten, um die revolutionären Potenzen wenigstens teilweise zu wahren. Siehe die einschlägigen Kapitel im großen Werk von Peter Nettl: Rosa Luxemburg, Frankfurt/M. 1968
24 Siehe: Norman Cohn: Das Ringen um das Tausendjährige Reich. Revolutionärer Messianismus im Mittelalter und sein Fortleben in den modernen totalitären Bewegungen, Bern und München 1961; Werner Danckert: Unehrliche Leute. Die verfemten Berufe, Bern u. München 1963.
25 Siehe: Albert Soboul: Histoire de la revolution française Teil II: Le despotisme de la liberté (1792–1795), Paris 1962, 299 ff.
26 Ida Mett: La Commune de Cronstadt, Paris 1949
27 Siehe ausgezeichnet Gerald Brenan: The Spanish Labyrinth 1943, Neudruck Cambridge 1960, und Diaz del Moral; Historia de las agitaciones campesinas andalusas, Madrid 1929. Auch in: George Orwell: Homage to Catalonia, New York 1967
28 F. Fanon: The Wretched of the Earth. Preface by Jean Paul Sartre, New York 1968.

Kapitel V

Die Niederlage der Rebellen in der Januar-Revolution

1 Zu den Anting-Ereignissen siehe einige Daten in: kung-jen tsao-fan-pao (Arbeiter-Rebellenblatt), 13. März 1967, 2.
2 Zu den Vorgängen in Hofei siehe die Notizen in: Wang En Hg.: hung wei-ping tsao-fan-chi (Rebellentagebuch der Rotgardisten), yü-chou ch'u-pan-she, Hongkong 1967, 1–2.
3 Im Leitartikel in der »Roten Fahne«, Nr. 15, 14. Dez. 1966.
4 Zu den immer noch nicht gänzlich geklärten Vorgängen dieser Pekinger Hintertreppenintrigen siehe einige Anmerkungen in: tung-fang-hung (Der Osten ist rot), hg. vom »Revolutionären Rebellenbund« im HQ der vereinten Fachhochschulen der Hauptstadt, 17. Dez. 1966, 4.
5 Siehe u.a. den Vorwurf der »Truppe des 1. August«, in: ching-kang-shan, 19. Dez. 1966, 3.
6 Ermuntert von den Gewerkschaften und der Chou En-lai-Gruppe.
7 Siehe dazu einiges in: Die Chronik des Aufstands, in: tung-fang-hung (Der Osten ist rot), op.cit., 27. Nov. 1966, 2. Es gehörte zur politischen Arbeitsteilung unter den Linken des maoistischen Zentrums, daß Chiang Ch'ing und Ch'en Po-ta eher in der Pose von elder statesmen auftraten und die zweite Garnitur der Ch'i Pen-yü, Wang Li, Kuan Feng und Lin Chieh die Kärrnerarbeit versah, auch wohl hier und da linksradikale Parolen lancierte (wie die berüchtigte Losung von den »Kapitalistenfreunden in der Armee«, die auch geschaßt werden müßten), die von den beiden Führern nach Belieben desavouiert oder gestützt werden konnten. Ihr Verhältnis zu diesem sogenannten IV. Hauptquartier war also eines der politischen Opportunität.

Anmerkungen zu Seite 75–78

8 In: tung-fang-hung (Der Osten ist rot), op.cit., 16. Nov. 1966, 4.
9 Von den später gestürzten Führern hat keiner wie der russische Trotzki das Exil gesucht, um von dort aus Informationen über den Mechanismus höchster Kremlentscheidungen weiter zu geben. Solange das für China ausbleibt, müssen wir bekennen, daß alles Räsonnieren über Gründe für die oder jene Politik nicht Wissen, sondern mehr oder weniger gut fundierte Spekulation ist.
10 Es gab damals ein bonmot in der Partei, das besagte: »Wenn der Vorsitzende Mao drei Tage mit Lesen aufhört, kann er den Liu Shao-ch'i nicht mehr einholen.« (Siehe: Roderick MacFarquhar: The Origins of the Cultural Revolution, Oxford 1974, 6) Schurmann hat lapidar angemerkt: »Liu Shao-ch'i war das wirkliche Haupt der Partei«, in: Attack of the Cultural Revolution on Ideology and Organization, in: Ho Ping-ti and Tang Tsou Hg.: China in Crisis, op.cit., Bd. I, T. 2, 560.
11 In einer Wandzeitung vom 4. Januar 1967 (Peking) heißt es, Ch'en Po-ta habe klargestellt, daß sowohl Liu wie Teng jede Schuld von sich wiesen und einen »Gegenschlag« vorbereiteten. In: hung-wei-ping tsao-fan-chi, op.cit., 7.
12 Wir erinnern uns, daß der riesige Raum des Südwestens ab September 1966 gegenüber dem maoistischen Zentrum eine quasi autonome Haltung eingenommen hatte.
13 T'ao wurde nach seinem Sturz Ende Dezember 1966 immer wieder mit Liu in Verbindung gebracht und es ist sicher belegt, daß er schon in seiner Eigenschaft als »Berater« der KRG aller radikalen Rhetorik zum Trotz (die keiner so zu gebrauchen verstand, wie dieser Aufsteiger aus Kanton) die Angriffe auf den Staatschef abzubiegen versuchte. Siehe die Wandzeitung von der »Ostrotkampftruppe« der Pekinger Geologischen Akademie, vom 21. 1. 1967, in der URI Sammlung, Hongkong.
14 Siehe: Rede des Vorsitzenden Mao auf dem VIII. Plenum des Achten ZK der KPCh (23. Juli 1959 [?]), in: URI Hg.: The Case of P'eng Teh-huai, op.cit. 409
15 Siehe die Erklärung von Ch'en Po-ta, in: Führende Mitglieder des Zentralkomitees sprechen von der Machtübernahme, in: cheng-fa ping-t'uan (Truppe der Politisch-juristischen Fakultät), hg. von der pol.-jur. Truppe im III. hauptstädtischen HQ, vom 3. Februar 1967, 2
16 Siehe die Angaben in B. Richman: Industrial Society in Communist China, op.cit., 803. Hier findet sich auch eine mehrseitige Tabelle mit weiteren Daten zur Einkommensstruktur.
17 Zur Einführung und Ausweitung dieser »neokapitalistischen« Einrichtung siehe die Detailangaben in: Charles Hoffmann: The Chinese Worker. New York 1974. Die Regelungen für das Prämiensystem und andere Formen des »sozialen Wettbewerbs« wurden schon in den fünfziger Jahren ausgearbeitet, siehe: Verordnung zur Prämienfrage, in: chung-yang ts'ai-cheng fa-kuei hui-pien, Peking, Verlag für Rechtswissenschaft 1958. Zur Erneuerung dieser speziellen Form der »materiellen Anreize« siehe in: nan-fang jih-pao (Südliches Tageblatt), 21. Juli 1964.
18 Meistens ist das Verhältnis zwischen betrieblichem Durchschnittsverdienst und dem höchsten Direktorengehalt weniger als 2:1, während sie in den USA und der SU zwischen 4:1 und 9:1 beträgt und in den meisten Entwicklungsländern noch weit höher liegt. Richman bringt das Beispiel Indiens, wo höhere Angestellte im Durchschnitt 20 bis 30mal soviel verdienen wie der einfache Arbeiter. Siehe: Richman, op.cit., 805
19 Siehe: Betreibt die Arbeit der Handelsorganisationen im Geiste der Maotsetungideen, in: kuang-chou jih-pao (Kantoner Tageblatt), 25. Dezember 1966, 1
20 Siehe z. B. die Beschreibung von Terrill Ross in: The Real China, op.cit., 118 ff.

Auch die einschlägigen Kapitel in: Maria Macciocchi: Daily Life in Revolutionary China, Monthly Review Press, New York and London 1972. Selbstverständlich muß man hinzusetzen: ausgezeichnet im Verhältnis zum chinesischen Bauern, oder zum Arbeiter in Indien; sehr dürftig in Relation zum Standard des westlichen Arbeiters: Fahrrad statt Auto, Radio statt Farbfernseher, etc.

21 Siehe etwa in Richman, op.cit., 806
22 So besitzt die Eisen- und Stahlfabrik in Wuhan zwei Heilstätten mit etwa 500 Betten. Über 5000 der insgesamt 35 000 Betriebsangehörigen sind mit Wohlfahrts- und Dienstleistungsaufgaben beschäftigt.
23 Auf dem Lande waren derartige Systeme nur ansatzweise vorhanden, die einzige Möglichkeit, in den vollen Genuß eines Sozialversicherungsschutzes zu kommen, bestand dort darin, ein hauptamtlicher Staatskader zu werden. Siehe in: M. Oksenberg: Getting Ahead and Along, op.cit., 317.
24 In: t'ieh-tao hung-ch'i (Rote Fahne der Eisenbahn), 20. Jan. 1967, 4.
25 Ebd. Siehe ähnlich in Tsingtao, in: Wir werden sowohl an der kulturrevolutionären Front als auch an der wirtschaftlichen Kampflinie siegen, in: pei-ching jih-pao (Pekinger Tageblatt), 1. Februar 1967, 1. Und zu den Ereignissen in den Pekinger Großbetrieben, siehe: Der Kampf in der Ersten Pekinger Maschinenbaufabrik, in: ching-kang-shan, hg. vom Rotgardistenvertreterrat der Tsinghua-Universität, 23. Januar 1967, 4.
26 Ching-kang-shan, op.cit., 17. Jan. 1967. »Es war ganz nach dem bekannten kommunistischen Prinzip : ›Jedem nach seinen Bedürfnissen‹«, bemerkt der ironische Kommentator weiter unten.
27 Siehe: wen-hui-pao, 17. Januar 1967. Gleichfalls in Schanghai soll es Mitte Dezember 1966 zu einer Geheimkonferenz des Parteikomitees der Stadt gekommen sein, um die »Strategie der wirtschaftlichen Offensive« mit Gewerkschaften und Managern der wichtigsten Unternehmen auszuarbeiten, siehe: wen-hui-pao, 12. Januar 1967, 5.
28 Siehe die bitteren Bemerkungen von Chiang Ch'ing in der Rede vom 17. Januar 1967, in: t'ieh-tao hung-ch'i (Rote Fahne der Eisenbahn), 20. Jan. 1967, 3.
29 In: Begeistert und bescheiden müssen wir von den Massen lernen, in: kuang-chou jih-pao (Kantoner Tageblatt), 12. April 1967, 2. Verständlich, daß der Gewerkschaftsdachverband als Quelle der revisionistischen Vergiftung am 4. Januar per ZK-Beschluß aufgelöst wurde. Am gleichen Tage stellte das »Arbeiterblatt« (kung-jen jih-pao) sein Erscheinen ein. Die Gewerkschaftsbewegung ist bis heute in einem merkwürdigen Zwielicht verblieben und hat ihre alte Bedeutung nicht wiedererlangt.
30 Siehe die ausgezeichnete Schilderung aus 'den Straßen von Kwei-yang (der Provinzhauptstadt von Kweichow), in: tung-fang-hung-pao (Der Osten ist rot-Blatt), hg. von den Rebellen der Pekinger Geologischen Akademie, 23. Januar 1967, in: Einige Beispiele zum reaktionären Ökonomismus«, Nr. 6; 4.
31 Gerade im Januar haben die Organe des maoistischen Zentrums versucht, den Arbeiter beim moralischen Portepee zu fassen und ihn an die kommunistische Tugend der Einfachheit zu erinnern, siehe am besten im Leitartikel der Pekinger Volkszeitung, 26. 1. 1967: Weniger Revolution, mehr Produktion.
32 In: ching-kang-shan (Tsinghua-Universität), 1. Feb. 1967, 2. Allein am 26. Dezember ziehen mehr als 15 000 gemäßigte Arbeiter durch die Hauptstadt, um ihren Forderungen nach normaler Arbeit Nachdruck zu verleihen.
33 Siehe: shang-hai hung-wei-ping (Schanghaier Rotgardisten), 18. Mai 1967, 2. In einer Fabrik mit 1200 Mann Belegschaft legen am 27. Dezember 1966 mehr als 200

Arbeiter die Werkzeuge nieder und schließen sich dem Protest an. (pei-ching jih-pao, 24. Jan. 1967, 2.) Derartige Vorkommnisse legten die Produktion natürlich genauso lahm, wie der »rote Terror« der Rebellen.
34 Siehe: tung-fang-hung-pao, 23. Januar 1967, 4
35 Der Erlaß vom 20. Dezember 1966, der alle kulturrevolutionären Massenfahrten zu Bahn oder Schiff untersagte, hatte seinen Grund nicht zuletzt in dem Bestreben der chiang-ch'ing-p'ai, die aufgebrachten Arbeiter von weiteren Aktionen abzuhalten.
36 Siehe dazu einiges in der hung-ch'i (Die Rote Fahne), Pekinger Luftfahrtakademie, Nr. 10–11, 10. Februar 1967, 2.
37 Siehe den detaillierten Artikel: »Bekanntmachung des Hauptquartiers Revolutionärer Rebellen in Kweichow«, in: pei-ching jih-pao, 1. Feb. 1967, 1.
38 Die »Helden« rekrutierten sich fast ganz aus der gutbezahlten Arbeiterelite der »Wuhan Eisen- und Stahlwerke« (durchschnittlicher Monatsverdienst: 70 yuan) und der »Wuhan Diesel-Motorenwerke« (durchschnittlicher Monatsverdienst: 50–52 yuan). Siehe auch die ergänzenden Angaben in: Thomas W. Robinson: Chou En-lai and the Cultural Revolution in China, in: Ders. Hg.: The Cultural Revolution in China, Berkeley 1971, 242. Wuhan, am Schnittpunkt des Yangtse mit der wichtigsten Nord-Süd-Eisenbahnlinie gelegen, war in den fünfziger und sechziger Jahren zu einem neuen, binnenländischen Industriezentrum aufgebaut worden.
39 Siehe dazu knapp im: kung-jen tsao-fan-pao (Arbeiter-Rebellenblatt), 1. Juni 1967, 4.
40 Verbindungsmann zu den Gewerkschaften spielte Yang Shih-fa, der als langjähriger Leiter der Abteilung für Arbeit beim städtischen Parteibüro über die nötigen detaillierten Personalkenntnisse verfügte, die bei einem so heiklen Unterfangen unerläßlich waren. Auf der Gründungsversammlung der »Scharlachgarde« (26. Nov. 1966) nahm als Ehrengast auch Wang Shao-yung teil, einer der alternierenden Sekretäre des Parteikomitees. Siehe: kung-jen tsao-fan-pao. 1. Juni 1967, 4.
41 Siehe dazu im: wen-hui-pao, 12. Januar 1967, 5. Von 38 untersuchten chinesischen Großbetrieben (1966), die nach der Gehaltsskala angeordnet waren, lagen die ersten sieben mit dem höchsten Durchschnittsverdienst alle in der Stadt am Huang-pu. Siehe: Richman: Industrial Society in Communist China, op.cit., 800
42 Machtübernahme (to-ch'üan) ist das politische Schlagwort, das die Propagandakämpfe des Januar bis zur Ausschließlichkeit beherrscht und bis zum Überdruß wiederholt und abgewandelt wird.
43 Siehe dazu den Artikel im wen-hui-pao vom 25. Januar 1967, sowie die Ausführungen im: kuang-ming jih-pao vom 25. Januar 1967.
44 Einzelheiten zu den militärisch-technischen Vorgängen der «Machtübernahme« finden sich für Kanton, Schanghai und Peking in den Fallstudien am Schluß dieser Arbeit.
45 Siehe die verschiedenen Berichte in: kung-jen p'ing-lun (Die Arbeitermeinung), März 1968, 1, wo der Artikel unter der Überschrift: »Der mächtige Ostwind vom Monat März« einige aufschlußreiche Daten enthält; nan-fang jih-pao, 10. April 1967, vor allem die beiden Passagen: »Die Kantonarmee erwirbt sich neue Verdienste um die Belieferung des städtischen Marktes« (S. 1), und: »Die Versorgung der Stadt Kanton ist glänzend!«. Zu den Vorgängen in den Verkehrsbetrieben siehe: Zerschlagt gründlich die konterrevolutionären Widerstände der bürgerlichen Kräfte! Übererfüllt die Arbeitspläne für das Erste Quartal!, in: kuang-chou jih-pao (Kantoner Tageblatt), 2. April 1967, 3.

Anmerkungen zu Seite 82–83

46 Siehe: kuang-chou hung-wei-ping (Kanton Rotgardisten), Nr. 14, 10. Februar 1967, 1, unter der Überschrift: »Kurz notiert«.
47 Der Transportsektor, vornehmlich das Schienenwesen, zählt in allen sich modernisierenden Staaten zum Schlüsselbereich und hat in den darin Beschäftigten immer eine Elitementalität hervorgebracht, die sich mit politischer Radikalität wenig vertrug. Nicht zufällig waren die Eisenbahner im wilhelminischen Deutschland unter den ersten Sympathisanten des Bernsteinschen Revisionismus, und ihre russischen Genossen blieben bis lange nach der Oktoberrevolution menschewistisch gesonnen. Ihre nationale Vertretung ging so weit, der neuen bolschewistischen Regierung mit totalem Streik und Boykott zu drohen, falls nicht ein Koalitionskabinett unter Einschluß aller sozialistisch orientierter Parteien geschaffen würde. (Siehe: Arbeiterkontrolle über die Eisenbahnen in: E. H. Carr, The Bolshevik Revolution 1917–1923, Band II, Anhang D; op.cit., 394–397)
48 Wie u.a. bei der Anting-Affaire mehrfach geschehen.
49 So eine klagende Stimme im nan-fang jih-pao (Südliches Tageblatt), 25. Dezember 1966, 2.
50 Siehe den anschaulichen Bericht: Die Transportlage in der Harbin Eisenbahndirektion ist ausgezeichnet, in: pei-ching jih-pao (Pekinger Tageblatt), 23. März 1967, 1.
51 Ebd.
52 Zu dieser Misere des versteckten Generalstreiks siehe: Zerschlagt gründlich den konterrevolutionären Ökonomismus, in: wen-hui-pao, 25. Januar 1967. Die »Dringende Bekanntmachung« war soweit gegangen, von der allgemeinen »Sabotage der Produktion« (p'o-hai sheng-ch'an) zu sprechen, siehe wen-hui-pao vom 9. Januar 1967.
53 Gerade in diesen Betrieben war das qualifizierte technische Personal im Verhältnis zum einfachen Arbeiter seit der Großen-Sprung-Zeit sehr gestiegen. Diese wichtigen Spezialisten, die sich den Angriffen der RR am stärksten ausgesetzt sahen, zogen sich in der Regel vom Arbeitsplatz zurück und gingen in eine passive Abwartestellung. In der Gießereiabteilung der bedeutenden Schanghaier Glasgerätefabrik z. B. blieben in den kritischen Tagen des Januar von 8 Produktionsgruppenleitern nur 4 im Einatz, und von den 4 technischen Fachkräften blieben alle außer einem ihrer Arbeit fern. Von den über 30 Spezialisten, denen die Ausbildung der Gußformen anvertraut war, kam nur ein knappes Drittel in den unsicher gewordenen Betrieb. (Siehe: Eine neue Einrichtung, die unter der Pflege der Maotsetungideen herangediehen ist, in: pei-ching jih-pao, 24. Januar 1967, 2.) Eine derartige Aufschlüsselung der Beschäftigten ist leider höchst selten, meist fallen alle Kategorien unter den Oberbegriff des »kung-jen« (Arbeiter), eine betriebssoziologisch sinnlos gewordene Größe, die aber in der politischen Phraseologie aller Gruppen unentbehrlich geworden war. Zur gesellschaftlichen Differenzierung im chinesischen Betrieb siehe auch Peter Schran: Economic Management, in: Lindbeck Hg.: China: Management of a Revolutionary Society, op. cit., 218, und R. Hoffmann: Entmaoisierung in China. Zur Vorgeschichte der Kulturrevolution, München 1973.
54 Siehe: kung-jen tsao-fan-pao, 22. Dezember 1968. Siehe auch die Anmerkungen zum Hafen im wen-hui pao vom 9. Januar 1967.
55 Das alte Kiangnan-Arsenal war schon 1865 von Tseng Kuo-fan eingerichtet worden, mit Maschinen, die Yung Wing, der erste chinesische Student an der Yale Universität, in den USA besorgt hatte. Es stand also am Anfang der modernen chinesischen Industrie überhaupt.
56 Siehe die Wandzeitung unter der Überschrift: »Es lebe der Vorsitzende Mao, es lebe

Anmerkungen zu Seite 83-84

die große, ruhmvolle Kommunistische Partei!«, vom 11. Januar 1967, in der Harvard-Yenching-Library, Cambridge, Mass. In einem Artikel, der sich mit den Zuständen im Kiangnan-Komplex befaßt, wird der Betrieb als »ein Musterbeispiel eines kapitalistischen Managements« hingestellt, siehe in: kung-jen tsao-fan-pao (Schanghai), 10. April 1969, 4.

57 Die Rebellen sehen die opponierende Arbeiterschaft wesentlich als Opfer eines Komplotts der neokapitalistischen Autoritäten. Oder sie verweisen auf die besonderen geschichtlichen Umstände der Stadt: »Es ist ja kein Zufall, daß sich das kapitalistische Gift so schnell über die städtischen und ländlichen Bezirke der Metropolis ausbreiten konnte. Zwar ist die egoistische Gesinnung den Menschen seit undenklichen Zeiten überall eingehämmert worden, aber hier in Schanghai in ganz besonderem Maße, da wir vor der Befreiung als ›ausländischer Großmarkt‹ bekannt waren.« (In: wen-hui-pao, »Die Rebellen von Schanghai ringen hart um eine große Koalition«, 21. Januar 1967) Im chieh-fang jih-pao stoßen wir auf eine ähnliche Überlegung, die den Mißerfolg der Rebellen erklären soll: »Schanghai ist eine Großstadt mit ziemlich gehobenem Lebensstandard. Um so notwendiger wäre es, im Alltag die gebotene proletarische Schlichtheit zu wahren. Der verbreitete Traum vom Auto und vom Ledersofa (p'i-sha-fa) führt zur Gefahr, einen kampflosen, allmählichen Übergang in den Sozialismus für möglich zu halten.« (Zitiert in: Wir wollen die revolutionäre Jugend immer behalten (yung-pao ko-ming ti ch'ing-ch'un), in: hsüeh-hsi ts'ung-shu (Studienalmanach), Nr. 28 (1967), 22. Dies alles sind verschleierte Eingeständnisse, daß es höchst schwierig geworden ist, in einer materiell verwöhnten Metropole wie Schanghai einen radikalen Umschwung vollziehen zu wollen, der mit wirtschaftlichen Opfern erkauft werden müßte.

58 Nach unseren Berichten bleiben mehr als 900 Tote und Verwundete auf dem Pflaster, siehe die kurzen Angaben in: hung-wei-ping tsao-fan-chi (Rotgardisten-Rebellenchronik), op.cit., 8.

59 Durchschnittlicher Monatsverdienst: 62 yuan.

60 Siehe dazu: Die Marktlage in Wuhan bietet wieder ein glänzendes Bild, in: chua ko-ming, ts'u sheng-ch'an (Verbindung von Revolution und Produktion), Wuhan, 22. April 1967, 4, und: chu-ying tung-fang-hung (Die Ostrotgruppe der Perlflußfilmstudios), Nr. 8, 8. August 1967, 4.

61 Gestützt auf das »Vereinigte Komitee der Universität Chengchow« (cheng-ta lien-wei) und der »Kampftruppe vom 24. August« (der Kaifeng Pädagogischen Hochschule), zwei Allianzen, die im Januar zur »Revolutionären Rebellenallianz« koalieren und kurz darauf die »Kommune der 7. Februar« auf die Beine bringen.

62 Siehe die Angaben in: Vorwärts auf den blutigen Spuren der Märtyrer, in: ho-nan hung-wei-ping (Die Rotgardisten von Honan), Organ der Rebellen in Chengchow, Nr. 14, 27. Mai 1967, 2. Es bleibt zu erwähnen, daß die Rebellen in Chengchow durch ein zahlenmäßig starkes »Verbindungsbüro« des Pekinger III. HQ nicht nur beraten, sondern auch bei den Aktionen der »Machtübernahme« physisch unterstützt worden waren, was viele Arbeiter als unzulässige Einmischung fremder Elemente in häusliche Angelegenheiten betrachteten.

63 Eine Quelle berichtet uns sogar, daß »alle Fabriken« (ch'üan-ch'ang) gegen die linken Aktivitäten in den Ausstand getreten seien, siehe: tung-fang-hung-pao (Ostrotzeitung), Geologische Akademie Peking, 23. Januar 1967, 4. Zu den Störmanövern der »Industriearmee« siehe in: Die Industriearmee von Chengtu und die neue »Truppe des 16. September«, in: tsao-fan yu-li (Rebellion ist vernünftig),

hg. von der Propagandaabteilung der »Rebellentruppe des 16. September« im 7. MM (Peking), Nr. 17, 14. Mai 1967, 4.

64 In: t'ung-hsien feng-pao (Gewitter im Tung-Kreis), hg. von der Gruppe »Lokale Revolte« der Kommune der Revolutionären Rebellen in Peking, 31. Mai 1967, 4.

65 Ch'en Hsi-lien, der Kommandant der Armeeregion Mukden, hatte seine Truppenchefs schon im Dezember angewiesen, im Falle eines Rebellensturmes nicht selber hervorzutreten, sondern zunächst der Arbeiterschaft logistische und propagandistische Schützenhilfe zu geben: Wandzeitung der Rebellen in Harbin vom 19. Januar 1967, Stanford, Hoover Institution.

66 Einen guten Überblick über das Geschehen gibt der Artikel: Kurze Einführung in die Geschichte der Kulturrevolution in Changchun im Jahre 1967, in: ch'ang-ch'un kung-she (Die Kommune von Changchun) und shou-tu hung-wei-ping (Hauptstadt-Rotgardisten), Gemeinsame Ausgabe (ho-k'an), 16. August 1967, 2.

67 pei-ching jih-pao, 22. Januar 1967.

68 Siehe: Die reaktionären Aussprüche des Konterrevolutionären Rechtsabweichlers Shen Hsiao-yü, in: tung-fang hung-pao (Ostrotzeitung), Pekinger Geologische Akademie, Nr. 21, 29. März 1967, 2, Sp. 2, Anschuldigung Nr. 6

69 So eine selbstkritische Stimme nach den Ereignissen, als die Täuschung zu weichen begann, in: An der Wahrheit festhalten, aber die Fehler verbessern, in: kuang-tung chan-pao (Kampfblatt für Kwangtung), hg. von der Propagandaabteilung des »Vereinten Komitees« der RR der Provinz Kwangtung, 22. Februar 1967, 2

70 Siehe: kuang-yin hung-ch'i, Nr. 5, März 1968, 4, Sp. 2, in: ARL, CCRM, Bd. IX, 2756.

71 Siehe die Bemerkung von Wilhelm Mühlmann in: Chiliasmus und Nativismus. Studien zur Psychologie, Soziologie und historischen Kasuistik der Umsturzbewegungen, Berlin ²1964, 303. Die Massen fühlten sich mit der Kompromißpolitik der Barras, La Revellière und Reubell besser bedient als mit der himmelstürmenden jakobinischen Verfassung und unterstützten die leninistische NEP gegenüber allen Träumen eines egalitären Kriegskommunismus.

72 Vielleicht soll hier noch hinzugefügt werden, daß die Vorstellung von »luan« (Aufruhr) in der chinesischen Kulturtradition mit besonders negativen Nebenbedeutungen besetzt ist, ein Tatbestand, der sich derart tief ins kollektive Bewußtsein eingeprägt hat, daß auch die maoistische Umwertung der Dinge mit ihrer Verherrlichung des »Kampfes« (tou-cheng) daran wenig ändern konnte. Wir haben ja gesehen, wie mit Vertiefung der Normalität in den sechziger Jahren das harmonistische Modell gegenüber dem antagonistischen sofort an Boden gewann. Siehe die Anmerkungen in: Richard H. Solomon: Mao's Revolution and Chinese Political Culture, Berkeley 1971, 312–313.

73 Ein gemäßigter Kommentator hat die Bedeutung der administrativen »kan-pu« richtig erkannt, wenn er bemerkt: Der Sieg [der kulturrevolutionären Bewegung] ist eine Frage der Einheit, die Einheit aber ist eindeutig eine Frage der Kader, in: t'i-yü chan-hsien (Frontlinie des Sports), hg. vom »Revolutionären Rebellenhauptquartier« der Schanghaier Sportfront, 23. März 1967.

74 t'i-yü chan-hsien, 26. Februar 1967, 1.

75 Es lebe die absolute Autorität der Maotsetungideen, in: t'ieh-tao hung-ch'i (Die Rote Fahne der Eisenbahn), 15. Februar 1967, 2.

76 kung-jen p'ing-lun (Die Arbeitermeinung), Nr. 4, März 1968, 2.

77 nan-fang jih-pao (Südliches Tageblatt), 24. Februar 1967, 1. Die Reihe solcher Feststellungen, die in Bildern der zu schaffenden tabula rasa geradezu schwelgen, ließe sich beliebig verlängern.

78 Siehe in: you-tien feng-lei (Gewitter im Post- und Fernmeldewesen), 10. Februar 1967, S. 4.
79 Einige Fragen zur Machtübernahme, in: t'ieh-tao hung-ch'i, 30. Januar 1967, 2. Eine kritische Stimme meint von den »Anarchisten«: »Diese Leute sind durchaus der Ansicht, man dürfe niemandem trauen, der eine amtliche Position innehat. Alle Autoritäten seien drauf und dran, den rebellischen Geist der Massen zu unterdrücken. Daher müßten Amtspersonen jeder Couleur bekämpft und vertrieben werden.« Nieder mit den anarchistischen Ideen, in: ching-kang-shan, Tsinghua Universität, 8. Februar 1967, 2.
80 kuang-yin hung-ch'i (Die Rote Fahne des Kantoner Druckereiwesens), Nr. 5, März 1968, 4.
81 Siehe: Die Ordnung der Dinge ist unumstößlich, in: kuang-tung chan-pao (Kwangtung-Kampfblatt), 22. Februar 1967, 2.
82 Siehe etwa: Kritik an der »Revolutionären Rebellenkommune« des Tung-Kreises, in: t'ung-hsien feng-pao, 31. Mai 1967, 1.
83 Ebd. Der »wai-hang« oder »Außenseiter« war in der chinesischen Kulturtradition immer eine suspekte Gestalt, der man so weit wie möglich auswich.
84 So vor allem in Kanton, wo man der »Revolutionären Allianz« immer wieder vorwarf, sie stütze sich in ihrer Führung ganz auf die Einsatzkommandos aus Peking und Harbin, und in Schanghai, wo Keng Chin-chang seinen Rivalen Chang Ch'un-ch'iao beschuldigte, sein Hauptquartier sei in der Mehrzahl aus ortsfremden Verbindungsgruppen gebildet. (Siehe für Kanton: Die Geschichte der Machtübernahme vom 22. Januar 1967, in: kuang-tung chan-pao, 22. Februar 1967, 4; für Schanghai: kung-jen tsao-fan-pao, 13. März 1967, 1.
85 Wang Li's Interview mit der NCNA vom 16. Januar 1967, in: Führende Mitglieder des ZK sprechen zum Thema der Machtübernahme, in: cheng-fa ping-t'uan (Truppe der politisch-juristischen Fakultät). Nr. 2, 3. Februar 1967, 4.
86 t'ieh-tao hung-ch'i, 20. Januar 1967, 4.
87 Die Methode hieß in Kaderkreisen spaßhaft »pao-szu«, was wörtlich soviel wie »Tod durch Umarmung« bedeutet und darauf hinausläuft, daß die ahnungslosen Eindringlinge nach vorne hofiert, aber de facto immer mehr auf bürokratische Nebengleise abgeschoben werden. Siehe etwa in: Die Geschichte der Machtübernahme vom 22. Januar, in: kuang-tung chan-pao, 22. Februar 1967, 3.
88 Siehe das Dokument: Bekanntmachung der »Revolutionären Rebellenallianz« der Provinz Kwangtung. Betrifft die verstärkte Durchführung der Proletarischen Diktatur und die Unterdrückung der konterrevolutionären Aktivisten, in: kuang-chou jih-pao (Kantoner Tageblatt), 7. Februar 1967, 2.
89 Ebd.
90 Beide Zitate in: Einige Fragen zur Machtergreifung, in: t'ieh-tao hung-ch'i, 30. Januar 1967, 2.
91 Siehe: wen-hui-pao, 21. Januar 1967.
92 In: Die neue Ordnung der Dinge ist unumstößlich, in: kuang-tung chan-pao, 22. Februar 1967, 2.
93 Ch'en Po-ta nannte diese Vorgänge »einen Musterfall von reaktionärer Machtergreifung«, in: Die Zehn großen Vergehen des T'an Chen-lin, in: t'i-yü chan-hsien, 18. März 1967, 4.
94 Siehe in: Kritisiert die ›Revolutionäre Allianz‹! Macht eine richtige Revolution!, in: nan-fang jih-pao (Südliches Tageblatt), Kanton, 24. Februar 1967, 3.
95 In: Einige Fragen zur Machtübernahme, in: t'ieh-tao hung-ch'i, 30. Januar 1967, 2.
96 Ebd.

97 Siehe im: ching-kang-shan (Tsinghua-Universität, 8. Februar 1967, 2.
98 Im: ching-kang-shan, 7. Januar 1967, 3.
99 Siehe die Kritik, die in einer Erklärung des III. Pekinger Hauptquartiers enthalten ist, in: ch'u-ling-hun (Die Seele berühren), 13. Februar 1967, Nr. 3, 1.
100 Siehe vor allem: George Orwell: Homage to Catalonia, op.cit.
101 Die große »Yenan-Reformbewegung« mit ihrem Ziel, die verstreuten Kämpfer wenigstens weltanschaulich zusammenzubinden, war eine Antwort auf derartige Tendenzen anarchistischer Desintegration.
102 J. Burckhardt hat zu diesem Thema bemerkt: »In der Natur erfolgt der Untergang nur durch äußere Gründe ... In der Geschichte wird er stets vorbereitet durch innere Abnahme, durch Ausleben. Dann erst kann ein äußerer Anstoß allem ein Ende machen.« (Weltgeschichtliche Betrachtungen, I. Einleitung, Kapitel 4: Natur und Geschichte, Schluß) Wir haben erst kürzlich im Falle Vietnam die Richtigkeit dieses Gedankens erlebt.
103 Siehe zu Kanton, wo Huang Yung-sheng die lokalen Einheiten anwies, Obst und Gemüse aus den Kommunen zu holen und in die hungernde Metropole zu fahren: »Die Versorgung der Stadt Kanton ist glänzend gesichert«, in: nan-fang jih-pao (Südliches Tageblatt), 10. April 1967.
104 Die Maotsetungideen leiten unseren Kampf, in: wen-hui-pao, 23. 3. 1967, 3.
105 Begeistert und bescheiden von den Massen lernen! in: kuang-chou jih-pao (Kantoner Tageblatt), 12. April 1967, 2.
106 Siehe: Die Verwaltungsorgane der Baumwollspinnerei in Kweiyang schließen sich zu einer großen Koalition zusammen, in: pei-ching jih-pao (Pekinger Tageblatt), 8. März 1967, 1.
107 In: wen-hui-pao. 23. März 1967, 4.
108 Siehe: pei-ching jih-pao, 24. Januar 1967, 2. Die Textilfabriken von Mukden und die Stahlwerke in Nanchang (Kiangsi) müssen den ganzen Februar und noch den März darum kämpfen, daß der 8-Stunden-Tag eingehalten wird, erst die Entsendung von Armee-»Propagandatrupps«, die sich permanent in den Abteilungen aufhalten, kann hier Änderung schaffen. (Siehe: wen-hui-pao, 21. März 1967, 3.) Auch der »Brief des ZK an die Revolutionären Arbeiter und Kader in den Industrie- und Bergwerkbetrieben im ganzen Lande« muß die Arbeiter anhalten, ihre acht Stunden voll an der Werkbank zu verbringen. Siehe diese Direktive vom 18. März 1967, in: URI, Dokumente, op.cit., 369.
109 So etwa die wichtige Werkzeugmaschinenfabrik Nr. 2 in Schanghai, die deshalb ihre Produktion stark herabmindern muß, siehe: Der Sieg wird den Revolutionären Rebellen gehören, in: wen-hui-pao, 12. Januar 1967, 6. Zum Auszug der Ölarbeiter siehe in: hung-wei-ping tsao-fan-chi (Rotgardisten-Rebellenchronik), op.cit., 9. Zur miserablen Lage in den Bergwerken, siehe: tung-fang-hung-pao (Ostrotzeitung), Pekinger Geologische Akademie, 23. Januar 1967, 4. Hier wird vor allem zur Situation in den Anlagen von Szuchuan und Kweichow Stellung genommen.
110 Zu Peking siehe: Revolution und Produktion zusammen anpacken, in: ko-ming kung-jen-pao (Revolutionäre Arbeiterzeitung), hg. vom »Rebellenhauptquartier der Arbeiter und Angestellten« in Peking, Nr. 5, 19. Feb. 1967, 3; zu Schanghai siehe: wen-hui-pao, 29. März 1967, 2.

Anmerkungen zu Seite 92–94

Kapitel VI

Die Peripetie: von der Kommune zum Revolutionskomitee

1 Mao hatte den Kommunegedanken von Anfang an mehr als Chiffre für einen neu belebten »demokratischen Zentralismus« verwendet, kaum dagegen als Vehikel für eine Neuordnung Chinas im Sinne eines »Verbandes von Kommuneorganisationen«, wie sich die maßgebenden Köpfe der Rebellenbewegung vorstellten. Siehe etwa die Erklärung, die Mao zur Veröffentlichung der ersten Wandzeitung [in der Pekinger Universität von der Gruppe um Nieh Yüan-tzu] am 21. Juli 1966 vor Vertretern des ZK abgegeben hat, in: Current Background, Nr. 891 (8. Oktober 1969), 58. Siehe auch im Artikel von: John Bryan Starr: Revolution in Retrospect: The Paris Commune Through Chinese Eyes, in: The China Quarterly, Nr. 49 (Jan.–March 1972), 106–125.

2 Liu wurde im März, als das Shansi-Revolutionskomitee offiziell eingerichtet worden war, zu dessen Vorsitzendem bestimmt. Trotz heftigster Anfeindungen von seiten der chiang-ch'ing-p'ai konnte er sich mit Hilfe von Hsieh Fu-chih und Chou En-lai auf seinem Sessel behaupten und die Genugtuung erleben, im April 1969 als Vollmitglied des ZK bestätigt zu werden.

3 Diese große Militärregion, eine von insgesamt zehn, umfaßte neben den Truppen der Pekinger Garnison die Einheiten der VBA in den Provinzen Hopeh, Shansi und Innere Mongolei.

4 Erst im März 1968, als alle Stürme so gut wie ausgestanden waren, avancierte Cheng zum vollen Rang des Chefs der MR, 1969 wurde er, seiner neuen verantwortungsreichen Stellung entsprechend, ins IX. ZK aufgenommen.

5 Als Leiter des Ministeriums für Staatssicherheit.

6 Die Unruhe und der Ärger Mao's waren sehr früh zutage getreten und sind schon in der »Dringenden Bekanntmachung« vom 9. Januar spürbar; damals hatte er die unpolitische Wildheit der Rebellen, die sich wie der Elefant im Porzellanladen bewegten, mit scharfen Worten getadelt und bemerkt: »All dieses Sekten- und Cliquenwesen ist von Übel.« Siehe in: t'ieh-tao hung-ch'i, 30. Januar 1967, 4. Inwieweit Hsieh bei seinem Vorgehen mehr tat, als einen vermuteten Wunsch seines Herrn in die Tat umzusetzen und direkt dazu angehalten worden war, ist bei der gegenwärtigen Quellenlage nicht zu klären. Wir sind da in der gleichen Lage wie bei der Errichtung der ersten Volkskommunen im Sommer 1958: war Wu Chih-p'u, damals Erster Parteisekretär und Gouverneur von Honan, der »Erfinder« dieser organisatorischen Form, die von Mao später nur übernommen wurde, oder hatte der Vorsitzende (oder Mitglieder seiner Umgebung) den neuen Schritt mit den lokalen Behörden vorher besprochen? (Beides ist in der Literatur behauptet worden, zur Problematik siehe: Franz Schurmann: Ideology and Organization in Communist China, op.cit., 474 f.)

7 Zu den Vorgängen siehe: Der Ausweg aus der Krise liegt in der großen Koalition, in: Pekinger Volkszeitung, 30. Januar 1967.

8 Der russische Amur ist der chinesische »Schwarze Drachenfluß« (hei-lung-chiang). Zudem war hier in der Region Harbin eine der bedeutendsten industriellen Konzentrationen in ganz China aufgebaut worden, die durch die Rebellenunruhen mit empfindlicher Produktionsunterbrechung bedroht war.

9 Ch'en Hsi-lien gebot als Chef der MR von Mukden über die VBA in den drei Provinzen des Nordostens (der alten »Mandschurei«), Liaoning, Kirin und HLK

10 Mit P'an als erstem Vorsitzenden und Wang als seinem Stellvertreter.

11 Am 10. Februar erscheint ein zweiter Artikel zum Thema HLK, gleichfalls in der PV, der ausdrücklich auf die Bedeutung einer »Einbeziehung der Mittelkräfte« verweist, siehe: Ein Musterbeispiel dafür, wie proletarische Revolutionäre um die Macht kämpfen sollen, JMJP, 10. 2. 1967.
12 Siehe: Rede des Genossen Ch'en Po-ta, in: hung-se chih-kung (Der Rote Angestellte und Arbeiter), Nr. 2, 17. Januar 1967, 1.
13 Chou lobte hier weniger die Rebellen als die VBA, deren konsolidierende Politik inzwischen jedermann kannte. Siehe: hung-se chih-kung, Nr. 3, 29. Januar 1967, 142.
14 Siehe: Rede des Genossen Wang Li am 31. Januar (1967) in der Redaktion der Pekinger Volkszeitung, in: hua-pei nung-ts'un (Das nordchinesische Dorf), Nr. 1, 18. Februar 1967, 3.
15 Siehe: Thomas W. Robinson, Chou En-lai and the Cultural Revolution in China, in: Ders. Hg.: The Cultural Revolution in China, op.cit., 195.
16 Für den er sich in seinem Gespräch mit Couve de Murville ausgegeben hatte.
17 In: mao-chu-hsi wen-hsüan (Ausgewählte Schriften des Vorsitzenden Mao), 62. Diese Sammlung vereinzelter Stücke, meist aus der Zeit nach dem Großen Sprung, ist eine Fundgrube. Das chinesische Original konnte vom Verfasser in hektographierter Form in Hongkong und Harvard eingesehen werden. Es hat insgesamt 119 Seiten. Viele Textstücke leiden unter der Undeutlichkeit des Schriftbildes, was gute Übersetzungen erschwert.
18 Ebd.
19 So stellten die Vertreter der Massenorganisationen etwa 53 % der Mitglieder im »Rebellen-Oberkommando« von Taiyüan.
20 Mao schien ganz vergessen zu haben, daß schließlich er es war, der die Einrichtung der shang-hai kung-she nicht nur erlaubt, sondern in mehreren Artikeln begeistert begrüßt hatte. Aber der Politiker ist gerne geneigt, in kritischen Situationen nach dem bekannten Motto zu handeln: Was kümmert mich mein Geschwätz von gestern?
21 Ebd.
22 In: Proletarische Allianz Hunan (sheng wu-lien), Wohin geht China?, in: kuang-yin hung-ch'i, Nr. 5, März 1968, 3, Sp. 3.
23 So ausgesagt in: kuang-yin hung-ch'i, Nr. 5, März 1968, 3. Wir dürfen nicht vergessen, daß die Chiang Ch'ing-Gruppe dem als unzuverlässig eingeschätzten Premier stark entgegengearbeitet hatte, vor allem in den Ministerien, wo linke Zirkel systematisch bestrebt waren, die Position der Chou-Anhänger wie Li Hsien-nien und Yü Ch'iu-li ins Wanken zu bringen.
24 Siehe: Die himmelschreienden Verbrechen der konterrevolutionären Clique um Wang Li, Kuan Feng, Lin Chieh, Mu Hsin und Wu Chuan-ch'i, in: yeh-chan-pao, Nr. 12 u. 13, März (shang-hsün) 1968, 6, Sp. 2. Es ist eine Bemerkung, die Lin Yü-shih zu zwei Genossen aus der Lin Chieh nahestehenden Vereinigung »Allianz zur Beschießung von Li Fu-chun« im März 1967 gemacht haben soll.
25 Ebd.
26 Als wichtige Einzelheit muß auch vermerkt werden, daß es Chous diplomatischem Geschick früh gelang, Lin Piao ins gemäßigte Lager zu ziehen. Lin, der in fast allen Fragen eine außerordentliche Passivität bewies, scheint vielfach einfach im Kielwasser des energischen Premierministers gefahren zu sein.
27 Siehe in: t'ieh-tao hung-ch'i, 28. Februar 1967, 3.
28 Rede des Genossen Ch'en Po-ta, in: huo-ch'e-t'ou (Die Lokomotive), hg. von der »Revolutionären Rebellenallianz« der chinesischen Eisenbahner, Nr. 7, 2. Februar 1967, 1.

29 M. Oksenberg hat die Beziehung zwischen Mao und Ch'en mit dem berühmten Zweiergespann FDR-H. Hopkins verglichen. Siehe: Policy Making, op.cit., 110.
30 Symbolisiert durch das triumphale Comeback des Altfunktionärs Teng Hsiao-p'ing.
31 Um die gleiche Zeit konnte die Chou En-lai nahestehende Zeitschrift: K'o-chi hung-ch'i (Rote Fahne von Wissenschaft und Technik) bemerken: »Nur wenn alle gesellschaftlichen Kräfte einbezogen sind, ist eine Machtübernahme nicht ›ultralinks‹ (kuo-tso) und politisch korrekt«, 1. März 1967, 1.
32 Siehe: yu-tien feng-pao, 10. Februar 1967, 4, wo auf eine Rede von Ch'i vom 17. Januar Bezug genommen wird.
33 Siehe: Rede von Premier Chou En-lai vom 13. Januar 1967, in: t'ieh-tao hung-ch'i, 20. Januar 1967, 3.
34 »Neueste Reden der Führer des ZK zu Fragen der Koalition und Machtergreifung«, in: t'ieh-tao hung-ch'i, 30. Januar 1967, 2.
35 Siehe den vollen Text in: Mao, AW, Bd. I, 119–131.
36 Ebd. 122 f.
37 Ebd. 125 f.
38 Ebd. 127 ff.
39 Siehe: JMJP, 22. Januar 1967.
40 Siehe in: Den Arbeitsstil der Partei verbessern. Rede Mao's bei der Eröffnungsfeier der Parteischule des ŻK der KPCh, 1. 2. 1942, in: AW, Bd. III, 53. Dieser Vierschriftzeichenausdruck wird in den folgenden Monaten immer wieder zitiert und den linken Gegnern einer Rehabilitierung der Führungskader entgegengehalten.
41 wen-hui-pao, 4. Februar 1967.
42 JMJP, 10. Februar 1967.
43 NB: Die Leitartikel der RF waren während der gesamten kulturrevolutionären Periode so etwas wie ein politischer Kompaß, der es den verwirrten Mitläufern der Basis erlaubte, mitten im komplizierten Linienwechsel einen einigermaßen korrekten Kurs zu steuern. Die Veröffentlichung von Nummern der RF war deshalb jedesmal ein kleines Ereignis. Dies ist von westlichen Augenzeugen bestätigt worden.
44 Ebd.
45 Siehe: Rede des Premiers Chou vor Revolutionären Rebellen aus dem Bereich Industrie und Transport, in: hung-se chih-kung (Der Rote Angestellte und Arbeiter), Nr. 5, 2. März 1967, 1.
46 Ebd. Die gemäßigten Organisationen tun recht daran, wenn sie jubeln und im ganzen Lande bemerken, der Leitartikel sei ein »zeitgemäßes« (chi-shih) Schlüsseldokument, das die Rebellen endgültig in ihre Schranken weise. Siehe etwa den Kommentar der »Kampftruppe des 15. September« an der Kweiyang Ingenieurakademie (eine Gruppe, die den Lehrern und den alten Kadern nahesteht), in: Der Vorsitzende Mao hat uns eine höchst korrekte Richtlinie gegeben, in: pei-ching jih-pao (Pekinger Tageblatt), 24. 2. 1967, 2. »Von jetzt an muß jede Rotrebellengruppe wissen«, heißt es als Kommentar einer anderen Gruppe aus HLK, »daß sie sich nur dann ›links‹ nennen darf, wenn sie diese Kaderpolitik des Vorsitzenden Mao durchführt!« (op.cit., 3)
47 In: chieh-fang chün-pao (Zeitung der VBA), nachgedruckt in: pei-ching jih-pao, 23. März 1967, 2. Häufig eröffnet die Armee ihre lokalen Kaderversammlungen mit dem alten Mao-Satz aus der »Aussprache in Yenan über Literatur und Kunst,« wo es heißt: »Was für die Kader getan wird, dient in vollem Umfang auch den Massen,

denn nur mittels der Kader kann man die Massen erziehen und lenken.« (AW, Bd. III, 92)
48 In: pei-ching jih-pao, 24. Februar 1967, 2.
49 Als die Rebellen energisch gegen diese Farce protestieren, kommt es postwendend von militärischer Seite: »Die Frage der Behandlung der Kader ist äußerst wichtig. Man soll sich dabei hüten, die Politik der Partei durch Emotionen (kan-ch'ing) zu ersetzen!« (In: pei-ching jih-pao, 8. März 1967, 3)
50 Siehe unten S. 245 ff.
51 In: pei-ching jih-pao, 24. Februar 1967, 2
52 In: »Das ist nicht richtig« und »Wir fühlen uns nicht wohl dabei«, in: wen-hui-pao, 23. März 1967, 6. In der kleinen Stadt Chuansha in der Nähe von Schanghai wird die linke Rebellenkoalition vom Militär nur unter der Bedingung als rechtmäßig anerkannt, daß sie ihre alte anarchistische Losung: »Autoritäten und Beamte weg vom Fenster« verleugnet und die große Mehrheit der Kreis- und Stadtkader wieder in die alten Ämter einrücken läßt.
53 In: Löst die Probleme nach der Kaderpolitik des Vorsitzenden Mao, in: 8. 15. chan-pao (Kampfblatt des 15. August), hg. von den sehr gemäßigten »Rotgardisten des 15. August«, im RRHQ von Chungking, Nr. 11, 3. März 1967, 3. Kein Wunder, daß die Linke den Kommandanten des offenen Zynismus beschuldigte.
54 Harbin war in Sachen Scheinrevolution sicherlich führend: Von den 25 Mitgliedern des neugebildeten RK gehörten 21 der alten Partei- und Verwaltungselite an. Siehe: pei-ching jih-pao (Pekinger Tageblatt), 24. Februar 1967, 3.
55 Siehe in: Das richtige Verständnis des Klassenkampfes unter der Diktatur des Proletariats. Zum Studium des »Kommunistischen Manifestes«, in: Gründliches Verstehen des Marxismus durch genaues Studium und Lektüre (jen-chen k'an shu hsüeh-hsi nung-t'ung ma-k'o -szu-chu-yi), Tientsin, 1972, 9–10. Erhältlich durch: ARL, CCRM, Nr. M 463.
56 Siehe: pei-ching jih-pao, 19. Februar 1967.
57 Ebd. »Li-kung shu-tsui«, also: neue Verdienste heben alte Verfehlungen auf, lautete der damals ad nauseam zitierte Satz. Siehe etwa in: hua-pei nung-ts'un (Das nordchinesische Dorf), Nr. 1, 18. Februar 1967, 2
58 In: nan-fang jih-pao, 24. Februar 1967, 1. Es wird darauf hingewiesen, daß die SEB ja alle politischen Fragen bereits geklärt habe, eine ziemlich unverfrorene Lüge, die sich Huang Yung-sheng nur aufgrund seiner damals ausgezeichneten Stellung in Kanton erlauben konnte.
59 Ebd.
60 Ebd.
61 Siehe den gesamten Text in: URI, chung-kung chung-yang wen-chien hui-pien, op.cit., 329–330.
62 In: pei-ching jih-pao (Pekinger Tageblatt), 24. Februar 1967.
63 Im Kreis ch'iung-shan [Achatberg] gelegen. Von alters her wird die Insel auch »Achatland« [ch'iung-chou] genannt.
64 Siehe ebd.
65 Siehe: Eine große Versammlung der Basiskader der Hung-shan-Kommune zum fleißigen Studium der Werke des Vorsitzenden Mao, in: chua ko-ming ts'u sheng-ch'an chan-pao (Kampfblatt für die Verbindung von Revolution und Produktion). 15. April 1967 (Wuhan), 3.
66 Ebd., 17. April 1967, 4
67 Ebd.
68 Siehe: Seid Helden der Revolution und der Produktion, in: nung-min yün-tung

(Die Bauernbewegung), hg. vom Redaktionskomitee der »Vierfachen Säuberung«-Rebellengruppe in der Hauptstadt (Peking), 28. Februar 1967, 2.
69 Diese Losung war von der Armee mit Vehemenz aufgegriffen worden, seit sie am 26. Januar in der Überschrift des Leitartikels der PV aufgetaucht war. Die volle Überschrift hatte gelautet: »Macht weniger Revolution, und schützt die nationale Wirtschaft« (chieh-yüeh, nao-ko-ming, pao-hu kuo-chia ts'ai-ch'an).
70 Siehe in: nan-fang jih-pao, 24. Februar 1967, 1.
71 Ch'ens große Anpassungsfähigkeit an die neue Linie zahlt sich aus: im April 1969 finden wir ihn als Vollmitglied des IX. ZK wieder.
72 Siehe: nan-fang jih-pao (Südliches Tageblatt), 24. Februar 1967.
73 Siehe zu diesen Vorgängen in: Zerschlagt gründlich den reaktionären Widerstand der bürgerlichen Kräfte. Übererfüllt den Produktionsplan des ersten Quartals, in: kuang-chou jih-pao (Kantoner Tageblatt). 2. April 1967, 2.
74 Siehe auch den Ausspruch: Der Klassenkampf wird dann richtig geführt werden, wenn er die Produktion erhöht, ebd., 3
75 Siehe: »Lernt von den jungen Soldaten der Revolution«, in: kuang-chou jih-pao (Kantoner Tageblatt), 12. April 1967, 3. Und: Begeistert und bescheiden von den Massen lernen, ebd., 2
76 Siehe: fang-chih chan-hsün (Bulletin von der Textilfront), Nr. 33, 24. April 1967, 2
77 Rebellen im antiautoritären Sinne sind nur zwei im Komitee vertreten, auch sie werden schnell mundtot gemacht.
78 Siehe: pei-ching jih-pao (Pekinger Tageblatt), 8. März 1967, 3.
79 Siehe: wen-hui-pao, 21. Januar 1967.
80 Siehe: Man muß die Revolutionären Kräfte mit den Maotsetungideen bewaffnen, in: wen-hui-pao, 23. März 1967, 3.
81 In: pei-ching jih-pao (Pekinger Tageblatt), 24. Februar 1967, 2. Kein Wunder, daß Li Li bei solcher Gewandtheit nicht nur eine Leuchte im RK wurde, sondern auch zum Kandidaten des neuen ZK aufsteigen konnte.
82 In: pei-ching jih-pao, 19. Februar 1967, 2.
83 Die Linkskräfte haben die Vorstellung mit teilweise beißendem Spott begleitet, so die »Kommune des 5. August« in Kanton, die sich darüber lustig machte, daß so viele Altbürokraten plötzlich ihr linkes Gewissen entdeckt hatten. Siehe: Die Ruhe vor dem Sturm, in: yeh-chan-pao (Auszug), Nr. 12 u. 13, März 1968, 5.
84 Mao hatte sich bei Gelegenheit darüber beschwert: »Wir alle sind über außenpolitische Fragen gut informiert. Wir wissen sogar, was Kennedy tun wird. Aber wer weiß, was die verschiedenen Abteilungen in Peking tun werden? Ich habe keine Ahnung, was in den verschiedenen Wirtschaftsministerien vor sich geht. Ich weiß nicht, wie ich mir ein Bild machen soll.« (Mao, Rede auf dem Treffen des Zentrums, in: JPRS, Nr. 52029, 27.) Die KR war die Gelegenheit, einige der Triebe zu stutzen und wieder übersichtliche Verhältnisse zu schaffen. Viele Ministerien wurden zusammengelegt, so daß ihre Zahl heute wesentlich geringer ist als 1965.
85 Siehe: Wir werden die letzte Direktive des Vorsitzenden Mao und des ZK entschlossen ausführen, in: pei-ching jih-pao. 23. März 1967, 2.
86 Die Armee war durchaus geneigt, nicht nur rotgardistische Elemente zu fördern, sondern auch Rebellen, wenn sie die Gebote der Stunde erkannten, ihre unerreichbaren Maximalziele aufgaben und bereit waren, wie ihre Gesinnungsfreunde im Westen, den »langen Marsch durch die Institutionen« auf sich zu nehmen. Wie schnell die Rebellenorganisationen nach dem Sieg der gemäßigten Kräfte dahinschwanden, zeigen einige Zahlen aus dem »Volkswagen«-Werk in Kanton: in der Blütezeit (Anfang Januar) zählt dort die Rebellenorganisation der

Anmerkungen zu Seite 108–110

»sheng-ko-lien« gute 2000 Aktivisten. Am 1. März ist diese Zahl auf etwa 800 zusammengeschmolzen. (Siehe: Schaut her! Was für eine blutrünstige bürgerliche Diktatur!, in: tung-fang-hung [Der Osten ist rot], hg. von der »Ostrot-Redaktion« beim RRHQ der Kantoner Tsinan-Universität, Nr. 8, 11. Juli 1967, 2, Sp. 2)

87 Natürlich blieben ernste Spannungen zwischen alten und neuen Kadern noch lange bestehen; die Presse des Jahres 1968 ist voll von Artikeln, die über Einzelheiten berichten. Vor allem auf den unteren Ebenen, in den Betrieben und den Straßen- und Stadtbezirkskomitees, wo die Kämpfe der Faktionen besonders erbittert getobt hatten, blieben Animositäten bis weit über den IX. Parteitag hinaus eine Quelle ständiger Reibung. Nicht zufällig wurden beim Aufbau der Struktur immer zuerst die höheren Organe eingerichtet, deren Autorität es dann zufiel, den organisatorischen Unterbau mit viel Geduld emporzuziehen. In Peking etwa, wo das gesamte Stadt-RK vom April (1967) datiert, wurde das letzte ch'ü-wei-yüan-hui (Stadtbezirkskomitee) erst im November auf die neue RK-Struktur umgerüstet.

88 Siehe: chung-ta hung-ch'i (Rote Fahne der Sun Yat-sen-Universität), 4. April 1968, 2. Der linke Kommentator kann sich nicht enthalten hinzuzufügen: »Geben solche Ansichten nicht zu tiefem Nachdenken Anlaß?«

89 Derer, die sich durch die Sirenenklänge der Armee nicht zur Aufgabe bringen ließen. Das unerbittliche Dokument des »Wohin geht China?« stellt der neuen Macht der Revolutionskomitees die Bescheinigung aus, »daß sie am Ende der bürokratischen Herrschaft nicht entgehen wird.« (In: kuang-yin hung-ch'in, Nr. 5, März 1968, 3)

90 Siehe auch die interessanten Bemerkungen in: Marianne Bastid: Levels of Economic Decision-Making, in: Stuart R. Schram Hg.: Authority, Participation and Cultural Change in China, op.cit., 185.

91 So seine Bemerkung im Januar 1975, schon wieder säßen die bürgerlichen Autoritäten an den Schaltstellen der Macht.

92 Siehe etwa: Was machen wir, nachdem die Macht gewonnen ist?, in: hung-ch'i (Die Rote Fahne), hg. von der »Rotfahnenkampftruppe« der Pekinger Luftfahrtakademie, Nr. 10 u. 11, 10. Februar 1967. Während der Große Sprung eine Befreiung von den strengen Regeln der fünfziger Jahre gebracht hatte, wurde die Unterordnung am Arbeitsplatz seit 1961 wieder verstärkt. Das damals entwickelte »kuei-chang chih-tu« (System der Vorschriften) hatte die völlige Aufhebung der Basisinitiative zur Folge, siehe etwa den Artikel: Die Arbeiter haben die korrekte Einstellung zur Produktion, in: shih-shih shou-ts'e, 1962, Nr. 3 u. 4, 22–25. Der kung-jen sah sich ganz in die Disziplinargewalt der wachsenden technischen Elite gegeben.

93 Besucher in chinesischen Firmen nach der KR haben wiederholt auf die selbstsichere Haltung der Arbeiterschaft hingewiesen.

94 Siehe: Richard Baum: Technology, Economic Organization, and Social Change: Maoism and the Chinese Industrial Revolution, in: German Association for East Asian Studies Hg.: China in the Seventies. International Conference, Reisensburg (Juli 1973), Wiesbaden 1975, 149.

95 Die Armee war schon um 1971 nicht mehr in der Lage, die sich schnell komplizierenden ökonomischen Vorgänge ernsthaft zu überblicken, eine Tatsache, aus der sich eine Reihe von Fehlentscheidungen ergab. Darauf hat Mao in einem Gespräch mit Provinzführern angespielt, in dem er bemerkte, die Militärs hätten die Eigenschaft, viele Wirtschaftsvorgänge zu simplifizieren und damit falsch zu sehen. Siehe in: chung-kung yen-chiu (Studien zum Chinesischen Kommunismus), Taipeh, Bd. VI, Nr. 9 (September 1972), 93. Das Gespräch soll August–September 1971 stattgefunden haben.

96 Siehe etwa beispielhaft die Vorgänge in den Großbetrieben von Swatow, wo das technische Management seine Stellung gegenüber den Basisorganen im Jahr 1972 ausbauen konnte. In: BBC, Summary of World Broadcasts, Part III: Far East, 4145, wo eine Sendung von Radio Kwangtung vom 12. November 1972 wiedergegeben wird.
97 Aus der Fülle der Literatur, die sich mit dem Verhältnis zwischen Militär und KR befaßt, seien hier nur einige Artikel herausgegriffen: Ellis Joffe: The Chinese Army in the Cultural Revolution: The Politics of Intervention, in: Current Scene, Bd. VIII, Nr. 18 (7. Dezember 1970); John Gittings: The Chinese Army's Role in the Cultural Revolution, in: Pacific Affairs, Bd. XXXIX, Nr. 3 u. 4, Herbst 1967, 269–289; und (wohl die fundierteste Studie) Jürgen Domes; The Role of the Military in the Formation of the Revolutionary Committees, 1967–1968, in: The China Quarterly, Nr. 44 (October-December 1970), 112–145.
98 AW, Bd. I, 120.
99 Seit dem Wechsel im Kommando (1959), der Lin Piao an die Spitze der VBA gebracht hatte.
100 Während das IX.ZK (1969) von militärischen Führern fast beherrscht worden ist, wiesen die Reihen des X.ZK (1973) wesentlich weniger Armeeleute auf.

Kapitel VII

Drei Fallstudien: Kanton, Schanghai, Peking

1 Zur wirtschaftlichen und politischen Entwicklung Kantons in der volksrepublikanischen Zeit siehe die große Monographie von Ezra F. Vogel: Canton Under Communism. Programs and Politics in a Provincial Capital, 1949–1968, Harvard East Asian Series 41, Cambridge, Mass. 1969. Zur besonderen Atmosphäre des südchinesischen Lokalismus siehe anschaulich: Frederick Wakeman, Jr.: Strangers at the Gate: Social Disorders in South China, 1839–1861, Berkeley and Los Angeles 1966.
2 Siehe in: Zerschlagt gründlich den Widerstand der reaktionären-bürgerlichen Kreise, in: kuang-chou jih-pao (Kantoner Tageblatt), 2. April 1967,3; und weitere Angaben in: Die Geschichte der Machtübernahme vom 22. Januar (1967), in: kuang-tung chan-pao (Kwangtung-Kampfblatt), 22. Februar 1967, 4.
3 Diese Gruppe hatte sich schon früh mit anderen radikalen Organisationen verständigt, etwa mit dem Schanghaier II. Regiment, siehe: kung-jen p'ing-lun (Die Arbeitermeinung), Kanton, 20. Mai 1968, 4.
4 Siehe kurz in: kuang-chou hung-wei-ping (Der Kantoner Rotgardist), 10. Februar 1967, 3. Diese »Rotfahnen-Arbeiter« zählten viele Kontraktleute und »Saisonarbeiter« (lin-shih-kung) in ihren Reihen.
5 Ihre meisten Anhänger besaßen die »Bauernfreunde« in der Fatshan-Gegend, im Pan-yü-Kreis und in der Küstenzone von Chuhai.
6 Wenn dieser Name so unverhältnismäßig häufig auftaucht, so deshalb, weil in China der 1. August als »Tag der Armee« gefeiert wird: Am 1. August 1927 hatte sich in Nanchang die erste Einheit der späteren »Roten Armee« von der linken Kuomintang losgelöst und als selbständige revolutionäre Kampftruppe konstituiert.
7 Am bekanntesten wurde neben der Kantoner Organisation die »Arbeiter- und Bauern-Rotfahnenarmee« in Peking, die den Behörden sehr zu schaffen machte.

8 Siehe auch die Bemerkungen von Ezra F. Vogel in: Canton Under Communism, op.cit., 340.
9 Siehe dazu die Angaben in: Ein Blick auf die gegenwärtige Lage der GPKR in der Region Kanton, in: kuang-chou hung-wei-ping, Nr. 14, 10. Februar 1967, 1.
10 Siehe etwa: Zehn Fragen an die »Revolutionäre Rebellen-Allianz« in der Provinz Kwangtung, in: kuang-chou hung-wei-ping, op.cit., 3.
11 Siehe die spätere Wandzeitung vom 2. Februar, von feindlicher Seite verfaßt, in der Harvard-Yenching-Library, Cambridge, Mass.
12 Auch die auf die SYSU gestützte »Kampftruppe des 1. August« hatte es verstanden, aus dem universitären Bereich auszubrechen und unter den unzufriedenen Elementen der Schiffswerft Anhänger zu sammeln. Siehe: Hoch flattert die Rote Fahne der Kämpfer vom 1. August, in: tung-fang-hung (Der Osten ist Rot), hg. von der »Ostrot-Kommune« an der Tsinan-Universität in Kanton, Nr. 8, 11. Juli 1967, 1.
13 Wörtlich: fünf Seen und vier Meere.
14 In diesen entscheidenden Tagen war im III.HQ eine wichtige Umorganisierung vorgegangen: Einige vorsichtige Mitgliedsgruppen hatten sich getrennt und ein gemäßigtes III. HQ gebildet (das später der Huang-Liu Koalition des Militärs beitreten sollte), andere Verbände waren aus dem I. HQ übergetreten. Insgesamt 22 Organisationen formten daraufhin am 20. Januar das neue, radikale III. HQ, das in corpore der Rebellenkoalition beizutreten beschloß.
15 Fast immer nur abgekürzt als: sheng-ko-lien.
16 In: Kritik an der Politik der »Revolutionären Rebellenkommune«, in: t'ung-hsien feng-pao, 31. Mai 1967, 1.
17 In: Warum wir mitten in der Schlacht der »Revolutionären Allianz« beitreten, in: kuang-tung chan-pao, 22. Februar 1967, 3. Hier lesen wir auch: die Aktion sei durchgeführt worden, »unter Umständen, die noch nicht völlig reif waren (pu shih-fen ch'eng-shu), ohne ausreichende Erfahrung (ching-yen pu-tsu) und unter großen Schwierigkeiten (nan-k'un hen-ta)« (ebd.).
18 Siehe: »Ein ursprüngliches Mitglied des Lenkungsausschusses der RA schreibt einen Artikel: Kritisiert die RA! Macht eine richtige Revolution!«, in: nan-fang jih-pao, 24. Februar 1967, 3. Dieser detaillierte Bericht ist in vielem recht aufschlußreich, nur: wir dürfen nicht vergessen, daß er die Stimme eines Renegaten repräsentiert und in einem Blatt abgedruckt ist, das ohne Übertreibung als »Stimme des Militärs« bezeichnet werden darf. Der »nan-fang jih-pao« spielt ab Anfang Februar für Kanton die Rolle, die der »chieh-fang jih-pao« für Schanghai spielt: in jeder Hinsicht bemüht, die Aktionen der radikalen Rebellen herunterzureißen.
19 Siehe: kung-nung-ping chan-pao (Kampfblatt der Arbeiter, Bauern und Soldaten), hg. vom Redaktionskomitee der RR im Kreis Hsin-hui (Kwangtung), 14. November 1967, 1.
20 Die Geschichte der Machtübernahme vom 22. Januar 1967, in: kuang-tung chan-pao, 22. Februar 1967, 3.
21 Siehe die Angabe in der »Bekanntmachung« der RA vom 3. Februar, in: kuang-chou jih-pao (Kantoner Tageblatt), Sprachrohr der Rebellen bis zum 8. 2. 67, wo es das Militär übernimmt, 4. Februar 1967.
22 Siehe in: hung-se feng-pao, zunächst der RA feindlich gesonnen, später, im Sommer, unter dem Eindruck der militärischen Pressionspolitik zunehmend nach links orientiert, im Artikel: Ch'en Tsai-tao und der T'an Chen-lin von Kanton, Nr. 17, 5. August 1967, 2.

23 Die Rebellen haben diesen 3. Februar als »erh-yüeh ping-pien« (Militärputsch vom Februar) in ihren Annalen verzeichnet.
24 Zu den Kämpfen zwischen dem 28. Januar und Anfang Februar siehe in: mao-tse-tung szu-hsiang hsüan-chüan-che (Der Propagandist der Maotsetungideen), lokales Militärorgan, dem Stab um Huang Yung-sheng nahestehend, 16. Februar 1967, 1.
25 Die RR sprechen von ihm nur als von dem »blutigen Kriegsherrn«; der Ausdruck »rechtslastiger Konservativer« ist noch das mildeste Beiwort, das ihm angehängt wird. Siehe: kung-jen p'ing-lun (Die Arbeitermeinung), Juni 1967, 4.
26 Siehe in: san-szu chan-pao (Kampfblatt des III. HQ), hg. vom III. Hauptquartier der RG in Kanton, 24. August 1967.
27 Oktober 1948, in der Provinz Liaoning.
28 Lung war im Februar bei der versuchten Unterdrückung der Rebellen in tiefes Wasser geraten, siehe: kuang-yin hung-ch'i, Nr. 5, März 1968, 4. Seine engen Beziehungen zur alten Parteiführung hatten seine Stellung mehr als nötig kompromittiert.
29 Noch im November haben ihm selbst gemäßigte Kräfte vorgeworfen, er »habe Fehler der politischen Linie begangen«, siehe: t'ou-p'i t'ung-hsün, 22. November 1967. Zur Kritik an Ch'en Teh siehe auch in: Der gewaltige Ostwind vom Monat März, in: kung-jen p'ing-lun (Die Arbeitermeinung), Nr. 4 (März 1968), 1, Sp. 2.
30 Wörtlich: drei Unterstützungen und zwei Armeepraktiken. Gemeint ist: chih-tso: Unterstützung der Linken; chih-kung: Unterstützung der Arbeiter; chih-nung: Unterstützung der Bauern; chün-kuan: militärische Verwaltung; chün-hsün: militärische Schulung. Dieses Programm ist ein Musterbeispiel für die kulturrevolutionäre Rhetorik, die damals allenthalben blühte. Was wirklich praktiziert wurde, war die »militärische Verwaltung«. Diese Politik auch noch »Unterstützung für die Linke« (chih-tso) zu nennen, war eine reine Frechheit und wurde von den Rebellen auch als solche gebrandmarkt. Sicher, der doppelte Einsatzbefehl an die Armee in den Provinzen (vom 23. und 28. Januar 1967) war unter der Maßgabe erfolgt, die VBA solle die bedrohte »Linke« (tso-p'ai) vor Übergriffen schützen. Aber es war nach der maoistischen Wende überdeutlich, daß »links« in concreto immer das war, was die ordnungsstiftende Truppe in ihrem Interesse darunter verstand. Die Militärkommandanten aller Regionen haben aus dieser Tatsache kein Hehl gemacht. Den Klagen der Rebellen wird oft ein schlichtes militärisches: »Was links ist, bestimmten wir!« entgegengehalten (siehe etwa in einer Wandzeitung in Kanton, 30. März 1967, die an den Wänden des alten Mitte-Süd-Büros aufgeklebt war). Im übrigen war den Militärs vom ZK eine tüchtige Eselsbrücke mit dem Passus gebaut worden, der sich in beiden Resolutionen findet, die VBA solle die »wahren proletarischen Revolutionäre« (chen-cheng ti wu-ch'an-chieh-chi ko-ming-p'ai) verteidigen. Damit hatte das Zentrum einer talmudistischen Auslegepraktik Tür und Tor geöffnet. Siehe: Entschließung des ZK vom 23. Januar 1967 (URI, Dokumente, op. cit., 193–194); und: Direktive der ZMK des ZK vom 28. Januar 1967 (URI, Dokumente, op.cit., 209–210).
31 Siehe die Bemerkungen im Asahi Shimbum, 3. Oktober 1966.
32 Die Anerkennung erfolgt erst am 15. März, lange nach dem fait accompli, als Mao Kwangtung unter militärische Verwaltung stellt. Siehe in: Der Große Ostwind vom Monat März, in: kung-jen p'ing-lun (Die Arbeitermeinung), März 1968, 1. Dieses Beispiel zeigt, wie wenig es möglich ist, den tatsächlichen Verlauf der KR an einzelnen Orten aufgrund der zentralen Dokumente und Erlasse zu rekonstruieren.

33 Eine ähnliche Vermummung vollführten die Scharlachgarden in Schanghai, wo sie als neugegründete »Rebellenorganisationen« dem »Arbeiterrebellen-Hauptquartier« des Chang Ch'un-ch'iao beitraten.

34 Zu dieser Dachorganisation siehe den detaillierten Bericht: Herzlichen Glückwunsch zur Gründung des »Hauptquartiers der Kantoner Arbeiterrebellen«, in: kuang-chou hung-wei-ping (Die Rotgardisten von Kanton), 10. Februar 1967, 2. Siehe auch in: Wir Arbeiter sind Gegner der »Revolutionären Allianz«, in: nan-fang jih-pao (Südliches Tagblatt), 24. Februar 1967, 3.

35 Zum »Volkswagenwerk« als einer Hochburg der Arbeiteraristokratie siehe in: tung-fang-hung (Der Osten ist rot), hg. von den Rebellen der Tsinan-Universität in Kanton, Nr. 8, 11. Juli 1967, 2.

36 Siehe die Zahl in: Wir Arbeiter sind Gegner der »Revolutionären Allianz«, in: nan-fang jih-pao, 24. Februar 1967, 3. Die Zahl, die hier im Sprachrohr des MVK's gegeben wird, ist sicherlich übertrieben, genauso wie die oben genannte Ziffer einhunderttausend für die Rebellen zu hoch angesetzt ist. Wie überall herrscht auch in den Kämpfen in Kanton die Neigung, die eigene numerische Stärke zu übertreiben.

37 Siehe etwa: »Ein Teil der revolutionären Massen, der sich eine Zeitlang hatte irreführen lassen, hat seine Fehler und Irrtümer eingesehen und ist zur revolutionären Linie des Vorsitzenden Mao zurückgekehrt. Wir strecken ihnen beide Hände zu einem herzlichen Willkommen entgegen.« In: Ehre den Proletarischen Revolutionären!, in: nan-fang jih-pao, 24. Februar 1967, 3.

38 Neben T'ao Chu war T'an Chen-lin im Januar 1967 zum Symbol des konterrevolutionären Renegaten geworden. »Kuang-t'an« wurde zur stehenden Formel, bis sie im Juli nach Wuhan durch die aktuellere des »kuang-ch'en« abgelöst wurde, also des Ch'en Tsai-tao von Kanton, nach dem in den Ruch des Antimaoismus geratenen Kommandeur der Wuhan-MR.

39 In: Warum wir mitten in der Schlacht der RA beitraten, in: kuang-tung chan-pao, 22. Februar 1967, 3.

40 Ebd.

41 Ebd.

42 Die PV hatte in einem Leitartikel unter der Überschrift: »Wir müssen die korrekte Politik der ›Dreiallianz‹ entschlossen verteidigen«, eine ernste Warnung an die Adresse der Rebellen gerichtet, die darauf hinauslief, weitere Opposition gegen die vom maoistischen Zentrum angestrebte Konsolidierung der Revolution würde bedeuten, daß man diese Linie überschritten hätte. Siehe: jen-min jih-pao, she-lun, 15. Februar 1967.

43 Zu den AG siehe: Enthüllt die Verbrechen der bürgerlichen-reaktionären Linie, die vom Kantoner Militär begangen werden, in: hsing-huo liao-yüan (Steppenbrand), hg. von den Rebellen in der Kunstakademie der VBA, Nr. 5, 2. Februar 1967, 2.

44 Siehe ausführlich im späteren Protokoll der Sitzung des RK für Kwangtung vom 31. Juli 1968, in: kung-jen p'ing-lun (Die Arbeitermeinung), August 1968, 4.

45 In diesen Tagen tritt Ko Feng mit einer Flugschrift hervor, die über ganz Kanton verbreitet wird und in der die Gruppe um Huang und das MVK als neue Autoritäten bezeichnet werden, zehnmal schlimmer als die alten Führer T'ao Chu und Chao Tzu-yang. Teile dieser Schrift, die mit der bezeichnenden Überschrift: »Ansichten zur falschen politischen Linie, die in der Kantoner Militärverwaltung vorherrscht« versehen ist, finden sich in: kung-jen p'ing-lun, Nr. 4, März 1968, 1.

46 »In diesen Tagen des weißen Terrors«, beklagt sich ein linkes Organ, »wurden viele revolutionäre Rebellen mit grausamer Härte verfolgt und all ihrer politischen

Rechte beraubt.« In: tung-fang-hung (Der Osten ist rot), hg. vom »Rotrebellenhauptquartier« an der Kantoner Tsinan-Universität, Nr. 8, 11. Juli 1967, 1. Siehe auch die gleiche Zeitschrift, Nr. 18, 21. November 1967, 2.

47 Man sieht: es tut gar nichts, das Gegenteil der Wahrheit zu verkünden, man muß nur über den Apparat verfügen und die Lüge in Permanenz wiederholen. Dann gehört sie zum Bestand der politischen Normalität und erscheint genauso als Teil des allgemeinen Lebens wie Wind und Wetter, jedem vernünftigen Einspruch entzogen.

48 Zum erstenmal verwendet in: nan-fang jih-pao, 24. Februar 1967, in: Wir Arbeiter sind Gegner der RA. Dieser Ausdruck: »szu-mien chieh ch'u-ko«, der im Chinesischen eine extreme Notlage umschreibt, bezieht sich auf die Belagerung von Kaihsia, als Hsiang Yü von Liu Pangs Truppen in die Enge getrieben worden war (206 v. Chr.).

49 Siehe: kuang-ying hung-ch'i, Nr. 5, März 1968, 4. Hier lesen wir auch die Bemerkung von der »Interessenidentität« (li-yi ti yi-chih) zwischen Truppenkommandos und lokalen »bürgerlichen« Kräften. Die Losung von den »kapitalistenfreundlichen Autoritäten in der Armee« wird zunächst im Hinterland verbreitet. Später bringt sie Lin Chieh in Peking vor. Erst nach Wuhan bekennt sich Wang Li offen dazu. Am 26. Juli hat die Formel den Gipfel ihrer Karriere erreicht und erscheint in der Pekinger Volkszeitung, was nicht ohne Wissen von Ch'en Po-ta und Chiang Ch'ing hätte geschehen können.

50 Ch'en Tsai-tao in Wuhan und Huang Hsin-t'ing in Chengtu hatten auch rechts und links Rebellenverbände aufgelöst, aber die Zahl der Betroffenen war in Kanton um das Vielfache größer als dort.

51 Siehe in: Der Große Ostwind vom Monat März, in: kung-jen p'ing-lun (Die Arbeitermeinung), Nr. 4, März 1968, 1, Sp. 2. Ähnlich berichtet ein anderes Blatt, nach dem Lin Chieh gesagt haben soll: Ich kann da nichts machen, Huang steht höher als ich. Aber es ist durchaus kein Fehler, wenn ihr gegen die Armee [in Kanton] angeht. In: Die himmelschreienden Verbrechen der konterrevolutionären Clique um Wang Li, Kuan Feng, Lin Chieh, Mu Hsin und Wu Ch'uan-ch'i, in: yeh-chan-pao (Frontkampfblatt), Nr. 12 u. 13, März 1968, 7.

52 Siehe: kung-jen chan-pao (Arbeiterkampfblatt), 9. Juni 1967, 1.

53 Nach diesen Erklärungen galt Chou bei den Kantoner Rebellen nicht mehr viel. Bei den Augustauseinandersetzungen im Hafengebiet hören wir einen Vertreter der Linken sagen: »Premierminister Chou gehört nicht zum HQ des Vorsitzenden Mao. In einigen Kreisen, so in Honan, Hunan und Kanton, hat er eine durchaus falsche Linie vertreten. Er hört nur auf die gemäßigten Kräfte und läßt unsere Vertreter überhaupt nicht zu Wort kommen.« In: tung-fang-hung (Der Osten ist rot), hg. von der Ostrot-Gruppe an der Pekinger Päd. Hochschule, Nr. 27, 5, Sp. 3.

54 Zu den Vorgängen in Wuhan zwischen dem 14. und dem 20. Juli siehe ausführlich in: wu-han hsin-hua-kung, hg. vom Rebellenhauptquartier in Wuhan, 16. September 1967, 1–4. Bis heute sind die Hintergründe des Wuhan-Zwischenfalls nicht genügend erhellt. Den späteren offiziösen Darstellungen ist nur sehr bedingt Glauben zu schenken.

55 In: hung-ch'i kung-jen (Rotfahnen-Arbeiter), hg. vom RRHQ der Kantoner »Rotfahnenarbeiter«, in prinzipieller Opposition zum MVK, Nr. 14, 28. August 1967, 1. Siehe ähnlich in der »hua-shih hung-ch'i«, vom 29. August 1967.

56 In: Die himmelschreienden Verbrechen der konterrevolutionären Clique um Wang Li, Kuan Feng, Lin Chieh, Mu Hsin und Wu Ch'uan-ch'i, in: yeh-chan-pao (Frontkampfblatt,) Nr. 12 u. 13, März 1968, 8, Sp. 1.

57 Siehe: chu-ying tung-fang-hung (Die »Ostrot«-Gruppe der Perlfluß-Filmateliers), Nr. 8, 8. August 1967.
58 Siehe: tung-fang-hung, und: tsi-ta hung-ch'i, gemeinsam hg. von der »Ostrot-Gruppe« im RGHQ der Kantoner Tsinan-Universität und der »Rotfahnen-Allianz« des III. HQ und des Neuen I. HQ gleichfalls an der Tsinan-U. Es ist nur eine Nummer vorhanden: sofort nach seinem Sieg hat Huang das Blatt unterbunden und viele alte Exemplare zerstören lassen. Hier hatte sich offensichtlich zuviel belastendes Material angehäuft, um weiter existieren zu dürfen.
59 Die im »Wohin geht China?« verwendete Formel des »pa-yüeh chü-pu kuo-nei ko-ming chan-cheng« (Partieller revolutionärer Bürgerkrieg vom August) wurde anderswo übernommen und von linker Seite als gängige Bezeichnung verwandt. Bisweilen spricht man auch einfach vom »Gewittersturm des August« (pa-yüeh feng-pao).
60 Zu den Kämpfen im Detail siehe: tung-fang-hung, tsi-ta hung-ch'i, 2. August 1967, 3.
61 Ebd., 2.
62 Siehe die Schilderung in: Voller Wut halten wir dem T'an Chen-lin von Kanton das Register seiner Blutschuld vor, in: tung-fang-hung, tsi-ta hung-ch'i, 2. August 1967, 1, Sp. 2. Ein Detailbericht findet sich auch in: Brief an die ganze Nation, in: hsin-nan-fang (Der Neue Süden), hg. von den Rebellen in der Redaktion des »nan-fang jih-pao«, 28. Juli 1967, 2.
63 Einzelheiten siehe in: Die blutigen Ereignisse am Perlfluß vom 13. August: Extrablatt, hg. von den radikalen Kräften des Neuen I. HQ, 27. August 1967, in: ARL, CCRM, Bd. XVIII, 5837–5839. Siehe auch: Der Angriff auf das Militärische Oberkommando vom 13. August 1967, in: chan-chung-nan (Kampf dem »Mitte-Süd-Büro«), hg. von einer sonst nicht bekannten kleinen Kantoner Rebelleneinheit, Nr. 4, 23. August 1967, 4. Das Blatt findet sich im URI-Katalog unter der Nummer: RN 524.
64 Unter dem Namen: »Allianz der Armen Bauern der Außenbezirke« (chiao-p'in-lien) nimmt eine beträchtliche Anzahl von ländlichen Rebellen an der Seite ihrer städtischen Genossen an diesen Entscheidungskämpfen teil.
65 Ein Bericht über die Kämpfe vom 20. August findet sich in: Sondernummer zu den brutalen Aktionen vom 20. August, in: ARL, CCRM, Bd. XVIII, 5841–5842
66 Siehe Auszüge der Schrift, von gegnerischer Seite verkürzt und verdreht, in: Kritik am Großen Giftigen Unkraut, dem Konterrevolutionären Schriftstück vom 21. August, in: ch'eng-sheng ch'ien-chin (Nach dem Siege weitermarschieren), hg. vom »Vereinten Komitee Revolutionärer Kräfte«, in den Behörden des alten Provinzkomitees von Kwangtung, konservativ ausgerichtet, 14. Oktober 1968, 1. Es ist dem Verfasser nicht gelungen, den »Widerstand« im vollen Text ausfindig zu machen.
67 In: Zerschlagt die Neuen Machenschaften der Clique um Huang Yung-sheng, in: hung-ch'i kung-jen (Der Rotfahnenarbeiter) Nr. 14, 28. August 1967, 1, Sp. 3.
68 In einem Artikel zum Fall der chiang-ch'ing-p'ai heißt es, daß die wichtigsten Leute, wie Wang Li, Kuan Feng und Ch'i Pen-yü, bereits »vor mehr als fünf Monaten« entmachtet worden sein. Da der Passus Ende März 1968 geschrieben worden war, kommen wir auf Oktober 1967 als dem Zeitpunkt, wo die Linke die Pekinger Schaltstellen räumen mußte. Siehe: Wie der Usurpator und Ehrgeizling Ch'i Pen-yü die P'an-Wu-Clique in verbrecherischer Weise gefördert hat, in: yeh-chan-pao, Nr. 14 u. 15 (eine Nummer) März (hsia-hsün), 6, Sp. 1. Wenn Chiang Ch'ing überlebte, so nur deshalb, weil man sie als Maos Ehefrau nicht gut einer

Anmerkungen zu Seite 131–136

»konterrevolutionären Clique« zurechnen konnte. Aber politische Entscheidungen von Gewicht hat sie nach dem 5. September 1967 nicht mehr getroffen. Der volle Abdruck ihrer »Abdankungsrede« findet sich in: pa-yi chan-pao (Kampfblatt des 1. August), hg. von der »Truppe des 1. August« an der Pekinger Akademie für die Bauindustrie, sehr gemäßigt. Nr. 22, 25. September 1967, 1 u. 2.

69 Zum vollen Text siehe in: URI, chung-kung chung-yang wen-chien hui-pien, op.cit., 583–584.

70 Zur Problematik der vom Militär aufoktroyierten Einheitsverbände in der Südkwangtunger Zuckerfabrik, siehe etwa in: chan-shih-pao (Der Kämpfer), hg. von der Politischen Abteilung der Kanton MR der VBA, ganz auf seiten des MVK, 7. April 1968, 3.

71 Die Stimmung unter den besiegten Rebellen tritt uns anschaulich in einem Brief entgegen, den eine linke Gruppe aus Hui-yang abgefaßt hatte. Sie wollten über Einzelheiten ihrer Organisation keine Auskunft geben, heißt es da, »weil es im Augenblick recht gefährlich ist, über alle Dinge zu reden.« (In: chi-nung hung-ch'i [Die Rote Fahne der Bauernhelfer], Nr. 2, 7. Oktober 1967, 2).

72 In: hung-ch'i-pao (Rotfahnenblatt), hg. von den Rebellen der Südchinesischen Technischen Hochschule in Kanton, Nr. 45, 24. Oktober 1967, 1. Es war wie immer in der Geschichte: Die »Helden« wollen weiterkämpfen, aber die Menschen sehnen sich mehr nach den Fleischtöpfen, auch wenn es ägyptische Knechtschaft bedeutet.

73 Ein Résumé der Rede findet sich in: hsi-chiang chan-pao/kao-yao chan-pao. Die verantwortlichen Organisationen sind nicht näher bezeichnet, das Blatt trägt im URI-Katalog die Kenn-Nummer RN 171, Gemeinschaftsausgabe vom 18. Dezember 1967, 1.

74 Siehe: yeh-chan-pao, Nr. 12 u. 13, März 1968, 1.

75 Siehe dazu: Zerschlagt und begrabt die reaktionären Vorstellungen der »Kommune des 5. August«, in: yeh-chan-pao, Nr. 14 u. 15, März 1968.

76 Im Gegensatz zum »Wohin geht China?« der PA (Hunan) ist die »Ruhe vor dem Sturm« der »Kommune des 5. August« nur in Auszügen feindlicher Kommentatoren auf uns gekommen, etwa in: yeh-chan-pao, Nr. 12 u. 13, »Auf wen sind die vergifteten Pfeile gerichtet?«, März 1968, 5. Einige Fragmente finden sich in der Tokio-Sammlung.

77 Siehe: Begrabt und zerschlagt die reaktionären Vorstellungen der »Kommune des 5. August«, in: yeh-chan-pao, Nr. 14 u. 15, Ende März 1968, 3, Sp. 2, Nr. 6.

78 Zu den Reden der drei wichtigsten Führer Huang Yung-sheng, Liu Hsing-yüan und Huang Jung-hai, siehe: nan-fang jih-pao (Südliches Tageblatt) 23. Februar 1968, 5–6.

79 Im Frühjahr 1968 war offenkundig geworden, daß die großen MR über das militärische Zentrum den Sieg davongetragen hatten. Eine Flugschrift der Zeit nennt als Verlierer die APA, die MA im ZK und die KRG in der Armee. Sie bezeichnet als Gewinner die »ta-chün-ch'ü«, also die großen Militärregionen, und nennt namentlich Huang Yung-sheng (Kanton), Hsü Shih-yu (Nanking), Ch'en Hsi-lien (Mukden), Han Hsien-ch'u (Foochow) und Yang Teh-chih (Tsinan). Siehe: Vierunddreißigmal Warum, nachgedruckt in: ARL, CCRM, Bd. XIX, 6137.

80 Mit dem großen, vom Vorsitzenden oft frequentierten Schwimmbad.

81 Ein gelungenes Stimmungsbild vom Schanghai dieser ersten Tage nach der kommunalen Wende findet sich in: Vereinigt euch im Kampfgetümmel. Kämpft gemeinsam! in: shang-hai hung-wei-ping (Die Rotgardisten von Schanghai), 1. Mai 1967, 2.

82 In der Rebellenversion: vom Revolutionär zum Verräter.
83 Den wir gleich kennenlernen werden.
84 Ein Beispiel: als Mitte Januar eine Straßenschlacht zwischen Angehörigen des II. Regiments und der Scharlachgarde bevorsteht, weigern sich Chang Ch'un-ch'iao und sein Intimus Wang Hung-wen entschieden, die Rebellenaktionen mit der Autorität des übergeordneten »Arbeiterrebellen-Hauptquartiers« zu decken. Siehe Keng Chin-chang und seinesgleichen sind konterrevolutionäre Ehrgeizlinge, in: kung-jen tsao-fan-pao, 13. März 1967.
85 ›Kung-szu‹ wurde als Abkürzung für den schwerfälligen Begriff des ›Arbeiterrebellen-Hauptquartiers‹ verwendet.
86 Siehe die ausführliche Wandzeitung vom 24. 2. 1967: Chang Ch'un ch'iao verrät die proletarische Revolution und die Maotsetungideen!, in der Sammlung der Hoover Institution, Stanford, Cal.
87 Damals, bei den Anting-Ereignissen, hatten sich drei Verbände des kung-szu nach Peking zur »Klage« aufmachen wollen. Die erste Gruppe war nur bis Anting gekommen und hieß seither volkstümlich nur noch das I. Regiment (yi-ping-t'uan). Die Gruppe von Keng Chin-chang, die es bis nach Soochow schaffte, wurde das II. Regiment (erh-ping-t'uan) genannt. Eine weitere Gruppe, die nach Nanking abgedrängt wurde, hieß das III. Regiment (san-ping-t'uan). Siehe die Ausführungen in: Was für üble Machenschaften hat die Keng Chin-chang-Clique in Peking betrieben?, in: kung-jen tsao-fan-pao, 13. März 1967, 4. Bisweilen wurden die Anhänger von Keng auch die »Soochow-Brigade« genannt.
88 Als Intellektueller zählte Yao Wen-yüan in politisch-organisatorischen Dingen so gut wie gar nicht. Überhaupt erwies sich Yao mehr denn je als Belastung, ein wohlmeinender, aber im Getümmel des Machtkampfes hilfloser Mensch.
89 Wang, der wie Keng als Arbeiteraktivist angefangen hatte, wurde durch seine gehobene Stellung als rechte Hand des »großen Herrn aus Peking« (so ein linkes Bonmot über Chang Ch'un-ch'iao) der Basis ziemlich rasch entfremdet.
90 Das Arbeiterrebellenhauptquartier (kung-szu) hatte neben den drei Regimentern noch ein gutes Dutzend kleinerer Verbände zu einer Einheit zusammengeschlossen.
91 Siehe: kung-jen tsao-fan-pao, 13. März 1967, 1. Siehe auch die Angaben bei N. Hunter: Shanghai Journal, op.cit., 226.
92 Zu den Rebellengruppen siehe in: chung-hsüeh yün-tung, Nr. 2, 29. März 1967, 4. Es ist kein Wunder, daß die Anhänger der Chang-Yao-Gruppe die Klage erheben, sie würden »verschlungen« (ching-t'un), wobei sie ihre linken Rivalen als »ching« (Walfisch) bezeichnen, die unersättliche Freßgier bekundet. Siehe: kung-jen tsao-fan-pao, 13. März 1967, 1.
93 Siehe den Brief, den Keng im Namen des II. Regiments an das ZK richtet, und wo auf 14 Seiten mit der neorevisionistischen Politik der Gruppe um Chang Ch'un-ch'iao abgerechnet wird. Der Vorwurf des autokratischen, diktatorischen Verhaltens wird darin mehrfach erhoben. Niemand von den echten Rebellen würde mehr konsultiert. In: kung-jen tsao-fan-pao, 13. März 1967, 3. Selbst die Chang Ch'un-ch'iao nahestehende Zeitschrift des »kung-jen tsao-fan-pao« muß zugeben, daß »es einigen Unwillen bei den Massen gegenüber der Führung des ›Arbeiterrebellenhauptquartiers‹ gibt.« In: Bekämpft Keng Chin-chang und seinesgleichen, in: kung-jen tsao-fan-pao, 13. März 1967, 4.
94 Artikel in der PV vom 2. Februar.
95 Mit der obligaten Grußadresse an den Vorsitzenden Mao, was zeigt, daß sich die Versammlung durchaus als orthodoxe Verfechterin maoistischer Ziele verstand

und in der Gruppe um Chang nichts anderes sah als geschickte Verfälscher der echten Maotsetungideen.

96 Ein anderer Schlachtruf war: »Wir werden uns selbst befreien!«, eine deutliche Absage an alle Versuche der Chang-Gruppe, der Basis ein organisatorisches Modell aufzuoktroyieren. Siehe: shang-hai hung-wei-ping, 1. Mai 1967, 1.

97 Siehe: Wandzeitung vom 20. Februar 1967, als Antwort auf eine Rede von Chang Ch'un-ch'iao, worin dieser seine Pekinger Erfahrung mitgeteilt und bemerkt hatte: »Die Parole: ›Nieder mit allen Autoritäten‹ ist keineswegs die Ansicht des Vorsitzenden Mao«.

98 Siehe: kung-jen tsao-fan-pao, 13. März 1967, 1

99 Siehe die entrüstete Wandzeitung in der Futan-Universität, vom 2. Februar 1967. Die Szene ist auch lebhaft beschrieben in: N. Hunter; Shanghai Journal, op.cit., 238 ff.

100 Siehe in: shang-hai hung-wei-ping, 1. Mai 1967, 2.

101 Zu diesen Ereignissen siehe detailliert: Die Chronik des Aufstandes, in: tung-fang-hung (Der Osten ist rot), hg. vom »Revolutionären Rebellenbund« im Hauptquartier der Hauptstädtischen Fachhochschulen, Nr. 7, 27. November 1966, 2.

102 Die gemäßigten Kräfte sprechen von einem »t'u-jan hsi-chi«, was man mit »Überraschungsangriff« wiedergeben könnte. Ebd., 2.

103 Diese Rede ist von den Chou-Leuten scharf attackiert worden. Eine Reihe von Wandzeitungen erscheint unter der Überschrift: Die Rede Ch'i Pen-yü's vom 12. November muß gründlich kritisiert werden, in: Die Chronik des Aufstands, in: tung-fang-hung, op.cit., 2.

104 Siehe in: ching-kang-shan, Tsinghua-Universität, 18. April 1967.

105 Siehe in: Seht, wie der schwarze Dezemberwind weht!, in: ching-kang-shan, Tsinghua Universität, 22. Februar 1967, 4.

106 Siehe an die Konterrevolutionäre Machtübernahme des rechtslastigen Shen Hsiao-yü, in: tung-fang-hung-pao, Geologische Akademie, 22. März 1967.

107 Siehe die stark verzerrten Redeauszüge in: ARL, CCRM, Bd. XIX, 6113 ff.

108 Ebd. T'an, gleichfalls ein Mann der ersten Stunde, war am 9. Juni (1966) von einem Einsatz an der SEB-Front in die Hauptstadt zurückgekehrt und hatte sich sogleich einen Ruf als schärfster Widersacher der liuistischen AG erworben. Er und Shen Hsiao-yü werden vom siegreichen maoistischen Zentrum aus der Liste der revolutionären Kämpfer gestrichen und erscheinen in fast allen Dokumenten nur noch als hassenswerte Agenten der Konterrevolution. Der Forscher fühlt hier wie Carlyle, der von seiner Studie über Cromwell bemerkte, er habe den Lordprotektor »unter einem Berg toter Hunde« hervorziehen müssen. Für eine genaue Analyse steht es jedoch über jeden Zweifel fest, daß sowohl T'an als auch Shen linksaußen, nicht rechtsaußen anzusiedeln sind.

109 Siehe dazu in: Wohin geht die »Truppe des 1. August« der Rotgardisten in der Pekinger Luftfahrtakademie? in: tung-fang-hung, hg. von dem RV im RGHQ der Pekinger Fachhochschule, 17. Dezember 1966, 4.

110 Siehe: Zerschlagt die Attacke der Bürgerlichen Linie!, in: tung-fang-hung, op.cit., 9. Dezember 1966, 1.

111 Nur ein Beispiel von Hunderten von ähnlichen Passagen: Die VBA ist uns wie ein mächtiger Fels, vom Vorsitzenden Mao selber geleitet, eine besonders intensiv proletarische, besonders intensiv revolutionäre Truppe, in: tung-fang-hung-pao, Pekinger Geologische Akademie, 23. Februar 1967, 3.

112 In: ching-kang-shan, ping-t'uan (Truppe des Chingkang-shan), 1. Dezember 1966. Das Blatt wurde Nov./Dez. von einer radikalen RG-Gruppe an der »pei-ta

fu-chung« veröffentlicht, also von der Schule, die der Pekinger Universität angegliedert war.
113 Siehe: ching-kang-shan, Tsinghua-Universität, 18. April 1967
114 Siehe: chung-hsüeh lun-t'an (Forum der Oberschulen), 6. April 1967, 4. Im Hinterland hielt man selbst bei offener militärischer Repression an der Fiktion fest, Mao wisse von diesen Vorgängen nichts. Als Tang Yen-ch'üan, der Führer der »Kommune des 7. Februar« von Einheiten der VBA verhaftet werden sollte, übergab er das Siegel der Kommune an einen Rebellen der Pekinger Ostrot-Kommune (Geologische Akademie), mit der Bitte, es dem Vorsitzenden Mao zu bringen und diesen von den Schandtaten seiner Armee zu unterrichten. Siehe: tung-fanghung-pao, Pekinger Geologische Akademie, 12. April 1967, 3. Im alten China haben viele Bauernrebellen an der Vorstellung vom gerechten Sohn des Himmels festgehalten, der nur durch seine korrupten Minister blind gemacht worden sei, so auch die Annahme in den »Ufergeschichten«, wo Sung Chiang und seine Helden am Ende als treue Diener des Kaisers erscheinen. Im mittelalterlichen Europa wurde das Volk selbst in schlimmen Zeiten der Bedrückung nie irre am Königtum: »Le prince n'en scait riens«, war die hoffnungsvolle Formel der unteren Volksschichten. Siehe klassisch bei Johan Huizinga; Herbst des Mittelalters, Stuttgart ^{10}1969, 78.
115 Siehe: Führer des ZK sprechen über die »lien-tung«-Verbände, in: chung-hsüeh wen-ko-pao (Kulturrevolutionäres Blatt der Oberschulen), 18. Januar 1967, 4.
116 Siehe: Kann man das noch Rotgardisten nennen?, in: shou-tu feng-lei (Gewittersturm der Hauptstadt), hg. von der »Bajonett-Truppe« an der Dritten Oberschule in Peking, 12. Januar 1967.
117 Im Folgenden abgekürzt als: VAK.
118 Siehe dazu im: hung-se chih-kung, Nr. 3, 29. Januar 1967
119 Siehe: Seht an die verbrecherischen Aktionen der »Gardentruppen« in der Ersten Werkzeugmaschinenfabrik!, in: hung-se tsao-fan-pao (Rotrebellenblatt), hg. von der Propagandaabteilung der Pekinger Rotrebellenvereinigung der Arbeiter und Angestellten, Nr. 2, 12. Januar 1967, 2.
120 Zum antiautoritären Charakter der »kung-nung hung-ch'i-chün« siehe in: Weg mit den schädlichen Insekten, in: pei-ching jih-pao (Pekinger Tageblatt), 5. Februar 1967, 2. Mit der »Rotfahnenarmee« lose verbunden war die kleine Gruppe des »Nationalen RRHQ's zur Bekämpfung der Kapitalistenfreunde in den Streitkräften«.
121 Siehe dazu in: ping-t'uan chan-pao (Kampfblatt der Truppe), hg. von der Propagandaabteilung der »Hauptstadttruppe der Maotsetungideen«, Nr. 4, 16. Dezember 1966, 4.
122 So die von den drei offiziellen HQ angehängte Bezeichnung.
123 Siehe dazu in: ching-kang-shan, Tsinghua-Universität, 21. Januar 1967, 3. Die Einheiten, die sowohl Sicherheitsbeamte wie Verbände von Rotgardisten aus den drei der KRG ergebenen HQ umfassen, sind den angreifenden Kräften des VAK's zahlenmäßig weit überlegen.
124 Zu diesen Vorgängen um das »kung-an-chü«, siehe: Zerschlagt gründlich das Vereinte Aktionskomitee!, in: chung-hsüeh wen-ko-pao, 18. Januar 1967, 4. Hier auch gut zur Rolle des III. HQ als Gegner der antiautoritären Rebellen.
125 Ein ziemlich links stehender Anhänger des Chiang Ch'ing-Flügels der KRG hat in einem privaten Gespräch bitter bemerkt: »Bei uns in Peking geht die [kulturrevolutionäre] Arbeit nicht so richtig voran. Es ist hier nicht so wie drunten in Schanghai. Wir müssen zugeben, daß wir in der Politik rückständig (lo-hou) sind.«

(In: Reißt Chou Ching-fan die Teufelsmaske ab!, in: tung-ch'eng feng-pao [Gewittersturm der Oststadt], Nr. 4, 10. November 1967, 4, Sp. 1. Das energische Selbstvertrauen in die eigene Stärke, das zumindest einen Teil der Schanghaier Arbeiter auszeichnete, hatte sich in dem wenig industrialisierten Peking nie entwickeln können. Eine proletarische Rebellengestalt wie Keng Chin-chang wäre in der Hauptstadt undenkbar gewesen.

126 Zu den Kämpfen siehe: Schlagt die Offensive der ›Garden‹ zurück! in: hung-se chih-kung (Der Rote Arbeiter und Angestellte), Nr. 3, 29. Januar 1967, 3.

127 Siehe ausführlich: Wahrer Bericht vom blutigen Kampf, der am 5. Januar in der Zentralen Ziegelei stattgefunden hat, in: ko-ming kung-jen-pao (Revolutionäres Arbeiterblatt), Nr. 3, 20. Januar 1967, 4. Natürlich ist dieser »wahre Bericht« stark propagandistisch gefärbt: Die VAK-Leute erscheinen als der letzte Auswurf der Konterrevolution.

128 Siehe etwa: Eine Konterrevolutionäre Gegenströmung, in: fei-ming-ti (Der Surrende Pfeil), Nr. 2, 24. Februar 1967, 2. Und: Hackt ab die schwarze Kralle, die Liu Shao-ch'i nach dem VII. Ministerium für Maschinenbau ausgestreckt hat! in: op.cit., Nr. 1, 17. Februar 1967, 3.

129 Auch Liu Yu-kuang kann seinen Posten als erster stellvertretender Minister beibehalten.

130 Selbst ein so lammfrommes Blatt wie das »shou-tu hung-wei-ping« (Rotgardisten der Hauptstadt) beklagt sich über die plötzliche Ruhe und bemerkt: Die Pekinger kulturrevolutionäre Bewegung steht weit, weit hinter den Aktivitäten im Lande zurück! in: shou-tu hung-wei-ping, 31. Januar 1967, 1. »Die Bewegung ist in ein Endstadium eingetreten«, lautet eine Parole, die Anfang März an den Wänden erscheint.

131 Z. B. unterstützt die chiang-ch'ing-p'ai mit ihren Verbindungsleuten vom III. HQ die »Kommune des 7. Februar« in Chengchow (Honan), als sie durch Ch'en Tsai-taos Einheiten in harte Bedrängnis gerät.

132 Wechsel an der Spitze der Pekinger Garnison, als der dem Chiang Ch'ing-Flügel zugerechnete Fu Ch'ung-pi sein Amt als Garnisonskommandeur und stellvertretender Vorsitzender des RK abgeben mußte. Nachfolger wurde mit Wen Yü-ch'eng ein konservativer Militär, der als enger Freund und Berater von Huang Yung-sheng und Liu Hsing-yüan am schließlichen Sieg der mao-lin-chou-p'ai mitgearbeitet hatte und jetzt die politischen Früchte einheimste. Wens Ernennung zum stellvertretenden Generalstabschef der Armee (Dezember 1967) war für Eingeweihte ein Zeichen, daß Yang Ch'eng-wus Tage gezählt waren. Nachdem Huang im März zum amtierenden Generalstabschef aufgerückt war, fungierte Wen als sein wichtigster Mitarbeiter in dem neuen schwierigen Amte.

133 Das Wirtschaftsprogramm Chou En-lais hat seinen prägnantesten Ausdruck in der großen Rede gefunden, die der Premier vor der Versammlung des Vierten Nationalen Volkskongresses hielt. Bis zur Jahrtausendwende sollten die »Vier Modernisierungen« auf dem Gebiete von Industrie, Landwirtschaft, Wissenschaft und Technik vollzogen und China zu einer industriellen Großmacht avanciert sein. Siehe den Wortlaut der Rede in: CQ 62, Juni 1975, 350–355. Die neue Führung unter Hua Kuo-feng hat dieses Programm in extenso übernommen. Der Chou-Kult, der sich gegenwärtig entwickelt, feiert vor allem den weisen Premierminister, der auch in schwierigen Zeiten eine rationale Wirtschaftsgestaltung durchzusetzen versuchte.

Anmerkungen zu Seite 153

Schluß

Zur Niederlage der revolutionären Rebellen

1 Siehe dazu: Jürgen Habermas: Technik und Wissenschaft als »Ideologie«, Frankfurt 1968, 48 ff., sowie den von Herbert Marcuse auf dem 15. Deutschen Soziologentag in Heidelberg (1964) gehaltenen Vortrag: Industrialisierung und Kapitalismus im Werk Max Webers, in: Kultur und Gesellschaft, Teil 2, Frankfurt/M. 1965, 107 ff.
2 Galbraith hat zur Dominanz der »großen Kapitalgesellschaft« vermerkt (für die USA): »Fast das ganze Nachrichtenwesen, beinahe die gesamte Produktion und Verteilung von elektrischem Strom, ein guter Teil des Transportwesens, die meisten Produktions- und Bergwerksbetriebe, ein wesentlicher Teil des Einzelhandels und ein großer Sektor des Unterhaltungsgewerbes liegen in den Händen der Großbetriebe. Maßgeblich daran beteiligt sind nicht allzu viele Firmen, wenn wir von fünf- bis sechshundert sprechen, dürften wir sie ziemlich vollständig erfaßt haben.« In: John K. Galbraith: Die Moderne Industriegesellschaft, München, 1968, 17. In den zehn Jahren, seit diese Worte geschrieben wurden, hat die Entwicklung zum Mammutverband überall weitere Fortschritte gemacht.
3 Huizinga hat auf den Unterschied zwischen dem spätmittelalterlichen Menschen und dem modernen Staatsbürger hingewiesen, der in viel stärkerem Maße »gezähmt« worden sei, in Huizinga: Herbst des Mittelalters, op.cit.
4 Galbraith, op.cit., 39.

Quellen- und Literaturverzeichnis

A Quellen

1. Überregionale Zeitungen und Zeitschriften
a jen-min jih-pao (Pekinger Volkszeitung), August 1966–März 1967
b kung-jen jih-pao (Arbeiter-Tageblatt), Peking,
August 1966–Dezember 1966
c kuang-ming jih-pao, Peking,
August 1966–Juni 1967
d hung-ch'i tsa-chih (Die Rote Fahne, Organ des ZK der KPCh), Peking
April 1966–September 1967
Diese Materialien wurden zumeist auf Mikrofilmen aufgearbeitet, die in den USA (HI, LC, ARL) beschafft worden waren.

2. Lokale Zeitungen
Für den Zeitraum August 1966 – März 1968, soweit für diesen Abschnitt verfügbar.
a nan-fang jih-pao (Südliches Tageblatt), Kanton, zumeist in HK, URI eingesehen
b chieh-fang jih-pao (Befreiungs-Tageblatt), Schanghai, als Mikrofilm aus der HI bezogen
c wen-hui-pao, Schanghai, als Mikrofilm von der HI bezogen
d kuang-chou jih-pao (Kantoner Tageblatt), HK und ARL, CCRM, Sammlung
e hung-wei-pao (das alte: yang-ch'eng wan-pao),
im Original in der HYL, Cambridge, Mass.
f pei-ching jih-pao (Pekinger Tageblatt), HI und HYL

3. Sammlungen von Rotgardistenmaterialien
Da es keine gesonderten Anthologien zu den RR gibt, mußten alle Angaben aus den vorhandenen Sammlungen zur RG-Bewegung mühsam herausgesucht werden.
a Die URI-Sammlung
Diese vorhandenen Stücke (ca. 600) wurden in der Originalform in HK eingesehen. Wer Angaben über die einzelnen Zeitschriften wünscht, der konsultiere den publizierten Katalog: URI, compiler, hung-wei-ping tzu-liao mu-lu (Katalog der Rotgardistenmaterialien), HK, Dezember 1970
Teil I: Zeitschriften und Pamphlete
Teil II: Zeitungen (pao-chih)
Teil III: Anderes (ch'i-t'a)
b Die Sammlung der HYL, Cambridge, Mass.
Ähnlich wie die URI-Sammlung, aber nicht identisch, bietet viele neue Stücke.
c Die neue Sammlung der ARL, CCRM, Washington, D. C. Dieses zwanzigbändige Werk, das viele bislang unveröffentlichte Stücke enthält, wurde u. a. von Michel Oksenberg betreut. Die z. Z. umfassendste Gesamtpublikation von rotgardistischen und RR-Materialien.

Teil I: Newspapers: vols. II–XIV
Teil II: Periodicals: vol. XV
Teil III: Special Issues: vols. XVI–XVIII
Teil IV: Miscellaneous: vol. XIX
Teil V: Appendix: Local Newspapers: vol. XX
Band I ist noch nicht erschienen

4. Wandzeitungen und Flugschriften
Der Verfasser hat folgende Archive eingesehen:
a Hongkong: die Bestände des URI und der HKU.
b Tokio: die in den der Todai angegliederten Einrichtungen vorhandenen Materialien
c Harvard-Yenching Library
d Columbia University, New York
e Library of Congress, Washington, D. C.
f HI, Stanford, California

5. Hilfsmittel
a Biographische Hilfsmittel:
Grundlage war die vom URI herausgegebene Prosopographie (HK, 1969), sowie die laufenden Ergänzungen (bis 1975).
Als nützliche Ergänzung wurde verwendet:
Kao Chung-yen, compiler,
chung-kung jen-shih pien-tung (Ämterwechsel im Kommunistischen China), 1959–1969, URI, HK, Oktober 1970.
Speziell für die militärische Szene wurde benutzt:
Huang Chen-hsia, compiler,
chung-kung chün-jen chih (Handbuch des Militärischen Personals im Kommunistischen China), Research Institute of Contemporary History, HK 1968
b Dokumente
Von den verschiedenen Sammlungen, die die kulturrevolutionären Beschlüsse und Erlasse von ZK, ZMK, StR und Pekinger KRG zusammengetragen haben, ist bei weitem die beste und vollständigste:
URI, chung-kung chung-yang wen-chien hui-pien (kuan-yü wen-hua ta ko-ming): Dokumente des ZK der KPCh zur GPKR, 1966–1967, HK 1968

B Sekundärwerke

1. Zum modernen und alten China

Axilrod, Eric: The Political Economy of the Chinese Revolution, URI, Hongkong 1972

Barendsen, Robert: Half-Work Half-Study Schools in Communist China: Recent Experiments with Selfsupporting Educational Institutions, Washington, D. C., 1964
Barnett, A. Doak: Cadres, Bureaucracy and Political Power in Communist China, New York 1967
Barnett, A. Doak Hg.: Chinese Communist Politics in Action, Seattle 1969
Bastid, Marianne: Levels of Economic Decision-Making, in: Stuart R. Schram Hg.: Authority, Participation and Cultural Change in China. Essays By A European Study Group, Cambridge 1973, 159–197
Baum, Richard: Revolution and Reaction in the Chinese Countryside: The Socialist

Education Movement in Cultural Revolutionary Perspektive, in: CQ, Nr. 38 (April–Juni 1969)

Baum, Richard: Technology, Economic Organization, and Social Change: Maoism and the Chinese Industrial Revolution, in: German Association for East Asian Studies Hg.: China in the Seventies. International Conference, Reisensburg, Juli 1973, Wiesbaden 1975, 131–192

Belden, Jack: China Shakes the World. Neudruck New York und London 1970

Bernstein, Thomas P.: Cadres and Peasant Behavior Under Conditions of Insecurity and Deprivation: The Grain Supply Crisis of the Spring of 1955, in: Barnett Hg.: Chinese Communist Politics in Action, op.cit., 365–399

Birrell, R. J.: The Centralized Control of the Communes in the Post-»Great-Leap« Period, in: Barnett Hg.: Chinese Communist Politics in Action, 400–443

Bridgham, Philip: Mao's »Cultural Revolution«: Origin and Development. T. 2, in: CQ, Nr. 34 (April–Juni 1968), 6–37

Ch'en, Jerome: Mao Papers – A New Anthology and Bibliography, OUP 1970

Chen, C. S. Hg. Charles P. Ridley Übers.: Rural People's Communes in Lien-chiang, Documents Concerning Communes in Lien-chiang County, Fukien Province, 1962–1963, Stanford, Cal., HI 1969

Chen Pi-chao: Individual Farming After the Great Leap as Revealed by the Lien-chiang Documents, in: AS, Bd. VIII, Nr. 9 (Sept. 1968), 774–791

Cheng, Chu-yüan: Growth and Structural Changes in the Chinese Machine Building Industry, 1952–1966, in: CQ, Nr. 41 (Jan.–März 1970)

Daubier, Jean: A History of the Chinese Cultural Revolution, New York 1974

Domes, Jürgen: The Role of the Military in the Formation of the Revolutionary Committees, in: CQ, Nr. 44 (Okt.–Dez. 1970), 112–145

Emerson, J.: Employment in Mainland China: Problems and Prospects, in: U.S. Congress, Joint Economic Committee Hg.: An Economic Profile of Mainland China, Washington, D. C., 1967, Bd. II

Fokkema, Douwe W.: Report From Peking, Observations of a Western Diplomat on the Cultural Revolution, London, 1971

Gittings, John: The Chinese Army's Role in the Cultural Revolution, in: Pacific Affairs, Bd. XXXIX, Nr. 3 u. 4, Herbst 1967, 269–289

Granet, Marcel: Fêtes et Chansons anciennes de la Chine, Paris 1919

Gray, Jack: The Two Roads: Alternative Strategies of Social Change and Economic Growth in China, in: Stuart R. Schram, Hg.: Authority, Participation and Cultural Change in China, 109–157

Hinton, William: Fan Shen. A Documentary of Revolution in Chinese Farming, New York 1970

Ho Ping-ti, and Tang Tsou Hg.: China in Crisis, Bd. I: China's Heritage and the Communist Political System. Chicago and London 1968

Hoffmann, Charles: The Chinese Worker, New York, 1974

Hoffmann, Rainer: Entmaoisierung in China. Zur Vorgeschichte der Kulturrevolution, München 1973

Howe, Christopher: Employment and Economic Growth in Urban China, 1949–1957, Cambridge 1971

Hunter, Neale: Shanghai Journal. An Eyewitness Account of the Cultural Revolution, Boston 1969

Joffe, Ellis: The Chinese Army in the Cultural Revolution: The Politics of Intervention, in: CS, Bd. VIII, Nr. 18 (7. Dezember 1970)
Johnson, Chalmers: Lin Piao's Army and its Role in Chinese Society, in: CS, Bd. IV, Nr. 13 (1. Juli 1966), Nr. 14 (15. Juli 1966)
Johnson, Chalmers: The Changing Nature and Locus of Authority in Communist China, in: John Lindbeck, Hg.: China: Management of a Revolutionary Society, 34–76
Jones, Edwin: The Emerging Pattern of China's Economic Revolution in: U.S. Congress, Joint Economic Committee, Hg., Bd. I

Kau, Ying-mao: The Urban Bureaucratic Elite in Communist China: A Case Study of Wuhan, 1949–1965, in: Barnett Hg.: Chinese Communist Politics in Action, 216–267

Lewis, John W. Hg.: Party Leadership and Revolutionary Power in China, Cambridge 1970
Lewis, John W. Hg.: The City in Communist China, Stanford 1971
Lewis, John W.: Leader, Commissar and Bureaucrat: The Chinese Polical System in the Last Days of the Revolution, in: Ho Ping-ti, and Tang Tsou Hg.: China in Crisis, Bd. I, T. 2, 449–481
Lindbeck, John Hg.: China. Management of a Revolutionary Society, Seattle 1971

Macciocchi, Maria: Daily Life in Revolutionary China, New York 1972
MacFarquhar, Roderick: The Origins of the Cultural Revolution. Band I: Contradictions Among the People, 1956–57, OUP, RIIA, London and New York 1974
Montaperto and Bennett Hg.: Red Guard. The Political Biography of Dai Hsiao-ai, New York 1971

Needham, Joseph: The ›Tao Chia‹ (Taoists) and Taoism, in: Needham Hg., Science and Civilization in China, Bd. II: History of Scientific Thought, Cambridge, 1956 (1975), 33–164
Nelsen, Harvey: Regional and Paramilitary Groundforces, in: William W. Whitson Hg.: The Military and Political Power in China in the 1970s, 135–152

Oksenberg, Michel: Policy Making Under Mao: An Overview, 1949–1968, in: Barnett Hg.: Chinese Communist Politics in Action, 79–115
Oksenberg, Michel: China: Forcing the Revolution To A New Stage, in: AS, Bd. VII, Nr. 1 (Januar 1967), 1–15
Oksenberg, Michel: Getting Ahead and Along in Communist China: The Ladder of Success on the Eve of the Cultural Revolution, in: John W. Lewis Hg.: Party Leadership, 304–347

Peck, Graham: Two Kinds of Time. Life in Provincial China During the Crucial Years 1940–1941. Introduction by John. K. Fairbank, ²1967
Perkins, Dwight H.: Agricultural Development in China: 1368–1968, Edinburgh und Chicago 1969
Perkins, Dwight H.: Market Control and Planning in Communist China, Cambridge, Mass. 1966
Perkins, Dwight H.: Development of Agriculture, in: Michel Oksenberg Hg.: China's Developmental Experience, New York und London 1973, 55–67
Pulleyblank, Edwin G.: The Background of the Rebellion of An Lu-shan, London School of Oriental and African Studies. London Oriental Series Nr. 4, OUP 1955

Richman, Barry M.: Industrial Society in Communist China. A Firsthand Study of Chinese Economic Development and Management With Significant Comparisons with Industry in India, the U.S.S.R., Japan, and the United States, New York 1969

Robinson, Thomas, W. Hg.: The Cultural Revolution in China. Berkeley and Los Angeles 1971

Robinson, Thomas, W.: Chou En-lai and the Cultural Revolution, in: Ders. Hg. 165–312

Ross, Terrill: 800 000 000 – The Real China, New York 1972

Scalapino, Robert A. Hg.: The Communist Revolution in Asia, Englewood Cliffs, N. J. 1965

Schram, Stuart R.: Introduction: The Cultural Revolution in Historical Perspective, in: Ders. Hg.: Authority, Participation and Cultural Change in China, Cambridge, London 1973, 1–108

Schran, Peter: Economic Management, in: John Lindbeck, Hg.: China: Management of a Revolutionary Society, 193–220

Schurmann, Herbert Franz: Ideology and Organization in Communist China, Berkeley ²1968

Schurmann, H. F.: The Attack of the Cultural Revolution on Ideology and Organization, in: Ho Ping-ti/Tang Tsou Hg.: China in Crisis, Bd. I, T. 2, 525–564

Selden, Mark: The Yenan Way in Revolutionary China, Harvard East Asian Series 62, Cambridge, Mass. 1971

Snow, Edgar: Roter Stern über China. Mao Tse-tung und die Chinesische Revolution, Frankfurt 1974

Solomon, Richard H.: Mao's Revolution and Chinese Political Culture, Berkeley und Los Angeles 1971

Taylor, Charles: Reporter in Red China, New York 1966

Teiwes, Frederick C.: Provincial Politics in China: Themes and Variations, in: John Lindbeck, Hg.: China. Management of a Revolutionary Society, 116–189

Teiwes, Frederick C.: Chinese Politics 1949–1965: A Changing Mao, in: CS, January 1974, Bd. XII, Nr. 1, 1–15

Townsend, James R.: Revolutionizing Chinese Youth: A Study of Chung-kuo ch'ing-nien, in: Barnett Hg.: Chinese Communist Politics in Action, 447–476

Union Research Institute (URI) Hongkong: The Case of P'eng Teh-huai, 1959–1968, HK 1968

U. S. Congress, Joint Economic Committee Hg.: An Economic Profile of Mainland China, 2 Bde. Washington, D. C. 1967

Vogel, Ezra F.: Canton Under Communism. Programm and Politics in a Provincial Capital, 1949–1968, Harvard East Asian Series 41, HUP, Cambridge, Mass. 1969

Vogel, Ezra F.: From Revolutionary to Semi-Bureaucrat: The ›Regularization‹ of Cadres, in: CQ, Nr. 29 (Jan.–März 1967), 36–60

Vogel, Ezra F.: Voluntarism and Social Control, in: Donald Treadgold Hg.: Soviet and Chinese Communism: Similarities and Differences, UWP, Seattle 1966, 168–184

Wakeman, Frederick Jr.: Strangers at the Gate: Social Disorders in South China, 1839–1861, Los Angeles und Berkeley 1966

Watson, Andrew J.: A Revolution to Touch Men's Souls: The Family, Interpersonal Relations and Daily Life, in: Stuart R. Schram Hg.: Authority, Participation and Cultural Change in China, 291–330

Whitson, William W. Hg.: The Military and Political Power in China in the 1970s, New York und London 1972

Wu, Silas H. L.: Communication and Control in China. Evolution of the Palace Memorial System: 1693–1735, Harvard East Asian Series 51, HUP, Cambridge, Mass. 1970

Yahuda, Michael: Kremlinology and the Chinese Strategic Debate, 1965–1966, in: CQ, Nr. 49 (Jan.–März 1972), 32–75

2. Zum allgemeinen geschichtlichen Hintergrund

Berkmann, Alexander: Der Kronstädter Aufstand, Berlin 1922
Brenan, Gerald: The Spanish Labyrinth, Cambridge, 1960
Böhme, Helmut: Prolegomena zu einer Sozial- und Wirtschaftsgeschichte Deutschlands im 19. und 20. Jahrhundert, Frankfurt/M. 1972
Burckhardt, Jacob: Weltgeschichtliche Betrachtungen. Pfullingen o.J.

Carr, Edward H.: The Bolshevik Revolution, 1917–1923, 3 Bde. London, 1950–53

Daniels, Robert V.: The Conscience of the Revolution. Communist Opposition in Soviet Russia, HUP, Cambridge, Mass. 1960
Deutscher, Isaac: Trotzki Trilogie: Band II: Der Unbewaffnete Prophet, 1921–1929, Stuttgart 1962

Haller, Johannes: Das Papsttum. Idee und Wirklichkeit, 5 Bde, Hamburg 1965
Hobsbawn, Eric: Sozialrebellen. Archaische Sozialbewegungen im 19. und 20. Jahrhundert, Neuwied 1971
Hobsbawn, Eric: Industry and Empire, The Pelican Economic History of Britain, Bd. 3, London 1969
Huizinga, Johan: Herbst des Mittelalters. Studien über Lebens- und Geistesformen des 14. und 15. Jahrhunderts in Frankreich und in den Niederlanden, Leiden 1924; Stuttgart ^{10}1969

Mett, Ida: La Commune de Cronstadt, Paris 1949
Moral, Diaz del: Historia de las agitaciones campesinas andaluzas, Madrid 1929

Nettl, Peter: Rosa Luxemburg, Frankfurt 1968

Orwell, George: Homage to Catalonia (1938), London 1967

Soboul, Albert: Histoire de la révolution française, Band I: De la bastille à la gironde, Band II: De la montagne à brumaire, Paris 1962

Voline (V. M. Eichenbaum): La révolution inconnue. 1917–1921, Paris 1934

3. Zum theoretischen Hintergrund

Bakunin Michail: Die Kommune von Paris und der Staatsbegriff, in: Bakunin, Staatlichkeit und Anarchie und andere Schriften, Hg. von Horst Stuke, Berlin 1972
Bakunin, Michail: La science et la tache révolutionnaire urgente, Genève 1870

Cohn, Norman: Das Ringen um das Tausendjährige Reich. Revolutionärer Messianismus im Mittelalter und sein Fortleben in den modernen totalitären Bewegungen, Bern und München 1961

Dankert, Werner: Unehrliche Leute. Die Verfemten Berufe, Bern und München 1963

Fanon, Frantz: The Wretched of the Earth. The Handbook for the Black Revolution that is changing the shape of the world, New York 1968

Galbraith, John Kenneth: Die Moderne Industriegesellschaft, München 1970
Guérin, Daniel: Anarchismus, Begriff und Praxis, Frankfurt/M. 1967

Habermas, Jürgen: Technik und Wissenschaft als ›Ideologie‹, Frankfurt/M. 1968

Kollontai, Alexandra: Die Neue Moral und die Arbeiterklasse, Berlin 1920

Lenin, W. I.: Staat und Revolution. Die Lehre des Marxismus vom Staat und die Aufgaben des Proletariats in der Revolution (1917), Berlin 1970

Malatesta, Errico: L'anarchie, Paris 1929
Marcuse, Herbert: Industrialisierung und Kapitalismus im Werk Max Webers, in: Marcuse, Kultur und Gesellschaft, Bd. II, Frankfurt/M. 1965, 107–129
Mühlmann, Wilhelm E.: Chiliasmus und Nativismus. Studien zur Psychologie, Soziologie und historischen Kasuistik der Umsturzbewegungen, Berlin ²1964

Summary

This is mainly a disquisition into the social causes of the Chinese Cultural Revolution.
The first part gives an overview over the various reasons for the liuist ascendancy and the substantial demaoisation process after of the radical policies generally associated with the Great Leap Forward. It shows how revisionist and economistic tendencies developed not only among most bureaucratic cadres but in the very midst of the communist Party herself.
It follows a description of the political events in China from the Eleventh Plenum of the Central Committee in August 1966 up to the unleashing of revolutionary mass violence during the socalled »January Storm« of 1967.
After these preliminaries the study is turning the focus on the organizations of the radical groups known as »Revolutionary Rebels« who were the real driving force behind the tempestuous events of 1967. It is shown in detail how the extremely achievement-oriented policies of the liuist period (1961–1965), especially its educational policies, severely discriminated against young people of proletarian background barring them from most coveted professional careers and thereby alienating them from the prevailing Chinese system. Thus we notice growing dissatisfaction among those parts of the educated urban youth who were sent by the millions to the outlying rural areas; among young workers and apprentices and among the especially exploited seasonal workers.
In addition the differentiation process in the villages, induced by the new economic policy after the Great Leap Forward, was bound to generate an agricultural proletariat whose members came more and more to resent the superior economic and political status of the rising rural bourgeoisie. An examination of the political and social program of the Revolutionary Rebels showing the anti-authoritarian, anarchist and communal tendencies of their political philosophy, is concluding this chapter.
Next the study presents an analysis of the January Revolution itself giving a detailed description not only of the rebel activities but featuring also the main enemies of the radical left: the members of the urban working class and their organizations, the socalled »Scarlet Guards«, plus the majority of the administrative cadres who justly feared the new regime would dispense with their service. It is shown that these two social groups were the main beneficiaries of the liuist order and that they exerted all their energies to prevent the radical forces from taking power in the decisive urban centres.
The last part demonstrates how Mao Tse-tung and the Cultural Revolutionary

Group under Ch'en Po-ta and Chiang Ch'ing themselves were backing away from their original radical policies. The power of events was forcing them of drop their plan to extend the model of the »Shanghai Commune« to all of China. It was mainly the pressure from the army whose commanders had a powerful professional interest in a working modern industry presently undermined by the revolutionary thrust of the radical left. After the winter of 1967 the PLA wielding its slogan of »revolution and production at the same time« was consolidating the Chinese political and economic system. The main organizational instrument of this process, the »Revolutionary Committees«, are presented in depth. They did more than anything else first of rehabilitate the moderate forces and then to bring them back to the levers of power.

At the end, three case studies attempt to give a microsocietal analysis of the revolutionary and counterrevolutionary processes in the main cities of China: Peking, the political center, Shanghai, the industrial center, and Canton, the center of South China.

Personen- und Sachregister

In Klammern gesetzte Ziffern verweisen auf Anmerkungen.

Ablieferungssperre von Nahrungsmitteln an die Städte 66
Achter Parteitag der KPCh 32
Agrarischer Sektor → Landwirtschaft
Akkumulation, ursprüngliche sozialistische 64
Aktionsdemokratie der Schanghaier Kommune 68
Allgemeine Politische Abteilung (APA) in der Armee 36, 109, 131
Anarchistische Ideen der RR 67, 89
Anti-Konfuzius-Kampagne 109
Anting-Zwischenfall 24, 74, 136, 138
Anhwei unter Li Pao-hua in der KR 33, 75
– und die Bauernunruhen von 1955 65
Arbeiteraristokratie in den Staatsbetrieben der Großstädte 77 ff.
Arbeiterkontrollbrigaden (Kanton 1967) 124
Arbeiterrebellenhauptquartier (in Schanghai 1967) 136 ff.
Arbeitskonferenz des Zentrums (Oktober 1966) 25, 33
Arbeitsdienstleute (hsia-fang) 48 ff.
Arbeitsschulsystem (pan-kung pan-tu) 59 ff.
Armee → Militär in der KR
Arme Bauern (p'in-nung) 64
Augustkämpfe in Kanton 128 ff.

Basiskader (chi-ts'eng kan-pu) 184 (110)
Bauernunruhen von 1955 65
Bürokratie, Regeneration der, 108, 109
– und Widerstand gegen die Rebellen 85 ff.

Changchun Kommune 61
Chang Ch'un-ch'iao 24, 74, 82, 135 ff.
ch'ang-ko-lien (Fabrikallianz in Kanton) 115
Chao Tzu-yang 122
Ch'en Hsi-lien, Militärkommandeur der Mukden-Militärregion 61, 94, 96, 126, 195 (65), 210 (79)
Ch'en Hung-k'ang 138
Ch'en Lin-hu 182 (94)
Ch'en P'i-hsien 135
Ch'en Po-ta 24, 96, 135, 196 (93)
Ch'en Tsai-tao, Chef der Wuhan-Militärregion 54, 81, 127 ff., 208 (50)
Ch'en Teh 121
Ch'en Yi 30
Ch'en Yü 121, 122
Ch'en Yün 26, 32, 164 (25)
Ch'en Yung-kuei 104
chi-nung ch'ing-nien → »Arbeitsdienstleute«
Ch'i Pen-yü 67, 75, 116, 145
chi-shu-jen (technische Fachkräfte) 105, 106
chi-ts'eng kan-pu → »Basiskader«
Chia Ch'i-yün 33
Chiang Ch'ing 131
chiang-ch'ing-p'ai 67, 134, 135 ff., 143 ff.
Chiang Min-feng 120, 125, 130
Chin Ying-hsi 116
ch'iung-chou (Achatland = Hainan) 103
Chou Ching-fang 213 f. (125)
Chou En-lai, Premierminister 96, 97, 100, 112, 126, 128
Chou Jung-hsin 41
Chou Ku-ch'eng 30
Chou Ming-shan 22
Chou Yang, Propagandachef, Kulturpapst 30, 116
chü-min hsiao-tsu (Blockzellen in den Straßen) 118
ch'u-shen-lun 41
chu-yi-ping (Kampftruppe) 129
chung-kuo hsiang ho-ch'u ch'ü (Wohin geht China?), wichtigste Programmschrift der Rebellen 69 ff., 85, 126, 141, 199 (22)
Clique des 16. Mai 131

225

Dezentralisierung seit 1957 32
Demographische Probleme in China 61
Demokratischer Zentralismus 67, 109, 141
Drei Regimenter, von Schanghai, in der KR 211 (87)

Eisenbahner und politische Linie in der KR 81, 82
Elftes Plenum, des VIII. ZK der KPCh (August 1966) 21, 27, 31 ff., 135
erh-yüeh ni-liu (Widrige Februarströmung) 71, 151

fan-tui-p'ai (Widerständler in Peking 1967/68) 146
Fu Ch'ung-pi 214 (132)
fu-yüan → »Veteranen«
Führungskader (ling-tao kan-pu) 102 ff.

Gesamtarbeiter als maoistisches Erziehungsideal 59
Gesundheitsfürsorge für die städtischen Arbeiter 79
Gewerkschaften, Rolle in der KR 79
Grenzfeuertruppe (Rebellenverband in Hunan) 188 (17)
Großer Sprung und wirtschaftliche Probleme 61-62, 164 (25)

Hainan in der KR 103
Han Hsien-ch'u, Chef der Foochow-Militärregion 210 (79)
Handel auf den lokalen Märkten 62
Harbin in der KR 82, 94, 106
Hauptquartier des 25. Januar in Kanton 118
Heilungkiang in der KR 33, 94
Herbststernteaufstand von 1927 77
Ho Kuang-yü in Kweichow 100
hsia-fang-System 29
Hsia Yen 167 (13)
Hsiao Hua, Leiter der APA der Armee 131
Hsieh Fu-chih, Sicherheitschef 32, 75, 93, 127
Hsü Ching-hsien 142
Hsü Ming 172 (69)
Hsü Shih-yu, Chef der Nanking-Militärregion 96, 141, 210 (79)
Hu Tsung-nan, KMT-General 77
hua-kung hung-ch'i (Rebellenverband in Kanton) 116
Huang Hsin-t'ing, Chef der Chengtu-Militärregion 101
Huang Jung-hai 121
Huang Yi-lu 113
Huang Yung-sheng, Chef der Kanton Militärregion 112, 132, 133, 134
hung-ch'i kung-jen (Rebellenverband in Kanton) 115, 129
hung-ch'i-p'ai (Rotfähnler: Rebellen von Kanton) 113, 118
hung-kung-chün (Veteranentruppe) 84
hung-wei-chün 139

Industriearmee (ch'an-yeh-chün) in Chengtu 83

Kampftruppe des 8. Mai (Schanghai) 139
Kampftruppe des 31. August (Kanton) 129
Kampftruppe des 5. August (Kanton) 68
Kampftruppe des 26. August (Chengtu) 61
Kampftruppe des 24. August (Kaifeng) 83
Kampftruppe des 16. September (Chengtu) 194 f. (63)
K'ang Sheng 135
Kanton in der KR 112 ff.
Kao Kang 169 (36)
Keng Chin-chang, Rebellenführer in Schanghai 68, 82, 138 ff., 184 f. (120)
Kiangnanwerft in Schanghai 83
K'o Ch'ing-shih, Bürgermeister von Schanghai (bis 1965) 101, 135
Kommune von Changchun 61, 84
Kommune von Chengchow 127
Ku Mu 96
ku-t'ien-Resolution 98
Kuan Feng 67
Kung Hsiao-chi 146
Kuo Ying-ch'iu 42

Landwirtschaft und Probleme 61 ff.
Li Ching-ch'üan 32, 76
Li Fu-ch'ün, Planungschef 23, 96, 144, 152
Li Hsien-nien 23, 26, 96, 128, 144, 152
Li Hung-shan, Rebellenführer in Peking 40, 146
Li Li 100, 107
Li Li-an 33
Li Pao-hua 33, 75

Li Shu 116
Li Yüan-jung, Bürgermeister von Tsingtao 100
Liao Cheng-kuo 100, 142
Lin Chieh 113, 125, 126
Lin Piao, Verteidigungsminister 25, 127
Liu Hsing-yüan 113, 120
Liu Ko-p'ing, in Shansi 93, 100
Liu Shao-ch'i, Staatspräsident bis 1968 49, 76
Loyang-Traktorfabrik 83
Lü Cheng-ts'ao 82
Lung Shu-chin, Chef des Hunan-Militärbezirks 121

Ma Hsiao-yün 116
Mao Tse-tung, Parteichef, 25, 26, 30, 31, 32, 76, 77, 95 ff., 134, 135
Mechanisierung in der Landwirtschaft 63, 64
Militär und Rolle in der KR 72, 109–111
min-ping → »Volksmiliz«
Mo Ching-wei 37, 113, 114

Nanking in der KR 83, 142
Neuntes Plenum des VIII. ZK der KPCh, Jan. 1961 61–62
Nieh Jung-chen 25

pai-wan hsiung-shih in Wuhan 81, 83, 127
P'an Fu-sheng 33, 94
P'an Kuo-p'ing 137
Pariser Kommune 86, 90
P'eng Hsiao-meng, Rebellenführer in Peking 146
P'eng Teh-huai, General 63
Po Yi-po 28
Proletarische Allianz, Rebellenverband in Hunan 69, 70, 85, 86, 95, 96

san-chieh-ho 97
san-fan-Kampagne 29
san-kuang-lun 71
san-kung-szu 138
san-t'ing (Streikwelle der Arbeiter im Jan. 1967) 118
san-yüeh hei-feng (Großer Märzwind 1967) 125
Shansi in der KR 92, 93
Shen Hsiao-yü 84, 144
sheng-ch'an wei-yüan-hui 102
sheng-ch'an fu-wu hsiao-tsu 109

shun-fu kung-chü 35
Sozialistische Erziehungsbewegung (SEB) 31, 139

ta-min-chu 134
Tachai-Brigade in Shansi 104
Taching-Ölfelder 59, 60, 91
T'an Chen-lin 88, 207 (38)
T'an Li-fu 146
T'ang K'o 172 (68)
Tang Yen-ch'üan, Rebellenführer in Chengchow 213 (114)
T'ao Chu 23, 76, 112
Teng Hsiao-p'ing, Generalsekretär der KPChs 76, 200 (35)
ti-tsung-Verbände 130
Transportsystem während der KR 81, 82
tsao-fan yu-li (Rebellion ist vernünftig!) 96
Ts'ao Ti-ch'iu (Bürgermeister von Schanghai von 1965 an) 29, 37, 38, 81, 135
Tuan Ch'ün-yi 151

Veteranen (fu-yüan) in der KR 115, 139
Volksmiliz (min-ping) 64, 65

Wang Chia-tao 94, 119
Wang Ch'ien 93, 107
Wang Chih-ch'üan 186 (130)
Wang Hung-wen 74, 82, 105, 113
Wang Jen-chung 76
Wang Li 67, 87, 94, 127
Wang Ping-chang 150, 152
Wang Shao-yung 137, 192 (40)
Wang Shou-tao 121
Weber, Max 153
Wei Heng 93
Wen Yü-ch'eng 214 (132)
Wu Ch'uan-ch'i 96
Wu Ch'uan-pin 113, 123, 132, 133
Wu Han 135

Yang Ch'eng-wu 32, 131
Yang Hsien-chen 30
Yang Teh-chih 93, 210 (79)
Yang Yung 93
Yang Yi-ch'en 33
Yao Wen-yüan 83, 95, 135
Yü Ch'iu-li, Ölminister 96, 144, 152
Yü Li-chin 130, 131
Yüan Chen 93

HoCa-Wissenschaft
Politologie

Samir Amin
Die ungleiche Entwicklung
Reihe »Kritische Wissenschaft«, 307 Seiten

Dirk Berg-Schlosser (Hrsg.)
Die politischen Probleme der Dritten Welt
Reihe »Reader«, 424 Seiten

U. Bermbach/F. Nuscheler (Hrsg.)
Sozialistischer Pluralismus
Reihe »Reader«, 452 Seiten

G. Doeker/W. Steffani (Hrsg.)
Klassenjustiz und Pluralismus
Festschrift für Ernst Fraenkel zum
75. Geburtstag, 578 Seiten

Jacques Ellul
Von der Revolution zur Revolte
Reihe »Kritische Wissenschaft«, 284 Seiten

Ernest Feder (Hrsg.)
Gewalt und Ausbeutung
Reihe »Reader«, 592 Seiten

Iring Fetscher (Hrsg.)
Marxisten gegen Antisemitismus
Reihe »Standpunkt«, 229 Seiten

Iring Fetscher (Hrsg.)
Grundbegriffe des Marxismus
Reihe »Kritische Wissenschaft«, 303 Seiten

Ossip K. Flechtheim (Hrsg.)
Die Parteien der Bundesrepublik Deutschland
Reihe »Reader«, 597 Seiten

Ossip K. Flechtheim
Zeitgeschichte und Zukunftspolitik
Reihe »Reader«, 417 Seiten

Ernst Fraenkel
Reformismus und Pluralismus
Reihe »Reader«, 473 Seiten

Robert K. Furtak
Jugoslawien
Reihe »Kritische Wissenschaft«, 242 Seiten

Wolf Grabendorff (Hrsg.)
Lateinamerika – Kontinent in der Krise
Reihe »Reader«, 416 Seiten

Martin Greiffenhagen (Hrsg.)
Emanzipation
Reihe »Kritische Wissenschaft«, 492 Seiten

Martin Greiffenhagen
Freiheit gegen Gleichheit?
Reihe »Standpunkt«, 120 Seiten

Peter Grottian
Strukturprobleme staatlicher Planung
Reihe »Kritische Wissenschaft«, 337 Seiten

Peter Grottian/A. Murswieck (Hrsg.)
Handlungsspielräume der Staatsadministration
Reihe »Reader«, 317 Seiten

F. Grube/G. Richter (Hrsg.)
Demokratietheorien
Reihe »Reader«, 246 Seiten

HoCa-Wissenschaft
Politologie

Helga Haftendorn (Hrsg.)
Theorie der Internationalen Politik
Reihe »Reader«, 377 Seiten

Willy Hochkeppel (Hrsg.)
Wie krank ist Amerika?
Reihe »Standpunkt«, 168 Seiten

Jan Jaroslawski
Theorie der sozialistischen Revolution
Reihe »Kritische Wissenschaft«, 172 Seiten

Jutta Kamke
Schule der Gewaltlosigkeit
Reihe »Standpunkt«, 188 Seiten

Hans J. Kleinsteuber
Die USA – Politik, Wirtschaft, Gesellschaft
Reihe »Kritische Wissenschaft, 242 Seiten

Axel Kuhn
Das faschistische Herrschaftssystem und die moderne Gesellschaft
Reihe »Standpunkt«, 157 Seiten

Karl Liebknecht
Studien über die Bewegungsgesetze der gesellschaftlichen Entwicklung
Reihe »Kritische Wissenschaft«, 281 Seiten

Peter Lübbe
Der staatlich etablierte Sozialismus
Reihe »Kritische Wissenschaft«, 185 Seiten

H.-J. Müller Borchert
Guerilla im Industriestaat
Reihe »Standpunkt«, 182 Seiten

Dieter Nohlen
Chile – das sozialistische Experiment
Reihe »Kritische Wissenschaft«, 432 Seiten

Dieter Nohlen/F. Nuscheler (Hrsg.)
Handbuch der Dritten Welt
Unterentwicklung und Entwicklung in Afrika, Amerika und Asien
Vier Bände

Heinrich Oberreuter (Hrsg.)
Parlamentarische Opposition
Reihe »Kritische Wissenschaft«, 293 Seiten

Alexander Schwan/Gesine Schwan
Sozialdemokratie und Marxismus
Reihe »Kritische Wissenschaft«, 397 Seiten

Dieter Senghaas
Gewalt – Konflikt – Frieden
Reihe »Standpunkt«, 203 Seiten

Peter Waldmann
Der Peronismus 1943–1955
Reihe »Kritische Wissenschaft«, 326 Seiten

Oskar Weggel (Hrsg.)
Die Alternative China
Reihe »Reader«, 468 Seiten

Hans-Georg Wehling (Hrsg.)
Kommunalpolitik
Reihe »Kritische Wissenschaft«, 305 Seiten

HoCa-Wissenschaft
Soziologie

Alfred Bellebaum
Soziologie der modernen Gesellschaft
Reihe »Kritische Wissenschaft«, 318 Seiten

Wilfried von Bredow/Rolf Zurek (Hrsg.)
Film und Gesellschaft in Deutschland
Dokumente und Materialien
Reihe »Reader«, 391 Seiten

Bernhard Giesen/Michael Schmid (Hrsg.)
Theorie, Handeln und Geschichte
Erklärungsprobleme in den
Sozialwissenschaften
Reihe »Reader«, 352 Seiten

Burkhard Greger
Städtebau ohne Konzept
Kritische Thesen zur Stadtplanung der
Gegenwart
Reihe »Standpunkt«, 178 Seiten

Klaus Grimm
Niklas Luhmanns »soziologische Aufklärung« oder Das Elend der aprioristischen Soziologie
Reihe »Standpunkt«, 180 Seiten

F. Grube/G. Richter (Hrsg.)
Leistungssport in der Erfolgsgesellschaft
Mit einem Vorwort von Horst Seifart
Reihe »Standpunkt«, 232 Seiten

Horst Holzer
Theorie des Fernsehens
Fernseh-Kommunikation in der
Bundesrepublik Deutschland
Reihe »Kritische Wissenschaft«, 194 Seiten

Horst Holzer/Karl Steinbacher (Hrsg.)
Sprache und Gesellschaft
Reihe »Reader«, 2. Auflage, 461 Seiten

Walter Kendall
Gewerkschaften in Europa
Die europäische Arbeiterbewegung von
den Anfängen bis zur Gegenwart
Reihe »Kritische Wissenschaft«, 416 Seiten

Heinrich Keupp
Abweichung und Alltagsroutine
Reihe »Kritische Wissenschaft«, 239 Seiten

Alena Köhler-Wagnerovà
Die Frau im Sozialismus – Beispiel ČSSR
Reihe »Standpunkt«, 160 Seiten

Christian Graf von Krockow
Sport
Eine Soziologie und Philosophie des
Leistungsprinzips
Reihe »Standpunkt«, 160 Seiten

HoCa-Wissenschaft
Soziologie

Claus Mühlfeld
Familiensoziologie
Eine systematische Einführung
Reihe »Kritische Wissenschaft«, 204 Seiten,
DM 24,–

Claus Mühlfeld/Michael Schmid
Soziologische Theorie
Reihe »Reader«, 626 Seiten

Claus Mühlfeld
Sprache und Sozialisation
Reihe »Kritische Wissenschaft«, 158 Seiten

Richard Münch
Gesellschaftstheorie und Ideologiekritik
Reihe »Kritische Wissenschaft«, 221 Seiten

Bruno Nikles/Johannes Weiß (Hrsg.)
Gesellschaft
Organismus – Totalität – System
Reihe »Reader«, 273 Seiten

Frank Rotter
Verfassung und sozialer Wandel
Studien zur systemtheoretischen
Rechtssoziologie
Reihe »Kritische Wissenschaft«, 162 Seiten

Peter Schmidt (Hrsg.)
Innovation
Diffusion und Neuerungen im sozialen
Bereich
Reihe »Reader«, 394 Seiten

Wolfgang Schulenberg (Hrsg.)
Reform in der Demokratie
Theoretische Ansätze – konkrete
Erfahrungen – politische Konsequenzen
Reihe »Kritische Wissenschaft«, 319 Seiten

Friedrich W. Stallberg (Hrsg.)
Abweichung und Kriminalität
Konzeption, Kritik, Analysen
Reihe »Reader«, 306 Seiten

Klaus Türk (Hrsg.)
Organisationstheorie
Reihe »Reader«, 289 Seiten

Ursula Wenzel/Matthias Hartig (Hrsg.)
Sprache – Persönlichkeit – Sozialstruktur
Reihe »Reader«, 296 Seiten

Bernhard Winterer
Traktat über Elend und Bedürfnis
Vorüberlegungen zu einer Theorie der
Verelendung
Reihe »Kritische Wissenschaft«, 166 Seiten

HoCa-Wissenschaft
Historische Perspektiven

Michael H. Kater
Studentenschaft und Rechtsradikalismus in Deutschland, 1918–1933
Band 1, 360 Seiten

Klaus-Jörg Ruhl
Spanien im Zweiten Weltkrieg
Franco, die Falange und das »Dritte Reich«
Band 2, 414 Seiten

Wolfgang Schieder (Hrsg.)
Faschismus als soziale Bewegung
Band 3, 212 Seiten

Folkert Meyer
Schule der Untertanen
Lehrer und Politik in Preußen 1848–1900
Band 4, 293 Seiten

Gerald D. Feldman unter Mitarbeit von Heidrun Homburg
Industrie und Inflation
Studien und Dokumente zur Politik der deutschen Unternehmer 1916–1923
Band 5, 422 Seiten

Hans-Jürgen Puhle (Hrsg.)
Lateinamerika
Historische Realität und Dependencia-Theorien
Band 6, 240 Seiten

Volker Losemann
Nationalsozialismus und Antike
Studien zur Entwicklung des Faches
Alte Geschichte 1933–1945
Band 7, 283 Seiten

Rainer Hoffmann
Maos Rebellen
Sozialgeschichte der chinesischen Kulturrevolution
Band 8, 350 Seiten

Dörte Winkler
Frauenarbeit im »Dritten Reich«
Band 9, 350 Seiten